Externe Unternehmensrechnung

Physica-Lehrbuch

Basler, Herbert
Aufgabensammlung zur statistischen Methodenlehre und Wahrscheinlichkeitsrechnung
4. Aufl. 1991. 190 S.

Basler, Herbert
Grundbegriffe der Wahrscheinlichkeitsrechnung und Statistischen Methodenlehre
11. Aufl. 1994. X, 292 S.

Bloech Jürgen u.a.
Einführung in die Produktion
2. Aufl. 1993. XX, 410 S.

Dillmann, Roland
Statistik I
1990. XVIII, 270 S.

Dillmann, Roland
Statistik II
1990. XIII, 253 S.

Eilenberger, Guido
Finanzierungsentscheidungen multinationaler Unternehmungen
2. Aufl. 1987. 356 S.

Endres, Alfred
Ökonomische Grundlagen des Haftungsrechts
1991. XIX, 216 S.

Fahrion, Roland
Wirtschaftsinformatik
Grundlagen und Anwendungen
1989. XIII, 597 S.

Ferschl, Franz
Deskriptive Statistik
3. Aufl. 1985. 308 S.

Gabriel, Roland/Begau, Klaus/
Knittel, Friedrich/Taday, Holger
Büroinformations- und -kommunikationssysteme
Aufgaben, Systeme, Anwendungen
1994. X, 148 S.

Gaube, Thomas u. a.
Arbeitsbuch Finanzwissenschaft
1996. X, 282 S.

Gemper, Bodo B.
Wirtschaftspolitik
1994. XVIII, 196 S.

Hax, Herbert
Investitionstheorie
5. Aufl. korrigierter Nachdruck 1993. 208 S.

Heno, Rudolf
Jahresabschluß nach Handels- und Steuerrecht
1994. XVI, 390 S.

Huch, Burkhard
Einführung in die Kostenrechnung
8. Aufl. 1986. 299 S.

Huch, Burkhard u.a.
Rechnungswesen-orientiertes Controlling
Ein Leitfaden für Studium und Praxis
2. Aufl. 1995. XXVI, 431 S.

Kistner, Klaus-Peter
Produktions- und Kostentheorie
2. Aufl. 1993. XII, 293 S.

Kistner, Klaus-Peter
Optimierungsmethoden
Einführung in die Unternehmensforschung für Wirtschaftswissenschaftler
2. Aufl. 1993. XII, 222 S.

Kistner, Klaus-Peter und Steven, Marion
Produktionsplanung
2. Aufl. 1993. XII, 361 S.

Kistner, Klaus-Peter und Steven, Marion
Betriebswirtschaftslehre im Grundstudium
Band 1: Produktion, Absatz, Finanzierung
2. Aufl. 1996. XVI, 475 S.

Kraft, Manfred und Landes, Thomas
Statistische Methoden
3. Aufl. 1996. X, 236 S.

Michaelis, Peter
Ökonomische Instrumente in der Umweltpolitik
Eine anwendungsorientierte Einführung
1996. XII, 190 S.

Nissen, Hans Peter
Makroökonomie I
3. Aufl. 1995. XXII, 331 S.

Schneeweiß, Hans
Ökonometrie
4. Aufl. 1990. 394 S.

Schulte, Karl Werner
Wirtschaftlichkeitsrechnung
4. Aufl. 1986. 196 S.

Sesselmeier, Werner
Blauermel, Gregor
Arbeitsmarkttheorien
1990. X, 222 S.

Steven, Marion
Hierarchische Produktionsplanung
2. Aufl. 1994. X, 262 S.

Swoboda, Peter
Betriebliche Finanzierung
3. Aufl. 1994. 305 S.

Vogt, Herbert
Einführung in die Wirtschaftsmathematik
6. Aufl. 1988. 250 S.

Vogt, Herbert
Aufgaben und Beispiele zur Wirtschaftsmathematik
2. Aufl. 1988. 184 S.

Weise, Peter u.a.
Neue Mikroökonomie
3. Aufl. 1993. X, 506 S.

Zweifel, Peter und Heller, Robert H.
Internationaler Handel
Theorie und Empirie
2. Aufl. 1992. XXI, 403 S.

Rainer Bossert · Ulrich L. Manz

Externe Unternehmensrechnung

Grundlagen der Einzelrechnungslegung, Konzernrechnungslegung und internationalen Rechnungslegung

Mit 87 Abbildungen

Physica-Verlag
Ein Unternehmen des Springer-Verlags

Professor Dr. Rainer Bossert
Professor Dr. Ulrich L. Manz
FB Betriebswirtschaftslehre
Fachhochschule Dieburg
Max-Planck-Straße 2
D-64807 Dieburg

ISBN 3-7908-0969-1 Physica-Verlag Heidelberg

Die Deutsche Bibliothek - CIP-Einheitsaufnahme
Bossert, Rainer:
Externe Unternehmensrechnung: Grundlagen der Einzelrechnungslegung, Konzernrechnungslegung und internationalen Rechnungslegung / Rainer Bossert; Ulrich L. Manz. – Heidelberg: Physica Verl., 1996
(Physica-Lehrbuch)
ISBN 3-7908-0969-1
NE: Manz, Ulrich:

SPIN 10549365 88/2202-5 4 3 2 1 0 – Gedruckt auf säurefreiem Papier

Vorwort

Das vorliegende Lehrbuch führt in die Externe Unternehmensrechnung ein und vermittelt einen Gesamtüberblick über alle damit unmittelbar verbundenen Problemfelder. Bewußt ausgeklammert wurde dabei der Bereich der Unternehmensbesteuerung und des Bilanzsteuerrechts, obwohl sich zugestandenermaßen steuerliche Bilanzierungs- und Bewertungsmaßnahmen unmittelbar im handelsrechtlichen Jahresabschluß auswirken (können). Wir waren dennoch der Auffassung, daß es das gewählte didaktische Konzept erlaubt, auf eine Integration des Bilanzsteuerrechts verzichten um vorrangig dem eigentlichen Anliegen dieses Lehrbuches Rechnung tragen zu können, eine in sich geschlossene Darstellung der „Externen Unternehmensrechnung“ anzubieten. Soweit erforderlich, wurden natürlich steuerrechtlich relevante Sachverhalte in die Darstellung aufgenommen.

Wichtig erscheint uns in diesem Zusammenhang der Hinweis, daß das Lehrbuch naturgemäß hinreichende Kenntnisse der Buchhaltung voraussetzt: Einzel- und Konzernrechnungslegung sind ohne detaillierte Buchhaltungskenntnisse nicht oder nur bedingt nachvollziehbar. Unabhängig hiervon vertreten wir die Auffassung, daß Kenntnisse der Buchhaltung und Rechnungslegung conditio sine qua non für das zu fordernde Verständnis ökonomischer Prozesse darstellen. Unsere Tätigkeit in leitender Funktion in der Industrie, wie auch unsere langjährige Lehrerfahrung an Fachhochschulen und Universitäten, hat uns in dieser Auffassung immer wieder bestätigt.

Das Lehrbuch wendet sich in erster Linie an Studierende an wissenschaftlichen Hochschulen, Fachhochschulen und Berufsakademien, ist aber gleichermaßen für den Praktiker, der sich einen Überblick über den aktuellen Stand oder einzelner Problembereiche verschaffen will, geeignet.

Teil 1 behandelt die **Einzelrechnung**; im Mittelpunkt steht naturgemäß der Jahresabschluß von Kapitalgesellschaften, ergänzend werden aber auch die Rechnungslegung von Einzelunternehmen und Personengesellschaften sowie mit der Rechnungslegung verbundene steuerrechtliche Fragen diskutiert. Die Einzelrechnungslegung schließt mit einer Skizzierung möglicher künftiger Entwicklungen. Dies erschien uns angesichts der zunehmenden Internationalisierung des Wettbewerbs sowie der zu beobachtenden Tendenz, „angelsächsische“ Rechnungslegungsstandards in deutsches respektive EU-Recht zu übernehmen, unerläßlich.

Teil 2 stellt die Grundlagen der **Konzernrechnungslegung** dar: die handels- und aktienrechtlichen Termini werden kritisch diskutiert und alle wichtigen mit der Rechnungslegung im Konzern verbundenen Konzeptionen und Techniken dargestellt.

Wir haben uns bewußt bemüht, z.T. sehr abstrakte Inhalte durch Beispiele zu verdeutlichen, durch graphische Darstellungen aufzulockern und komplexe Sachverhalte damit - soweit sinnvoll - zu visualisieren. Dem gewählten didaktischen Konzept entsprach es dabei durchaus, einzelne Beispiele, teilweise in modifizierter Form, erneut aufzugreifen und mit anderem Problembezug zu präsentieren.

Für zahlreiche Anregungen von Kollegen aus Wissenschaft und Industrie bedanken wir uns an dieser Stelle. Dank gebührt auch Mitarbeiter/innen und Studierenden, die in mannigfaltiger Weise einen Beitrag zu diesem Lehrbuch geleistet haben sowie - in besonderem Maße - den „betroffenen" Familien beider Autoren.

Kritische Anregungen, Empfehlungen und Hinweise zu Inhalt und Gestaltung des Lehrbuches greifen wir gerne und dankbar auf.

Heidelberg, im Juli 1996

Rainer Bossert

Ulrich Manz

Inhaltsverzeichnis

A	**Jahresabschluß**	1
1	**Rechnungslegungszwecke, Instrumente, Adressaten und Aufgaben des Jahresabschlusses**	1
1.1	Rechnungslegungszwecke	1
1.1.1	Statische Bilanzauffassungen	6
1.1.2	Dynamische Bilanzauffassungen	9
1.1.3	Entwicklungstendenzen der bilanztheoretischen Diskussion	13
1.2	Bilanzarten	14
1.3	Adressaten und Konzeptionen einer „zieloptimalen" Gestaltung der Rechnungslegung	17
1.3.1	Rechnungslegung, Erhaltungskonzeptionen und Periodengewinn	19
1.3.2	Rechenschaftslegung und Bereitstellung von Prognosedaten	23
1.4	Jahresabschluß: Zielvorstellungen des Gesetzgebers	24
1.5	Adressaten des Jahresabschlusses	28
1.6	Aufgaben des Jahresabschlusses	30
1.6.1	Dokumentationsaufgabe	30
1.6.2	Informationsaufgabe	30
1.6.2.1	Darstellung der Vermögenslage	32
1.6.2.2	Darstellung der Finanzlage	33
1.6.2.3	Darstellung der Ertragslage	35
1.6.3	Ausschüttungsbemessungsaufgabe	36
1.6.3.1	Erfolgsermittlung	36
1.6.3.2	Erfolgsverwendung	38
2	**Rechnungslegungsvorschriften und Umfang der Rechnungslegung**	40
2.1	Rechnungslegungsvorschriften	40
2.2	Umfang der Rechnungslegung	45
3	**Grundsätze ordnungsmäßiger Buchführung (GoB)**	47
3.1	Begriff und System der GoB	47
3.2	Quellen der GoB und Ermittlung der GoB	48
3.3	Grundsätze ordnungsmäßiger Buchführung im engeren Sinne	51
3.4	Grundsätze ordnungsmäßiger Buchführung und Bilanzierung im weiteren Sinne	53
3.4.1	Kodifizierte Grundsätze ordnungsmäßiger Buchführung und Bilanzierung i.w.S	54
3.4.1.1	Grundsatz der Bilanzklarheit	54
3.4.1.2	Grundsatz der Vollständigkeit	55
3.4.1.3	Grundsatz der Bilanzkontinuität	56

3.4.1.4 Grundsatz der Einzelbewertung ... 58
3.4.1.5 Grundsatz der Stichtagbezogenheit der Wertansätze ... 61
3.4.1.6 Grundsatz der Unternehmensfortführung ... 62
3.4.1.7 Grundsatz der Vorsicht ... 63
3.4.1.7.1 Realisationsprinzip ... 64
3.4.1.7.2 Imparitätsprinzip ... 67
3.4.1.7.3 Anschaffungswertprinzip ... 69
3.4.1.8 Grundsatz der Periodenabgrenzung ... 70
3.4.2 Nichtkodifizierte Grundsätze ordnungsmäßiger Buchführung und Bilanzierung i.w.S. ... 71
3.4.2.1 Grundsatz der Willkürfreiheit ... 71
3.4.2.2 Grundsatz der Wesentlichkeit ... 72

4 Die formale Gestaltung des Jahresabschlusses 73
4.1 Die Bilanz ... 73
4.1.1 Wesen und Aufgaben der Bilanz ... 73
4.1.2 Formaler Aufbau der Bilanz ... 76
4.1.3 Ausgewählte Bilanzpositionen von Kapitalgesellschaften ... 82
4.1.3.1 Anlagevermögen ... 82
4.1.3.1.1 Immaterielle Anlagen ... 84
4.1.3.1.2 Sachanlagen ... 85
4.1.3.1.3 Finanzanlagen ... 87
4.1.3.2 Umlaufvermögen ... 89
4.1.3.2.1 Vorräte ... 89
4.1.3.2.2 Forderungen und sonstige Vermögensgegenstände ... 90
4.1.3.2.3 Wertpapiere ... 92
4.1.3.2.4 Scheck, Kassenbestand, Bundesbank- und Postgiroguthaben, Guthaben bei Kreditinstituten ... 93
4.1.3.3 Rechnungsabgrenzungsposten ... 93
4.1.3.3.1 Aktive Rechnungsabgrenzung ... 94
4.1.3.3.2 Passive Rechnungsabgrenzung ... 97
4.1.3.4 Eigenkapital ... 97
4.1.3.4.1 Gezeichnetes Kapital ... 98
4.1.3.4.2 Kapitalrücklagen ... 99
4.1.3.4.3 Gewinnrücklagen ... 99
4.1.3.5 Sonderposten mit Rücklageanteil ... 100
4.1.3.6 Stille Rücklagen ... 104
4.1.3.7 Verbindlichkeiten ... 104
4.1.3.8 Vermerkposten ... 108
4.2 Die Gewinn- und Verlustrechnung (GuV) ... 109
4.2.1 Wesen und Aufgaben der GuV ... 109
4.2.2 Formaler Aufbau der GuV ... 112
4.2.3 Ausgewählte Positionen der GuV ... 116
4.2.3.1 Umsatzerlöse ... 116

4.2.3.2 Herstellungskosten der zur Erzielung der Umsatzerlöse erbrachten Leistungen 116
4.2.3.3 Sonstige betriebliche Aufwendungen und Erträge 117
4.2.3.4 Außerordentliche Aufwendungen und Erträge 118
4.2.3.5 Steuern 118
4.2.4 Dokumentation der Gewinnverwendung 118
4.3 Anhang 119
4.4 Lagebericht 121
4.5 Ausgewählte Besonderheiten der formalen Bilanzgestaltung bei bestimmten Unternehmensrechtsformen 122
4.5.1 Einzelunternehmen 122
4.5.2 Personenhandelsgesellschaften: OHG und KG 123
4.5.3 GmbH 123
4.5.4 KG auf Aktien 124

5 Die Bilanzierungs- und Bewertungskonzeption des Handelsrechts 125
5.1 Der Grundsatz der Maßgeblichkeit der Handels- für die Steuerbilanz 126
5.2 Bilanzierungsfähigkeit, Bilanzierungspflicht, Bilanzierungswahlrechte und Bilanzierungsverbote 131
5.2.1. Bilanzierungsfähigkeit und Bilanzierungspflicht 131
5.2.1.1 Vermögensgegenstände 131
5.2.1.2 Schulden 135
5.2.2 Bilanzierungshilfen 136
5.2.3 Bilanzierungswahlrechte 137
5.2.4 Bilanzierungsverbote 139
5.2.5 Zusammenfassende Darstellung der Bilanz-Entscheidungen in der Handelsbilanz 139
5.3 Bewertungskonzeption und Bewertungsmaßstäbe des Handelsrechts 140
5.3.1 Anschaffungskosten 141
5.3.2 Herstellungskosten 142
5.3.3 Verfahren zur Ermittlung der Anschaffungs- oder Herstellungskosten 145
5.3.3.1 Durchschnittsmethode 146
5.3.3.2 Retrograde Ermittlung 146
5.3.3.3 Festbewertung 147
5.3.3.4 Gruppenbewertung 147
5.3.3.5 Verbrauchs- oder Veräußerungsfolgeverfahren 148
5.3.4 Fortgeführte Kostenwerte 151
5.3.4.1 Planmäßige Abschreibungen 151
5.3.4.2 Sofortabschreibung geringwertiger Wirtschaftsgüter 155
5.3.4.3 Abschreibung des Firmenwertes 155

5.3.5 Rückzahlungsbetrag ... 156
5.3.6 Barwert ... 157
5.3.7 Tages- oder Zeitwerte ... 157
5.3.7.1 Am Abschlußstichtag beizulegender Wert ... 157
5.3.7.2 Aus dem Börsen- oder Marktpreis abgeleiteter Wert ... 159
5.3.8 Zukunftswert ... 159
5.3.9 Vernünftiger kaufmännischer Wert ... 160
5.3.10 Steuerlich zulässige Werte ... 162

6 Bewertung des Anlagevermögens 164
6.1 Wertobergrenze und Wertuntergrenzen für Gegenstände des Anlagevermögens ... 164
6.2 Bewertung von Sachanlagen und immateriellen Anlagen ... 165
6.2.1 Kapitalgesellschaften ... 166
6.2.2 Nichtkapitalgesellschaften ... 166
6.3 Bewertung von Finanzanlagen ... 169
6.3.1 Kapitalgesellschaften ... 169
6.3.2 Nichtkapitalgesellschaften ... 169

7 Bewertung des Umlaufvermögens ... 172
7.1 Wertobergrenze und Wertuntergrenze für Gegenstände des Umlaufvermögens ... 172
7.2 Kapitalgesellschaften ... 173
7.3 Nichtkapitalgesellschaften ... 174

8 Bewertung von Verbindlichkeiten und Rentenverpflichtungen 177

9 Bewertung der Rückstellungen ... 178

10 Latente Steuern und Steuerabgrenzung ... 180
10.1 Methodik der Steuerabgrenzung ... 181
10.2 Zeitliche Differenzen zwischen handelsrechtlichem Erfolg vor Ertragsteuern und zu versteuerndem Einkommen ... 182
10.3 Steuerabgrenzung nach § 274 Abs. 1 und 2 HGB ... 183

11 Stille Rücklagen ... 186

12 Offenlegung und Prüfung ... 190
12.1 Offenlegungspflichten von Kapitalgesellschaften ... 190
12.2 Offenlegungspflichten von Unternehmen, die unter das PublG fallen ... 192

Exkurs: „Deutsche“ vs. „angelsächsische“ Rechnungslegung 193

1 Entwicklungstendenzen der Rechnungslegung 195

2 GAAP: Prinzipien der US-amerikanischen Rechnungslegung .. 198
2.1 Wichtige Rechnungslegungsgrundsätze 198
2.2 Annual Report 200
2.2.1 Erfolgsrechnung 201
2.2.2 Bilanz 207
2.2.2.1 Aktiv-/Passivseite und Bilanzierung 208
2.2.2.2 Bewertungsmaßstäbe 209
2.2.2.3 Bewertung ausgewählter Aktiva und Passiva 211
2.2.2.4 Statement of Cash Flows 219
2.3 Annual Report und steuerliche Gewinnermittlung 221
2.4 Einzelabschluß und Konzernabschluß 222
2.5 Zusammenfassende Gegenüberstellung wesentlicher Unterschiede zwischen den GAAP und den deutschen Rechnungslegungsvorschriften 223

3 International Accounting Standards 227

4 Ausblick 237

B Grundlagen der Konzernrechnungslegung 241

1 Vorbemerkung 241
1.1 Konzernbegriff 241
1.1.1 Verbundene Unternehmen nach Handelsrecht 243
1.1.2 Verbundene Unternehmen nach AktG 244
1.1.3 Verknüpfungen zwischen HGB und AktG 245
1.1.4 Konzernrechnungslegungspflicht 248

2 Bedeutung und Aufgaben des Konzernabschlusses 250
2.1 Die eingeschränkte rechtliche Funktion des Konzernabschlusses 251
2.2 Adressaten des Konzernabschlusses 252

3 Die Einheitstheorie als konzeptionelle Grundlage des Konzernabschlusses 255

4 Zweck der Konsolidierung und organisatorische Voraussetzungen der Konzernrechnungslegung 257
4.1 Zweck der Konsolidierung 257
4.2 Organisatorische Voraussetzungen der Konzernrechnungslegung ... 258

5 Grundsätze der Konzernrechnungslegung ... 261
5.1 Grundsatz der Klarheit und Übersichtlichkeit ... 261
5.2 Grundsatz der Vollständigkeit ... 261
5.3 Grundsatz der Stetigkeit ... 262
5.4 Grundsatz der Wesentlichkeit ... 262
5.5 Grundsatz der einheitlichen Bewertung ... 263
5.6 Grundsatz der Währungsumrechnung ... 263

6 Konzernbilanz und Konzern-Gewinn- und Verlustrechnung ... 265

7 Konsolidierungskreis ... 269
7.1 Allgemeine Einbeziehungspflicht nach dem Weltabschlußprinzip ... 269
7.2 Einbeziehung nach dem Konzept der „einheitlichen Leitung" gemäß § 290 Abs. 1 HGB ... 271
7.3 Einbeziehung nach dem „Control-Konzept" gem. § 290 Abs. 2 HGB ... 277
7.4 Zusammenhang zwischen „einheitlicher Leitung" und „Control-Konzept" ... 279
7.5 Ausnahme von der Verpflichtung zur Konzernrechnungslegung ... 281
7.5.1 Größenmerkmalsabhängige Befreiung von der Konzernrechnungslegungspflicht ... 281
7.5.2 Befreiende Konzernabschlüsse ... 283
7.5.3 Befreiende Konzernabschlüsse und -lageberichte durch übergeordnete Mutterunternehmen mit Sitz in einem EG-Mitgliedstaat ... 284
7.5.4 Befreiende Konzernabschlüsse und -lageberichte durch übergeordnete Mutterunternehmen mit Sitz außerhalb der EG ... 288
7.6 Einbeziehungsverbote ... 289
7.7 Einbeziehungswahlrechte ... 291
7.8 Stufenkonzept der Konsolidierung ... 297
7.8.1 Mutter-Tochter-Verhältnis ... 298
7.8.2 Gemeinsame Führung ... 298
7.8.3 Maßgeblicher Einfluß ... 302

8 Vollkonsolidierung von Konzernunternehmen ... 305
8.1 Allgemeines ... 305
8.2 Kapitalkonsolidierung ... 306
8.2.1 Überblick ... 306
8.2.2 Methoden der Kapitalkonsolidierung ... 310
8.2.3 Unterschiedsbetrag ... 315
8.2.4 Unterschiede zwischen Buchwertmethode und Neubewertungsmethode ... 317
8.2.5 Erstkonsolidierung nach der Buchwertmethode ... 323
8.2.6 Erstkonsolidierung nach der Neubewertungsmethode ... 326

8.2.7 Unterschied zwischen Buchwert- und Neubewertungsmethode bei Drittanteilen 328
8.2.8 Folgekonsolidierung nach § 309 HGB 332
8.2.9 Methodenwahl und Stetigkeitsgrundsatz 333
8.3 Schuldenkonsolidierung 333
8.3.1 Überblick 333
8.3.2 Arten von Aufrechnungsdifferenzen 336
8.4 Konsolidierung konzerninterner Ergebnisse (Zwischenerfolgs- oder Zwischenergebniseliminierung) 343
8.4.1 Einheitstheorie und Realisationsprinzip 343
8.4.2 Konzernanschaffungs- und -herstellungskosten und Technik der Zwischenerfolgskonsolidierung 346
8.4.3 Voraussetzungen für die Pflicht zur Eliminierung von Zwischenergebnissen 353
8.4.4 Organisatorische Voraussetzungen der Zwischenergebniseliminierung und Zwischenergebnisverrechnung 355
8.4.5 Möglichkeiten des Verzichts auf die Eliminierung von Zwischenergebnissen 357
8.5 Aufwands- und Ertragskonsolidierung (GuV-Konsolidierung) 357
8.5.1 Überblick 357
8.5.2 Innenumsatzerlöse 359
8.5.3 Andere Erträge und Aufwendungen 363
8.6 Latente Steuern und Steuerabgrenzung im Konzernabschluß 363

9 Einbeziehung von assoziierten Unternehmen nach der „Equity-Methode" 367

9.1 Allgemeines 367
9.2 Begriff des „assoziierten" Unternehmens und Anwendung der Equity-Methode 369
9.3 Technik der Equity-Methode 370
9.3.1 Beteiligungsbewertung nach der Buchwertmethode 371
9.3.2 Beteiligungsbewertung nach der Kapitalanteilsmethode 375
9.3.3 Unterschiede und Gemeinsamkeiten von Buchwertmethode und Kapitalanteilsmethode 377
9.3.4 Die Behandlung von Zwischenergebnissen bei Einbeziehung assoziierter Unternehmen nach der Equity-Methode 378

10 Konzernanhang 381
10.1 Aufstellungspflicht 381
10.2 Aufgaben des Konzernanhangs 381
10.3 Beispiel für die Gestaltung eines Konzernanhangs 382
10.4 Konzernlagebericht 384

Literaturverzeichnis 386

Stichwortverzeichnis 400

Abkürzungsverzeichnis

a.A.	anderer Ansicht
AAF	Accounting Advisory Forum
Abschn.	Abschnitt
ADHGB	Allgemeines Deutsches Handelsgesetzbuch von 1861
ADS	Adler/Düring/Schmaltz, Rechnungslegung und Prüfung der Unternehmen, 5. Aufl. Stuttgart 1987
a.F.	alte Fassung
AfA	Absetzung für Abnutzung
AfaA	Absetzung für außergewöhnliche Abnutzung
AfS	Absetzung für Substanzverringerung
AG	Aktiengesellschaft
AICPA	American Institute of Certified Public Accountants
AktG	Aktiengesetz
Anm.	Anmerkung
AO	Abgabenordnung 1977
APB	Accounting Principles Board des AICPA
Art.	Artikel
Aufl.	Auflage
BAnz.	Bundesanzeiger
BB	Betriebs-Berater
Bd.	Band
Begr.	Begründung
BegrRegE	Begründung zum Regierungsentwurf
BFH	Bundesfinanzhof
BFHE	Sammlung der Entscheidungen des Bundesfinanzhofes, Bonn, 1952 ff.
BGB	Bürgerliches Gesetzbuch
BGBl.	Bundesgesetzblatt
BGH	Bundesgerichtshof
BiRiLiG	Bilanzrichtlinien-Gesetz vom 19.12.1985
BMF	Bundesministerium für Finanzen
BStBl.	Bundessteuerblatt
bzw.	beziehungsweise
DB	Der Betrieb
DBW	Die Betriebswirtschaft
DIHT	Deutscher Industrie- und Handelstag
DMBilG	Gesetz über die Eröffnungsbilanz und die Kapitalneufestsetzung (D-Markbilanzgesetz)
ders.	derselbe

dgl.	dergleichen
DStR	Deutsches Steuerrecht (ab 1962)
DVFA	Deutsche Gesellschaft für Finanzanalyse und Anlagenberatung e.V.
EG	Europäische Gemeinschaften
EGHGB	Einführungsgesetz zum Handelsgesetzbuch vom 10.5.1897, zuletzt geändert durch das BiRiLiG vom 19.12.1985
EStDV	Einkommensteuer-Durchführungsverordnung
EStG	Einkommensteuergesetz
EStR	Einkommensteuer-Richtlinien
EU	Europäische Union
EWIV	Europäische Wirtschaftliche Interessenvereinigung
f.	folgend
FASB	Financial Accounting Standards Board des AICPA
ff.	folgende
Fn.	Fußnote
GEFIU	Gesellschaft der Finanzwirtschaft in der Unternehmensführung e.V.
GenG	Gesetz betreffend Erwerbs- und Wirtschaftsgenossenschaften
GG	Grundgesetz
ggf.	gegebenenfalls
gl.A.	gleicher Ansicht
GmbH	Gesellschaft mit beschränkter Haftung
GmbHG	Gesetz betreffend die Gesellschaften mit beschränkter Haftung
GoB	Grundsätze ordnungsmäßiger Buchführung
GoK	Grundsätze ordnungsmäßiger Konsolidierung
GrS	Großer Senat des BFH
GuV	Gewinn- und Verlustrechnung
H	Hinweis (der EStR)
HFA	Hauptfachausschuß des Instituts der Wirtschaftsprüfer
HFR	Höchstrichterliche Finanzrechtsprechung
HGB	Handelsgesetzbuch
h.M.	herrschende Meinung
Hrsg.	Herausgeber
HR	Handelsregister
IASC	International Accounting Standards Committee
i.a.R.	in aller Regel
i.d.F.	in der Fassung
i.d.R.	in der Regel

IdW	Institut der Wirtschaftsprüfer
i.e.S.	im engeren Sinne
i.S.d.	im Sinne des
IOSCO	International Organisation of Security Commissions
i.V.m.	in Verbindung mit
i.w.S.	im weiteren Sinne
KG	Kommanditgesellschaft
KGaA	Kommanditgesellschaft auf Aktien
KStG	Körperschaftsteuergesetz
OHG	Offene Handelsgesellschaft
PublG	Gesetz über die Rechnungslegung von bestimmten Unternehmen und Konzernen (Publizitätsgesetz)
R	Richtlinie (der EStR)
RAP	Rechnungsabgrenzungposten
Rdnr.	Randnummer
RegE	Regierungsentwurf
RFH	Reichsfinanzhof
RGZ	Entscheidung des Reichsgerichts in Zivilsachen
Rn.	Randnummer
S.	Seite, Satz
SG	Arbeitskreis „Externe Unternehmensrechnung" der Schmalenbachgesellschaft - Deutsche Gesellschaft für Betriebswirtschaft
SopoR	Sonderposten mit Rücklageanteil
StGB	Strafgesetzbuch
Tz	Textziffer
u.a.	unter anderem
u.ä.	und ähnlich
UEC	Union Europeenne des Experts Comptables Economiques et Financiers
usw.	und so weiter
vgl.	vergleiche
v.H.	vom Hundert
VZ	Veranlagungszeitraum
WPg	Die Wirtschaftsprüfung
z.T.	zum Teil

A Jahresabschluß

1 Rechnungslegungszwecke, Instrumente, Adressaten und Aufgaben des Jahresabschlusses

1.1 Rechnungslegungszwecke

Das Rechnungswesen ist ein Subsystem des Informations- bzw. Informationsversorgungssystems eines Unternehmens, dessen primäre Aufgabe darin besteht, durch Dokumentation ökonomischer Transaktionen entscheidungsrelevante Informationen für interne wie externe Adressaten zur Verfügung zu stellen. Die Dokumentationsaufgabe ist insoweit untrennbar mit einer **Informationsaufgabe** gekoppelt, da Informationen als zweckorientiertes Wissen zu begreifen sind: die dokumentierten Daten sind materiell so zu definieren und formal so aufzubereiten, daß der Informationsempfänger in die Lage versetzt wird, sie zutreffend und sachgerecht zu interpretieren und als Entscheidungsgrundlage zu nutzen. Daraus folgt, daß sowohl die Datenerfassung wie auch die Datenaufbereitung und -bereitstellung bestimmten Regeln unterworfen werden müssen, die eine zweck- und bedarfsgerechte Gestaltung dieser Informationsprozesse sicherstellen. In allgemeiner Form wird diesem Zweckerfordernis durch eine zutreffende Datendokumentation im Rahmen des Rechnungswesens entsprochen: die ökonomischen Transaktionen sind auf der Grundlage eines definierten Systems (z.B. kaufmännische doppelte Buchführung) nach bestimmten Ordnungsregeln (Grundsätze ordnungsmäßiger Buchführung im engeren Sinne) so zu dokumentieren, daß sie bestimmten Zwecken entsprechend aufbereitet und den Informationsadressaten in komprimierter Form zur Verfügung gestellt werden können. Datendokumentation und Informationsbereitstellung weisen dabei gravierende strukturelle Unterschiede auf, je nachdem, ob die Datendokumentation und Informationsbereitstellung dem Bereich des internen oder des externen Rechnungswesens zuzuordnen ist:

- **Internes Rechnungswesen**

  Das interne Rechnungswesen ist durch einen **hohen Freiheitsgrad** hinsichtlich Datendokumentation und Gestaltung der Informationsprozesse gekennzeichnet. Der Gesetzgeber beschränkt sich weitgehend darauf, Gestaltungsregeln festzulegen, durch die Basis- und Minimalanforderungen hinsichtlich der Datendokumentation definiert werden, die Ausgestaltung der Informationsprozesse bleibt aber weitgehend den intern in Form von „Policies" festgelegten, betriebswirtschaftlich ausgerichteten Gestaltungsregeln und -vorgaben des einzelnen Unternehmens überlassen.

Beispiel:

Kostenarten-, Kostenstellen- und Kostenträgerrechnung sind zwar als Dokumentationssysteme in Kontenpläne und damit in die Buchhaltung integriert und der Gesetzgeber schreibt mittelbar ein System der Ist-Vollkostenrechnung vor, die darüber hinausgehende Ausgestaltung als Plan- oder Prozeßkostenrechnung, ein- oder mehrstufige Deckungsbeitragsrechnung aber bleibt dem Unternehmen selbst vorbehalten. Dies gilt entsprechend für die Definition einzelner Kostenarten, Festlegung von Abgrenzungskriterien und die Entscheidung über Erfassung oder Nichterfassung und Verrechnung bestimmter Kostenarten (z. B. kalkulatorische Wagniskosten).

- **Externes Rechnungswesen**

  Das externe Rechnungswesen ist demgegenüber durch vergleichsweise **geringe Freiheitsgrade** hinsichtlich Datendokumentation und Gestaltung der Informationsprozesse gekennzeichnet. Dies ist vorrangig darauf zurückzuführen, daß dem externen Rechnungswesen die allgemeine Aufgabe zugewiesen wird, „Rechnung" gegenüber internen und externen Adressaten „zu legen" und die für die Besteuerung benötigten Informationen bereitzustellen. Die unmittelbare Außenwirkung der Informationsbereitstellung setzt voraus, daß Datenaufbereitung und Gestaltung der Informationsprozesse strukturiert, standardisiert und vereinheitlicht werden, damit identische Sachverhalte identisch interpretiert und die mit einer Rechnungslegung verbundenen Zwecke sachgerecht definiert werden können. Durch geringe Freiheitsgrade bei der Ausgestaltung der Informationsprozesse wird sichergestellt, daß berechtigten Informationsinteressen externen Adressaten angemessen entsprochen und der Gestaltungsspielraum des rechnungslegenden Unternehmens auf ein für vertretbar erachtetes Minimum beschränkt werden kann. Die Festlegung noch vertretbarer Freiheitsgrade ist vorrangige Aufgabe der Gesetzgebung, die aufgerufen ist, zweckentsprechende Gestaltungsregeln verbindlich vorzugeben.

  Beispiel:

  Durch Vorgabe der Mindestgliederung von Bilanz und GuV-Rechnung einer publizitätspflichtigen Kapitalgesellschaft wird die Informationsbereitstellung formal vereinheitlicht, durch Definition von Posteninhalten und Wertansätzen wird die Informationsbereitstellung materiell standardisiert und die Interpretationsfähigkeit des Datenmaterials sichergestellt.

Dabei ist naturgemäß zu berücksichtigen, daß die Ableitung oder Vorgabe solcher Gestaltungsregeln nicht an einem in sich geschlossenen, widerspruchsfreien Zielsystem ausgerichtet sein kann, da die Informationsnachfrager subjektiv unterschiedliche Ziele verfolgen und damit unterschiedliche Interessen eingebracht werden. Als relevant stellen sich in diesem Zusammenhang vor allem solche Ziele dar, die von den am Informationsprozeß Beteiligten aufgrund autorisierter Macht (z.B. staatliche Einrichtungen) oder faktischer Macht (z.B. kreditvergebende Banken, Großaktionäre) durchgesetzt werden können. Insoweit stellen sich sowohl die definierten Zwekke der Rechnungslegung, wie auch die Festlegung der Gestaltungsregeln als Kompromiß divergierender Interessen und Ziele dar: Schutz von Gläubigern und/oder Aktionären, Erhaltung der Funktionsfähigkeit des Kapitalmarktes, nominale oder reale Erhaltung des Kapitals, zutreffender Erfolgsausweis, Nachweis der Schuldendeckungsfähigkeit, Sicherung einer angemessenen Gewinnausschüttung gegenüber externen Investoren und andere Zwecke können - isoliert oder in Kombination - als relevante Informationszwecke definiert und der Formulierung solcher Gestaltungsregeln zugrunde gelegt werden.

I.d.R. wird die Festlegung der Rechnungslegungszwecke und die deduktive Ableitung entsprechender Gestaltungsregeln den Gesetzgebungsorganen eines Staates (bzw. im supranationalen Bereich höherrangigen Institutionen z.B. der EU) vorbehalten bleiben, es ist aber auch denkbar, daß Rechnungslegungszwecke von nichtstaatlichen Einrichtungen definiert und hieraus entsprechende Gestaltungsregeln abgeleitet werden. Ein vereinfachtes Beispiel soll dies verdeutlichen:

- **„Deutsche" Rechnungslegung**

  Für die Rechnungslegung in Deutschland hat der Gesetzgeber auf der Grundlage der durch entsprechende Richtlinien der EG „harmonisierten" Rechnungslegungszwecke Gestaltungsregeln geschaffen und kodifiziert, die die Pflicht zur Rechnungslegung an die Kaufmannseigenschaft knüpfen und die Informationsprozesse so strukturieren, daß den für berechtigt erachteten Schutzinteressen vor allem der Gläubiger aber auch der Anteilseigner entsprochen werden kann. Dominanter Rechnungslegungszweck ist insoweit die möglichst vorsichtige Bemessung des ausschüttungsfähigen Gewinns, da dieser durch die Ausschüttung die Haftungssubstanz des Unternehmens unwiederbringlich schmälert. Der Rechnungslegungszweck „Gläubigerschutz" setzt insoweit voraus, daß bei Ermittlung des ausschüttungsfähigen Gewinns Buchgewinne unberücksichtigt bleiben und künftige Lasten angemessen antizipiert werden. Dem Rechnungslegungszweck „Gläubigerschutz" steht auf der anderen Seite, zumindest teilweise, der angemessene Schutz außenstehender Anteilseigner (z.B. Kommanditisten, stille Gesellschafter, Aktionäre) gegenüber, deren berechtigtes Interesse an einer angemessenen Kapitalverzinsung gleichermaßen gewahrt werden muß. Daraus folgt zwangsläufig, daß die Gestaltungsregeln zur Rechnungslegung an unterschiedlichen, z.T. komplementären, z.T. konträren Zwecken ausgerichtet und letztlich als Informationskompromiß zu begreifen sind, der auf dem Hintergrund einer über Jahrzehnte gewachsenen Bilanzkultur zu sehen ist. Da die Rechnungslegung zudem Grundlage der steuerlichen Gewinnermittlung ist, kommt als weiterer Rechnungslegungszweck die Bereitstellung von Informationen zur Ermittlung des zu versteuernden Einkommens hinzu.

- **US-amerikanische Rechnungslegung**

  Sieht man davon ab, daß es die „US-Rechnungslegung" schlechthin nicht gibt, orientiert sich die Rechnungslegung börsennotierter Kapitalgesellschaften in den USA vorrangig an den Gewinn- und Informationsinteressen von Investoren. Rechnungslegungszwecke sind die Ermittlung eines möglichst hohen, tatsächlich erwirtschafteten Gewinns und die Bereitstellung entscheidungsrelevanter Informationen („decision usefulness informations") für Anteilseigner und potentielle Investoren. Die Begrenzung des ausschüttungsfähigen Gewinns, Substanzerhaltung und Sicherung des Unternehmens treten gegenüber der Kapitalmarktorientierung in den Hintergrund, eine unmittelbare Verbindung der Rechnungslegung mit der steuerlichen Gewinnermittlung besteht nicht.

  Die fundamentalen Unterschiede in den Rechnungslegungszwecken und damit folgerichtig auch in den Rechnungslegungsvorschriften sind u.a. darin begründet, daß die US-amerikanischen Rechnungslegungsvorschriften weitgehend auf dem Gesetz zum Schutz des Wertpapierhandels basieren und ihre Ausgestaltung nicht dem Gesetzgeber, sondern einer gesetzlich autorisierten Institution, der „Securities and Exchange Commission (SEC)" übertragen wurde, die ihrerseits den „Financial Accounting Standards Board (FASB)" mit der detaillierten Erarbeitung entsprechender Rechnungslegungsstandards betraute. Die Rechnungslegungszwecke wurden folgerichtig aus den von der Börsenaufsicht SEC für notwendig erachteten Informationszielen abgeleitet und strikt kapitalmarktorientiert definiert.

Rechnungslegungszweck(e) und die daraus abgeleitete Ausgestaltung der Rechnungslegungsvorschriften beeinflussen die Informationsvermittlung unmittelbar, da i.d.R. für eine zeitlich abgeschlossene, 12 Kalendermonate umfassende Rechnungsperiode „Rechnung gelegt" und für diesen Zeitraum der Erfolg der wirtschaftlichen Betätigung ermittelt wird. Die Erfolgsermittlung für eine in sich fiktiv abgeschlossene Rechnungsperiode stellt dabei eine zwar nicht willkürliche, dennoch aber pragmatisch-selektive Segmentierung des sog. Totalerfolges dar, da die internen und externen ökonomischen Transaktionen eines Unternehmens naturgemäß nicht z.B. am 1.1. beginnen und z.B. am 31.12. abgeschlossen sind, sondern im Sinne eines Kontinuums aufeinanderfolgende Rechnungsperioden übergreifen. So gesehen kann der Erfolg der wirtschaftlichen Betätigung wie auch der Wert eines Unternehmens letztlich erst dann korrekt ermittelt werden, wenn eine den gesamten Zeitraum der ökonomischen Existenz umfassende Totalperiode zugrunde gelegt wird. Eine den Zeitraum von der Gründung bis zu Liquidation des Unternehmens umfassende Totalperiode ist aber nicht geeignet, den Informationsbedürfnissen von Unternehmensleitung, Kapitalgebern und anderen Marktpartnern in geeigneter Form zu entsprechen, so daß für einen überschaubaren Zeitraum von 12 Kalendermonaten durch Erstellung von Jahresabschlüssen und Lageberichten sowie Konzernabschlüssen und Konzernlageberichten - falls die notwendigen Voraussetzungen hierfür vorliegen - kontroll- und entscheidungsrelevante Informationen zur Verfügung gestellt werden müssen. Für die Erfolgsbesteuerung des Unternehmens gilt dies entsprechend: Veranlagungszeitraum ist i.d.R. die abgegrenzte Rechnungsperiode, nicht die Totalperiode. Während bei einer Gesamtbetrachtung der ökonomische Erfolg eines Unternehmens als Saldo aller Ein- und Auszahlungen der Totalperiode (= Gesamtliquiditätsüberschuß oder -unterdeckung) ermittelt werden kann, erfordert die Erfolgsermittlung für eine abgegrenzte und fiktiv in sich geschlossene Rechnungsperiode eine zumindest zeitliche und sachliche Abgrenzung der Wertänderungen bei Vermögen und Kapital. Dabei sind ggf. auch Wertänderungen zu berücksichtigen, die nicht mehr oder noch nicht zahlungswirksam sind, im Sinne einer Total- oder Zukunftsbetrachtung aber Wertzuwächse oder Wertminderungen und damit Ein- oder Auszahlungen darstellen oder darstellen können. Die Ableitung und Vorgabe sachlicher und zeitlicher Zurechnungs- und Zuordnungsregeln aber ist maßgeblich von den zugrunde liegenden Rechnungslegungszwecken abhängig. In vereinfachter Form läßt sich damit folgende kausale Verknüpfung für die periodische Rechnungslegung qua Jahresabschluß feststellen:

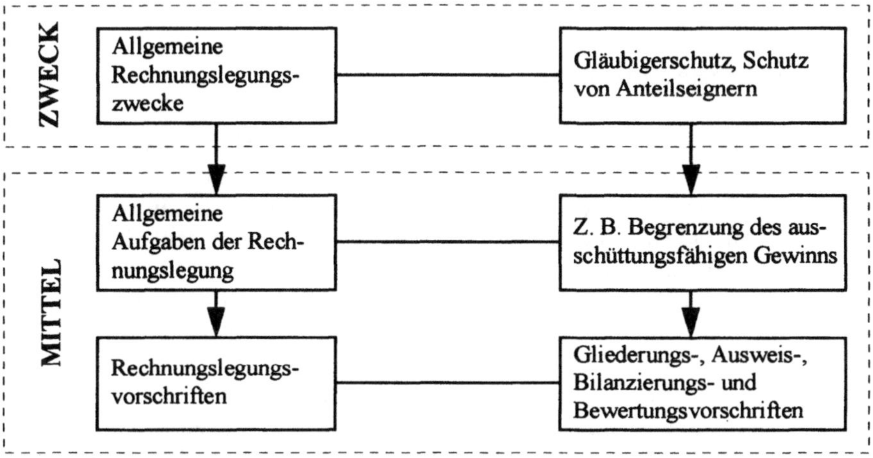

Abb. 1: Rechnungslegungszwecke, -aufgaben und -vorschriften

Der Rechnungslegungszweck gibt den materiellen Informationsrahmen vor, der im Sinne einer gedanklich-deduktiven Phasenabfolge durch Aufgaben der periodischen Rechnungslegung und Rechnungslegungsvorschriften ausgefüllt und konkretisiert wird. Rechnungslegungszweck, Aufgaben der Rechnungslegung und Rechnungslegungsvorschriften lassen sich insoweit als Zweck-Mittel-Relation interpretieren.

In der Betriebswirtschaftslehre wurden in der wissenschaftlichen Auseinandersetzung mit Zwecken und Aufgaben des Jahresabschlusses unterschiedliche Vorstellungen und Konzeptionen entwickelt, die als „**Bilanztheorien**" Rechtsprechung und Gesetzgebung in nicht unerheblichem Maße beeinflußt haben. Dies gilt in erster

Linie für die **statische** und die **dynamische Bilanzauffassung** und ihre jeweiligen Vertreter. Insoweit ist eine Befassung mit den Bilanztheorien nicht nur wissenschaftshistorisch von Interesse, sondern vielfach unerläßlich für das Verständnis unterschiedlicher Konzeptionen zur Ausgestaltung der Rechnungslegungsinstrumente von Unternehmen. Die Bezeichnung „Bilanztheorien" trägt den unterschiedlichen Konzeptionen, die sich eigentlich mit dem **Jahresabschluß** befassen, sicher nur bedingt Rechnung; da es sich jedoch um einen eingeführten, tradierten Terminus für eine bis in das 19. Jahrhundert zurückreichende betriebswirtschaftliche Theoriediskussion handelt, wird er nachfolgend unverändert beibehalten.

Bilanztheorien interpretieren geltendes Recht (Befassung *de lege lata*) oder entwickeln geltendes Recht fort (Befassung *de lege ferenda*), d.h. sie versuchen, die Zwecke, die durch den Jahresabschluß verfolgt werden (sollen), schlüssig zu begründen und zweckbezogene Gliederungs-, Bilanzierungs- und Bewertungsregeln zu entwickeln, durch die den jeweils für vorrangig erachteten Jahresabschlußzielen entsprochen werden kann (*vgl. zu „Bilanztheorien" ausführlich Moxter, 1986; Barth, 1953*).

1.1.1 Statische Bilanzauffassungen

Die Vertreter der statischen Bilanzauffassung (insbesondere *H. Nicklisch, 1932 und W. LeCoutre, 1934*) weisen dem Jahresabschluß die Aufgabe zu, im Rahmen eines „Status" stichtagsbezogen die Fähigkeit eines Unternehmens festzustellen, seine Schulden aus vorhandenem Vermögen decken zu können. Damit steht die Bilanz im Vordergrund der Betrachtung, die Ermittlung des Vermögens, der Schulden sowie des Reinvermögens (Vermögen - Schulden = Reinvermögen) dominiert, der Gewinn- und Verlustrechnung wird lediglich untergeordnete Bedeutung beigemessen. Letztere fungiert quasi als Unterkonto des Eigenkapitals und dokumentiert lediglich, wodurch sich betrieblich veranlaßte Veränderungen des Reinvermögens ergeben haben. Vorrangige Aufgaben des Jahresabschlusses, in diesem Falle der Bilanz, ist es, die **Schuldendeckungsfähigkeit** (*Moxter 1986, S. 86*) aufzuzeigen. Wird im Rahmen der Dokumentation der Schuldendeckungsfähigkeit ausschließlich auf das sog. „Zerschlagungsvermögen" abgestellt, werden i.d.R. nur Informationsziele gedeckt, die unmittelbar an die Unternehmenszerschlagung mittels Liquidation oder Konkurs geknüpft sind. Daraus folgt konsequenterweise, daß dem Vermögen nur einzelveräußerbare Sachen und Rechte im bürgerlich-rechtlichen Sinne zugerechnet und als Schulden nur rechtliche Verpflichtungen gegenüber Dritten berücksichtigt werden. Wird demgegenüber auf das „Fortführungsvermögen" abgestellt, erfährt die Informationsausrichtung statischer Bilanzen eine erhebliche Erweiterung: Zwar steht auch hier die Ermittlung des Reinvermögens im Vordergrund, Vermögen und Schulden werden jedoch nicht unter dem Aspekt der Unternehmenszerschlagung, sondern vielmehr unter dem Aspekt der Unternehmensfortführung bilanziell dokumentiert. Vermögensgegenstände und Schulden werden unter Fortführungsgesichtspunkten weiter gefaßt (so werden z.B. „wirtschaftlich begründete Verpflichtungen“ als Schulden erfaßt; Bsp.: Kulanzrückstellung), durch Dokumentation der Reinvermögenszuwächse wird der ausschüttungsfähige Gewinn ermittelt.

Prinzipiell läßt sich zwischen einer **„älteren statischen Schule“** (Vertreter insbesondere *Fischer und Rehm*, die die Vorschriften des ADHGB nicht unmaßgeblich beeinflußt haben) und einer **„neueren“, vorwiegend betriebswirtschaftlich ausgerichteten statischen Schule** (*Nicklisch, LeCoutre*) unterscheiden. Die Vertreter der neueren statischen Schule haben z.T. differenzierte Gliederungslehren zum Ausweis der Bilanzpositionen entwickelt, *Simon* hat mit seiner Konzeption, Anlage- und Umlaufvermögen unterschiedlich zu bewerten, das Bilanzrecht ganz maßgeblich beeinflußt und mitgestaltet.

Beispielhaft für eine statische Interpretation der Bilanz steht die sog. **„totale Bilanzlehre“** von LeCoutre (*1949, 1956*), nach der gefordert wird, daß „... *Bilanzen so erklärt und gestaltet werden, daß ihrem natürlichen Inhalte und ihren praktischen Zweckbestimmungen im Betrieb in jeder Beziehung Rechnung getragen wird*“. Danach hat die Bilanz typischerweise folgende Aufgaben zu erfüllen:

- Elementar-organisatorische Aufgabe:

  Übersichtliche Darstellung von Vermögens- und Kapitalbeständen nach Art, Höhe, Herkunft und Verbleib
- Verwaltungsmäßige Aufgabe:
  - Verdeutlichung des Unternehmensaufbaus in materieller (Vermögen) und finanzieller (Kapital) Hinsicht,
  - Verdeutlichung des Lebensablaufes in Form von Bestandsbewegungen (Umsatzbilanz),
  - Verdeutlichung des Lebensablaufs in Form von Aufwendungen (Kosten) als Substanzverbrauch und Erträgen (Erlösen) als Substanzersatz,
  - Verdeutlichung des Betriebserfolges durch Substanzzuwachs oder Substanzverminderung (Gewinne oder Verluste)
- Wirtschaftserkenntnismäßige Aufgabe:

  Offenlegung der
  - Leistungen des Betriebes,
  - Risiken des Betriebes,
  - Wirtschaftlichkeit des Betriebes,
  - Rentabilität des Betriebes,
  - Bonität des Betriebes und der
  - Entwicklung des Betriebes.

Die Bilanz im Sinne Le Coutres wird als **Kapitaldispositionsrechnung** begriffen, wobei die Aktiva das Betriebs-, die Passiva das Unternehmenskapital darstellen. Der Bilanzinhalt ist nach Funktion, Aufgaben, Arten, Risiken, Rechtsbeziehungen und individuellen Ansprüchen zu gliedern, wobei der funktionellen Gliederung eindeutige Priorität beigemessen wird:

- Das **Betriebskapital** wird unter funktionellen Aspekten wie folgt differenziert:
  - Werbendes Kapital

    = Sachgüter, die dem eigentlichen Betriebsprozeß dienen (z.B. Betriebsgebäude)
  - Sicherungskapital

    = Vermögensgegenstände, die noch in keiner unmittelbaren Beziehung zum Betriebsprozeß stehen, jedoch als Dispositionsreserven benötigt werden (z.B. liquide Mittel)
  - Sozialkapital

    = Vermögensgegenstände, die sozialen Zwecken dienen (z.B. Kantinen, Werkswohnungen)
  - Verwaltungskapital

    = Vermögensgegenstände, die nicht im Eigentum des Unternehmens stehen, nicht werbend dem Betriebszweck dienen, sondern lediglich vom Unternehmen verwaltet werden (z.B. sicherungsübereignete Wertpapiere)
  - Überschußkapital

    = Vermögensgegenstände, die noch nicht oder nicht mehr für den Betriebsprozeß benötigt werden und auch nicht zu den anderen Teilen des Betriebskapitals zählen.
- Das **Unternehmenskapital** setzt sich demgegenüber zusammen aus
  - Eigenkapital

    = bei einer Aktiengesellschaft definiert als Grundkapital, Erweiterungskapital (Reservekapital für bestimmte Zwecke),

    Sicherungskapital (Verlustreserve) und temporäres Zusatzkapital (passivierte Abschreibungsbeträge)
  - Fremdkapital

    = Schulden, differenziert nach Herkunft und Fristigkeit.

Die **Gewinn- und Verlustrechnung** wird von Le Coutre aus kapitaltheoretischer Sicht interpretiert und in eine Kapitalertragsbilanz und eine Kapitalerfolgsbilanz untergliedert. In der **Kapitalertragsbilanz** werden der Kapitalverzehr (Aufwand /Kosten) und der Kapitalersatz (Erträge/Erlöse) gegenübergestellt, die **Kapitaler-**

folgsbilanz dokumentiert die Kapitalvernichtung (Verlust) bzw. den Kapitalzuwachs (Gewinn) der Rechnungsperiode. Bilanz und Gewinn- und Verlustrechnung dienen gleichermaßen als Kapitaldispositionsrechnung, durch die Kapitalzustände und Kapitalbewegungen aufgezeigt werden. Die Bewertung ist im Sinne LeCoutres ein nachrangiges Problem, das durch Rückgriff auf das Anschaffungswert- und Niederstwertprinzip gelöst wird.

Die statische Auffassung hat sich insbesondere in den Vorschriften zur Aufstellung von Inventar und Bilanz (§§ 240 ff., 264 ff. HGB) sowie den handelsrechtlichen Bewertungsvorschriften (§§ 252 ff. HGB) niedergeschlagen.

Die Vorzüge, wie auch die mit der statischen Bilanzauffassung verbundenen Nachteile lassen sich - vereinfacht - wie folgt zusammenfassen:

- **Vorteile**

  Da der subjektiven Gestaltung des Jahresabschlusses relativ enge Grenzen gesetzt werden, sind die Abschlußinformationen durch einen vergleichsweise **hohen Objektivierungsgrad** gekennzeichnet. Der Zielsetzung, „Gläubigerschutz“ entsprechend ist die Bilanzierung an vergleichsweise stringente Bedingungen gekoppelt, so daß der Erfolg der Rechnungsperiode vorsichtig ermittelt und der ausschüttungsfähige Gewinn eher zu niedrig, als zu hoch ausgewiesen wird.

- **Nachteile**

  Soweit die statische Bilanzauffassung auf das Zerschlagungsreinvermögen abstellt, wird im Grunde lediglich die zeitpunktbezogene Schuldendeckungsfähigkeit im Falle einer freiwilligen oder erzwungenen Unternehmensliquidation nachgewiesen. Andere Informationsaufgaben des Jahresabschlusses werden vernachlässigt. Hinzu kommt, daß die Aussagefähigkeit der Gewinn- und Verlustrechnung eng begrenzt ist, da die GuV-Rechnung lediglich als Hilfskonto fungiert und die enge Definition bilanzierungsfähiger Vermögensgegenstände und Schulden eine periodengerechte Erfassung und Verrechnung von Erträgen und Aufwendungen z.T. verhindert.

1.1.2 Dynamische Bilanzauffassungen

Während nach statischer Bilanzauffassung die Feststellung der Schuldendeckungsfähigkeit vorrangig ist, sehen die Vertreter der dynamischen Bilanzauffassung (*insbes. E. Schmalenbach, 1919/1962, E. Walb, 1926/1966 und E. Kosiol, 1949/1976*) die Ermittlung des jeweiligen Periodenerfolges als Hauptaufgabe des Jahresabschlusses. Der **Periodenerfolg** ist **Maßstab der Wirklichkeit** und **Mittel zur Steuerung des Unternehmens** und ergibt sich als Differenz zwischen Erträgen/Leistungen und Aufwendungen der Erfolgsrechnung (GuV-Rechnung). Erträge und Aufwendungen dokumentieren Werteentstehung und Werteverzehr, wobei die Erträge an den Einnahmen, die Aufwendungen an den Ausgaben „gemessen“ werden; würde die Rechnungsperiode eines Unternehmens mit der Gesamtlebensdauer (= Zeitraum von Gründung bis Liquidation) übereinstimmen, könnte eine Totalerfolgsrechnung des Unternehmens als reine Einnahmen- Ausgabenrechnung erstellt werden, da jeder Ertrag mit einer entsprechenden Einnahme, jeder Aufwand mit einer entsprechenden Ausgabe verbunden wäre. Zur Sicherstellung unternehmerischer Disposition, wie auch in Beachtung gesetzlicher Vorgaben, ist eine solche „Totalperiode“ jedoch in einzelne überschaubare Zeitabschnitte, d.h. in Rechnungsperioden zu zerlegen. Der im Sinne der dynamischen Bilanzauffassung „richtige“ Erfolg einer Rechnungsperiode kann damit nicht über Einnahmen und Ausgaben, sondern nur über die Erträge und Aufwendungen **dieser Periode** ermittelt werden. Daraus folgt konsequenterweise, daß Realgüterbewegungen, die mit Einnahmen und Ausgaben verbunden sind und über die laufende Periode hinaus wirken, jeweils abgegrenzt und den entsprechenden Perioden zugerechnet werden müssen. Abgegrenzt wird nach dem Verursachungsprinzip, der Inhalt der dynamischen Bilanz besteht aus liquiden Mitteln, Kapital und Abgrenzungsposten; durch letztere werden „schwebende Geschäfte“, bei denen die Transformation von Geld über Sachwerte bzw. Forderungen und Schulden zu Geld noch nicht abgeschlossen ist, bilanziell dokumentiert.

Die **Bilanz** stellt damit lediglich **Hilfsmittel der Erfolgsrechnung** dar, ihr Inhalt ist nicht an die statischen Größen „Vermögensgegenstand“ und „Schulden“ gebunden, sie ist vielmehr als transitorisches, der Erfolgsermittlung dienendes Konto zu verstehen.

Die von Schmalenbach (*Schmalenbach 1962, S. 59*) entwickelten Schemata für Bilanz und Gewinn- und Verlustrechnung verdeutlichen dies in prägnanter Form:

Aktiva — **Bilanz**	**Passiva**
1. Liquide Mittel	1. Kapital
2. Ausgabe noch nicht Aufwand (z.B. unverbrauchte Rohstoffe; Vorauszahlungen ...)	2. Aufwand noch nicht Ausgabe (z.B. Lieferantenverbindlichkeiten)
3. Ausgabe noch nicht Einnahme (z.B. gewährte Darlehen)	3. Einnahme noch nicht Ausgabe (z.B. Aufnahme von Darlehen)
4. Ertrag noch nicht Aufwand (z.B. selbsterstellte Anlagen, die in späteren Perioden genutzt werden)	4. Aufwand noch nicht Ertrag (z.B. rückständige Instandsetzungen durch den eigenen Betrieb)
5. Ertrag noch nicht Einnahme (z.B. Debitoren, Fertigfabrikate)	5. Einnahme noch nicht Ertrag (z.B. Vorauszahlungen von Kunden)

Abb. 2: Posten und Posteninhalte der dynamischen Bilanz nach *Schmalenbach*

Aufwand Gewinn- und	**Verlustrechnung** Ertrag
1. Aufwand jetzt, Ausgabe jetzt	1. Ertrag jetzt, Einnahme jetzt
2. Aufwand jetzt, Ausgabe früher	2. Ertrag jetzt, Einnahme früher
3. Aufwand jetzt, Ausgabe später	3. Ertrag jetzt, Einnahme später
4. Aufwand jetzt, Ertrag jetzt	4. Ertrag jetzt, Aufwand jetzt
5. Aufwand jetzt, Ertrag früher	5. Ertrag jetzt, Aufwand früher
6. Aufwand jetzt, Ertrag später	6. Ertrag jetzt, Aufwand später

Abb. 3: Posten der Gewinn- und Verlustrechnung nach *Schmalenbach*

Die Erfolgsrechnung hat dabei im wesentlichen drei Voraussetzungen zu erfüllen, durch die die Vergleichbarkeit der Erfolge unterschiedlicher Rechnungsperioden sichergestellt werden soll (Zeitvergleichsfunktion):

(1) Genaue Periodenabgrenzung

durch verursachungsgerechte Zuordnung der Aufwendungen und Erträge.

(2) Beibehaltung der Gewinnermittlungsmethoden

im Zeitablauf, wobei der Vergleichbarkeit der Periodengewinnermittlung der Vorrang gegenüber der Richtigkeit einzuräumen ist.

(3) Sicherheit der Rechnung,

d.h. bei erheblichen Unsicherheiten ist jegliche Rechnungswillkür auszuschließen.

Die dynamische Bilanzauffassung geht zwar in der Regel vom Anschaffungswertprinzip aus, ein schlüssiges Bewertungssystem wird jedoch nicht zur Verfügung gestellt. Daraus folgt, daß auf eine Vielzahl kasuistischer Bewertungsregeln zurückgegriffen werden muß. Beispielhaft läßt sich dies wie folgt verdeutlichen:

- Für die Bewertung von Gegenständen des **Anlagevermögens**, bei denen Preisänderungen eingetreten sind, schlägt *Schmalenbach* einen Zeitwertansatz vor.
- Die Bewertung des sog. **„eisernen Bestands“** (= erforderliches Mindestvolumen an Umlaufgütern, das einen reibungslosen Betriebsablauf sicherstellt) erfolgt nach *Schmalenbach* zu einem Festwertansatz, so daß Preisänderungen grundsätzlich unberücksichtigt bleiben. Spekulative Bestände (= Bestandsmehrungen gegenüber der Vorperiode) sind mit ihrem Tageswert am Bilanzstichtag auszuweisen. Soweit der Tageswert über den Anschaffungskosten liegt, entstehen Buchgewinne, die zu passivieren und in den folgenden Jahren abzuschreiben sind.

Weiterentwickelt wurde die „dynamische Bilanz“ u.a. durch *Walb* („finanzwirtschaftliche Bilanz“) und *Kosiol* („pagatorische Bilanz“). Die dynamische Bilanzauffassung hat sich vorrangig in den Vorschriften zur GuV-Rechnung (§§ 275 ff. HGB) sowie in der Bildung von Rechnungsabgrenzungsposten (§ 250 HGB) und Rückstellungen (§ 249 HGB) niedergeschlagen.

Die Vor- und Nachteile einer dynamischen Bilanzinterpretation lassen sich - vereinfacht - wie folgt zusammenfassen:

- **Vorteile**

  Die dynamische Interpretation stellt die Periodenerfolgsermittlung als dominierende Informationsaufgabe in den Vordergrund, so daß vergleichsweise bedeutsame führungsrelevante Daten zur Verfügung gestellt werden.

- **Nachteile**

  Als wesentlicher Nachteil stellt sich zweifellos dar, daß dem Zweck des Gläubigerschutzes nur bedingt Rechnung getragen wird: da die periodische Erfassung und Verrechnung von Aufwendungen und Erträgen an dem Verursachungsprinzip ausgerichtet wird, werden dem subjektiven Ermessen des Bilanzierenden relativ breite Spielräume eröffnet. Damit kann letztlich aber durchaus die Gefahr verbunden sein, daß der ausschüttungsfähige, die Substanz des Unternehmens schmälernde Gewinn zu hoch ausgewiesen wird. Diese Gefahr wird dadurch verstärkt, daß der dynamischen Bilanzauffassung ein schlüssiges Bewertungssystem fehlt, vielmehr auf eine Vielzahl kasuistischer Bewertungsregeln zurückgegriffen wird.

Die wesentlichen **Unterschiede** zwischen der statischen und dynamischen Bilanzinterpretation lassen sich anhand eines einfachen Beispiels skizzieren:

Beispiel:

In der Periode t_1 fällt für Beratungsleistungen eine Ausgabe (= Verbindlichkeit) in Höhe von 900 TDM an. Bei verursachungsgerechter Zuordnung zu den Periode t_1 und t_2 wird ein Verhältnis von 2 : 1 angenommen.

- Statische Interpretation

Bilanz t_1 (TDM)

	Schulden 900

GuV-Rechnung t_1 (TDM)

Sonstige Aufwendungen 900	

Die Ausgabe wird in t in voller Höhe als Aufwand verrechnet, da am Ende dieser Periode kein Vermögensgegenstand vorliegt.

- Dynamische Interpretation

Bilanz t_1 (TDM)	
Ausgabe, noch nicht Aufwand 300	Schulden 900

GuV-Rechnung t_1 (TDM)	
Sonstige Aufwendungen 600	

Im Sinne einer geforderten verursachungsgerechten Zuordnung werden in t_1 nur 600 TDM als Aufwand erfaßt, die restlichen 300 TDM werden abgegrenzt und erst in t_2 als Aufwand erfaßt.

1.1.3 Entwicklungstendenzen der bilanztheoretischen Diskussion

Die Bilanztheorien wurden in den vergangenen 30 Jahren durch zahlreiche Arbeiten fortgeführt und weiterentwickelt; dabei sind im wesentlichen zwei Gruppen zu unterscheiden: (1) Arbeiten, die sich primär mit der Ausgestaltung konkreter handels- und/oder steuerrechtlicher Rechnungslegungsvorschriften befassen und (2) konzeptionelle Ansätze zur Rechnungslegung von Unternehmen. Zur letztgenannten Gruppe zählen z.B. die funktionsanalytische Bilanztheorie (*Stützel 1967*) sowie die zahlungsstromorientierten Ansätze von *Moxter* und *Busse von Colbe.*

Funktionsanalytische Ansätze thematisieren die an sich a priori naheliegende, letztlich jedoch nicht selbstverständliche Erkenntnis, daß es einen Bilanzzweck schlechthin ebenso wenig geben kann, wie ein in sich geschlossenes Zwecksystem. Unterschiedliche Informationsziele der Bilanzadressaten führen, soweit ihnen entsprochen wird oder entsprochen werden soll, zu unterschiedlichen Bilanzzwecken, die Pluralität der Bilanzzwecke führt zu unterschiedlich ausgestalteten Abschlußrechnungen, da „*... jedem Zweck seine eigene Bewertung, jedem Bilanzzweck seine eigene Bilanz entspricht*“ (*Stützel 1967, S. 320*). Der Pluralität der Bilanzzwecke wird de lege lata und in globaler Form z.B. durch die gesonderte Erstellung eines handelsrechtlichen Jahresabschlusses und einer Ertragssteuerbilanz entsprochen. Durch die Koppelung von Handels- und Steuerbilanz und die zunehmende Tendenz zur Erstellung von „Einheitsbilanzen“, die zugleich als Handels- und Steuerbilanzen fungieren, werden die zutreffenden Erkenntnisse funktionsanalytischer Ansätze letztlich konterkariert.

Vertreter der **zahlungsstromorientierten Ansätze** sehen die Aufgabe des Jahresabschlusses vorrangig in der Bereitstellung entscheidungsrelevanter Informationen für externe Investoren (Aktionäre, Gläubiger). Diese Aufgabe kann ein komprimierter, vergangenheitsbezogener, als Vermögensrechnung konzipierter Jahresabschluß nicht erfüllen, hierzu ist vielmehr eine differenzierte, zukunftsorientierte und auf

Zahlungsströmen basierende Rechnungslegung erforderlich, die den herkömmlichen Jahresabschluß ergänzt oder ersetzt. Dieser Erkenntnis entsprechend schlägt z.B. *Busse von Colbe* vor, den Jahresabschluß zwingend durch eine **Kapitalflußrechnung zu erweitern** und damit über die Vermögensrechnung hinaus die Zahlungsströme der Rechnungsperiode zu dokumentieren. Der Ansatz von *Moxter* sieht, darüber hinausgehend vor, den Jahresabschluß durch ein ***„finanzplanorientiertes Tableau“*** zu ersetzen, das vergangenheits- und zukunftsbezogen die Zahlungsströme ausweist und systematisiert. Während das amerikanische Bilanzrecht seit 1988 ergänzend zur Bilanz und Erfolgsrechnung einen standardisierten Statement of Cash Flows zwingend vorschreibt (*FASB Statement No. 95; bis 1988 war ein nicht standardisiertes Statement of Changes in Financial Positions üblich*), wurden die Erkenntnisse zahlungsstromorientierter Ansätze bedauerlicherweise nicht in das deutsche Bilanzrecht übernommen.

Die unterschiedlichen bilanztheoretischen Ansätze befassen sich - wie dargestellt - nahezu ausschließlich mit der **periodischen Rechnungslegung** von Unternehmen, aperiodische oder einmalige Formen der Rechnungslegung werden weitgehend ausgeklammert. Dennoch ist festzustellen, daß es die Rechnungslegung schlechthin nicht geben kann, da unterschiedliche Anlässe Rechnung zu legen, unterschiedliche Rechnungslegungszwecke, -aufgaben und -vorschriften zur Folge haben können und zahlreiche, z.T. erheblich divergierende Gestaltungsformen gegeben sind. Der folgende Abschnitt skizziert unter Bezugnahme auf unterschiedliche Abgrenzungskriterien die wichtigsten Ausprägungsformen der Rechnungslegung von Unternehmen (sog. „Bilanzarten“).

1.2 Bilanzarten

Wird „Rechnungslegung“ im umfassenden Sinne als Inbegriff einer gezielten und strukturierten, gesetzlich geregelten oder autonomen, einmaligen oder periodischen Informationsaufbereitung und -bereitstellung von Daten des externen Rechnungswesens für definierte Informationsadressaten verstanden, kann in die in Abb. 4 dargestellten Bilanzarten unterschieden werden.

Nach der **Regelmäßigkeit der Erstellung** bzw. dem Anlaß der Bilanzerstellung ist zwischen laufenden oder periodischen sowie aperiodischen, gelegentlichen oder Sonderbilanzen zu unterscheiden. Laufende Bilanzen (vielfach auch als ordentliche Bilanzen bezeichnet) sind Bilanzen, die entweder regelmäßig aufgrund gesetzlicher Vorschriften oder vertraglicher Vereinbarungen erstellt werden müssen oder aufgrund autonomer Entscheidungen eines Unternehmens zur Sicherstellung einer permanenten Kontrolle betrieblicher Prozesse erstellt werden. Aperiodische, gelegentliche oder Sonderbilanzen werden demgegenüber i.d.R. einmalig erstellt, um besonderen betrieblichen Anlässen Rechnung zu tragen (z.B. Ausscheiden eines Gesellschafters, Fusion zweier Unternehmen, Liquidation des Unternehmens).

Anhand des **Zeitbezugs** der Bilanzerstellung läßt sich zwischen Ist- und Planbilanzen unterscheiden. Istbilanzen sind vergangenheitsbezogen und dokumentieren betriebliche Prozesse als Rückschaurechnung, während Planbilanzen prognostizierte und als Ziel definierte Vermögens- und/oder Erfolgszustände beschreiben.

Die Unterscheidung zwischen Brutto- und Nettobilanzen basiert auf dem unterschiedlichen **Detaillierungsgrad** der Informationsvermittlung: Bruttobilanzen weisen Vermögen und Kapital, Aufwendungen und Erträge unsaldiert aus, wohingegen Nettobilanzen (auch als Buchwert- oder Restwertbilanzen bezeichnet) saldierte Größen zum Bilanzstichtag dokumentieren (z.B. Saldierung korrespondierender Größen wie Forderungen und Schulden, Saldierung verknüpfter Größen wie Umsatzerlöse und Materialaufwendungen, Korrektur des Vermögens um Abschreibungen usw.).

Nach den zu **beachtenden Rechtsnormen** ist zwischen Handelsbilanzen und steuerrechtlichen Bilanzen (Ertragssteuerbilanz, Vermögensaufstellung) zu unterscheiden. Steuerrechtliche Bilanzen dienen der Ermittlung der steuerlichen Bemessungsgrundlagen, wobei nach dem Gegenstand der Besteuerung zwischen Ertragssteuerbilanzen und Vermögensaufstellungen differenziert werden muß. Aufgrund der Maßgeblichkeit der Handels- für die Steuerbilanz ist dabei nach deutschem Recht eine enge Verzahnung zwischen dem auf handelsrechtlichen Vorschriften basierenden Jahresabschluß und den Steuerbilanzen gegeben (ausführlich hierzu .5.1)

Anhand der **Art** bzw. dem Bestands- oder Stromcharakter der **Bilanzgrößen** lassen sich Zustandsbilanzen und Bewegungsbilanzen abgrenzen. Zustandsbilanzen weisen jeweils zum Abschlußstichtag die Bestände an Vermögen und Kapital aus, während Bewegungsbilanzen Veränderungen von Vermögen und Kapital des jeweiligen Betrachtungszeitraums gegenüberstellen und die Herkunft und Verwendung der Mittel belegen. Die Dokumentation der Wertbewegungen durch Bewegungsbilanzen kann durch Kapitalflußrechnungen erweitert oder ergänzt werden.

Wird als Kriterium die **Zahl der einbezogenen rechtlich selbständigen Unternehmen** zugrunde gelegt, lassen sich Einzelbilanzen, Gemeinschaftsbilanzen, Sammel- oder Summenbilanzen und Konzernbilanzen unterscheiden. Einzelbilanzen werden isoliert für jeweils ein rechtlich selbständiges Unternehmen erstellt, Gemeinschaftsbilanzen sind additiv zusammengefaßte Bilanzen rechtlich und wirtschaftlich selbständiger Unternehmen, die z.B. im Rahmen einer Interessengemeinschaft zeitlich limitiert gemeinsame Zwecke verfolgen.

<table>
<tr><td>Abgrenzungs-kriterium</td><td colspan="11">Rechnungslegung (Bilanzarten)</td></tr>
<tr><td rowspan="3">Regelmäßigkeit der Erstellung bzw. Bilanzierungsanlaß</td><td colspan="4">periodische / laufende Bilanzen</td><td colspan="7">aperiodische, gelegentliche od. Sonderbilanzen</td></tr>
<tr><td colspan="3">Zwischenbilanzen</td><td rowspan="2">Jahres-abschluß</td><td rowspan="2">Gründungs-bilanz</td><td rowspan="2">Umwandlungsbi-lanz</td><td rowspan="2">Fusions-bilanz</td><td rowspan="2">Auseinandersetzungs-bilanz</td><td rowspan="2">Sanierungs-bilanz</td><td rowspan="2">Insolvenz-bilanz</td><td rowspan="2">Liquidations-bilanz</td></tr>
<tr><td>Monat</td><td>Quart.</td><td>Halbj.</td></tr>
<tr><td>Zeitbezug der Erstellung</td><td colspan="5">Istbilanzen</td><td colspan="6">Planbilanzen</td></tr>
<tr><td>Detaillierungsgrad</td><td colspan="5">Bruttobilanzen</td><td colspan="6">Nettobilanzen</td></tr>
<tr><td rowspan="2">Zu beachtende Rechtsnormen</td><td colspan="4" rowspan="2">Handelsrechtliche ' Bilanzen '</td><td colspan="7">Steuerrechtliche ' Bilanzen '</td></tr>
<tr><td colspan="4">Ertragssteuerbilanz</td><td colspan="3">Vermögensaufstellung</td></tr>
<tr><td>Charakter der Bilanzgrößen</td><td colspan="4">Zustandsbilanzen</td><td colspan="7">Bewegungs- oder Veränderungsbilanzen</td></tr>
<tr><td>Zahl der einbezogenen rechtlich selbständigen Unternehmen</td><td colspan="3">Einzelbilanzen</td><td colspan="3">Gemeinschafts-bilanzen</td><td colspan="3">Sammel- oder Summenbilanzen</td><td colspan="2">Konzern- oder konsolidierte Bilanzen</td></tr>
<tr><td rowspan="2">Informationszweck</td><td colspan="4">Vermögensbilanz</td><td colspan="3">Erfolgsbilanz</td><td colspan="2" rowspan="2">Liquiditäts-bilanz</td><td colspan="2" rowspan="2">Bewegungs-bilanz</td></tr>
<tr><td colspan="2">i. e. S.</td><td colspan="2">Unternehmens-wertbilanz</td><td>Umsatz-bilanz</td><td colspan="2">Leistungs-bilanz</td></tr>
<tr><td>Informations-adressaten</td><td colspan="6">interne Bilanzen</td><td colspan="5">externe Bilanzen</td></tr>
</table>

Abb. 4: Rechnungslegung von Unternehmen, differenziert nach Bilanzarten

Sammel- oder Summenbilanzen sind wie Gemeinschaftsbilanzen unkonsolidierte, additive Zusammenfassungen von Einzelbilanzen rechtlich selbständiger Unternehmen, vielfach mit vereinheitlichter Bilanzierung und Bewertung. Konzernbilanzen fassen die Einzelabschlüsse der in den Konzernabschluß einbezogener Unternehmen unter Eliminierung konzerninterner Beziehungen zusammen (vgl. dazu ausführlich Teil B).

Nach dem vorrangig verfolgten **Informationszweck** sowie der Umsetzung bilanztheoretischer Konzeptionen lassen sich Vermögensbilanzen, Erfolgsbilanzen, Liquiditätsbilanzen und Bewegungsbilanzen unterscheiden. Vermögensbilanzen umfassen einerseits die zum jeweiligen Abschlußstichtag erstellten Beständebilanzen, zum anderen die Unternehmenswertbilanzen, die über den Substanzwert hinaus auch den Geschäfts- oder Firmenwert berücksichtigen. Vermögensbilanzen dienen im Sinne statischer Bilanzauffassungen der Dokumentation der Schuldendeckungsfähigkeit eines Unternehmens. Erfolgsbilanzen verfolgen demgegenüber in vorrangig dynamischer Ausrichtung den Zweck, den Periodenerfolg auszuweisen und hinsichtlich seiner Erfolgskomponenten zu belegen. Liquiditätsbilanzen weisen das Vermögen nach dem Grad der Liquidierbarkeit aus, die Schulden nach der Fälligkeit, wobei das Vermögen i.d.R. nach Liquidationsgesichtspunkten bewertet wird.

Werden die **Informationsadressaten** als Abgrenzungskriterium herangezogen, sind interne und externe Bilanzen zu unterscheiden. Interne Bilanzen werden vielfach losgelöst von Rechtsnormen ausschließlich zur Unterrichtung der Unternehmensleitung erstellt, während demgegenüber externe Bilanzen Informationen für außenstehende Informationsadressaten bereitstellen. Soweit externe Bilanzen erstellt werden (müssen), sind i.d.R. Rechtsvorschriften, die den Prozeß der Informationsaufbereitung und -bereitstellung regeln, zwingend zu beachten (z.B. handelsrechtlicher Jahresabschluß, Steuerbilanz).

Kernstück der externen Informationsbereitstellung im Rahmen der Rechnungslegung eines Unternehmens ist der periodisch zu erstellende **handelsrechtliche Jahresabschluß**, der bei bestimmten Unternehmensrechtsformen durch einen **Lagebericht** zu ergänzen ist.

1.3 Adressaten und Konzeptionen einer „zieloptimalen" Gestaltung der Rechnungslegung

Im Schrifttum werden bzw. wurden unterschiedliche Auffassungen über mögliche Zielträger der Jahresabschlußinformationen vertreten („Proprietary-Theorie", „Entity-Theorie", „Fund-Theorie", „Commander-Theorie" usw.). Im Endeffekt kann dabei festgestellt werden, daß sich neuerdings wohl überwiegend die sog. **Koalitionstheorie** durchgesetzt hat, basierend auf der Erkenntnis, daß ein Unternehmen nur in idealtypischer Sicht als konfliktfreies Gebilde begriffen werden kann. Im Sinne der u.E. schlüssigen Koalitionstheorie stellt ein Unternehmen eine Koalition komplementärer aber auch konkurrierender Ziele der Koalitionsteilnehmer dar, die innerhalb unterschiedlich definierter Grenzen relativ autonom darüber entscheiden, ob sie der Koalition beitreten oder aus ihr ausscheiden wollen. Internen Koalitionsteilnehmern wie Anteilseignern, Unternehmensleitung, Arbeitnehmern, aktuellen Gläubigern usw. stehen externe Koalitionsteilnehmer gegenüber wie potentielle Anteilseigner, Kunden, Lieferanten, Gläubiger, Arbeitnehmer. Im vergangenen Jahrzehnt ist dabei ein gravierender Wandel in der Beziehung zwischen einem Unternehmen und seinem relevanten Umsystem zu beobachten: die Verknüpfungen sind durch „moderne" Logistikkonzepte wie Just-in-Time, durch Auslagerung ganzer Funktionsbereiche („Outsourcing") und durch Konzentration auf wenige Zulieferer vielfach so eng geworden, daß es sich bei Marktpartnern vielfach um wirtschaftlich integrierte, faktische Unternehmensteile handelt. Im Extrem liegt lediglich aufgrund der fehlenden kapitalmäßigen Beteiligung der handels- bzw. aktienrechtliche Tatbestand eines „verbundenen Unternehmens" nicht vor: die externe „Weisungsbefugnis" kann z.B. bei typischen Zulieferern eines Großunternehmens so stark ausgeprägt sein, daß es sich faktisch um ein - zumindest sektoral - unselbständiges Unternehmen handelt. Die für eine Koalition typische autonome Entscheidungskompetenz der Koalitionäre, der Koalition beizutreten bzw. aus der Koalition auszuscheiden, besteht in solchen Fällen vielfach nicht mehr. Für alle Koalitionsteilnehmer - unabhängig davon, ob sie interne oder externe Koalitionäre sind und unabhängig davon, ob sie lose oder fest in das Unternehmen eingebunden sind - gilt gleichermaßen, daß sie darüber informiert werden wollen, ob und inwieweit die Zielvorstellungen des Unternehmens mit der eigenen Zielerwartung übereinstimmt (vgl. zu den Zielvorstellungen einzelner Koalitionsteilnehmer z.B. ausführlich *Baetge 1983*).

Ein Instrument, das insbesondere externen Koalitionären, die über keine unmittelbare Zugriffsmöglichkeit auf interne Daten verfügen, die hierfür erforderlichen Informationen zur Verfügung stellen soll, ist zweifellos der Jahresabschluß. Dieser müßte konsequenterweise so ausgestaltet werden, daß den durchaus unterschiedlichen Informationsbedürfnissen der Koalitionäre entsprochen werden kann. Eine allen partikularen Informationsbedürfnissen entsprechende, quasi **ziel-optimale Abschlußgestaltung** wird jedoch nicht möglich sein, da der Jahresabschluß zum einen nahezu ausschließlich ökonomisch-quantifizierbare Daten bereitstellt (so werden z.B. immaterielle Informationen wie Unternehmensimage, Inanspruchnahme der Kreditlinien usw. nicht dokumentiert) und zum anderen die Informationsvermittlung überwiegend vergangenheitsbezogen angelegt ist (künftige Chancen bleiben grundsätzlich unberücksichtigt, künftigen Risiken/Lasten wird teilweise - z.B. durch Rückstellungsbildung - Rechnung getragen).

Das gemeinsame „**informationelle Minimum**" aller Koalitionsteilnehmer, das ggf. durch Bereitstellung von Jahresabschlußinformationen gedeckt werden kann, bzw. gedeckt werden sollte, besteht in der Übermittlung von Informationen über

(1) die Höhe des erwirtschafteten - ausschüttungsfähigen oder thesaurierbaren - **Periodengewinns** bzw. des das Reinvermögen schmälernden **Periodenverlustes**,

(2) die allgemeine **Entwicklung des Unternehmens** in der zurückliegenden Rechnungsperiode (= Rechenschaftslegung),

(3) die **prognostizierte künftige Entwicklung des Unternehmens** für einen überschaubaren, aus der Sicht der Adressaten kontroll- und entscheidungsrelevanten Zeitraum.

1.3.1 Rechnungslegung, Erhaltungskonzeptionen und Periodengewinn

Im Rahmen der **Ermittlung** des ausschüttungsfähigen bzw. thesaurierbaren **Periodengewinns** besteht das gemeinsame Ziel aller Koalitionäre in der Regel darin, diesen so zu bemessen und ggf. der Höhe nach zu begrenzen, daß das Unternehmen als **eigenständiges** organisatorisches **Wirtschaftsgebilde erhalten** und die Unternehmensfortführung sichergestellt werden kann. Dabei können naturgemäß durchaus divergierende Vorstellungen der Koalitionäre über die Höhe einer als „angemessen" empfundenen Gewinnausschüttung gegeben sein (z.B. Renditeinteressen von Investoren vs. Thesaurierungsinteressen der Unternehmensleitung). Der Grad der Realisierung des allen Koalitionären letztlich gemeinsamen Erhaltungsziels kann dabei im Kontext der Gewinnermittlung mit unterschiedlicher konzeptioneller Ausrichtung überprüft werden; in Betracht kommen insbesondere folgende „**Erhaltungskonzeptionen**" (*vgl. Coenenberg 1993, S. 649 ff.*):

- **Nominale oder reale Kapitalerhaltung (Geldkapitalerhaltung)**

  Die nominale Kapitalerhaltung ist stets dann gesichert, wenn das zu Beginn der Periode vorhandene Eigenkapital am Periodenende in nominal (d.h. effektiven Geldeinheiten ausgedrückt) unveränderter Höhe vorhanden ist. Dies ist regelmäßig dann der Fall, wenn die Erträge der Rechnungsperiode die Aufwendungen der Periode, gerechnet zu historischen Anschaffungs- oder Herstellungskosten, decken. Bewertungsgrundlage ist insoweit das Anschaffungswertprinzip.

  Beispiel:

  In der Rechnungsperiode t hat das Unternehmen Fertigerzeugnisse zu Herstellungskosten von 5 Mio. DM produziert, die in derselben Periode zu 6 Mio. DM veräußert werden. Unter dem Aspekt der nominalen Kapitalerhaltung beläuft sich der Periodengewinn auf 1 Mio. DM.

  Die reale Kapitalerhaltung setzt demgegenüber voraus, daß das zu Periodenbeginn vorhandene Eigenkapital am Periodenende kaufkraftmäßig unverändert zur

Verfügung steht; Änderungen der Kaufkraft innerhalb der Rechnungsperiode sind somit bei der Gewinnermittlung zu berücksichtigen.

Beispiel:

Wird auf das vorstehende Beispiel bezogen unterstellt, daß sich die Kaufkraft innerhalb der Periode um durchschnittlich 5 % vermindert hat, müßten die Herstellungskosten und damit der Periodengewinn entsprechend korrigiert werden:

Herstellungskosten kaufkraftbereinigt	5,5 Mio. DM
Umsatzerlöse	6,0 Mio. DM
Periodengewinn	0,5 Mio. DM

- **Statische oder dynamische Substanzerhaltung (Sachkapitalerhaltung)**

  Die statische Substanzerhaltung ist stets dann gesichert, wenn die Ersatzbeschaffungsausgaben für den gesamten Güterverbrauch der Rechnungsperiode durch die Periodenerträge gedeckt werden. Ein darüber hinaus ermittelter Saldo ist unter dem Aspekt der Substanzerhaltung Periodengewinn.

  Bewertet wird auf der Grundlage des Tageswertprinzips.

  Für die Überprüfung einer dynamischen Substanzerhaltung kommen unterschiedlich differenzierte Substanzerhaltungsrechnungen in Betracht, die an einzelwirtschaftliche, volkswirtschaftliche oder technologische Dynamisierungsfaktoren anknüpfen (*vgl. dazu z.B. Coenenberg 1993, S. 673 ff.*)

- **Potentialerhaltung (Erfolgskapitalerhaltung)**

  Die Erfolgskapitalerhaltung ist sichergestellt, wenn der zu Beginn der Rechnungsperiode ermittelte Gesamtwert des Unternehmens dem Gesamtwert des Unternehmens am Ende der Rechnungsperiode entspricht. Eigenkapitalverändernde Einlagen und Entnahmen bleiben dabei unberücksichtigt. Ein - ausschüttungsfähiger oder thesaurierbarer - Periodengewinn liegt vor, wenn Wertzuwächse gegenüber dem Periodenbeginn gegeben sind. Der Gesamtwert wird zukunftsbezogen ermittelt (= „Zukunftserfolgswert") und berücksichtigt die abgezinsten zukünftigen Einnahmen/Erträge bzw. Ausgaben/Aufwendungen, so daß sich der Zukunftserfolgswert letztlich als Ertragswert darstellt (*vgl. dazu ausführlich Coenenberg 1993, S. 681 ff.*):

	Zukunftserfolgswert Periodenende
-	Zukunftserfolgswert Periodenbeginn
=	Periodenveränderung
+	Entnahmen der Periode
-	Einlagen der Periode
=	Periodenerfolg (= kapitaltheoretischer Erfolg)

Auch wenn alle Koalitionäre letztlich, ggf. mit unterschiedlicher Ausprägung, an einer langfristigen Erhaltung des Unternehmens interessiert sein werden, können Gewinnermittlungsziele sowie, darauf basierend, Ausschüttungs- und Thesaurierungsinteressen erheblich divergieren. Der notwendige **Interessenausgleich** wird in aller Regel dadurch vollzogen, daß die **zu realisierende Erhaltungskonzeption** durch den **Gesetzgeber** und/oder das **Unternehmen** selbst festgelegt wird. I.d.R. wird hierzu der Gesetzgeber aufgerufen sein, da das Unternehmen selbst im Sinne unserer Ausgangsüberlegung als Koalition zwar teilweise komplementärer, teilweise jedoch auch divergierender Ziele und Interessen zu interpretieren ist: während in vereinfachter Betrachtung z.B. ein renditeorientierter Investor möglicherweise eine Nominalkapitalerhaltungskonzeption favorisiert, um einen möglichst hohen ausschüttungsfähigen Gewinn sicherzustellen, wird z.B. die Unternehmensleitung eine Erfolgskapitalerhaltungskonzeption präferieren, um die Wettbewerbsfähigkeit nachhaltig sicherstellen zu können.

Für die Gewinnermittlung im Rahmen der Rechnungslegung werden naturgemäß nur solche Konzeptionen praktische Relevanz besitzen können, durch die ein hohes Maß an Rechtssicherheit, Vergleichbarkeit, Willkürfreiheit und Steuerungsfähigkeit sichergestellt werden kann. Daraus folgt zwingend, daß Konzeptionen, die an der Erfolgskapitalerhaltung anknüpfen, zwar einen hohen modelltheoretische Erklärungswert aufweisen, auf die externe Rechnungslegungspraxis jedoch nicht übertragbar sind, da

- auf die **prognostizierte Entwicklung** künftiger Einnahmen/Erträge bzw. Ausgaben/Aufwendungen abgestellt wird und insoweit Entscheidungen unter Ungewißheit bzw. Unsicherheit in die Rechnungslegung einfließen würden, dadurch gleichzeitig tendenziell die Gefahr gegeben sein könnte, daß
- durch Nutzung gegebener Gestaltungs- und Prognosespielräume (z.B. bei Auswahl des Prognoseverfahrens und Definition der Prognoseparameter) Gewinnermittlung und Rechnungslegung einer objektiven oder zumindest **objektivierten Nachprüfbarkeit** entzogen werden.
- Hinzu kommt, daß der Ermittlung des Zukunftserfolgswertes eines Unternehmens unterschiedliche **Abzinsungsfaktoren** zugrunde gelegt werden können: da ein vollkommener Kapitalmarkt nicht existiert und die Koalitionsteilnehmer unterschiedliche Renditeziele verfolgen, müßte der Kalkulationszinsfuß zur Ermittlung abgezinster Einnahmen/Erträge und Ausgaben/Aufwendungen wiederum entweder vom Gesetzgeber in Form einer vertretbaren Kompromißvorgabe „gesetzt" oder in das (willkürliche und im Zeitablauf unterschiedlich ausgeübte) Ermessen des rechnungslegenden Unternehmens gestellt werden.

Für die externe Rechnungslegung und die damit verbundene Gewinnermittlung kommen damit ausschließlich Erhaltungskonzeptionen in Betracht, die auf die Geldkapital- oder Sachkapitalerhaltung abstellen; so läßt es z.B. die 4. EG-Bilanzrichtlinie ausdrücklich zu, sowohl nominale wie auch reale Kapitalerhaltungskonzeptionen oder Substanzerhaltungskonzeptionen in nationales Recht umzusetzen.

Dies hat zur Folge, daß hinsichtlich der Möglichkeiten, für Rechnungslegung und Gewinnermittlung entsprechende Erhaltungskonzeptionen zu formulieren und vorzugeben, wie folgt differenziert werden muß:

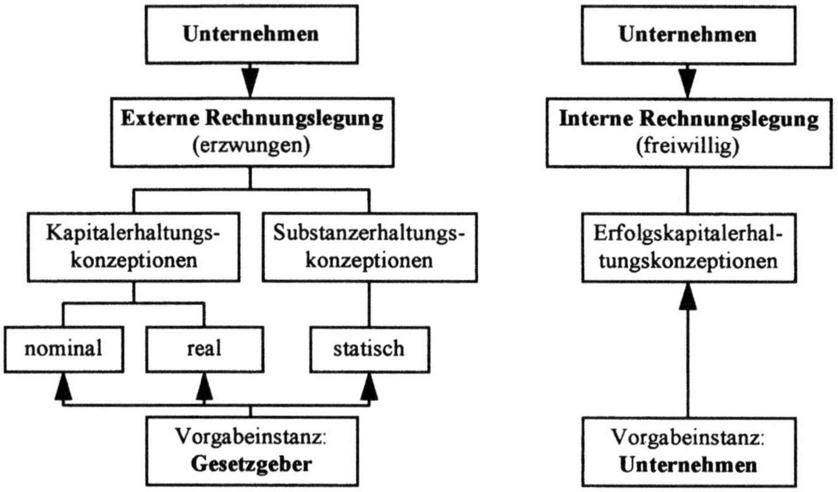

Abb. 5: Rechnungslegung und Erhaltungskonzeptionen

Für die deutsche externe Rechnungslegung sind ausschließlich Erhaltungskonzeptionen vom Gesetzgeber zugelassen worden, die auf die **nominale Kapitalerhaltung** abstellen und den Periodengewinn auf dieser Grundlage ermitteln. Dies hat zur Folge, daß der realen Kapitalerhaltung bzw. der Substanzerhaltung im Rahmen der Periodengewinnermittlung nur bedingt entsprochen werden kann und durch quasi ergänzende Maßnahmen im Rahmen der Periodengewinnverwendung sichergestellt werden muß, daß die Erhaltung des Unternehmens als eigenständiges organisatorisches Gebilde nachhaltig realisiert werden kann. Dies erfordert konsequenterweise, daß die Gewinnausschüttung an die Anteilseigner entweder durch Gesetz (z.B. erzwungene Rücklagenbildung bei Kapitalgesellschaften) oder Gesellschaftsvertrag bzw. Satzung (z.B. durch Bildung satzungsmäßiger Gewinnrücklagen bei Kapitalgesellschaften bzw. Begrenzung der Entnahmemöglichkeiten bei Nichtkapitalgesellschaften durch vertragliche Vereinbarungen) begrenzt wird. Hinzu kommt, daß durch die Bewertung auf der Basis des Anschaffungswertprinzips i.d.R. die Bildung stiller Rücklagen erzwungen und der Periodengewinn gemindert wird. Daraus läßt sich für die deutsche Rechnungslegung folgende Verknüpfung ableiten, die im Ergebnis zu einer realen Kapitalerhaltung oder Substanzerhaltung des Unternehmens **führen kann**:

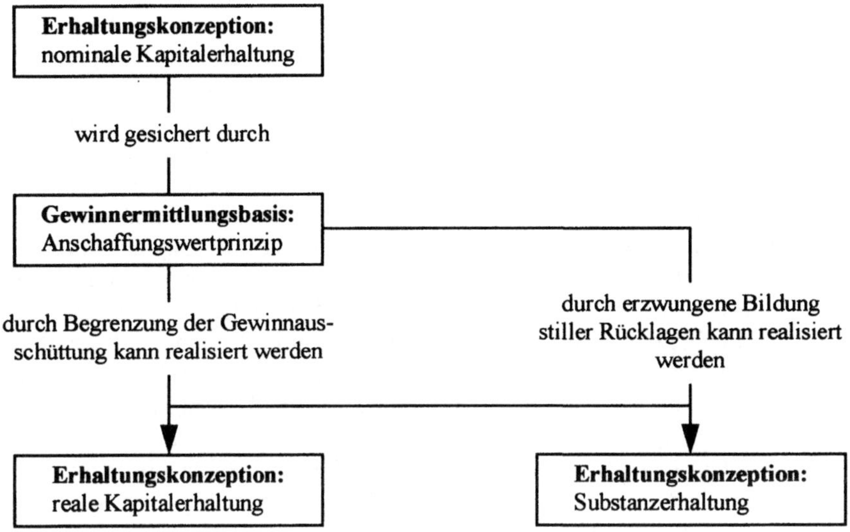

Abb. 6: Kapitalerhaltung und Periodengewinn

Eine auf der realen Kapitalerhaltung oder der statischen Substanzerhaltung basierende externe Rechnungslegung ist in Deutschland nicht zulässig und wird allenfalls auf freiwilliger Basis im Rahmen einer ergänzenden „internen" Rechnungslegung empfohlen (*vgl. z.B. IdW, HFA 2, 1975, S. 19 ff.*); für die Erfolgskapitalerhaltung gilt dies entsprechend.

1.3.2 Rechenschaftslegung und Bereitstellung von Prognosedaten

Informationsziel (1) der Unternehmenskoalitionäre „Bereitstellung von Erhaltungsinformationen und Periodengewinnermittlung" ist insoweit eindeutig, wenn auch möglicherweise nicht alle Interessen deckend definiert, da die Rechnungslegung an vergleichsweise formal definierten, ökonomisch gesicherten Daten ausgerichtet wird. Die Bereitstellung von Rechenschaftsinformationen (= Informationsziel 2) und Prognoseinformationen (= Informationsziel 3) setzt voraus, daß hinreichend exakt definiert wird, wem gegenüber und worüber Rechenschaft abzulegen ist und wem welche Prognosedaten zur Verfügung gestellt werden sollen. Die für die externe Rechnungslegung gewählte Lösung dieses Informationsproblems stellt sich letztlich ebenfalls als an eher formalrechtlichen Kriterien ausgerichteter **Informationskompromiß** dar:

- Durch die Rechnungslegung können zwar Informationen zur Verfügung gestellt werden, die der **Rechenschaftslegung** gegenüber den Koalitionären dienen

- (Bilanz, GuV-Rechnung, Anhang) und hinreichend für Kontrollzwecke geeignet sind, eine umfassende und den Informationsbedürfnissen de facto entsprechende Rechenschaftslegung würde jedoch voraussetzen, Rechenschaftslegung nicht nur als Bereitstellung von Informationen über die (vergangenheits-bezogene) Lage des Unternehmens zu interpretieren, sondern bei Kapitalgesellschaften zusätzliche Informationen bereitzustellen, durch die die Ordnungsmäßigkeit der Geschäftsführung verdeutlicht wird. Zwar kann durch freiwillige Zusatzinformationen im Rahmen des Lageberichts (z.B. Kapitalflußrechnungen) der Informationswert der „Rechenschaftslegung“ verbessert werden, eine Ordnungsmäßigkeitsprüfung der Geschäftsführung sieht jedoch das deutsche Recht nicht vor. Die Kontrollrechte des Aufsichtsrates oder Beirats einer Kapitalgesellschaft vermögen diesen Mangel u.E. nicht auszugleichen, da die Kontrollfunktion i.a.R. nicht in dem für eine Rechenschaftslegung notwendigen Umfang wahrgenommen wird und evtl. gerügte Entscheidungen den Koalitionären gegenüber nicht dokumentiert werden. Insoweit orientiert sich die Prüfung der Rechnungslegung einer Kapitalgesellschaft - und damit die Vermittlung entscheidungsrelevanter Informationen - eher an einer formalrechtlichen denn einer investigativen Prüfung der Abschlußinformation.
- Die Bereitstellung ausreichender **Prognosedaten** setzt regelmäßig voraus, daß das Unternehmen (hier: die Kapitalgesellschaft) ihren Berichtserstattungsspielraum im Rahmen des Lageberichts voll ausschöpft und ggf. durch zusätzliche Informationen auf freiwilliger Basis ergänzt. Eine vorwiegend vergangenheitsbezogene Informationsvermittlung allein reicht aber nicht aus, zukünftige Chancen und Risiken hinreichend und entscheidungsrelevant zu beurteilen.

1.4 Jahresabschluß: Zielvorstellungen des Gesetzgebers

Unternehmen sind im Rahmen ihrer externen Rechnungslegung verpflichtet, einen Jahresabschluß zu erstellen, der in komprimierter und damit quantitativ verdichteter Form die Geschäftsvorfälle der zurückliegenden Rechnungsperiode und das auf dieser Grundlage ermittelte ökonomische Ergebnis (Gewinn/Verlust) eines Unternehmens ausweist.

Als **Instrumente** oder Bestandteile eines Jahresabschlusses sind regelmäßig eine **Bilanz** sowie eine **Gewinn- und Verlustrechnung** (GuV-Rechnung) zu erstellen, bei Kapitalgesellschaften ergänzt um einen **Anhang**. Der von Kapitalgesellschaften zu erstellende **Lagebericht** ist nicht Teil des Jahresabschlusses, er steht vielmehr gesondert neben diesem und ergänzt ihn durch zusätzliche qualitative und quantitative Informationen.

Daraus folgt

- **Kapitalgesellschaften** haben einen aus Bilanz, GuV-Rechnung und Anhang bestehenden Jahresabschluß zu erstellen,
- während sich der Jahresabschluß von **Nichtkapitalgesellschaften** aus Bilanz und GuV-Rechnung zusammensetzt.

Die Vorschriften über die handelsrechtliche Rechnungslegung wurden mit dem zum 1.1.1986 in Kraft getretenen **Bilanzrichtlinien-Gesetz** (BiRiLiG) an die die Vorgaben der 4. EG-Richtlinie („Bilanzrichtlinie"), der 7. EG-Richtlinie („Konzernbilanzrichtlinie") sowie der 8. EG-Richtlinie („Abschlußprüfer-Richtlinie") angepaßt und in einen harmonisierten EG-Rechnungslegungskontext eingefügt. Durch die EG-weite Harmonisierung der Rechnungslegung sollte vorrangig die Gleichwertigkeit und Vergleichbarkeit der Rechnungslegung von Kapitalgesellschaften der EG-Mitgliedstaaten sichergestellt und eine Basis geschaffen werden, die unter Beachtung gewachsener nationaler Besonderheiten im Bereich der Steuergesetzgebung, der Kapitalmärkte und des Bankensystems der einzelnen Mitgliedstaaten eine „international" wettbewerbsfähige Rechnungslegung ermöglicht.

Das **BiRiLiG** wurde zweckentsprechend als **Artikelgesetz** konzipiert, d.h. in und durch die Artikel dieses Gesetzes wurden die durch die Anpassung des deutschen Rechts an das Recht der EU betroffenen Gesetze ergänzt, geändert oder aufgehoben (z.B. HGB, AktG, GmbHG usw.). Im Zusammenhang mit der vollzogenen Transformation des höherrangigen EG-Rechts in deutsches Recht sind dabei zunächst ausschließlich die Ziele und konzeptionellen Ansätze von Interesse, die der deutsche Gesetzgeber aufgegriffen und für Zwecke der Rechnungslegung in nationales Recht umgesetzt hat. Im Zuge der Umsetzung der 4. EG-Richtlinie in deutsches Recht wurde eine Reihe z.T. stark divergierender Entwürfe der Gesetzgebungsorgane vorgelegt; durchgesetzt hat sich letztlich die Konzeption des Rechtsausschusses des Deutschen Bundestags (*vgl. dazu ausführlich z.B. Schruff 1985, S. 33 ff.*). Obwohl die 4. EG-Richtlinie ausdrücklich nur für Kapitalgesellschaften in nationales Recht der Mitgliedstaaten umzusetzen war, sah sich der deutsche Gesetzgeber veranlaßt, darüber hinaus rechtsformneutrale Rechnungslegungsvorschriften im HGB zu verankern, die von allen Kaufleuten (Kapital- und Nichtkapitalgesellschaften) zu beachten sind. Dies wurde u.a. mit der Vermeidung von Mehrfachregelungen, wie auch der Notwendigkeit begründet, die Rechnungslegung von Nichtkapitalgesellschaften ohnehin bestimmten Regelungen unterwerfen zu müssen. Die Transformation in deutsches Recht ist damit dadurch gekennzeichnet, daß

- zum einen Rechnungslegungsvorschriften im HGB verankert wurden, die von **allen Kaufleuten** gleichermaßen zu beachten sind und Buchführung, Inventar, Eröffnungsbilanz, Jahresabschluß sowie Aufbewahrung und Vorlage von Büchern und Belegen regeln,
- zum anderen - der 4. EG-Richtlinie entsprechend - die Rechnungslegung von **Kapitalgesellschaften** und Genossenschaften ergänzenden Regelungen unter-

worfen wird. Für Kapitalgesellschaften gilt folglich, daß die Rechnungslegung auf allgemeinen, rechtsformneutralen und speziellen, rechtsformspezifischen Vorschriften basiert.

Ein in sich schlüssiges **Zwecksystem**, das deduktiv oder teleologisch die Ableitung von Kriterien, Aufgaben und Gestaltungsnormen zuläßt, wird im Rahmen der Transformation der 4. EG-Richtlinie in deutsches Recht nicht oder nur bedingt zugrunde gelegt:

(1) Nichtkapitalgesellschaften

So wird z.B. für Nichtkapitalgesellschaften lediglich vorgegeben, daß der Jahresabschluß unter Beachtung der Grundsätze ordnungsmäßiger Buchführung zu erstellen ist, klar und übersichtlich sein muß, in der Bilanz das **Verhältnis von Vermögen und Schulden** darzustellen ist und in der GuV-Rechnung **Erträge und Aufwendungen** gegenüberzustellen sind.

Die damit verbundene Ziel- oder Zwecksetzung wird nicht erkennbar, vielmehr erscheint eine derart unpräzise und globale Formulierung der durch den Jahresabschluß einer Nichtkapitalgesellschaft zu verfolgenden Zwecke überaus unbefriedigend, da die konzeptionelle Ausrichtung der Rechnungslegung einer Nichtkapitalgesellschaft allenfalls mittelbar aus den zu beachtenden Bilanzierungs- und Bewertungsvorschriften abgeleitet werden kann: Vorsichtsprinzip, Anschaffungswertprinzip und Imparitätsprinzip sind zwar als zentrale Rahmengrundsätze zu beachten, konzeptionell wird die nominale Kapitalerhaltung bezweckt. Das Vermögen kann jedoch im Rahmen der zu beachtenden Bewertungsvorschriften so willkürlich unterbewertet werden, daß eine zweckentsprechende Informationsvermittlung konterkariert wird oder zumindest - abhängig von den Gestaltungsinteressen der geschäftsführenden Gesellschafter - konterkariert werden kann. Dies gilt für die Periodenerfolgsermittlung ebenso wie für die Rechenschaftslegung. Insoweit wird die Rechnungslegung qua Jahresabschluß einer Nichtkapitalgesellschaft nicht dem zweckentsprechenden Gestaltungswillen des Gesetzgebers, sondern dem „willkürlichen" Gestaltungswillen des oder der Gesellschafter unterworfen.

Beispiel:

Ein zu Anschaffungskosten von 500 TDM erworbenes unbebautes Grundstück kann nach h.M. gemäß § 253 Abs. 4 HGB zu einem sog. „vernünftigen kaufmännischen Wert" von 250 TDM in der Bilanz ausgewiesen werden. Das Vermögen wird damit zulässigerweise in erheblichem Umfang unterbewertet, der Periodengewinn entsprechend geschmälert.

Durch einen derart willkürlichen Wertansatz werden zwar beim Einzelunternehmen und einer OHG Gewinninteressen der Gesellschafter nicht tangiert, da sie unmittelbar in eine derartige Wertentscheidung eingebunden sind, bei einer KG können sich jedoch erhebliche Probleme ergeben, da den Kommanditisten im Extrem durch autonome Wertansatzentscheidungen des oder der Komplementäre Gewinnzuweisungen entzogen werden.

Hinzu kommt, daß eine willkürliche Unterbewertung des Vermögens naturgemäß eine „Rechenschaftslegung“ nahezu ausschließt.

(2) Kapitalgesellschaften

Auch bei Kapitalgesellschaften wird der Rechnungslegung kein schlüssiges Zwecksystem zugrunde gelegt. Zwar wird durch § 264 Abs. 2 HGB vorgegeben, daß der Jahresabschluß ein **den tatsächlichen Verhältnissen entsprechendes Bild der Vermögens-, Finanz- und Ertragslage** zu vermitteln hat, die Zwecke, denen damit entsprochen werden soll, werden jedoch nicht genannt. Hinsichtlich der Zweckausrichtung dieser Generalnorm kann allenfalls auf die Präambel zur 4. EG-Richtlinie zurückgegriffen werden: danach soll durch die Koordinierung und Harmonisierung der Rechnungslegungsvorschriften „*... der **Schutz der Gesellschafter und Dritter** bei Gesellschaften ... (und) ... die Herstellung gleichwertiger rechtlicher Mindestbedingungen hinsichtlich des Umfangs der zu veröffentlichenden finanziellen Angaben für miteinander im Wettbewerb stehenden Gesellschaften...*“ erreicht werden. Eine derart globale Zwecksetzung ist jedoch nicht oder nur sehr bedingt geeignet, Kriterien für die Ausgestaltung des Jahresabschlusses und damit der Rechnungslegung einer Kapitalgesellschaft abzuleiten, obwohl gerade dies in der BegrRegE gefordert wurde: „*... die Anwendung gesetzlicher Vorschriften ... (hat) ... jeweils so zu erfolgen, daß der den gesetzlichen Vorschriften vom Gesetzgeber beigelegte Sinn und **Zweck** erfüllt wird*“ (*Deutscher Bundestag, BegrRegE 1983, S. 77*).

Da der Zweck nicht definiert wurde und die Generalnorm des § 264 Abs. 2 HGB lediglich eine allgemeine Funktion des Jahresabschlusses beschreibt, kann auch für Kapitalgesellschaften lediglich mittelbar aus der Präambel der 4. EG-Richtlinie sowie der Ausgestaltung der zu beachtenden Bilanzierungs- und Bewertungsvorschriften abgeleitet werden, daß

- **Gläubiger und Anteilseigner geschützt** werden sollen,
- durch Vorsichts-, Anschaffungswert- und Imparitätsprinzip sowie Begrenzung des ausschüttungsfähigen Gewinns die **nominale** (ansatzweise: reale) **Kapitalerhaltung** sichergestellt und
- durch Schaffung gleichwertiger Rechnungslegungsvorschriften der **Informationsfunktion** des Jahresabschlusses Rechnung getragen werden soll.

1.5 Adressaten des Jahresabschlusses

Auch wenn eine in sich schlüssige Vorgabe von Zwecken, denen der Jahresabschluß zu entsprechen hat, vermißt wird, lassen sich doch bestimmte Gruppen abgrenzen, die als Informationsadressaten in Betracht kommen:

(1) Unternehmensleitung

mit der Verpflichtung, sich selbst anhand der Jahresabschlußinformationen ein Bild von der Lage des Unternehmens zu verschaffen (= Verpflichtung zur Selbstinformation). Dazu ist es erforderlich, nicht nur die Jahresabschlußdaten als solche zu prüfen und zu interpretieren, sondern darüber hinaus anhand relevanter Kennzahlen und ggf. ergänzender Rechnungen die Entwicklung des Unternehmens kontrollierend zu „begleiten".

Die Verpflichtung zur Selbstinformation wird naturgemäß einen besonders hohen Stellenwert für den/die geschäftsführenden Gesellschafter nicht publizitätspflichtiger Personengesellschaften sowie den Einzelunternehmer aufweisen.

(2) Unternehmensinterne Kontrollorgane

wie z.B. Aufsichtsrat oder Beirat von Kapitalgesellschaften, denen gegenüber seitens der Unternehmensleitung u.a. anhand der Jahresabschlußinformationen Rechenschaft über die Lage der Gesellschaft abzulegen ist. Zur Intensivierung der internen Kontrolle durch die legitimierten Organe einer Gesellschaft kann es sich als durchaus sinnvoll erweisen, den Jahresabschluß durch autorisierte „Auditing Committees" aus dem Kreis der Aufsichtsrats- oder Beiratsmitglieder auswerten und aufbereiten zu lassen.

(3) Anteilseigner

die weder unmittelbar noch mittelbar an der Unternehmensleitung beteiligt sind, wie z.B. typische stille Gesellschafter, Kommanditisten einer KG oder GmbH & Co KG sowie Kleinaktionäre großer Publikumsaktiengesellschaften, die sich i.d.R. ausschließlich anhand des Jahresabschlusses (und ggf. Lageberichts) über die aktuelle Lage und die prognostizierte Entwicklung des Unternehmens informieren können. Für potentielle Investoren gilt dies entsprechend. Neben Informationen zur Lage der Gesellschaft sind zudem Jahresabschlußinformationen gefragt, anhand derer sich der Zielerreichungsgrad der Kapitalrendite überprüfen läßt.

Dabei ist naturgemäß einschränkend zu berücksichtigen, daß der Informationsgehalt des Jahresabschlusses einer Nichtkapitalgesellschaft für außenstehende Anteilseigner mit erheblichen Defiziten behaftet sein kann, während sich „interne" Anteilseigner einer Nichtkapitalgesellschaft sowie Großaktionäre einer Kapitalgesellschaft in sehr umfassenden Sinne anderer „zusätzlicher" Informationsquellen bedienen können.

(4) Gläubiger

Aktuelle wie auch potentielle Gläubiger sind naturgemäß nicht nur an der Lage des Unternehmens insgesamt sowie der künftigen Entwicklung der Gesellschaft interessiert, vielmehr werden sie sehr spezielle Informationsinteressen einbringen: Gläubiger wollen sich anhand des Jahresabschlusses über die derzeitige und zukünftige Schuldendeckungsfähigkeit des Unternehmens, vorhandene Sicherheitsreserven sowie die Entwicklung der Liquidität informieren. Dazu werden ggf. ergänzende Informationen (z.B. Kapitalflußrechnungen) benötigt. Jahresabschlußinformationen haben insoweit auch berechtigterweise einen hohen Stellenwert im Rahmen von Bonitätsprüfungen und Kreditvergabeentscheidungen von Banken.

(5) Belegschaft

sowie deren Organisationen (z.B. Betriebsrat). Dieser Gruppe gegenüber ist u.a. Rechenschaft abzulegen, da die wirtschaftliche Lage des Unternehmens in engem Zusammenhang mit der Arbeitsplatzsicherheit, Regelungen zur Arbeitszeitgestaltung sowie der Durchsetzbarkeit von Tarifforderungen zu sehen ist.

(6) Finanzverwaltung

Das Interesse der Finanzverwaltung ist zwar vorrangig auf eine korrekte, den steuergesetzlichen Vorschriften entsprechende Ermittlung der Besteuerungsgrundlagen gerichtet, da jedoch zwischen Ertragsteuerbilanz und handelsrechtlichem Jahresabschluß durch die unterschiedlichen Ausprägungsformen des Maßgeblichkeitsprinzips eine enge Verbindung gegeben ist, tangiert die handelsrechtliche Rechnungslegung zwangsläufig auch das Informationsinteresse der Finanzverwaltung. In besonderem Maße wird dies dann zutreffen müssen, wenn - wie vielfach bei nicht publizitätspflichtigen Unternehmen üblich - der handelsrechtliche Jahresabschluß gleichzeitig die Funktion einer Ertragssteuerbilanz übernehmen muß, da lediglich eine „Einheitsbilanz“ erstellt wird.

(7) Subventionsgeber

Auch Subventionsgeber (staatliche Einrichtungen) können ggf. als Jahresabschluß-Adressaten in Betracht kommen. Soweit z.B. staatliche oder halbstaatliche Einrichtungen unverzinsliche oder niedrigverzinsliche Darlehen gewähren, über Förderprogramme die Eigenkapitalausstattung verstärken oder Risikokapital bereitstellen, sind sie sowohl in ihrer Gläubigerfunktion, wie auch in ihrer Funktion als Subventionsgeber an Informationen über die aktuelle Lage und die künftige Entwicklung des Unternehmens interessiert.

Darüber hinaus kommen weitere Adressatengruppen in Betracht, die i.a.R. ein graduell zwar schwächeres aber dennoch berechtigtes Interesse an der Auswertung von Jahresabschlußinformationen haben werden. Hierzu zählen aktuelle und/oder potentielle Kunden, Lieferanten und Wettbewerber, Auskunfteien, Wirtschafts- und Industriefachverbände, Kammern, Wirtschaftspresse, wissenschaftliche Einrichtungen, statistische Ämter, Landeszentralbanken und Bundesbank usw.

1.6 Aufgaben des Jahresabschlusses

In der wissenschaftlichen Literatur besteht über die im Zusammenhang mit dem Jahresabschluß wahrzunehmenden Aufgaben weitgehend Übereinstimmung, lediglich innerhalb einzelner Aufgabengruppen lassen sich teilweise unterschiedliche Abgrenzungen oder Zuordnungen feststellen (*vgl. z.B. Bitz, Schneeloch, Wittstock 1991, S. 26 ff.; Jacobs 1989, S. 3; Bauch, Oestreicher 1993, S. 46 ff.*).

Die wesentlichen **Aufgaben** lassen sich auf der Basis geltender Rechtsnormen sowie der Informationsziele unterschiedlicher Adressatengruppen wie folgt zusammenfassen:

1.6.1 Dokumentationsaufgabe

Gemäß § 238 Abs. 1 HGB sind die Geschäftsvorfälle des Unternehmens vollständig aufzuzeichnen, wobei die Dokumentation so zu erfolgen hat, daß sich diese in ihrer Entstehung und Abwicklung nachvollziehen lassen. Damit wird nicht nur Kontrollzwecken Rechnung getragen, vielmehr soll damit z.B. im Insolvenzfall der Nachweis geführt werden können, daß keine strafbaren Handlungen i.S.v. §§ 283 - 283 d StGB begangen wurden bzw. die Beweisführung bei Rechtsstreitigkeiten sichergestellt werden. Dies gilt in ähnlicher Form auch z.B. für Vermögensauseinandersetzungen zwischen Gesellschaftern eines Unternehmens: auch hier ist i.d.R. eine vollständige Dokumentation der Geschäftsvorfälle unerläßlich.

Die vollständige, chronologische und sachlich zutreffende Dokumentation der Geschäftsvorfälle einer Rechnungsperiode ist unabdingbare Voraussetzung dafür, durch Komprimierung und Verdichtung dieser Daten zweckentsprechende Informationen zur Verfügung stellen zu können; insoweit schafft die Wahrnehmung der Dokumentationsaufgabe die Basis für die Informationsvermittlung, da durch den Jahresabschluß komprimierte und sachlogisch gruppierte, quantitative Ergebnisgrößen für eine zurückliegende Rechnungsperiode zur Verfügung gestellt werden.

1.6.2 Informationsaufgabe

Die Aufgabe, mittels Jahresabschluß den vorgenannten Adressatengruppen Informationen zur Verfügung zu stellen, ist, abhängig von der Rechtsform des Unternehmens, unterschiedlich extensiv geregelt. **Allgemein** läßt sich die Informationsaufgabe aus § 238 Abs. 1 Sätze 1 und 2 HGB ableiten; danach sind Unternehmen verpflichtet, Bücher zu führen und in diesen die Lage des Vermögens ersichtlich zu machen, wobei die Buchführung so beschaffen sein muß, daß sie einem sachverständigen Dritten in angemessener Zeit einen **Überblick** über die **Lage des Unternehmens** vermittelt. Nach *Leffson* ist diese allgemeine Verpflichtung so zu interpretieren, daß „*... das Bild der Lage des Unternehmens gem. § 238 HGB eine Vorstellung von Vermögen, Schulden und vom geschäftlichen Erfolg...*“ vermittelt (*Leffson 1987, S. 65*).

Für **Kapitalgesellschaften** kann dieser Schlußfolgerung Leffsons zweifellos zugestimmt werden, da die Globalverpflichtung des § 238 HGB durch die Funktionsbeschreibung des § 264 Abs. 2 HGB präzisiert wird: Der Jahresabschluß hat ein den tatsächlichen Verhältnissen entsprechendes Bild der Vermögens-, Finanz- und Ertragslage zu vermitteln. Bei **Nichtkapitalgesellschaften** sind u.E. jedoch Zweifel angezeigt, da willkürlich zulässige Unterbewertungen des Vermögens - wie dargestellt - eine sachlich zutreffende Darstellung der Vermögens-, Finanz- und Ertragslage ausschließen und insoweit die Funktion der Rechenschaftslegung in erheblichem Maße eingeschränkt wird. Auch ein Rückgriff auf den erklärten Willen des Gesetzgebers läßt eine Uminterpretation der Funktion des Jahresabschlusses einer Nichtkapitalgesellschaft u.E. nicht zu, da der erklärte Zweck letztlich durch Vorgabe von Bilanzierungs- und Bewertungsvorschriften konkretisiert und ausgefüllt wird. Dabei hat sich der Gesetzgeber offensichtlich dazu entschlossen, den Jahresabschluß einer Nichtkapitalgesellschaft so auszugestalten, daß der Rechenschaftslegung eben nicht mehr entsprochen werden kann. Insofern erscheint die Frage durchaus gerechtfertigt, welchen Sinn ein Jahresabschluß machen soll, der durch beliebige Gestaltungsmaßnahmen des Einzelunternehmers oder der Gesellschafter seiner ursprünglichen Informationsfunktion nahezu vollständig „entkleidet“ werden kann.

Festzuhalten bleibt damit, daß die allgemeine Informationsverpflichtung, die aus § 238 HGB abgeleitet werden kann, zumindest für Kapitalgesellschaften hinlänglich durch § 264 Abs. 2 HGB präzisiert wird. Was dabei zu den **Kapitalgesellschaften** zu rechnen ist, ergibt sich zunächst aus der Überschrift des 2. Abschnittes des dritten Buches des HGB: danach werden die **Aktiengesellschaft**, die **Kommanditgesellschaft auf Aktien** und die **Gesellschaft mit beschränkter Haftung** ausdrücklich aufgeführt; § 264 Abs. 2 HGB ist darüber hinaus durch entsprechende Verweisung aber auch auf **eingetragene Genossenschaften** und **Versicherungsunternehmen** anzuwenden. Nicht anzuwenden ist § 264 Abs. 2 HGB nach h.M. auf Unternehmen, die unter das PublG fallen sowie auf Kreditinstitute (*ADS 1992, Rn. 7 ff. zu § 264 HGB; a.A. Baetge und Commander, HdR, § 264, Rn. 2*).

Die Verpflichtung ein den **tatsächlichen Verhältnissen** entsprechendes Bild der Vermögens-, Finanz- und Ertragslage des Unternehmens zu vermitteln, entspricht dem angelsächsischen Rechnungslegungsgrundsatz des „**true and fair view**“, das als übergeordnetes Prinzip („overriding principle“) im Idealfalle immer dann ein Abweichen von (gesetzlichen) Bilanzierungs- und Bewertungsvorschriften erzwingt, wenn diese nicht in der Lage sind, die mit einer „true and fair view“ verbundenen Informationsverpflichtung zu erfüllen. Für die deutsche Rechnungslegung gilt dabei grundsätzlich, daß die Informationsaufgaben des § 264 Abs. 2 HGB zwar tendenziell dem „true and fair view"-Konzept des angelsächsischen Rechts entsprechen, das gebotene Abweichen von gesetzlichen Bilanzierungs- und Bewertungsvorschriften aber nicht zwangsläufige Konsequenz sein muß, wenn die Anwendung einzelner Normen dazu führt, daß den Informationsaufgaben nicht mehr uneingeschränkt entsprochen werden kann. In besonders prägnanter Weise wird dies deutlich, wenn durch die umgekehrte Maßgeblichkeit (der Steuerbilanz für den handelsrechtlichen Jahresabschluß) bedingt in einer Handelsbilanz ein niedrigerer Wert angesetzt werden muß, um z.B. eine steuerlich zulässige Sonderabschreibung vornehmen und den steuerlichen Gewinn entsprechend vermindern zu können. Der Wahrnehmung eines steuerlichen Wahlrechts führt zur handelsrechtlichen, betriebswirtschaftlich nicht begründeten Unterbewertung des Vermögens mit der Konsequenz, daß Vermögens-, Finanz- und Ertragslage nicht mehr im Sinne eines „true and fair view" korrekt ausgewiesen werden. Daraus folgt zwingend, wenn auch letztlich nicht befriedigend, daß die Verpflichtung die **tatsächliche Lage** des Unternehmens im Jahresabschluß abzubilden, nicht im Sinne einer idealtypisch absoluten Informationsverpflichtung interpretiert werden kann. Die Darstellung der tatsächlichen Lage des Unternehmens wird vielmehr stets nur im Rahmen der geltenden Bilanzierungs- und Bewertungsvorschriften erfolgen können und damit eine eingeschränkte Informationswertigkeit aufweisen. Dies gilt u.E. in besonderem Maße dann, wenn durch die Koppelung von handelsrechtlichem Jahresabschluß und Ertragssteuerbilanz handelsrechtlich sachfremde Zwecke (z.B. Ermittlung des zu versteuernden Gewinns) in die Informationsvermittlung integriert werden.

Unabhängig von dieser grundsätzlichen Informationsproblematik ist die aus § 264 Abs. 2 HGB abzuleitende Informationsverpflichtung durch den **Jahresabschluß in seiner Gesamtheit** sicherzustellen, also durch das Zusammenwirken von Bilanz, Gewinn- und Verlustrechnung und Anhang.

1.6.2.1 Darstellung der Vermögenslage

Die Darstellung der Vermögenslage erfolgt vorrangig durch die Bilanz, durch die gemäß § 242 Abs. 1 HGB das Verhältnis von Vermögen und Schulden dokumentiert wird. Nach h.M. beinhaltet die Darstellung der Vermögenslage nicht nur den Nachweis über das Zustandekommen des Vermögens i.e.S. (Anlage- und Umlaufvermögen = Bruttovermögen), sondern unter Einschluß von Eigen- und Fremdkapital auch des Netto- oder Reinvermögens des Unternehmens. Nach ADS wird der Darstellung der Vermögenslage insbesondere Rechnung getragen durch (*ADS 1992, Rn. 65 zu § 264 HGB*):

- Darstellung der **Art** der Vermögensgegenstände und Schulden

- Darstellung der **Dauer der Bindung** oder **Fristigkeit** der Vermögensteilen und Schulden
- Darstellung der **Beziehungen zu verbundenen Unternehmen**
- Darstellung des im Anlagevermögen ursprünglichen **investierten Kapitals**
- Darstellung der **Struktur** der **Eigenkapitalposten**
- Ausweis von **Eventualverbindlichkeiten**
- Darstellung von aus der Bilanz nicht erkennbaren **finanziellen Verpflichtungen**
- Darstellung der **Veränderungen** gegenüber der Vorperiode
- Darstellung der angewandten **Bewertungsmethoden**.

Die Aussagefähigkeit der Darstellung der Vermögenslage mittels Bilanz und - ergänzend - Anhang wird vorrangig durch Bilanzierungs- und Bewertungsentscheidungen bestimmt und ist insoweit eingeschränkter Natur, als jeweils nur eine Momentaufnahme zum Bilanzstichtag vermittelt wird. Zudem können die Bilanzinformationen durch bilanzpolitische Maßnahmen der Unternehmensleitung gestaltet werden (sog. ***window dressing***, *vgl. z.B. ADS 1992, Rn.. 68 zu § 264 HGB*).

1.6.2.2 Darstellung der Finanzlage

Zur Darstellung der Finanzlage werden primär Informationen über die **Mittelherkunft** (Finanzierung) und die **Mittelverwendung** (Investition) sowie die **Liquiditätslage** des Unternehmens zur Verfügung zu stellen sein. Auch diesbezüglich ist vorrangig auf Daten der Bilanz sowie Erläuterungen im Anhang zurückzugreifen, hilfsweise kann im Sinne einer dynamischen Betrachtung auch die GuV-Rechnung herangezogen werden. Einschränkend ist jedoch zu berücksichtigen, daß *„Bilanzen sowie Gewinn- und Verlustrechnungen ... in Verbindung mit den Angaben des Anhangs nur einen (kleineren) Teil der Informationen liefern, die zur Beurteilung der Finanzlage einer Kapitalgesellschaft (i.S.d. § 264 Abs. 2 Satz 1 HGB) notwendig sind"* (*Ossadnik 1990, S. 818*).

Eine hinreichend vollständige Dokumentation der Finanzlage eines Unternehmens zum Bilanzstichtag erfordert zwingend die (freiwillige) Ergänzung durch Bewegungsbilanzen, Kapitalflußrechnungen oder Cash Flow-Analysen, die vom deutschen Gesetzgeber jedoch nicht gefordert werden, obwohl eine Protokollerklärung zur 4. EG-Richtlinie die EU-Mitgliedsstaaten ausdrücklich ermächtigte, eine Kapitalflußrechnung zu verlangen (zur Cash Flow-Analyse auf der Grundlage von GuV-Rechnungen vgl. *Bossert 1992, S. 242 ff.*)

Große Publikums-Kapitalgesellschaften erweitern die Rechnungslegung vielfach freiwillig unter Berücksichtigung der **International Accounting Standards (IAS)** um ein **„Statement of Cash Flows"**, d.h. eine zeitraumbezogene **Finanzierungsrechnung**; beispielhaft könnte eine Finanzierungsrechnung folgendermaßen aufgebaut werden (fiktive Zahlen):

Finanzierungsrechnung 1994 (in Mio. DM)

	1994	1993
Zahlungsmittel 1.1	**400**	**300**
Operatives Ergebnis	300	250
Ertragssteuern	- 120	- 100
Abschreibungen Anlagevermögen	200	150
Erhöhung langfristiger Rückstellungen	50	40
Zunahme Vorräte	- 20	10
Zunahme Forderungen aus Lieferungen und Leistungen	- 20	10
Zunahme Verbindlichkeiten aus Lieferungen und Leistungen	30	3
Zunahme übriges Nettoumlaufvermögen	70	60
Zufluß aus operativer Geschäftstätigkeit	**490**	**393**
Investitionen Sachanlagen	- 300	- 293
Abgänge Sachanlagen	30	20
Investitionen Finanzanlagen	- 200	- 100
Abgänge Finanzanlagen	10	0
Zunahme Wertpapiere	- 60	- 30
Zinseinnahmen	40	30
Abfluß aus investiver Tätigkeit	**- 480**	**- 373**
Kapitaleinzahlungen	30	20
Dividende	- 60	- 50
Kreditaufnahme	160	70
Schuldentilgung	- 70	- 30

Zinsausgaben	- 30	- 20
Zufluß aus Finanzierungstätigkeit	**30**	**- 10**
Veränderung Zahlungsmittel	- 40	100
Veränderung Zahlungsmittel durch Wechselkursveränderungen	- 4	5
Zahlungsmittel 31.12.	**396**	**415**
Wertpapiere und Schuldscheine	250	185
Flüssige Mittel laut Bilanz	**646**	**600**

Darüber hinaus wird im Rahmen einer derartigen Finanzierungsrechnung vielfach noch der **Cash Flow nach DVFA/SG** ausgewiesen; dieser beinhaltet i.d.R. den Jahresüberschuß, die Veränderung langfristiger Rückstellungen sowie sonstige zahlungsunwirksame Aufwendungen und Erträge der Rechnungsperiode. Außergewöhnliche und unübliche zahlungswirksame Posten werden dabei eliminiert.

Cash Flow nach DVFA/SG	**504**	**450**

(Der Cash Flow nach DVFA/SG wird durch eine Sonderrechnung ermittelt und ist daher anhand der Daten der Finanzierungsrechnung nach nachvollziehbar).

1.6.2.3 Darstellung der Ertragslage

Im Rahmen der Darstellung der Ertragslage soll in erster Linie der Nachweis geführt werden, wie und wodurch der Erfolg des Unternehmens zustande gekommen ist, d.h. die **Erfolgsquellen** sollen kenntlich gemacht werden. Dieser Forderung wird z.B. durch Erfolgsspaltung in operatives (Betriebs-) Ergebnis, Ergebnis der gewöhnlichen Geschäftstätigkeit und außerordentliches Ergebnis entsprochen, ggf. ergänzt durch das Zins-, Beteiligungs- und Finanzergebnis. Zudem ist die Aufwands- und Ertragsstruktur ebenso kenntlich zu machen, wie besondere steuerliche Gestaltungsmaßnahmen.

Die Ertragslage wird vorrangig durch die GuV-Rechnung dargestellt, bestimmte Posten und Vorgänge sind darüber hinaus im Anhang zu erläutern. In Verbindung mit der Bilanz lassen sich Rentabilitäts- und Cash Flow Analysen durchführen, die in erheblichem Maße zur Verdeutlichung der Ertragslage eines Unternehmens beitragen können.

1.6.3 Ausschüttungsbemessungsaufgabe

Der im Jahresabschluß ausgewiesene Gewinn ist Grundlage für die Beschlußfassung über die **Gewinnverwendung**. Diesbezüglich können stark divergierende Interessen zwischen Gläubigern, Anteilseignern und Unternehmensleitung gegeben sein: während z.B. Gläubiger an einer Stärkung der Haftungsbasis interessiert sind, richtet sich das Interesse der Kleinaktionäre großer Publikumskapitalgesellschaften auf die Realisierung einer adäquaten Mindest-Kapitalverzinsung qua Gewinnausschüttung (*vgl. z.B. Jacobs 1989, S. 3*). Dies trifft in ähnlicher Form für Personengesellschaften zu: aus der Sicht der Gläubiger sind die Entnahmemöglichkeiten zu beschränken, aus der Sicht der Gesellschafter nicht.

Der gegebene Interessenkonflikt wurde durch den Gesetzgeber, z.T. rechtsformneutral, z.T. rechtsformspezifisch dadurch geregelt, daß Vorschriften sowohl zur Erfolgsermittlung, wie auch zur Erfolgsverwendung vorgegeben wurden, die einerseits z.B. bei Kapitalgesellschaften eine Mindest-Dividendenausschüttung sicherstellen sollen, andererseits eine angemessene Verstärkung der Eigenkapitalbasis zulassen bzw. erzwingen.

Die Ausschüttungsbemessungsaufgabe beinhaltet damit die Komponenten „**Ausschüttungssperre**“ und „**Mindestausschüttung**“, wobei die Ausschüttungssperrfunktion des Jahresabschlusses, wenn auch in unterschiedlicher Form, für Personen- und Kapitalgesellschaften greift, während die Mindestausschüttungskonzeption auf divergierende Interessenlagen bei Kapitalgesellschaften abstellt. Beispielhaft läßt sich dies für Erfolgsermittlung und Erfolgsverwendung wie folgt skizzieren:

1.6.3.1 Erfolgsermittlung

Die Begrenzung des potentiell ausschüttungsfähigen Gewinns (= Ausschüttungssperre) wird unabhängig von der Unternehmensrechtsform dadurch sichergestellt, daß

- der Wertausweis des **Vermögens** nach oben begrenzt wird: Vermögensgegenstände sind höchstens mit ihren historischen **Anschaffungs- oder Herstellungskosten**, ggf. vermindert um planmäßige Abschreibungen auszuweisen;

- **Schulden** mit ihrem **Rückzahlungsbetrag** zu erfassen und in der Bilanz wertmäßig zu dokumentieren sind;
- durch Aufwands- und Verlustantizipation (**Rückstellungsbildung, Niederstwertprinzip**) der ausschüttungsfähige Gewinn gemindert wird.

Dadurch wird der Ausweis von Buchgewinnen verhindert, die - wäre ihr Ausweis zulässig - an die Anteilseigner ausgeschüttet oder von diesen entnommen werden könnten, mit der Folge, daß die Haftungssubstanz des Unternehmens in einem ökonomisch nicht gerechtfertigten Maße geschmälert würde. Allerdings ist in diesem Zusammenhang durchaus zu berücksichtigen, daß eine Begrenzung des Wertausweises des Vermögens auf die Anschaffungs- oder Herstellungskosten nicht in jedem Falle eine Ausschüttungssperre im Rahmen der Gewinnermittlung bewirken muß: soweit z.B. bei umfangreichem, z.T. mit marktspekulativen Absichten erworbenem Immobilienvermögen, das mittelfristig im Eigentum gehalten werden soll, ein Wertverfall eintritt, kann der u.U. durchaus zulässige Wertausweis zu den historischen Anschaffungskosten den genau gegenteiligen Effekt bewirken, da das Immobilienvermögen in diesem Falle überbewertet und der ausschüttungsfähige Gewinn zu hoch ausgewiesen wird.

Auch hier ist jedoch wiederum einschränkend zu berücksichtigen, daß die Erfolgsermittlung bei Nichtkapitalgesellschaften in erheblichem Maße durch die zulässige willkürliche Unterbewertung gemäß § 253 Abs. 4 HGB verfälscht werden kann. Durch die willkürliche Unterbewertung wird zwar eine Ausschüttungssperre bewirkt, da relevante Gewinnteile der Ausschüttung entzogen werden, die ursprünglich mit der Ausschüttungssperre verbundene Zielsetzung, lediglich nicht erwirtschaftete Gewinne einer Ausschüttung zu entziehen, wird jedoch pervertiert.

Beispiel:

Erfolgsschmälerung durch Rückstellungsbildung

Gewinn vor Rückstellungsbildung:	10.000.000,00 DM
Bildung einer Aufwandsrückstellung:	1.000.000,00 DM
Gewinn nach Rückstellungsbildung:	9.000.000,00 DM

Der theoretisch „ausschüttungsfähige“ Gewinn wird durch Rückstellungsbildung um 1 Mio. DM verringert.

Beispiel:

Erfolgsschmälerung durch zulässigen Ansatz eines Wertes gemäß § 253 Abs. 4 HGB

Vermögen (zu Anschaffungs- oder Herstellungskosten)	20.000.000,00 DM
- Schulden	10.000.000,00 DM
= Reinvermögen = Eigenkapital	10.000.000,00 DM
- Reinvermögen am Ende der Vorperiode	4.000.000,00 DM
= Gewinn	6.000.000,00 DM

Würde das Vermögen nicht zu Anschaffungs- oder Herstellungskosten, sondern mit einem vernünftigen kaufmännischen Wert gemäß § 253 Abs. 4 HGB z.B. in Höhe von 15 Mio. DM angesetzt, würde sich der theoretisch „ausschüttungsfähige" Gewinn bei sonst unveränderten Werten auf 1 Mio. DM verringern.

1.6.3.2 Erfolgsverwendung

Der Ausschüttungssperrkonzeption wird im Rahmen der Erfolgsverwendung bei Kapitalgesellschaften durch die Bildung gesetzlicher Rücklagen (AG: § 150 Abs. 2 AktG) oder satzungsmäßiger Rücklagen, bei Personengesellschaften durch die Festlegung bestimmter Entnahmekonzeptionen (§§ 120 ff. HGB) entsprochen. Bei Kapitalgesellschaften wird darüber hinaus eine Mindestausschüttung dadurch sichergestellt, daß, soweit Vorstand und Aufsichtsrat den Jahresabschluß feststellen, gemäß § 58 AktG maximal 50 % des Periodengewinns durch Beschluß dieser Organe gegen eine Ausschüttung gesperrt und in Gewinnrücklagen eingestellt werden können.

Beispiel:

Rücklagenbildung einer Kapitalgesellschaft bei Feststellung des Jahresabschlusses durch Vorstand und Aufsichtsrat (Regelfall)

Theoretisch ausschüttungsfähiger Gewinn

= Jahresüberschuß	10.000.000,00 DM
- Bildung einer gesetzlichen Rücklage (5 %)	500.000,00 DM
- Bildung anderer Rücklagen (50 % aus 9,5 Mio.)	4.750.000,00 DM
= Potentiell ausschüttungsfähiger Gewinn	4.750.000,00 DM

Durch Rücklagenbildung kann der erwirtschaftete und zumindest theoretisch ausschüttungsfähige Gewinn von ursprünglich 10 Mio. DM auf ein Ausschüttungsvolumen von 4,75 Mio. DM verringert werden, über dessen Verwendung die Hauptversammlung entscheidet. In diesem Falle können somit bis zu 52,5 % des ausgewiesenen Gewinns durch gesetzliche Vorgaben (= Bildung einer gesetzlichen Rücklage) und Entscheidungen von Vorstand und Aufsichtsrat (= Bildung anderer Rücklagen) gegen eine Ausschüttung an die Aktionäre „gesperrt" werden.

Die Ausschüttungsbemessung wirkt sich damit im Sinne einer Phasenabfolge zweifach auf die Gewinnausschüttung aus; schematisch läßt sich dies folgendermaßen verdeutlichen (hier: Kapitalgesellschaften):

Phase	**Wirkung auf...**	**Ausschüttungsbegrenzung durch ...**
1	Gewinn**ausweis**	• Freiwillige oder erzwungene Bildung **stiller Rücklagen** im Rahmen der Bilanzierungs- und Bewertungsvorschriften • Aufwands- und Verlustantizipation (z.B. Rückstellungsbildung)
2	Gewinn**verwendung**	• Freiwillige oder erzwungene Bildung **offener Rücklagen**

Abb. 7: Ausschüttungsbemessungsphasen

2 Rechnungslegungsvorschriften und Umfang der Rechnungslegung

2.1 Rechnungslegungsvorschriften

Gemäß § 238 Abs. 1 HGB sind alle **Kaufleute** zur Buchführung verpflichtet und haben gemäß § 242 HGB eine Eröffnungsbilanz sowie periodische Jahresabschlüsse zu erstellen. Auf wen die Kaufmannseigenschaft zutrifft, bestimmt sich nach den §§ 1 bis 7 HGB (vgl. dazu ausführlich *ADS 1992, Rn. 2 ff. zu § 238 HGB und die dortigen Literaturverweise*) sowie einzelgesetzlichen Vorschriften wie z.B. § 17 Abs. 2 GenG, § 16 VAG usw.

Danach sind im wesentlichen als **buchführungspflichtige Kaufleute** einzustufen:

- **Kaufleute, die ein Grundhandelsgewerbe betreiben**

  d.h. natürliche oder juristische Personen, die ein Grundhandelsgewerbe gemäß § 1 Abs. 2 HGB betreiben und Vollkaufleute sind.

- **AG, GmbH, KG aA, eingetragene Genossenschaften**

  die als (Form-) Kaufleute gelten, auch wenn sie kein Handelsgewerbe betreiben (§§ 3, 278 Abs. 3 AktG, § 13 Abs. 3 GmbHG) sowie eingetragene Genossenschaften, die gemäß § 17 Abs. 2 GenG als Formkaufleute gelten, ohne ein Handelsgewerbe zu betreiben.

- **OHG, KG, GmbH & Co KG**

  Sie sind Kaufleute, weil sie notwendigerweise ein Handelsgewerbe betreiben (§§ 105, 161 HGB).

- **VVaG**

  Größere Versicherungsvereine auf Gegenseitigkeit (§ 16 VAG i.V.m. §§ 238, 242 HGB).

- **Handwerkliche oder sonstige gewerbliche Unternehmen**

  die ein nicht unter § 1 HGB fallendes Unternehmen betreiben, das aber nach Art und Umfang einen in kaufmännischer Weise eingerichteten Geschäftsbetrieb erfordert (Sollkaufleute).

Die Buchführungs- und Abschlußpflichten gelten auch für **Körperschaften des öffentlichen Rechts**, soweit sie entsprechende Geschäfte betreiben.

Gewerbetreibende, die nicht bereits aufgrund handelsrechtlicher Vorschriften zu Buchführung und Abschlußerstellung verpflichtet sind, unterliegen der **originären steuerrechtlichen Buchführungspflicht**, wenn sie nach den Feststellungen der

Finanzbehörde für einen einzelnen Betrieb die Voraussetzungen des § 141 Abs. 1 Nrn. 1, 2 und 4 AO erfüllen. Dies ist regelmäßig der Fall, wenn eine oder mehrere der folgenden Grenzen überschritten werden:

Gesamtumsatz (= Umsätze einschließlich steuerfreier Umsätze, ausgenommen steuerfreier Umsätze nach § 4 Nr. 8 bis 10 UStG)	> 500.000 DM im Kalenderjahr
Betriebsvermögen	> 125.000 DM
Gewinn aus Gewerbebetrieb	> 48.000 DM

Abb. 8: Grenzen gemäß § 141 Abs. 1 AO: originäre steuerrechtliche Buchführungspflicht

Die originäre steuerrechtliche Buchführungspflicht greift damit stets dann, wenn nicht bereits aufgrund handelsrechtlicher Vorschriften die abgeleitete steuerrechtliche Verpflichtung zur Führung von Büchern und Erstellung von Abschlüssen begründet wird. Die originäre steuerrechtliche Buchführungspflicht wird insbesondere für Minderkaufleute, BGB-Gesellschaften (GbR), Soll- und Kann-Kaufleute, denen die Kaufmannseigenschaft fehlt, sowie für selbständig Tätige (Freiberufler), die den Gewinn durch Betriebsvermögensvergleich nach § 4 Abs. 1 EStG ermitteln, in Betracht kommen. In allen übrigen Fällen leitet sich auch die steuerrechtliche Buchführungspflicht aus der handelsrechtlichen Buchführungspflicht ab.

Die **originäre** steuerrechtliche Buchführungspflicht **beginnt** mit dem Wirtschaftsjahr, das auf die Bekanntgabe der Mitteilung folgt, durch die das zuständige Finanzamt auf den Beginn dieser Verpflichtung durch Steuerbescheid oder gesonderte Verfügung hingewiesen hat; die Verpflichtung **endet** mit dem Schluß des Wirtschaftsjahres, das auf das Wirtschaftsjahr folgt, in dem das zuständige Finanzamt feststellt, daß die Voraussetzungen für die originäre Buchführungspflicht nicht mehr gegeben sind (§ 141 Abs. 2 AO).

Gemäß § 148 AO können die Finanzbehörden im Rahmen ihres pflichtgemäßen Ermessens **Erleichterung** bewilligen und vorübergehend gänzlich von der Buchführungs- und Abschlußpflicht befreien (so auch *BFH vom 17.9.1987, BStBl. II 1988, 20*). Die Einräumung von Erleichterungen kann sich jedoch ausschließlich auf die steuerrechtlich begründete originäre Buchführungspflicht beziehen, nicht jedoch auf Buchführungs- und Abschlußverpflichtungen, die durch handelsrechtliche Vorschriften begründet und durch § 140 AO lediglich in das Steuerrecht transformiert werden (*vgl. dazu auch Blümich/Schreiber § 15 EStG, Rz. 136 mit weiteren Verweisen*).

Die handelsrechtliche Buchführungspflicht schließt die Pflicht zur Rechnungslegung ein, wobei die Anforderungen, die an die Rechnungslegung gestellt werden, nach Unternehmensrechtsform, Unternehmensgröße und Branchenzugehörigkeit differenziert festgelegt wurden. Maßgebliches Kriterium zur Ausgestaltung der handelsrechtlichen Rechnungslegungsvorschriften stellt dabei die **Unternehmensrechtsform** dar; das Dritte Buch des HGB ist somit wie folgt angelegt:

- **Erster Abschnitt:** §§ 238 - 263 HGB — **Vorschriften für alle Kaufleute**

Die §§ 238 - 263 HGB beinhalten **abschließende Regelungen** für **Einzelunternehmen und Personengesellschaften** und **allgemeine Regelungen** für **Kapitalgesellschaften**.

- **Zweiter Abschnitt:** §§ 264 - 335 HGB — **Ergänzende Vorschriften für Kapitalgesellschaften**

Die §§ 264 - 335 HGB beinhalten **besondere Vorschriften**, die **Kapitalgesellschaften** hinsichtlich Einzeljahresabschluß und Konzern-Jahresabschluß zwingend zu beachten haben.

- **Dritter Abschnitt:** §§ 336 - 339 HGB — **Ergänzende Vorschriften für eingetragene Genossenschaften**

Sowohl für die Buchführung wie auch die Erstellung des Jahresabschlusses fordert der Gesetzgeber die **zwingende Beachtung der GoB** (u.a. §§ 238 Abs. 1, 243 Abs. 1, 264 Abs. 2 HGB; § 5 Abs. 1 EStG).

Zusammenfassend läßt sich der Kreis der im Rahmen der Rechnungslegung zu beachtenden Vorschriften rechtsformabhängig wie folgt skizzieren:

(1) Einzelunternehmen und Personengesellschaften

haben die **§§ 238 - 263 HGB** zu beachten, ergänzend hierzu die GoB, soweit diese nicht bereits handelsrechtlich im Ersten Abschnitt kodifiziert sind sowie Vorschriften des **EGHGB** und **spezialgesetzliche Regelungen** für bestimmte Branchen (z.B. Formblattverordnung für Kreditinstitute). Ergänzend hierzu sind ggf. Vorschriften des **DMBilG** zu beachten.

(2) Kapitalgesellschaften

haben für den Einzel-Jahresabschluß die §§ **238 - 263 HGB** als allgemeine und die §§ **264 - 289 HGB** als spezielle Vorschriften zu beachten, ferner die **GoB**, soweit diese nicht bereits handelsrechtlich im Ersten Abschnitt kodifiziert sind, Vorschriften des **EGHGB** sowie **branchen-** und/oder **rechtsformabhängige Normen** (z.B. Vorschriften des AktG, des KWG usw.). Ergänzend hierzu sind ggf. Vorschriften des **DMBilG** zu beachten.

Sowohl Einzelunternehmen, wie auch Personenhandelsgesellschaften und Kapitalgesellschaften haben darüber hinaus über das **Maßgeblichkeitsprinzip** (sog. umgekehrte Maßgeblichkeit; vgl. dazu ausführlich 5.1) steuerrechtliche Vorschriften auch für die Erstellung und Ausgestaltung des handelsrechtlichen Jahresabschlusses zu beachten. In systematischer Form lassen sich die für die handelsrechtliche Rechnungslegung im Regelfall relevanten Rechtsvorschriften - wie in Abb. 9 dargestellt - zusammenfassen.

Die vorstehende Systematik der Rechnungslegungsvorschriften, die auf alle Produktions-, Dienstleistungs- und Handelsunternehmen anwendbar ist, muß für bestimmte Unternehmen, wie **Kreditinstitute** und **Versicherungsgesellschaften** erweitert werden:

- Durch das **Bankbilanzrichtlinien-Gesetz** vom 30.11.1990 wurde das Dritte Buch HGB um einen vierten Abschnitt „Ergänzende Vorschriften für Kreditinstitute“ erweitert. Die bankenspezifischen Rechnungslegungsvorschriften sind erstmals auf Geschäftsjahre anzuwenden, die nach dem 31.12.1992 beginnen.
- Durch das **Versicherungsbilanzrichtlinien-Gesetz** vom 24.6.1994 wurden in den vierten Abschnitt spezielle Rechnungslegungsvorschriften für Versicherungsunternehmen aufgenommen. Gleichzeitig wurde die Überschrift in „Ergänzende Vorschriften für Unternehmen bestimmter Geschäftszweige“ geändert, um kenntlich zu machen, daß der vierte Abschnitt spezielle Rechnungslegungsvorschriften für Kreditinstitute und Versicherungsunternehmen enthält. Für Versicherungsunternehmen sind die Rechnungslegungsvorschriften erstmals auf Geschäftsjahre anzuwenden, die nach dem 31.12.1994 beginnen.

Sowohl die speziellen Rechnungslegungsvorschriften für Kreditinstitute, wie auch für Versicherungsunternehmen, sind als für diese Unternehmen zwingend zu beachtende spezielle handelsrechtliche GoB zu werten, die somit auch für die Steuerbilanz von Unternehmen dieser Branchen maßgeblich sind, soweit steuerliche Spezialvorschriften dem nicht entgegenstehen.

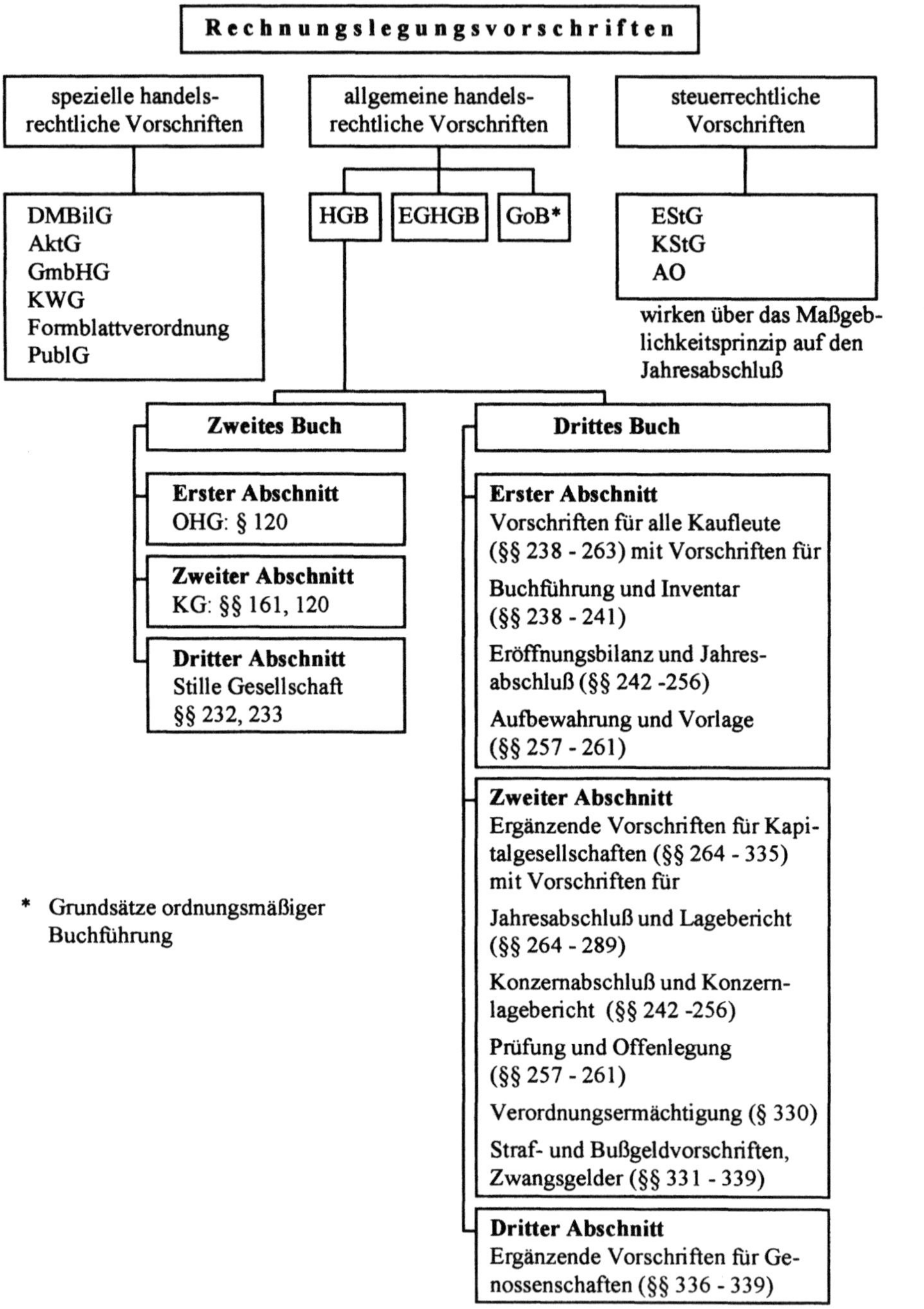

Abb. 9: Systematik der Rechnungslegungsvorschriften

2.2 Umfang der Rechnungslegung

Der Umfang der Rechnungslegungspflicht ist nach Unternehmensrechtsformen differenziert geregelt, d.h. der Jahresabschluß von Einzelunternehmen und Personengesellschaften besteht aus Bilanz und GuV-Rechnung, der Jahresabschluß von Kapitalgesellschaften aus Bilanz, GuV-Rechnung und Anhang, ergänzend hierzu haben Kapitalgesellschaften einen Lagebericht zu erstellen.

Gemäß § 267 HGB werden dabei unterschiedliche **Größenklassen** von Kapitalgesellschaften unterschieden:

	Größenklassen von Kapitalgesellschaften		
Größenmerkmal	kleine	mittelgroße	große
Bilanzsumme (DM)	≤ 5,31 Mio.	> 5,31 bis ≤ 21,24 Mio.	> 21,24 Mio.
Umsatzerlöse (DM) Mio.	≤ 10,62 Mio.	>10,62 bis ≤ 42,48Mio.	> 42,48 Mio.
Arbeitnehmer (Zahl)	≤ 50	> 50 bis ≤ 250	> 250

Abb. 10: Kapitalgesellschaften: Größenmerkmale und Größenklassen

Für die **Zuordnung** einer Kapitalgesellschaft zu einer der drei vorstehend genannten **Größenklassen** müssen jeweils mindestens 2 der 3 Größenmerkmale an zwei aufeinanderfolgenden Abschlußstichtagen erfüllt sein. Börsennotierte oder zum geregelten Freiverkehr zugelassene Kapitalgesellschaften gelten gemäß § 267 Abs. 3 HGB stets als große Kapitalgesellschaften. Dies gilt entsprechend, wenn die Zulassung zum amtlichen Handel beantragt wurde.

§ 267 gilt auch für eingetragene Genossenschaften, während Unternehmen, die unter das **PublG** fallen, den Vorschriften **des PublG** unterworfen werden. Versicherungsunternehmen werden grundsätzlich wie große Kapitalgesellschaften behandelt, wohingegen Kreditinstitute wiederum nur dann wie große Kapitalgesellschaften behandelt werden, wenn sie Kapitalgesellschaften, eingetragene Genossenschaften oder öffentlich-rechtliche Sparkassen sind.

Kleine Kapitalgesellschaften sind nicht prüfungspflichtig. Kleinen und mittleren Kapitalgesellschaften werden zudem größenabhängige Erleichterungen bei Erstellung und Offenlegung des Jahresabschlusses eingeräumt. Beispielhaft seien an dieser Stelle die **Erleichterungen** skizziert, die **kleinen Kapitalgesellschaften** eingeräumt werden:

- Kleinen Kapitalgesellschaften wird gemäß § 264 Abs. 1 Satz 3 HGB freigestellt, einen **Lagebericht** zu erstellen;

- ihnen wird zudem die Möglichkeit eingeräumt, den **Jahresabschluß** innerhalb einer **Frist von 6 Monaten** für die zurückliegende Rechnungsperiode zu erstellen (die Sechsmonatsfrist ist allerdings insoweit zu relativieren, als i.d.R. bis zum Ende des 5. Monats eine Steuerbilanz vorliegen muß; diese setzt aufgrund des Maßgeblichkeitsgrundsatzes einen handelsrechtlichen Jahresabschluß voraus);
- gemäß § 274 a Nr. 1 HGB kann auf den Ausweis eines **Anlagenspiegels** verzichtet werden, d.h. die Entwicklung des Anlagevermögens muß nicht kenntlich gemacht werden;
- gemäß § 274 a Nr. 2 HGB muß nicht über eine **aktive antizipative Rechnungsabgrenzung** größeren Umfangs berichtet werden, die unter dem Posten „sonstige Vermögensgegenstände“ ausgewiesen ist;
- gemäß § 274 a Nr. 3 HGB muß über eine unter dem Posten „Verbindlichkeiten“ ausgewiesene **passive antizipative Rechnungsabgrenzung** nicht wie bei mittelgroßen und großen Kapitalgesellschaften im Anhang berichtet werden;
- gemäß § 274 a Nr. 4 HGB muß über ein unter den Rechnungsabgrenzungsposten **aktiviertes Disagio oder Damnum** nicht berichtet werden;
- gemäß § 274 a Nr. 5 HGB muß der Posten „**Aufwendungen für die Ingangsetzung und Erweiterung des Geschäftsbetriebes**“ nicht im Anhang erläutert werden;
- gemäß § 276 Satz 2 HGB besteht keine Verpflichtung, die Posten **„außerordentliche Erträge“ und „außerordentliche Aufwendungen“** im Anhang zu erläutern, auch wenn diese von wesentlicher Bedeutung für das Unternehmen waren.

3 Grundsätze ordnungsmäßiger Buchführung (GoB)

3.1 Begriff und System der GoB

Eine Legaldefinition des Begriffs „GoB“ existiert ebensowenig, wie eine einheitliche begriffliche Abgrenzung der Inhalte, die unter diesen Terminus zu subsumieren sind. Einigkeit besteht in der wissenschaftlichen Auseinandersetzung mit den GoB jedoch insoweit, als diese als System an Regeln begriffen werden, das die gesamte Rechnungslegung umfaßt: **Buchführung, Inventar** und **Jahresabschluß**.

Die Rechtsnatur der GoB wird sehr unterschiedlich interpretiert, das Spektrum reicht von der Charakterisierung der GoB als Handelsbräuche bis zur Einstufung als Gewohnheitsrecht; nach h.M. werden die GoB heute überwiegend als **unbestimmte Rechtsbegriffe** interpretiert (*vgl. z.B. Leffson 1987, S. 21*), auch wenn diese Auffassung nicht ungeteilte Zustimmung findet (*kritisch hierzu z.B. ADS 1992, Rn. 6 ff. zu § 243 HGB*).

Ebensowenig, wie ein einheitliches Begriffsverständnis existiert ein einheitliches, in sich geschlossenes **System** dieser GoB, so daß nicht verwundert, daß eine Vielzahl unterschiedlicher Systematisierungsversuche unternommen wurden. So wird z.B. zwischen formalen Grundsätzen der Dokumentation und materiellen oder materialen Grundsätzen der Rechenschaftslegung oder - im Sinne einer GoB-Hierarchie - zwischen „oberen“ und „unteren“ GoB unterschieden (*vgl. z.B. Leffson 1987, S. 179*). Da die GoB Buchführung, Inventur/Inventar und den Jahresabschluß regeln, erscheint es u.E. zweckmäßig, das System der GoB in die folgenden **Subsysteme** (*vgl. Barth 1963, S. 384*)

- Grundsätze **ordnungsmäßiger Buchführung** → GoB im engeren Sinne
- Grundsätze **ordnungsmäßiger Inventur** und → GoB im weiteren Sinne
- Grundsätze **ordnungsmäßiger Bilanzierung** → GoB im weiteren Sinne

zu gliedern (*a.A. ist z.B. Döllerer 1959, S. 1217*).

Die GoB i.e.S. stellen auf die Buchführung als vorrangig formales Dokumentationsinstrument ab, während die Grundsätze ordnungsmäßiger Inventur und Bilanzierung vorrangig die Rechenschaftslegung mittels Jahresabschluß betreffen. Dabei ist naturgemäß zu berücksichtigen, daß sich Bilanzierungs- und Bewertungsentscheidungen in der Buchführung niederschlagen und andererseits die laufende Buchführung nicht losgelöst von bilanzpolitischen Zielen des Unternehmens erfolgen kann, so daß eine sachlogisch stringente Trennung dieser Teilsysteme der GoB nur bedingt möglich erscheint.

Durch das BiRiLiG wurde im Zuge der Umsetzung der 4. EG-Richtlinie in nationales Recht „... *eine Reihe von Grundsätzen kodifiziert, die bislang gemeinhin als nicht kodifizierte Grundsätze ordnungsmäßiger Buchführung (GoB) angesehen wurden und Geltung beansprucht haben...*“ (*ADS 1992, Rn. 10 zu § 243 HGB*). Als Beispiele hierfür lassen sich u.a. nennen:

- Klarheit und Übersichtlichkeit (§§ 238 Abs. 1 S. 2; 243 Abs. 2; 247 Abs. 1 HGB)
- Richtigkeit und Vollständigkeit, Belegprinzip (§§ 238 Abs. 1 S. 3; 238 Abs. 2; 238 Abs. 1 S. 1; 239 Abs. 2; 239 Abs. 4 HGB)
- formelle Bilanzkontinuität (§ 252 Abs. 1 Nr. 1 HGB)
- Vollständigkeit (§§ 239 Abs. 2; 246 Abs. 1 HGB)
- Einzelbewertung (§ 252 Abs. 1 Nr. 3 HGB)
- Grundsatz der Vorsicht (§§ 252 Abs. 1 Nr. 4; 253 Abs. 1 bis 3 HGB)

3.2 Quellen der GoB und Ermittlung der GoB

Auch wenn im Kontext der Umsetzung der 4. EG-Richtlinie eine umfassende Kodifizierung der GoB im HGB vollzogen wurde, wäre **ein abschließendes kodifiziertes System an GoB** nicht sinnvoll, da die Wirtschaftspraxis dynamischen Veränderungsprozessen unterworfen ist, die sich naturgemäß in z.T. erheblichem Maße auf die Rechnungslegung auswirken und denen durch eine notwendige Fortentwicklung des GoB-Systems entsprochen werden muß (beispielhaft sei hier auf die Bilanzierung von Software, von Leasingvertragsverhältnissen oder auf die DV-Buchführung und die daraus resultierten Konsequenzen für Aufbewahrung von Büchern und Speicherung von Daten verwiesen).

Als **Quellen**, aus denen heraus GoB entwickelt oder fortentwickelt werden können, kommen insbesondere in Betracht:

(1) Handelsbräuche und die Verkehrsanschauung der Praxis;

gemeint sind damit Handelsbräuche „ordentlicher und ehrenwerter Kaufleute“, die ohne mißbräuchlich zu sein, den gesetzlichen Zwecken entsprechen (*vgl. Leffson 1987, S. 116 f.*).

(2) Gewohnheitsrecht, kodifiziertes Recht und Richterrecht;

insbesondere die zivil- und steuerrechtliche (höchstrichterliche) Rechtsprechung ist aufgerufen, GoB festzustellen und fortzuentwickeln.

(3) Wissenschaftliche Auseinandersetzung und gutachterliche Tätigkeiten anerkannter Institutionen;

die wissenschaftliche Theoriediskussion trägt ebenso zur Entwicklung von GoB bei, wie Gutachter anerkannter Institutionen (IHK, Wirtschaftsprüfer-Kammer usw.); beispielhaft seien der Kontenrahmen von Schmalenbach, das Gutachten der IHK Berlin zur sog. „Loseblattbuchführung", sowie der Einfluß der statischen und dynamischen Bilanztheorien auf die Rechnungslegungsvorschriften genannt.

Bezüglich der **Ermittlung der GoB** läßt sich grundsätzlich zwischen induktiver und deduktiver Ermittlung unterscheiden.

Bei **induktiver Ermittlung** werden aus der Anschauung ordentlicher und ehrenwerter Kaufleute über eine ordnungsmäßige Buchführung und Bilanzierung entsprechende Grundsätze abgeleitet, maßgeblich ist somit letztlich die allgemeine Verkehrsauffassung der Wirtschaftspraxis. Obwohl die induktive Vorgehensweise mit zahlreichen Problemen verbunden ist und Zulässigkeit und Ergiebigkeit zurecht in Frage gestellt werden, hat die Rechtsprechung die induktive Ermittlung der GoB immer wieder bestätigt. Beispielhaft genannt sei das BFH-Urteil vom 25.2.86 (*BStBl. II 1986, 788*): im Zuge der Entscheidungsfindung hat der BFH Stellungnahmen sowohl des IDW wie auch des DIHT eingeholt, um die Usancen der Praxis angemessen berücksichtigen zu können. Ein induktive Ableitung der GoB wird jedoch immer dann scheitern müssen, wenn es sich um neuartige Fragestellungen handelt, bei denen sich noch keine Bilanzierungspraxis bilden konnte. Zudem ist zu berücksichtigen, daß letztlich nicht die Gepflogenheiten der Wirtschaftspraxis die Rechnungslegung bestimmen können, sondern vielmehr die Wirtschaftspraxis durch die GoB zu bestimmten Gepflogenheiten veranlaßt werden soll. Insoweit wird eine rein induktive Ermittlung nicht in Betracht kommen können, die GoB sind vielmehr **deduktiv** aus den Zielen und Zwecken der Rechnungslegung abzuleiten.

Für die deduktive Ableitung von Grundsätzen ordnungsmäßiger Buchführung wird dabei i.d.R. die in Abb. 11 dargestellte schematische Deduktionsabfolge zugrunde gelegt.

Der deduktiven Methode sind allerdings dann Grenzen gesetzt, wenn ein allgemein anerkanntes und in sich geschlossenes Zwecksystem der Rechnungslegung fehlt. In einem solchen Falle wird das bloße Nachdenken nicht ausreichen können, da deduktionsfähige Jahresabschlußzwecke fehlen oder - soweit verfügbar - möglicherweise in Zweckkonkurrenz stehen. Angesichts der zweifellos gegebenen Problematik der sachgerechten Ableitung von GoB verwundert es nicht, daß regelmäßig versucht wurde und wird, die Ermittlungsmethodik der GoB fortzuentwickeln. Beispielhaft für derartige Versuche seien genannt:

- **Interdisziplinäre Methode**

  Aus der gesetzlichen Verweisung des HGB auf die Beachtung der GoB und der fehlenden Legaldefinition wird gefolgert, daß der Ermittlung der GoB auch 'außerjuristische Normen und Erkenntnisse', so z.B. der Wirtschaftswissenschaften aber auch der Ingenieurwissenschaften, der Informatik usw. zugrunde zu legen seien.

- **Mehrstufige Methode**

  Die Subsumtion bestimmter Sachverhalte unter eindeutig definierte Begriffe wird ersetzt durch ein mehrstufiges prozeßausgerichtetes Ermittlungsverfahren:

  In der ersten Stufe werden - durchaus auch induktiv - die für typisierte Sachverhalte in Betracht kommenden Gestaltungs- und Lösungsmöglichkeiten gesammelt, die in einer zweiten Stufe evaluiert und als sachgerechte Lösung definiert werden. In einer abschließenden dritten Stufe erfolgt eine deduktive Überprüfung, die mit einem Falsifikationstest abschließt.

- **Hermeneutische Methode**

  Bei dieser Methode wird versucht, die GoB unter Berücksichtigung aller auf die Rechnungslegung möglicherweise einwirkender Einflußfaktoren zu ermitteln. An die Stelle schlüssig abgeleiteter Grundsätze treten deterministische Einzelfallentscheidungen.

Zusammenfassen bleibt festzustellen, daß es die anerkannte Methode schlechthin nicht gibt. Im **Regelfall** wird auf die **deduktive Methode** zurückzugreifen sein, die induktive Ableitung von GoB wird durch den Regelfall „Deduktion" jedoch nicht prinzipiell ausgeschlossen (*so auch z.B. Döllerer 1986, S. 678 f.*).

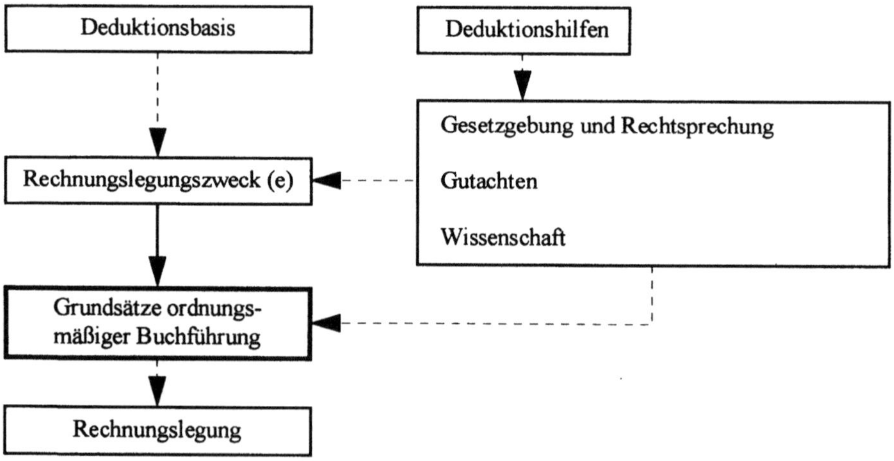

Abb. 11: Deduktionsschema zur Ableitung von GoB

3.3 Grundsätze ordnungsmäßiger Buchführung im engeren Sinne

Die wichtigsten, die Dokumentation im Rahmen der Buchführung betreffenden Grundsätze, lassen sich wie folgt zusammenfassen (§§ 238, 239, 257 HGB; §§ 140, 147 AO):

(1) Belegfunktion,

d.h. die Geschäftsvorfälle müssen sich vollständig und chronologisch anhand der Belege nachvollziehen lassen. Das Belegprinzip dient sowohl der Selbstinformation des Kaufmanns über die Lage des Unternehmens, wie auch der Kontrolle durch sachverständige Dritte.

(2) Systemfunktion,

d.h. es muß ein Buchführungssystem eingerichtet werden, das gewährleistet, daß buchungspflichtige Vorgänge formal korrekt erfaßt und dokumentiert werden, unabhängig von der Organisationsform und den Organisationsmitteln des Unternehmens. Unter Buchführungssystem ist demnach ein formales „... *System von Regelungen (zu verstehen), das die Ordnung, Verknüpfung und Verdichtung der in der Buchführung aufzeichnungspflichtigen Vorgänge festlegt*“ (*ADS 1992, Rn. 2 zu § 239 HGB*). Diesbezüglich kann auf unterschiedliche Systemmöglichkeiten zurückgegriffen werden, als System bietet sich i.d.R. die **kaufmännische doppelte Buchführung** an. Die Schnittstelle zur Kostenrechnung muß eindeutig festgelegt werden, die Kostenrechnung selbst so organisiert sein, daß dort, wo sie Hilfsfunktion für die Buchführung übernimmt (z.B. Bewertung der Fertigerzeugnisse), die Werttransformation nachvollziehbar ist. Obwohl ein bestimmtes Buchführungssystem nicht vorgeschrieben ist, folgt aus § 242 Abs. 3 HGB mittelbar, daß bei Kaufleuten, soweit sie nicht Minderkaufleute i.S.d. § 4 HGB sind, nach den Grundsätzen der kaufmännischen doppelten Buchführung zu verfahren ist.

(3) Journal- und Kontenfunktion,

d.h. um die vollständige, richtige, zeitgerechte und geordnete Aufzeichnung der Geschäftsvorfälle sicherzustellen, sind vom Beleg in die Buchungssätze der Betrag, die Kontierung, der Text und das Ordnungskriterium zu übernehmen. Durch Kontierung wird die kontenmäßige Ordnung und Nachvollziehbarkeit sichergestellt, die Belegsammlung ist Bestandteil der Journalfunktion.

(4) Formale Ordnungsfunktionen

sind zudem zu beachten. Hierzu zählen z.B.

- die Verpflichtung zur **semantischen Verständlichkeit** der Buchführung („lebende Sprache“);

- die Verpflichtung, die Geschäftsvorfälle **einzeln und vollständig** zu erfassen;
- die Verpflichtung, Eintragungen und Aufzeichnungen **zeitgerecht** bzw. zeitnah vorzunehmen (§ 146 Abs. 1 S. 2 AO; Kasseneinnahmen und -ausgaben sind täglich festzuhalten);
- die Verpflichtung, Eintragungen und Aufzeichnungen **geordnet** vorzunehmen; dies setzt regelmäßig einen Kontenplan und ggf. ein Kontenregister voraus;
- die Verpflichtung, Korrekturen grundsätzlich nur auf dem Wege von **Stornobuchungen** durchzuführen, so daß der ursprüngliche Buchungsvorgang noch nachvollzogen werden kann.

Sowohl in handelsrechtlicher (§ 238 Abs. 1 S. 2 HGB) wie auch in steuerrechtlicher (§ 145 S. 1 AO) Sicht wird die **intersubjektive Nachvollziehbarkeit** der Buchführung als generelles und umfassendes Ordnungsmäßigkeitskriterium definiert: die Buchführung muß für einen sachkundigen Dritten (für den nicht notwendigerweise die Ausbildung zum Wirtschaftsprüfer oder die Lehrbefähigung für Betriebswirtschaftslehre an einer Hochschule unterstellt werden muß) in angemessener Zeit nachvollzogen werden können. R 29 Abs. 2 und 3 EStR 1993 umschreiben die Ordnungsmäßigkeit der Buchführung u.a. wie folgt:

„Eine Buchführung ist ordnungsmäßig, wenn die für die kaufmännische Buchführung erforderlichen Bücher geführt werden, die Bücher förmlich in Ordnung sind und der Inhalt sachlich richtig ist. ...Im übrigen muß die Buchführung so beschaffen sein, daß sie einem sachverständigen Dritten innerhalb angemessener Zeit einen Überblick über die Geschäftsvorfälle und die Vermögenslage des Unternehmens vermitteln kann. ... Die Geschäftsvorfälle müssen sich in ihrer Entstehung und Abwicklung verfolgen lassen. ... Die Eintragungen in den Geschäftsbüchern und die sonst erforderlichen Aufzeichnungen müssen vollständig, richtig, zeitgerecht und geordnet vorgenommen werden. Die zeitgerechte Erfassung der Geschäftsvorfälle erfordert - mit Ausnahme des baren Zahlungsverkehrs - keine tägliche Aufzeichnung. Es muß jedoch ein zeitlicher Zusammenhang zwischen den Vorgängen und ihrer buchmäßigen Erfassung bestehen“.

Die intersubjektive Nachvollziehbarkeit der Buchführung setzt naturgemäß voraus, daß die **Aufbewahrungspflichten** gemäß § 257 HGB und § 147 Abs. 1 AO beachtet werden. Buchführungs- und Aufbewahrungspflicht sind öffentlich-rechtlicher Art, d.h. durch diese Pflichten wird sowohl dem öffentlichen Interesse, wie auch der Interessenlage der Gläubiger Rechnung getragen. Da den Handelsbüchern im Streitfalle besondere Beweiskraft zukommt, enthalten die §§ 258 ff. HGB Vorschriften über die Vorlage der Handelsbücher im Rechtsstreit und bei Auseinandersetzungen.

3.4 Grundsätze ordnungsmäßiger Buchführung und Bilanzierung im weiteren Sinne

Eine einheitliche Systematisierung dieser Grundsätze findet sich in der Literatur nicht.

So wird z.B. zwischen **formellen** und **materiellen Grundsätzen** (*ADS 1992, Rn. 10 ff. zu § 243 HGB*) sowie Rahmengrundsätzen, Systemgrundsätzen, Periodisierungsgrundsätzen bzw. Grundsätzen der Informationsvermittlung, konzeptionellen Grundsätzen und Grundsätzen der vorsichtigen Gewinnermittlung (*Baetge 1992, S. 49 ff.; Leffson 1987, S. 179 ff*) unterschieden. Zu den **Grundsätzen der Informationsvermittlung**, die Baetge wie auch Leffson als allgemeingültige Regeln für die Übermittlung der Jahresabschlußinformationen sehen, rechnen z.B. die Grundsätze der Bilanzklarheit, Vollständigkeit, Bilanzkontinuität, Willkürfreiheit und Wesentlichkeit. **Konzeptionelle Grundsätze** wie Anschaffungswertprinzip, Grundsatz der Unternehmensfortführung und Grundsatz der Einzelbewertung werden als allgemeingültige Regeln für die Ausgestaltung und Interpretation der übrigen GoB begriffen, während **Grundsätze der Periodisierung** als konkrete Anweisungen zur Ausgestaltung der Jahresabschlußinformationen in Hinblick auf eine sachgerechte Darstellung der Vermögens-, Finanz- und Ertragslage sowie eine notwendige Bemessung des ausschüttungsfähigen Gewinns gesehen werden. Zur letztgenannten Gruppe werden insbesondere das Vorsichts-, Realisations- und Imparitätsprinzip gerechnet. In der Systematik von Leffson (*Leffson 1987, S. 157 ff.*) werden die Grundsätze der Vorsicht gleichzeitig im Sinne einer GoB-Hierarchie als „**obere Grundsätze**" eingeordnet, aus denen konkrete Vorschriften zur formellen und materiellen Ausgestaltung von Buchhaltung, Inventar und Jahresabschluß abgeleitet werden müssen („untere Grundsätze"). Die möglichen systematischen Ansätze zur Differenzierung von GoB lassen sich, wie in Abb. 12 dargestellt, schematisch vereinfacht zusammenfassen.

Da ein allgemeinverbindliches System an Grundsätzen nicht existiert und die folgenden Ausführungen ausschließlich auf die im Rahmen der Erstellung des Jahresabschlusses relevanten Grundsätze Bezug nehmen, wird aus Zweckmäßigkeitserwägungen heraus ausschließlich zwischen kodifizierten und nichtkodifizierten Grundsätzen ordnungsmäßiger Buchführung und Bilanzierung unterschieden.

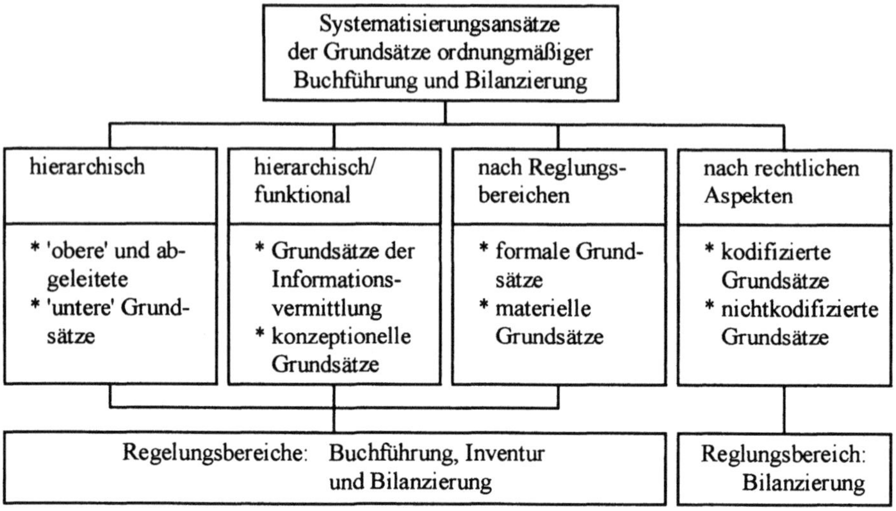

Abb. 12: GoB: Systematisierungsansätze

3.4.1 Kodifizierte Grundsätze ordnungsmäßiger Buchführung und Bilanzierung i.w.S.

3.4.1.1 Grundsatz der Bilanzklarheit

Der Grundsatz der Bilanzklarheit ist in den §§ 243 Abs. 2, 247 Abs. 1 und 238 Abs. 1 S. 2 HGB verankert. Danach ist der Jahresabschluß **klar** und **übersichtlich** aufzustellen. Dieser Forderung wird Rechnung getragen durch

(1) **eindeutige** und unmißverständliche **Bezeichnung der Positionen** des Jahresabschlusses sowie eine **sachgerechte Gliederung** in Bilanz und GuV-Rechnung, d.h. der formelle Inhalt des Jahresabschlusses muß zutreffende Informationen vermitteln. Die Forderung nach sachgerechter Gliederung beinhaltet dabei ggf., daß von der gesetzlichen Mindestgliederung (§§ 266, 275 HGB) abgewichen werden muß, wenn dies durch die Eigenart eines Geschäftszweiges bedingt erforderlich wird, um Informationen in transparenter Form zu vermitteln.

Beispiel:

Der Ausweis von Wertpapieren als Position „Wertpapiere" trägt dem Grundsatz der Klarheit noch nicht ausreichend Rechnung. Erst durch eine entsprechende Zuordnung zum Anlage- oder Umlaufvermögen wird dem Grundsatz der Klarheit entsprochen.

(2) Beachtung des **Bruttoprinzips**, d.h. die Position des Jahresabschlusses sind unsaldiert auszuweisen, Überschneidungen zwischen einzelnen Posten sind kenntlich zu machen; der Bruttoausweis der Posten wird zudem durch § 246 Abs. 2 HGB gefordert. Das Saldierungsverbot gilt sowohl für korrespondierende Vermögensgegenstände und Schulden (z.B. Kundenforderungen und Lieferantenschulden) wie auch für korrespondierende Aufwendungen und Erträge.

Beispiel:

Eine Saldierung von Zinserträgen 100 TDM mit Zinsaufwendungen 80 TDM ist nicht zulässig, der Ausweis der Saldogröße Zinserträge 20 TDM verstößt gegen das Gebot des Bruttoausweises und damit gegen den Grundsatz der Bilanzklarheit.

(3) Angaben über die vom Unternehmen **angewandten Bewertungsmethoden** sowie evtl. Abweichungen gegenüber der Vorperiode.

(4) **Erfolgsspaltung**, d.h. Aufgliederung des Unternehmenserfolges in einzelne Erfolgskomponenten. Dieser Forderung wird z.B. durch eine Gliederung der GuV-Rechnung in der für Kapitalgesellschaften vorgeschriebenen Staffelform und Trennung zwischen gewöhnlichem und außergewöhnlichem Ergebnis entsprochen. Nicht-Kapitalgesellschaften sind demgegenüber nicht veranlaßt, eine Erfolgsspaltung vorzunehmen, bei ihnen reicht es vielmehr aus, den positiven oder negativen Unternehmenserfolg (Jahresüberschuß bzw. Jahresfehlbetrag) ohne weitere Differenzierung auszuweisen.

3.4.1.2 Grundsatz der Vollständigkeit

Das Vollständigkeitsgebot ist in § 246 Abs. 1 HGB verankert. Danach sind im Jahresabschluß **sämtliche Vermögensgegenstände, Schulden, Rechnungsabgrenzungsposten, Erträge** und **Aufwendungen** auszuweisen. Das Vollständigkeitsprinzip wird durch das Saldierungsverbot des Abs. 2 ergänzt, das bei Kapitalgesellschaften in zwei Fällen durchbrochen wird: zum einen durch die zulässige Verrechnung erhaltener Anzahlungen auf Vorratsvermögen mit der Position Vorräte (§ 268 Abs. 5 S. 2 HGB), zum andern durch die Verrechnung ausstehender Einlagen mit der Position „Gezeichnetes Kapital“ (§ 272 Abs. 1 HGB).

Neben dieser **formellen Komponente** beinhaltet der Grundsatz der Vollständigkeit eine **materielle** (oder materiale) **Komponente**: die inhaltliche Ausfüllung des Vollständigkeitsgebotes setzt voraus, daß geklärt wird, was unter Vermögensgegenständen und Schulden zu verstehen ist. In materieller Hinsicht ist damit die Frage nach der **Bilanzierung dem Grunde** nach entsprochen, d.h. im Kontext des Vollständigkeitsgebotes sind vorrangig folgende Fragen zu beantworten:

- Was ist unter „Vermögensgegenstände, Schulden, Rechnungsabgrenzungsposten“ zu verstehen;
- wonach bestimmen sich Bilanzierungsfähigkeit, Bilanzierungspflichten, Bilanzierungswahlrechte und Bilanzierungsverbote (vgl. dazu 5.2).

3.4.1.3 Grundsatz der Bilanzkontinuität

Das Kontinuitätsgebot hat zum Ziel, die formelle und materielle Vergleichbarkeit der Jahresabschlußinformationen sowohl im Zeitablauf, wie auch zwischen vergleichbaren Unternehmen sicherzustellen.

Dieser Zielsetzung wird entsprochen durch:

(1) Den Grundsatz der **Bilanzidentität** (§ 252 Abs. 1 Nr. 1 HGB)

Bilanzidentität besagt, daß die Wertansätze in der Eröffnungsbilanz einer Rechnungsperiode mit den Wertansätzen in der Schlußbilanz der vorhergehenden Rechnungsperiode übereinstimmen müssen. Die Bilanzidentität läßt sich sowohl aus der Konzeption einer Totalrechnung, wie auch damit begründen, daß ohne zwingende Beachtung dieses Grundsatzes Erträge und Aufwendungen zeitlich verlagert werden könnten mit der Folge, daß Gewinne außenstehenden Anteilseigners zeitlich begrenzt oder auf Dauer vorenthalten werden (z.B. Aktionäre, Kommanditisten).

Aus der Formulierung des § 252 Abs. 1 Nr. 1 HGB kann nicht abgeleitet werden, daß (von der Gründung des Unternehmens abgesehen: „§ 242 Abs. 1 S. 1 HGB) für jede Rechnungsperiode eine unter Beachtung der Gliederungsvorschriften erstellte und komprimierte Eröffnungsbilanz zu erstellen ist; ebensowenig fungiert die Schlußbilanz der Vorperiode als Eröffnungsbilanz der laufenden Periode. *„Gemeint ist vielmehr die* ***Gesamtheit der Saldovorträge*** *zu Beginn eines Geschäftsjahres auf den sog. Bestandskonten. Werden diese Vorträge zu Kontrollzwecken oder aus anderen Gründen aufgelistet, so ergeben sie materiell eine Eröffnungsbilanz. Eine Bilanz im eigentlichen Sinne ... wird nicht vorgeschrieben“* (*ADS 1992, Rn. 10 zu § 252 HGB*)

Steuerlich läßt sich die Bilanzidentität aus der Gewinndefinition des § 4 Abs. 1 EStG ableiten: Gewinn ist danach der Saldo aus dem Betriebsvermögen am Ende der Rechnungsperiode und dem Betriebsvermögen am Ende der vorangegangenen Rechnungsperiode, vermehrt um Entnahmen und vermindert um Einlagen. Eine korrekte Gewinnermittlung im Rahmen des Betriebsvermögensvergleiches setzt damit voraus, daß im Zeitablauf der **Bilanzenzusammenhang** gewahrt wird, d.h. das Betriebsvermögen zu Beginn der Rechnungsperiode wertmäßig mit dem Betriebsvermögen am Schluß der Vorperiode übereinstimmt.

Die Bilanzidentität kann nur in Ausnahmefällen durchbrochen werden, so z.B. der Aufstellung von DM-Eröffnungsbilanzen im Zuge einer Währungsreform oder Währungsumstellung, Fusion von Unternehmen oder notwendiger Neubewertung im Rahmen einer Änderung der Unternehmensrechtsform.

Beispiel:

Aufstellung von DM-Eröffnungsbilanzen durch Unternehmen in den neuen Bundesländern per 1.7.1990.

(2) Den Grundsatz der **formalen Bilanzkontinuität**

Formale Bilanzkontinuität erfordert **Ausweisstetigkeit**, d.h. die Gliederungsschemata aufeinanderfolgender Bilanzen und GuV-Rechnungen sind beizubehalten, die Posteninhalte dürfen nur aus zwingenden wirtschaftlichen Gründen geändert werden, die Jahresabschlüsse sind jeweils zum gleichen Stichtag zu erstellen. Für Kapitalgesellschaften ist die Ausweisstetigkeit gemäß § 265 Abs. 1 HGB zwingend vorgeschrieben, Abweichungen vom Gliederungsschema sind nur bei Vorliegen besonderer Umstände zulässig und müssen im Anhang erläutert werden (Bsp.: wesentliche Erweiterung des Geschäftsbetriebes); Kapitalgesellschaften haben zudem die Vergleichbarkeit der Jahresabschlüsse durch Angabe der Vorjahreszahlen sicherzustellen (§ 265 Abs. 2 HGB).

(3) Den Grundsatz der **materiellen Bilanzkontinuität**

Auch durch die materielle Bilanzkontinuität wird der Forderung nach Vergleichbarkeit der Rechnungslegung entsprochen. Die materielle Bilanzkontinuität umfaßt sowohl die **Bewertungsstetigkeit** wie auch die **Wertstetigkeit**.

Der in § 252 Abs. 1 Nr. 6 HGB verankerte **Grundsatz der Bewertungsstetigkeit** schreibt für die Bewertung von Vermögensgegenständen und Schulden die **Beibehaltung der** in der Vorperiode angewandten **Bewertungsmethoden** vor. Dies wird immer dann von erheblicher Bedeutung sein, wenn bei der Ermittlung der Wertansätze Methodenwahlrechte eingeräumt werden (so z.B. bei der planmäßigen Abschreibung, der Ermittlung der Herstellungskosten usw.) und eine Änderung der Bewertungsmethode zu einer unmittelbaren Änderung der Ertragslage führen würde: *„Der Grundsatz der Bewertungsstetigkeit engt die Auswahl unter mehreren an sich möglichen Bewertungsmethoden auf eine ein, nämlich ceteris paribus auf die des Vorjahres“* (*ADS 1992, Rn. 98 zu § 252 HGB*).

Dies schließt nicht aus, daß z.B. steuerrechtliche Bewertungswahlrechte im Zeitablauf unterschiedlich ausgeübt werden; Abschreibungen nach § 253 Abs. 4 HGB sind ebenfalls nicht an den Stetigkeitsgrundsatz gebunden, da ihre Vornahme keine besondere Methode erfordert. Insoweit ist der Stetigkeitsgrundsatz vorrangig als **Willkürverbot für den Wechsel von Bewertungsmethodenwahlrechten** zu interpretieren. Unterbrechungen der Bewertungsstetigkeit sind gemäß § 252 Abs. 2 HGB nur in begründeten Fällen zulässig, so z.B. bei der

Durchführung von Sanierungsmaßnahmen, Programmumstellung, wesentlichen Änderungen der Kapital- oder Gesellschafterstruktur usw.

Wertstetigkeit schreibt demgegenüber - ceteris paribus- die **Beibehaltung** oder **gleichartige Fortführung der Wertansätze** der Vermögensgegenstände vor. Bei Nichtkapitalgesellschaften ist eine Wertbeibehaltung gemäß § 253 Abs. 5 HGB auch dann möglich, wenn die Gründe, die zu einem niedrigeren Wertansatz geführt haben, nicht mehr bestehen (**Beibehaltungswahlrecht** und **Wertaufholungswahlrecht**), die Verhältnisse sich also verändert haben. Demgegenüber besteht für Kapitalgesellschaften gemäß § 280 Abs. 1 HGB bei geänderten Verhältnissen ein **Wertaufholungsgebot**. Die Wertaufholung ist für abnutzbare Anlagevermögen zwingend. Bei nicht abnutzbarem Anlagevermögen und Umlaufvermögen kann gemäß § 280 Abs. 2 HGB von einer Wertaufholung abgesehen werden, um, dem Grundsatz der Maßgeblichkeit der Handels- für die Steuerbilanz entsprechend, die steuerrechtlich zulässige Beibehaltung des niedrigeren Wertansatzes zu ermöglichen.

Beispiel:

Wertpapiere, 1990 zu Anschaffungskosten von 100 TDM erworben,

Börsenwert am Bilanzstichtag 1990: 90 TDM,

am Bilanzstichtag 1991: 96 TDM. Rechtsform des Unternehmens: AG,

Wertansatz 1990 in Handels- und Steuerbilanz: 90 TDM.

Bilanzansatz 1991:	96 TDM - § 280 Abs. 1 HGB/Wertaufholungsgebot
Steuerbilanz 1991:	Wertansatz des Jahres 1990 darf gemäß § 6 Abs. 1 Nr. 2 S. 3 EStG beibehalten werden, so daß alternativ angesetzt werden können: 90 TDM oder 96 TDM. Soweit in der Steuerbilanz 90 TDM angesetzt werden, **sind auch im handelsrechtlichen Jahresabschluß 90 TDM anzusetzen** (umgekehrte Maßgeblichkeit der Steuer- für die Handelsbilanz)

3.4.1.4 Grundsatz der Einzelbewertung

Der Grundsatz der **Einzelbewertung i.e.S.** besagt, daß jeder Vermögensgegenstand und jede Verbindlichkeit gesondert, d.h. für sich zu bewerten ist. Einzelbewertung erfordert, „... *daß die Risiken eines jeden Vermögensgegenstandes für sich beurteilt werden und daß die Bewertung nach den individuellen Gegebenheiten des jeweiligen Vermögensgegenstandes auszurichten ist*“ (*ADS 1992, Rn. 43 zu § 252 HGB*).

Letztlich korrespondiert der Grundsatz der Einzelbewertung mit den Grundsätzen, die im Rahmen der Erstellung des Inventars zu beachten sind, wenn gemäß § 240 Abs. 1 HGB gefordert wird, daß der „Wert der einzelnen Vermögensgegenstände und Schulden anzugeben ist".

Einzelbewertung erfordert, daß die in Betracht kommenden Wertmaßstäbe, insbesondere die Anschaffungs- oder Herstellungskosten, den Vermögensgegenständen und Schulden direkt und individuell zugeordnet werden; diese bilden jeweils für sich eine **Bewertungseinheit**. Die Abgrenzung solcher Bewertungseinheiten ist unproblematisch, soweit es sich um die Bewertung von Verbindlichkeiten (Schulden) handelt. Probleme können dem gegenüber bei Sachgesamtheiten gegeben sein, bei denen die Teilaggregate unterschiedlichem Verschleiß unterworfen sind. Zur Abgrenzung von Sachgesamtheiten wird i.d.R. die **wirtschaftliche Betrachtungsweise** herangezogen werden müssen. Insbesondere in der steuerlichen Rechtsprechung hat sich diese **funktionale Betrachtungsweise** weitgehend durchgesetzt: eine Bewertungseinheit kann danach durch einen „einheit-lichen Nutzungs- und Funktionszusammenhang" gekennzeichnet werden (*BFHE 111, 242 = BStBl. II 1974, 132*).

Der Abgrenzung der Bewertungseinheiten kommt erhebliche Bedeutung zu, da ein **Bewertungsausgleich** zwischen Vermögensgegenständen der Zielsetzung nach verhindert werden soll: Wertminderungen einzelner Vermögensgegenstände dürfen somit nicht mit Wertsteigerungen anderer Vermögensgegenstände verrechnet werden. Gleichzeitig ist zu berücksichtigen, daß je exakter Bewertungseinheiten abgegrenzt werden, desto exakter ist der Periodenerfolg zu ermitteln (*Moxter 1995, S. 158*). Durch eine exakte Abgrenzung der Bewertungseinheiten wird zudem die Nachprüfbarkeit erleichtert, da der Identitätsnachweis i.d.R. vergleichsweise unkompliziert ist.

Beispiel:

Die X-AG hat in der zurückliegenden Rechnungsperiode unterschiedliche Aktienpakete zu unterschiedlichen Anschaffungskosten erworben, die zum Abschlußstichtag unterschiedliche Börsenkurse aufweisen:

	Anschaffungskosten	Börsenkurs/-wert
A-Aktien	100.000,00 DM	160.000,00 DM
B-Aktien	150.000,00 DM	130.000,00 DM
C-Aktien	50.000,00 DM	40.000,00 DM

Der Grundsatz der Einzelbewertung erfordert, daß die Wertpapiere jeweils getrennt, d.h. für sich zu bewerten sind; somit sind (Annahme: Wertpapiere des Umlaufvermögens) auszuweisen:

	Bilanzansatz
A-Aktien	100.000,00 DM
B-Aktien	130.000,00 DM
C-Aktien	40.000,00 DM

Der bilanziell ausgewiesene Gesamtwert beläuft sich somit auf 270.000,00 DM bei einem Börsenwert am Abschlußstichtag von 330.000,00 DM.

Würden die Wertpapiere dagegen als Bewertungseinheit abgegrenzt und bewertet werden können, würde wie folgt verfahren werden:

	Anschaffungskosten	Börsenwert
Aktien (A, B, C)	300.000,00 DM	330.000,00 DM

Ausgewiesen würde demnach ein Bilanzansatz der Wertpapiere von 300.000,00 DM (= Anschaffungskosten). Durch die Zusammenfassung zu einer Bewertungseinheit könnten Gewinne und Verluste einzelner Wertpapiere im Rahmen der Gesamtbetrachtung miteinander verrechnet werden mit der Folge, daß - bezogen auf das vorstehende Beispiel - Vermögen und Gewinn um 30.000,00 DM höher ausgewiesen würden, obwohl dieser zusätzliche Gewinn noch nicht am Markt realisiert wurde.

Soweit der Identitätsnachweis nicht geführt werden kann, ist eine individuelle Zuordnung der Anschaffungs- oder Herstellungskosten zu einzelnen Vermögensgegenständen nicht möglich (Bsp.: Tanklagerung von chemischen Grundstoffen mit permanenten Zu- und Abgängen). Ist ein **Identitätsnachweis nicht möglich** oder **wirtschaftlich nicht zumutbar**, kann der Grundsatz der Einzelbewertung zulässigerweise durchbrochen werden; an die Stelle der Einzelbewertung treten in solchen Fällen:

(1) **Bewertungsvereinfachungsverfahren** wie

- **Gruppenbewertung** (§ 256 S. 2 i.V.m. § 240 Abs. 4 HGB)
- **Verbrauchs- oder Veräußerungsfolgeverfahren** (§ 256 S. 1 HGB)
- **Festbewertung** (§ 256 S. 2 i.V.m. § 240 Abs. 3 HGB)
- **Retrograde Wertermittlung** (nach GoB für Handelswaren zulässig)

(2) **Durchschnittsmethode** (nach GoB zulässig)

(3) **Pauschalierungsverfahren** (z.B. Pauschalabschreibung auf Forderungen).

In der Literatur wird der Grundsatz der Einzelbewertung z.T. weiter gefaßt (**Grundsatz der Einzelbewertung i.w.S.**) und sowohl auf die Bilanzierung (Erfassung), wie auch auf die Bewertung der Vermögensgegenstände und Schulden bezogen.

3.4.1.5 Grundsatz der Stichtagbezogenheit der Wertansätze

Gemäß § 252 Abs. 1 Nr. 3 HGB sind Vermögensgegenstände und Schulden zum **Abschlußstichtag** zu bewerten, d.h. maßgeblich sind die Verhältnisse des letzten Tages einer Rechnungsperiode. Alle vor dem Abschlußstichtag liegenden Ereignisse fließen damit in die Bewertung ein, alle nach dem Abschlußstichtag liegenden Ereignisse werden grundsätzlich nicht berücksichtigt.

Da der Jahresabschluß innerhalb der ersten Monate der Folgeperiode für die zurückliegende Rechnungsperiode erstellt wird, ist regelmäßig ein time-lag zwischen Abschlußstichtag und Zeitpunkt der Abschlußerstellung gegeben. Ereignisse, die erst nach dem Abschlußstichtag bekannt werden, können die Bewertung erheblich beeinflussen. Diese sog. **werterhellenden Ereignisse** sind bei der Ermittlung des Wertansatzes zwingend zu berücksichtigen. Dies gilt für Risiken und Verluste ebenso wie für Chancen. Die Notwendigkeit, werterhellende Ereignisse zu berücksichtigen, wird nicht nur von der Rechtsprechung bejaht, sie ergibt sich zudem zwingend aus § 252 Abs. 1 Nr. 4 HGB (Vorsichtsprinzip).

Beispiel:

Nach dem Abschlußstichtag, aber vor dem Zeitpunkt der Bilanzaufstellung, wird bekannt, daß ein Großkunde Antrag auf Eröffnung des Konkursverfahrens gestellt hat. Dieses werterhellende Ereignis ist bei der Bewertung der dem Kunden gegenüber bestehenden Forderungen zu berücksichtigen.

Zulässige Ausnahme zu diesem Grundsatz stellen z.B.

- das gemilderte Niederstwertprinzip (§ 253 Abs. 2 S. 2 HGB),
- der Ansatz eines „Schwankungsreservewertes" (§ 253 Abs.. 3 S. 3 HGB),
- das Beibehaltungswahlrecht (§ 253 Abs. 5 HGB)

dar. *„In ... diesen Fällen besteht aber immer noch insofern eine Bindung an den Abschlußstichtag, als jeweils von den* ***Erwartungen*** *auszugehen ist, die am Abschlußstichtag bestanden"* (*ADS 1992, Rn. 41 zu § 252 HGB*).

Beispiel:

Das gemilderte Niederstwertprinzip erlaubt bei Nichtkapitalgesellschaften die Beibehaltung des niedrigeren Wertes der Vorperiode, obwohl sich die Wertverhältnisse inzwischen geändert haben; wird z.B. unterstellt, daß in t_0 zu Anschaffungskosten von 100.000,00 DM erworbene Wertpapiere in t_1 einen Börsenwert von 80.000,00 DM und in t_2 von 90.000,00 DM aufwiesen, kann zulässigerweise folgendermaßen verfahren werden:

t_0	Bilanzansatz:	100.000,00 DM
t_1	Bilanzansatz:	80.000,00 DM
t_2	Bilanzansatz:	80.000,00 DM

In t_2 wird demnach - zulässigerweise - mit 80.000,00 DM ein Wert ausgewiesen, der den tatsächlichen Wertverhältnissen am Bilanzstichtag nicht entspricht; korrekterweise hätte aufgrund des Stichtagsprinzips in t_2 ein Bilanzwertansatz in Höhe von 90.000,00 DM gewählt werden müssen.

Grundsätzlich unberücksichtigt bleiben demgegenüber sog. **wertbegründende Ereignisse**, die erst nach dem Abschlußstichtag eingetreten sind. Solchen Ereignissen ist ggf. durch vorsichtige Bewertung oder Berichtserstattung hierüber Rechnung zu tragen. Für Kapitalgesellschaften ist die Berichterstattung über wertbegründende Ereignisse von besonderer Bedeutung zwingend (§ 289 Abs. 2, Nr. 1 HGB).

Beispiel:

Ein wertbegründendes Ereignis von besonderer Bedeutung liegt z.B. vor, wenn nach dem Abschlußstichtag aber noch vor der Erstellung des Jahresabschlusses ein Lizenzvertrag mit einem wichtigen Wettbewerber geschlossen werden konnte, der die Marktchancen des eigenen Unternehmens erheblich verbessert.

3.4.1.6 Grundsatz der Unternehmensfortführung

Gemäß § 252 Abs. 1 Nr. 2 HGB ist bei der Bewertung von der Fortführung der Unternehmenstätigkeit auszugehen, soweit dem keine **tatsächlichen** (z.B. beabsichtigte Liquidation) oder **rechtlichen** (z.B. Eröffnung des Konkursverfahrens) **Gegebenheiten** entgegenstehen. Aus dem Grundsatz der Unternehmensfortführung (vielfach auch als **Going-Concern-Prinzip** bezeichnet) folgt, daß ein Ansatz von Liquidationswerten grundsätzlich nicht zulässig ist, vielmehr sind Vermögensgegenstände und Schulden nach Maßgabe der §§ 253 bis 256 HGB zu Fortführungswerten zu bewerten; Kapitalgesellschaften haben darüber hinaus die §§ 279 bis 283 HGB zu beachten. Damit soll sichergestellt werden, daß der Jahresabschluß ein den **tatsächlichen Verhältnissen** entsprechendes Bilde der Vermögens-, Finanz- und Ertragslage vermittelt.

Beispiel:

Eine Spezialmaschine, die den investiven Bedürfnissen des Unternehmens exakt angepaßt ist, wird i.d.R. zu ihren, um planmäßige Abschreibungen verminderten, Anschaffungskosten als Vermögensgegenstand ausgewiesen. Der Liquidationswert, d.h. der Veräußerungserlös, der bei Beendigung der Unternehmenstätigkeit am Markt erzielt werden könnte, wird regelmäßig deutlich niedriger sein und im Extrem mit dem Schrottwert übereinstimmen. Ein Ausweis des niedrigeren Schrottwertes ist dem Grundsatz der Unternehmensfortführung zufolge nicht zulässig, da die Vermögenslage unzutreffend ungünstig dargestellt und der Unternehmenserfolg unzulässig geschmälert würde.

*„Fortführung der Unternehmenstätigkeit bedeutet, daß das Unternehmen bei vernünftiger kaufmännischer Beurteilung seine Tätigkeit als werbendes Unternehmen für einen **übersehbaren Zeitraum** wird fortsetzen können“* (*ADS 1992, Rn. 19 zu § 252 HGB*). Die Beurteilung wird jeweils einzelfallbezogen erfolgen müssen, eine exakte Abgrenzung dessen, was unter „übersehbarem Zeitraum“ zu verstehen ist, wird i.a.R. nicht möglich sein (*a.A. die UEC-Empfehlung Nr. 4 Tz. 2.1.b von 1978, die einen Zeitraum von 12 Monaten unterstellt*).

3.4.1.7 Grundsatz der Vorsicht

Zu den zentralen Prinzipien der Rechnungslegung in Deutschland zählt das Vorsichtsprinzip, dessen zwingende Beachtung zwar die Informationsfunktion des Jahresabschlusses beeinträchtigen kann, das aber uneingeschränkt der nominalen Kapitalerhaltung dient und zur Sicherung der Unternehmenssubstanz beiträgt. In allgemeiner Form fordert das Vorsichtsprinzip, daß die Vermögens-, Finanz- und Ertragslage des Unternehmens im Zweifel eher negativ-pessimistisch als positiv-optimistisch darzustellen ist, insbesondere aber der Gewinn eher zu niedrig als zu hoch ausgewiesen werden soll (Verluste: vice versa). Kodifiziert ist der Grundsatz der Vorsicht in § 252 Abs. 1 Nr. 4 HGB. Der Gesetzgeber fordert danach konkret, daß **vorsichtig** zu **bewerten** ist, insbesondere

- alle **vorhersehbaren Risiken und Verluste**, die bis zum Abschlußstichtag entstanden sind, **berücksichtigt werden müssen**

 und

- **Gewinne nur** dann **berücksichtigt werden dürfen**, wenn diese bis zum Abschlußstichtag am Markt **realisiert wurden.**

Der Grundsatz der Vorsicht *„stellt sich als Oberbegriff für verschiedene Bewertungsgrundsätze dar, die im deutschen Bilanzrecht eine lange Tradition haben"* (*ADS 1992, Rn. 62 zu § 252 HGB*). Der Grundsatz vorsichtiger Bewertung (und damit vorsichtiger Gewinnermittlung) wird zunächst als allgemeine Bewertungsregel aufzufassen sein, die insbesondere durch das **Realisations-** und **Imparitätsprinzip** inhaltlich ausgestaltet wird (ähnlich *Bitz, Schneeloch, Wittstock 1991, S. 159*). Darüber hinaus trägt auch das **Anschaffungswertprinzip** dem Grundsatz der Vorsicht Rechnung

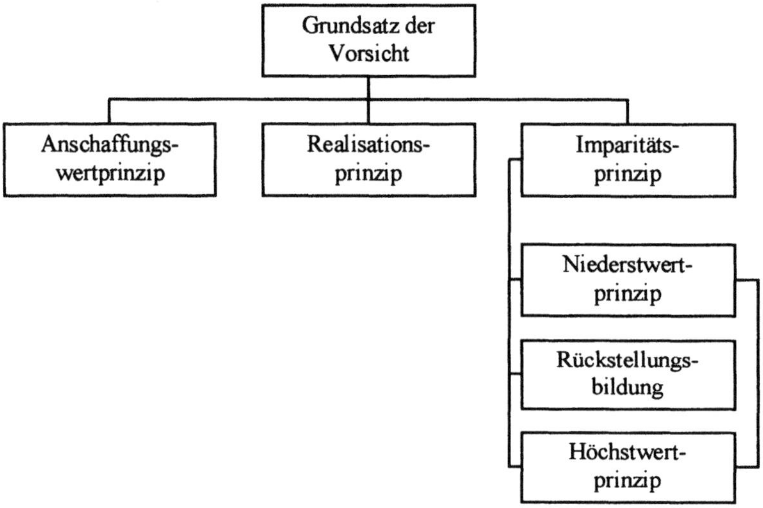

Abb. 13: Das Vorsichtsprinzip als Oberprinzip der Rechnungslegung

3.4.1.7.1 Realisationsprinzip

Das Realisationsprinzip besagt, daß ein Gewinn erst dann berücksichtigt werden darf, wenn er am Absatzmarkt durch einen konkreten Umsatzakt realisiert wurde. Das Realisationsprinzip regelt damit die Berücksichtigung von Gewinnen aus Produktion und Verwertung der Unternehmensleistung (Sachgüter und/oder Dienstleistungen) aber auch von Gewinnen, die z.B. aus der Verwertung nicht mehr benötigter Anlagegüter erwirtschaftet werden. Durch das Realisationsprinzip wird letztlich abgegrenzt, bis zu welchem Zeitpunkt die Unternehmensleistung erfolgsneutral behandelt werden muß und ab welchem Zeitpunkt ein Gewinn zu berücksichtigen ist. Maßgebend hierfür ist der **Zeitpunkt der Gewinnrealisierung**. Dieser bestimmt sich allgemein nach den GoB, wobei - der Abfolge des Leistungserstellungs- und -verwertungsprozesses entsprechend - Gewinnrealisation voraussetzt, daß gegenüber einem Dritten eine Leistung erbracht und damit ein Anspruch auf Gegenleistung begründet wurde. Daraus folgt, daß i.d.R. der **Zeitpunkt der Lieferung oder Leistung** als Zeitpunkt der Gewinnrealisierung zu betrachten ist (h.M.). Bis zu diesem Zeitpunkt sind z.B. Fertigerzeugnisse oder Handelswaren mit ihren Anschaffungs- oder Herstellungskosten anzusetzen, ein möglicher Veräußerungsgewinn bleibt unberücksichtigt.

Inwieweit bei langfristiger Fertigung ggf. eine periodische **Teilgewinnrealisierung** vor Auftragsabschluß in Betracht kommen kann, ist strittig. Ungeklärt ist insbesondere, ob die vom IASC für die internationale Rechnungslegung entwickelte **„percentage-of-completion"-Methode** mit der 4. EG-Richtlinie vereinbar ist (vgl. dazu sowie zu den möglichen Voraussetzungen für eine Teilgewinnrealisierung ausführlich *ADS 1992, Rn. 83 ff. zu § 252 HGB*).

Beispiel:

Soweit sich z.B. im Großanlagenbau der Fertigungsprozeß über zwei oder mehr Rechnungsperioden erstreckt, ist nach deutschem Recht der daraus resultierende Gewinn erst dann als realisiert zu berücksichtigen, wenn der Fertigungsprozeß abgeschlossen ist und nach Auslieferung der Anlage ein entsprechender Anspruch gegenüber dem Kunden begründet wurde. Bei Anwendung der in der angelsächsischen Rechnungslegungspraxis zulässigen „percentage of completion"-Methode werden dagegen die Teilgewinne periodisch abgegrenzt und anteilig berücksichtigt:

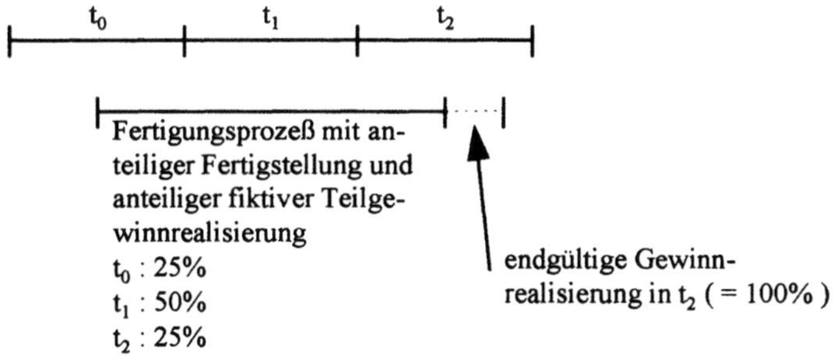

Abb. 14 Percentage - of - completion - Methode vrs. Realisationsprinzip

In engem Zusammenhang zum Realisationsprinzip stehen die **Abgrenzung** von Erträgen und Aufwendungen **der Sache nach** („matching principle") und **der Zeit**

nach. Bei der **sachlichen Abgrenzung** von Erträgen und Aufwendungen wird berücksichtigt, daß Aufwendungen getätigt werden, um bestimmte Erträge zu erzielen, so daß eine kausale Beziehung zwischen bestimmten Aufwendungen und Erträgen gegeben ist. Daraus folgt, daß z.B. den Umsatzerlösen sachlich diejenigen Aufwendungen zugeordnet werden, die zur Erzielung der Umsatzerlöse beigetragen haben. Der „*Grundsatz der sachlichen Abgrenzung betrifft demnach die periodengerechte Erfassung zwischen den ... Unternehmensleistungen und den ihnen zugrunde liegenden Aufwendungen*" (*Bitz, Schneeloch, Wittstock 1991, S. 160*). Soweit das Umsatzkostenverfahren angewandt wird, wird den realisierten Erträgen (Umsatzerlösen) der Faktorverbrauch (Umsatzkosten) zugeordnet, soweit das Gesamtkostenverfahren angewandt wird, erfolgt eine Zuordnung des gesamten Faktorverbrauchs zu realisierten (Umsatzerlöse) und nicht realisierten Erträgen (z.B. Bestandserhöhung an Fertigerzeugnissen).

Beispiel:

Produkteinheiten, die bis zum Abschlußstichtag noch nicht verkauft wurden und „auf Lager" vorhanden sind, werden mit ihren Herstellungskosten bilanziert. Die sachliche Abgrenzung der Aufwendungen wird damit über eine entsprechende Zurechnung der Wertminderungen zu den Herstellungskosten der einzelnen Produkteinheiten vollzogen. Die damit verbundene Vermögensmehrung neutralisiert die zugerechneten Wertminderungen solange, bis die Produkte in einer Folgeperiode am Markt veräußert werden.

Eine **zeitliche Abgrenzung** ist für solche Erträge notwendig, die nicht nach dem Realisationsprinzip abgegrenzt werden können sowie für Aufwendungen, die keine sachliche Beziehung zu solchen Erträgen aufweisen. Die zeitliche Abgrenzung erfolgt regelmäßig durch zeitanteilige Zurechnung mittels antizipativer und transitorischer Posten („Rechnungsabgrenzung") sowie durch Erfassung aperiodischer und periodenfremder Aufwendungen und Erträge.

Beispiele:

Eine erhaltene Schenkung ist grundsätzlich in der Periode als Ertrag zu berücksichtigen, in der sie vollzogen wurde.

Die Vorauszahlung von Versicherungsprämien für (ganz oder anteilig) die folgende Rechnungsperiode wird durch Bildung eines aktiven Rechnungsabgrenzungsposten berücksichtigt, so daß die Versicherungsprämien sachlich und zeitlich in der Periode erfaßt werden, der die Wertminderung zuzuordnen ist.(vgl. zu Umsatz- und Gesamtkostenverfahren ausführlich 4.2.1, zur Rechnungsabgrenzung 4.1.3.3).

3.4.1.7.2 Imparitätsprinzip

Das Imparitätsprinzip besagt, daß zwar **noch nicht realisierte**, am Abschlußstichtag **aber vorhersehbare Risiken und Verluste zu berücksichtigen** und der entsprechenden Rechnungsperiode zuzurechnen **sind**. Noch nicht realisierte Gewinne einerseits sowie noch nicht realisierte, aber vorhersehbare Verluste andererseits werden somit ungleich („imparitätisch") behandelt. Das Imparitätsprinzip konkretisiert sich im **Niederstwertprinzip** für Vermögensgegenstände, im **Höchstwertprinzip** für Verbindlichkeiten wie auch in der Bildung von **Rückstellungen für drohende Verluste** aus schwebenden Geschäften.

Beispiel 1:

Ein Konfektionär erwirbt in der Periode t_0 einen Bestand von 2.000 Herrenanzügen zu Anschaffungskosten von DM 400,00 je Anzug, zum Ende der Rechnungsperiode ist ein noch nicht abgesetzter Bestand von 500 Anzügen vorhanden, die im Schlußverkauf voraussichtlich zu DM 200,00 je Anzug verkauft werden können.

Der Bestand ist zum niedrigeren Wert auszuweisen (Niederstwertprinzip), d.h. der voraussichtliche Verlust ist zu antizipieren.

Beispiel 2:

Ein Fotosatzunternehmen hat vor dem Abschlußstichtag einen Druckauftrag übernommen, der zwar vertraglich vereinbart aber noch nicht abgewickelt ist. Das hierfür vereinbarte Entgelt beläuft sich auf 100.000,00 DM; am Abschlußstichtag ist absehbar, daß die Kosten für die Auftragsdurchführung bei voraussichtlich 115.000,00 DM liegen werden. In diesem Falle ist eine Verlustantizipation durch Rückstellungsbildung erforderlich (15.000,00 DM).

Das **Niederstwertprinzip** ist gemäß § 253 Abs. 2 und 3 HGB (bei Kapitalgesellschaften ergänzend: § 279 Abs. 1 S. 2 HGB) bei der Bewertung von Vermögensgegenständen zu beachten. Danach ist regelmäßig ein Wertvergleich zwischen

- **Anschaffungs- oder Herstellungskosten**, ggf. vermindert um Abschreibungen

  und

- dem **niedrigeren Tageswert** am Abschlußstichtag

durchzuführen.

Dem Grundsatz nach ist dabei der niedrigere Tageswert anzusetzen; soweit der Ansatz der niedrigeren Tageswertes **zwingend** vorgeschrieben ist, ist das sog.

strenge Niederstwertprinzip zu beachten, ist der Ansatz des niedrigeren Tageswertes in das Ermessen des bilanzierenden Unternehmens gestellt, greift das sog. **gemilderte Niederstwertprinzip**. Die Entscheidung darüber, welche dieser beiden Varianten zum Tragen kommt, ist abhängig von der Art der Vermögensgegenstände, der zeitlichen Reichweite der Wertminderung sowie der Unternehmensrechtsform:

Art des Vermögens / Dauer der Wertminderung, Rechtsform		Anlagevermögen		Umlaufvermögen
		Immaterielle Anlagen, Sachanlagen	Finanzanlagen	
Voraussichtlich dauernde Wertminderung	Kapitalgesellschaften	**strenges** NWP Abwertungspflicht (§ 253 Abs. 2 S. 3)	**strenges** NWP Abwertungspflicht (§ 253 Abs. 2 S. 3)	**strenges** NWP Abwertungspflicht (§ 253 Abs. 3)
	Nicht-Kapitalgesellschaften	**strenges** NWP Abwertungspflicht (§ 253 Abs. 2 S. 3)	**strenges** NWP Abwertungspflicht (§ 253 Abs. 2 S. 3)	**strenges** NWP Abwertungspflicht (§ 253 Abs. 3)
Voraussichtlich vorübergehende Wertminderung	Kapitalgesellschaften	**Grundsätzliches** Abschreibungsverbot (§ 279 Abs. 1 S. 2) **Ausnahme:** Abschreibung auf niedrigere steuerlich zulässige Werte (§ 254 i. V. m. § 279 Abs. 2)	**gemildertes** NWP Abwertungswahlrecht (§ 279 Abs. 1 S. 2 i. V. m. § 253 Abs. 2)	**strenges** NWP Abwertungspflicht (§ 253 Abs. 3)
	Nicht-Kapitalgesellschaften	**gemildertes** NWP Abwertungswahlrecht (§ 253 Abs. 2 S. 3)	**gemildertes** NWP Abwertungswahlrecht (§ 253 Abs. 2 S. 3)	**strenges** NWP Abwertungspflicht (§ 253 Abs. 3)

NWP = Niederstwertprinzip

Abb. 15: Ausprägungsformen des Niederstwertprinzips

In der Literatur umstritten ist, ob das Abwertungswahlrecht auf einen niedrigeren Zunkunftswert gemäß § 253 Abs. 3 S. 3 HGB Ausfluß des Niederstwertprinzips darstellt (Bejahend *Leffson 1987, S. 423 ff.; ADS 1992, Rn. 499 zu § 253 HGB sprechen, u.E. begründet, von einem in zeitlicher Hinsicht erweiterten Niederstwertprinzip*).

Dem Niederstwertprinzip bei Vermögensgegenständen entspricht das **Höchstwertprinzip** beim Wertansatz von **Schulden** (Verbindlichkeiten). Dem Höchstwertprinzip zufolge sind Verbindlichkeiten mit dem gegenüber dem Rückzahlungskurs ggf. **höheren Tageswert** am Abschlußstichtag anzusetzen. Bei Schulden in Inlandswährung kommt dem Höchstwertprinzip keine Bedeutung zu, wohl aber bei Währungsverbindlichkeiten.

Beispiel:

Lieferantenverbindlichkeit eines deutschen Unternehmens gegenüber einem französischen Hersteller: Briefkurs für 100 FF zum Zeitpunkt der Auftragsabwicklung 32,00 DM, am Abschlußstichtag 34,00 DM. Die in der Buchhaltung mit DM 32.000,00 erfaßte Verbindlichkeit muß im Jahresabschluß mit 34.000,00 DM ausgewiesen werden.

Das Höchstwertprinzip ist **zwingend**, eine gemilderte Variante ist nicht gegeben.

3.4.1.7.3 Anschaffungswertprinzip

Das Anschaffungswertprinzip (vielfach auch als Anschaffungskostenprinzip bezeichnet) besagt, daß

- **Vermögensgegenstände** höchstens mit ihren **Anschaffungs- oder Herstellungskosten**, vermindert um Abschreibungen,
- **Schulden** mindestens zum **Rückzahlungsbetrag**,
- **Rentenverpflichtungen**, für die eine Gegenleistung nicht mehr zu erwarten ist, zum **Barwert**

anzusetzen sind.

Das Anschaffungswertprinzip ist in § 253 Abs. 1 HGB verankert und stellt sich als Ausfluß des **Nominalwertprinzips** dar. Das Anschaffungswertprinzip dient der Objektivierung der Rechnungslegung, da hinsichtlich des Wertansatzes auf objektiv belegbare, wenn auch „historische" Daten zurückgegriffen wird und weist einen unmittelbaren Zusammenhang zum Realisationsprinzip auf. Sowohl das Anschaffungswertprinzip, wie auch das Realisationsprinzip verhindern im Interesse der Gläubiger den Ausweis unrealisierter Gewinne, so daß zumindest die **nominale Kapitalerhaltung** sichergestellt wird. Damit wird a la longue auch den Interessen der Anteilseigner entsprochen.

Beispiel:

Ein Betriebsgebäude wurde 1960 zu Anschaffungskosten von 1 Mio. DM erworben. Nach Vornahme planmäßiger Abschreibungen wird das Betriebsgebäude zu einem Bilanzbuchwert von 0,5 Mio. DM ausgewiesen. Der Zeit- oder Verkehrswert am Abschlußstichtag 31.12.90 liegt bei 5 Mio. DM. Die (unrealisierte) Wertsteigerung in Höhe von 4,5 Mio. DM bleibt unberücksichtigt, das Betriebsgebäude wird zu den Anschaffungskosten, vermindert um Abschreibungen, im Jahresabschluß ausgewiesen.

Durchbrochen wird das Anschaffungswertprinzip durch das Niederstwertprinzip gemäß § 253 Abs. 2 und 3 HGB, da ein gegenüber den Anschaffungs- oder Herstellungskosten niedrigerer Tageswert am Abschlußstichtag angesetzt werden muß bzw. angesetzt werden kann.

Kritiker des Anschaffungswertprinzips weisen berechtigterweise darauf hin, daß das Anschaffungswertprinzip bei inflationsbedingtem Preisanstieg zum **Ausweis von Scheingewinnen** führt, da die Abschreibungsverrechnung auf historischen (und damit zu niedrigen) Anschaffungskosten basiert. Wird der Gewinn einschließlich des Scheingewinns besteuert und ausgeschüttet, kann dies zu einem „Verzehr" der Unternehmenssubstanz führen.

Der Forderung nach **substantieller** und nicht nur **nominaler Kapitalerhaltung** trägt die 4. EG-Richtlinie in Art. 33 Abs. 1 Rechnung; bis zu einer späteren Koordinierung innerhalb der EU sind eine Bewertung zu Wiederbeschaffungspreisen bzw. eine Neubewertung grundsätzlich zulässig. Die Bundesrepublik hat auf eine Transformation dieser Vorschrift in nationales Recht verzichtet. Die deutsche Delegation hat in einer Protokollerklärung zu Art. 33 vielmehr erklärt, „... *daß die Bundesregierung Bewertungsmethoden..., wie sie Artikel 33 als Ausnahme zum Grundsatz der Anschaffungsbewertung ... zuläßt, aus wirtschafts- und währungspolitischen Gründen ablehnt*" (*Dok. Rat R/1961/78 ES 93 vom 18.7.1978*).

3.4.1.8 Grundsatz der Periodenabgrenzung

Der Grundsatz der Periodenabgrenzung zählt zu den tradierten Rechnungslegungsgrundsätzen in Deutschland. Systemimanent werden im kaufmännischen Rechnungswesen Aufwendungen und Erträge losgelöst von Zahlungsbewegungen berücksichtigt. Insoweit unterscheidet sich das kaufmännische vom kameralistischen Rechnungswesen aber auch von einer ausschließlich mit den Kategorien „Einnahmen-Ausgaben" arbeitenden Einnahmen-Überschußrechnung i.S.d. § 4 Abs. 3 EStG. Der Grundsatz der Periodenabgrenzung ist in allgemeiner Form im § 252 Abs. 1 Nr. 5 HGB verankert und bezieht sich „... *auf Aufwendungen und Erträge, die früher oder später zu* ***Zahlungsvorgängen*** *führen*" (*ADS 1992, Rn. 91* *zu § 252 HGB*). Für die Zurechnung von Aufwendungen und Erträgen zu einer bestimmten Rechnungsperiode ist letztlich das Verursachungsprinzip entscheidend (*a.A. z.B. Leffson 1987, S. 306*), d.h. Aufwendungen und Erträge sind in der Periode zu erfassen, in der sie verursacht wurden.

Beispiel:

Das Unternehmen hat in 1993 eine fehlerhafte Lieferung erbracht und wird möglicherweise auf Schadenersatz verklagt. Auch wenn bis zum Abschlußstichtag noch keine Klage anhängig ist, muß die Rückstellung in 1993 gebildet werden, da die mögliche Schadensersatzverpflichtung durch die Lieferung des Jahres 1993 verursacht wurde.

Die aus dem Grundsatz der Periodenabgrenzung resultierenden Vorgaben weisen eine enge Verbindung zum Realisations- und Imparitätsprinzip auf, d.h. im Zweifelsfalle sind Aufwendungen der zurückliegenden Rechnungsperiode zuzurechnen, während Erträge nicht abzugrenzen, sondern erst in der Periode zu berücksichtigen sind, in der sie tatsächlich realisiert wurden.

3.4.2 Nichtkodifizierte Grundsätze ordnungsmäßiger Buchführung und Bilanzierung i.w.S.

Zu den nicht kodifizierten Grundsätzen sind insbesondere der Grundsatz der Willkürfreiheit sowie der Grundsatz der Wesentlichkeit zu rechnen.

3.4.2.1 Grundsatz der Willkürfreiheit

Der Grundsatz der Willkürfreiheit leitet sich mittelbar aus den §§ 243 Abs. 1, 252 Abs. 1 Nrn. 4 und 6 HGB ab; eine einheitliche Auffassung dessen, was Willkürfreiheit letztlich bedeutet, ist in der Literatur nicht vorhanden. In **formaler** Hinsicht kann unter Willkürfreiheit die **Ausweisrichtigkeit** verstanden werden, die stets dann gegeben ist, wenn *„die einzelnen Positionen richtig, d.h. den Tatbeständen entsprechend bezeichnet sind"* (*Leffson 1987, S. 201*). **Materiell** wird dem Grundsatz der Willkürfreiheit dann entsprochen, wenn der Jahresabschluß ein zutreffendes Bild der Vermögens-, Finanz- und Ertragslage (der Kapitalgesellschaft i.S.v. § 264 Abs. 2 HGB) vermittelt, d.h. die **Rechnungslegungsvorschriften** zutreffend und **willkürfrei umgesetzt** wurden.

3.4.2.2 Grundsatz der Wesentlichkeit

Dem Grundsatz der Wesentlichkeit („**Materiality**") kommt in der angelsächsischen Rechnungslegungspraxis herausragende Bedeutung zu, während diesem Grundsatz in der deutschen Rechnungslegungspraxis vergleichsweise geringe Bedeutung beigemessen wird. Der Grundsatz der Wesentlichkeit besagt, daß im Rahmen der Rechnungslegung alle Tatbestände offengelegt werden sollen, die für die Beurteilung der Vermögens-, Finanz- und Ertragslage insbesondere von Kapitalgesellschaften von Bedeutung sind. So besteht nach ADS insbesondere dann die Pflicht zur Berichterstattung, wenn sich die „... *Rahmenbedingungen für die Geschäftstätigkeit wesentlich verändert haben*" (*ADS 1992, Rn. 111 zu § 285 HGB*). Allgemein läßt sich feststellen, daß die Beurteilung dessen, was unter „bedeutsam", „wesentlich" oder „von nicht untergeordneter Bedeutung" im Sinne des HGB zu verstehen ist, im Lichte der Darstellung der Vermögens-, Finanz- und Ertragslage einer Kapitalgesellschaft zu interpretieren ist. Beispielhaft sei hier auf die Ergebnisse einer empirischen Untersuchung zur Handhabung der Vorgaben des § 289 Abs. 2 HGB verwiesen; danach wurden u.a. folgende wesentliche und damit berichtspflichtigen Vorgänge nach Ablauf des Geschäftsjahres bei großen Kapitalgesellschaften dokumentiert (*Ossadnik 1993, S. 1766*):

- Eintreten oder Drohen schwerer Verluste 22 Fälle
- Verschlechterung der Geschäftslage 19 Fälle
- Erwerb/Verkauf wesentlicher Beteiligung 19 Fälle
- Änderung der Rechtsform 19 Fälle
- Wichtige Änderungen in den Gesellschafterverhältnissen 18 Fälle
- Verschmelzungen 17 Fälle
- Wichtige Beherrschungs- oder Ergebnisabführungsverträge 16 Fälle
- Kurzarbeit größeren Ausmaßes 16 Fälle
- Umwandlungen 14 Fälle
- Wichtige Stillegungen von Betriebsstätten 14 Fälle
- Stark rückläufige Marktpreise 11 Fälle

4 Die formale Gestaltung des Jahresabschlusses

4.1 Die Bilanz

4.1.1 Wesen und Aufgaben der Bilanz

Die Bilanz ist eine **Zeitpunktrechnung,** die zum jeweiligen Abschlußstichtag erstellt, Mittelherkunft und Mittelverwendung dokumentiert; darüber hinaus ist die Bilanz eine **Rückschaurechnung**, die die Ergebnisse struktureller Veränderungen von Vermögen und Kapital der zurückliegenden Rechnungsperiode kenntlich macht. Dabei ist zu berücksichtigen, daß die Bilanz nur eine **Momentaufnahme** ist, d.h. einen Ausschnitt aus einer Totalperiode zum Gegenstand hat.

Die wesentlichen **Aufgaben**, die die Bilanz zu erfüllen hat, lassen sich wie folgt zusammenfassen:

(1) Darstellung der **Vermögens- und Finanzlage** des Unternehmens, insbesondere Nachweis der Schuldendeckungsfähigkeit im Sinne der statischen Bilanzauffassung.

Um ein Unternehmen gründen und betreiben zu können, ist es erforderlich, das Unternehmen mit Kapital auszustatten, das von Anteilseignern oder Gläubigern zur Verfügung gestellt werden kann. Dieser abstrakten Kapitalverpflichtung entspricht ein konkreter Vermögenstransfer, so daß letztlich Kapital und Vermögen wertidentisch sind (**Bilanzgleichung, Bilanzaxiom**). Durch unternehmerische Prozesse (einer Rechnungsperiode) verändern sich Kapital und Vermögen ständig, sowohl in struktureller, wie auch in wertmäßiger Hinsicht.

Aktiva	**Bilanz**	**Passiva**
konkretes Kapital = Vermögen		abstraktes Kapital
Mittelverwendung		Mittelherkunft
Summe der Vermögenswerte	=	Summe des Kapitals

Das in der Bilanz ausgewiesene Kapital entspricht damit der Summe der Vermögenswerte eines Unternehmens.

Beispiel:

A und B gründen gemeinsam eine OHG. Im Gesellschaftervertrag wird u.a. vereinbart, daß jeder Gesellschafter eine Eigenkapitaleinlage in Höhe von 50 TDM leistet. In vereinfachter Betrachtung wird unterstellt, daß eine sog. Bargründung vollzogen wird und nach erfolgter Gründung lediglich 2 Geschäftsvorfälle abgewickelt werden:

1. Kauf von Wertpapieren zu Anschaffungskosten von 100 TDM
2. Verkauf der Wertpapiere zu einem Verkaufspreis von 120 TDM.

Die Eröffnungsbilanz (= Gründungsbilanz) stell sich wie folgt dar:

Aktiva		**Eröffnungsbilanz**	**Passiva**
Bankguthaben	100 TDM	Eigenkapital A Eigenkapital B	50 TDM 50 TDM
Summe Vermögen	100 TDM	Summe Kapital	100 TDM

Der Kauf der Wertpapiere führt zu einer Minderung des Bankguthabens (= 0), gleichzeitig wird damit Vermögen in Form eines Wertpapierbestandes geschaffen (= 100 TDM), d.h. die Struktur des Vermögens wird verändert. Durch den späteren Verkauf der Wertpapiere wird wiederum der Wertpapierbestand wertmäßig auf 0 gestellt, der eingehende Verkaufspreis erhöht das Bankguthaben auf 120 TDM. Der Transaktionserfolg in Höhe von 20 TDM steht beiden Gesellschaftern zu gleichen Teilen zu und führt, da die Bilanzgleichung erfüllt sein muß, zu einer Eigenkapitalerhöhung auf jeweils 60 TDM bei den Gesellschaftern A und B. Die Bilanz hat sich damit wie folgt verändert:

Aktiva		**Bilanz**	**Passiva**
Bankguthaben	120 TDM	Eigenkapital A Eigenkapital B	60 TDM 60 TDM
Summe Vermögen	120 TDM	Summe Kapital	120 TDM

(2) Ermittlung und Dokumentation des **Periodenerfolges** durch Bestandsvergleich Vermögen - Kapital.

Die Bilanz übernimmt neben ihrer primären Aufgaben (1) quasi als Hilfsfunktion die Aufgabe der Ermittlung des Periodenerfolges; diese (Neben-) Aufgabe wird auch für steuerliche Zwecke erfüllt, wenn ein Betriebsvermögensvergleich gemäß § 4 Abs. 1 EStG durchgeführt wird, um den zu versteuernden Gewinn zu ermitteln. Das vorstehende Beispiel macht deutlich, daß die Bilanz neben der Darstellung der Vermögens- und Finanzlage auch den durch unternehmerische Transaktionen erwirtschafteten Erfolg (Gewinn/Verlust) dokumentiert. Dazu ist es allerdings regelmäßig erforderlich, aufeinanderfolgende Rechnungsperioden so abzugrenzen, daß eine formal und materiell korrekte Periodenerfolgsermittlung sichergestellt ist. Der Abgrenzung aufeinanderfolgender Rechnungsperiode dienen u.a. **Rechnungsabgrenzungsposten** und sog. **Bilanzierungshilfen**.

Beispiel:

Auf das unter (1) dargestellte Beispiel bezogen wird zusätzlich unterstellt, daß die OHG eine Betriebsversicherung abgeschlossen hat und Versicherungsprämien für ein Versicherungsjahr in Höhe von 12 TDM zu Lasten des Bankkontos abführt. Die Versicherungsprämien betreffen in Höhe von 3 TDM die laufende Periode, die restlichen 9 TDM betreffen die Versicherungsmonate Januar bis September der Folgeperiode.

Die Bilanz verändert sich dadurch wie folgt:

Aktiva		**Bilanz**	**Passiva**
Bankguthaben	108 TDM	Eigenkapital A	58,5 TDM
		Eigenkapital B	58,5 TDM
Rechnungsabgrenzungs-posten	9 TDM		
Summe Vermögen	117 TDM	Summe Kapital	117 TDM

Kapital und Vermögen vermindern sich um jeweils 3 TDM (= anteilige Wertminderung der Rechnungsperiode), d.h. ceteris paribus hat das Unternehmen einen Verlust in Höhe der anteiligen Versicherungsaufwendungen der Rechnungsperiode erwirtschaftet.

Der **Inhalt der Bilanz** kann abschließend wie folgt zusammengefaßt werden (Kapitalgesellschaft):

Aktiva	**Bilanz(positionen)** **Passiva**
Vermögensgegenstände	Eigenkapital • starr (Gezeichnetes Kapital) • variabel (Rücklagen und „Bilanzgewinn)
	Sonderposten mit Rücklagenanteil
Bilanzierungshilfen	Rückstellungen
	Schulden
Rechnungsabgrenzungsposten	Rechnungsabgrenzungsposten
Summe Vermögen	Summe Kapital

4.1.2 Formaler Aufbau der Bilanz

Während bei Nichtkapitalgesellschaften keine vom Gesetzgeber festgelegte Mindestgliederung für die Bilanz beachtet werden muß, ist die Bilanz der **Kapitalgesellschaft** gemäß § 266 Abs. 1 S. 1 HGB in **Kontoform** zu erstellen, wobei die **Gliederungsvorgaben** der Abs. 2 und 3 **zwingend** zu beachten sind; dies gilt für eingetragene Genossenschaften und Unternehmen, die unter das PublG fallen, entsprechend. Abweichungen sind nur in besonderen, gesetzlich geregelten Ausnahmefällen zulässig, so z.B. wenn

- **mehrere Geschäftszweige** vorhanden sind (§ 265 Abs. 4 HGB)
- **Gliederung und Postenbezeichnung geändert** werden (§ 265 Abs. 6 HGB)
- **Formblätter** zugrunde zu legen sind (§ 330 HGB)
- bestimmte **Positionen wertmäßig nicht besetzt** sind (§ 265 Abs. 8 HGB)
- **Aufstellungserleichterungen** eingeräumt werden (§ 266 Abs. 1 S. 3 HGB)
- **Erleichterungen bei** der **Offenlegung** eingeräumt werden (§ 327 HGB)
- **Positionen zusammengefaßt** werden (§ 265 Abs. 7 HGB)
- die **Gliederung erweitert** wird (§ 265 Abs. 5 S. 1 und 2 HGB).

Die formale Gestaltung der Bilanz in **Kontoform** schließt nicht aus, daß die Aktiva und Passiva nicht nebeneinander gestellt, sondern nach- bzw. untereinander angeordnet werden, da mit „Konto" lediglich eine zweiseitige Rechnung gemeint ist, in der „Soll" und „Haben" gegenüber gestellt werden. Im Bereich der Mitgliedstaaten der EU weitgehend unüblich oder nicht zulässig ist die **Staffelform** („Skontro" oder „Skontrationsrechnung"). Die Bundesrepublik hat sich - wie die Mehrheit der EG-Mitgliedstaaten - im Zuge der Harmonisierung der Rechnungslegungsvorschriften dafür entschieden, ausschließlich die Kontoform für die formale Gestaltung der Bilanz zuzulassen. Die Staffelform ist derzeit lediglich in Großbritannien und Irland sowie, EG-extern, den USA die für die Bilanz übliche Gestaltungsvariante. Die Staffelform bietet im Gegensatz zur Kontoform die Möglichkeit, durch Blockbildung und Verrechnung von Aktiva und Passiva Differenzen bilden und damit zusätzliche Informationen ausweisen zu können, die für die Abschlußanalyse von Bedeutung sind.

Die Gliederung gemäß § 266 HGB ist für **große und mittelgroße Kapitalgesellschaften zwingend, kleine Kapitalgesellschaften können die Gliederung** der Bilanz gemäß § 266 Abs. 1 S. 3 HGB auf die mit Buchstaben und römischen Zahlen bezeichneten Posten **verkürzen**. Soweit die für große und mittelgroße Kapitalgesellschaften obligatorische Bilanzgliederung geändert wird, ist sicherzustellen, daß der Informationsgehalt hierdurch nicht beeinträchtigt wird.

Die **verkürzte Bilanz** kleiner Kapitalgesellschaften weist folgende Struktur auf:

Aktivseite

A. Anlagevermögen
   I. Immaterielle Vermögensgegenstände
   II. Sachanlagen
   III. Finanzanlagen
B. Umlaufvermögen
   I. Vorräte
   II. Forderungen u. sonstige Vermögensgegenstände
   III. Wertpapiere
   IV. Schecks, Kassenbestand, ..., Guthaben bei Kreditinstituten
C. Rechnungsabgrenzungsposten

Passivseite

A. Eigenkapital
   I. Gezeichnetes Kapital
   II. Kapitalrücklage
   III. Gewinnrücklagen
   IV. Gewinnvortrag/Verlustvortrag
   V. Jahresüberschuß/Jahresfehlbetrag
B. Rückstellungen
C. Verbindlichkeiten
D. Rechnungsabgrenzungsposten

Zur Verbesserung der Transparenz der Bilanz wird in praxi vielfach auf eine Zusammenfassung in vorstehend dargestellter Form zurückgegriffen; dies gilt i.d.R. auch für große Publikumsgesellschaften. Die Bilanzposten werden i.d.R. mit Randnummern versehen, die auf entsprechende Erläuterungen im Anhang hinweisen.

Die Bilanzgliederung des § 266 HGB ist nicht streng an einem bestimmten **Gliederungsprinzip** ausgerichtet, vielmehr „*... lassen sich Aspekte folgender Bilanzgliederungsprinzipien feststellen:*

– *Ablaufgliederung*

- *Liquiditätsgliederung*
- *Darstellung der Finanzierungsquellen*
- *Gliederung nach Rechtsverhältnissen*
- *Darstellung der Unternehmensverflechtungen*". (*ADS 1992, Rn. 7 zu § 266 HGB*).

Unabhängig davon, daß unterschiedliche Prinzipien zum Tragen kommen, ist dem **Liquiditätsgliederungsprinzip** besondere Bedeutung beizumessen. Diesem Prinzip folgend läßt sich grundsätzlich zwischen einer „geldnahen" und einer „geldfernen" Anordnung der Aktiv- und Passivposten unterscheiden (*Castan in BHdR 1994, B 200 Anm. 35 ff.*). Bei der im Bereich der EG-Mitgliedstaaten ausschließlich zulässigen, geldfernen Bilanzgliederung beginnt die Anordnung der Aktivseite mit den Posten, die vergleichsweise schwer liquidierbar sind (Sachanlagen wie Grundstücke usw.) und endet mit dem Ausweis der liquiden Mittel (Bankguthaben, Kassenbestände). Entsprechend weist die Passivseite zunächst das zeitlich unbefristet zur Verfügung stehende Eigenkapital aus und schließt regelmäßig mit dem Ausweis der (kurzfristigen) Verbindlichkeiten. Dem Liquiditätsgliederungsprinzip wird jedoch durch die Gliederung nach § 266 Abs. 1 HGB nicht uneingeschränkt entsprochen:

- Unter dem (kurzfristigen, geldnahen) Umlaufvermögen werden als Position B. III. 2. „eigene Anteile" ausgewiesen, die als durchaus „geldfern" eingestuft werden können.
- Der Bilanzgewinn wird auf der Passivseite unter der Positionsgruppe A „Eigenkapital" ausgewiesen, obwohl nach erfolgter Beschlußfassung über die Gewinnverwendung in dieser Höhe entsprechende Zahlungsverpflichtungen gegenüber den Aktionären begründet werden (= Dividendenausschüttung).
- Die i.d.R. kurzfristigen Lieferantenverbindlichkeiten werden vor den Verbindlichkeiten gegenüber verbundenen Unternehmen ausgewiesen, obwohl letztere durchaus längerfristigen Charakter aufweisen können.

Die „geldnahe" Reihung der Bilanzpositionen, bei börsennotierten Gesellschaften in den USA und Japan grundsätzlich üblich, ist in Deutschland lediglich für Kreditinstitute vorgeschrieben und zulässig.

Abb. 16 gibt unter Beachtung der vorgeschriebenen Kontoform die Bilanzgliederung großer und mittelgroßer Kapitalgesellschaften wider; dabei ist allerdings zu berücksichtigen, daß auf der Passivseite eine Änderung der Buchstabenabfolge notwendig werden kann, wenn ein „Sonderposten mit Rücklageanteil" ausgewiesen wird.

Bilanz

Aktivseite

A. Anlagevermögen:
- I. Immaterielle Vermögensgegenstände:
  1. Konzessionen, gewerbliche Schutzrechte und ähnliche Rechte und Werte sowie Lizenzen an solchen Rechten und Werten;
  2. Geschäftes- oder Firmenwert;
  3. geleistete Anzahlungen;
- II. Sachanlagen:
  1. Grundstücke, grundstücksgleiche Rechte und Bauten einschließlich der Bauten auf fremden Grundstücken;
  2. technische Anlagen und Maschinen;
  3. andere Anlagen, Betriebs- und Geschäftsausstattung;
  4. geleistete Anzahlungen und Anlagen im Bau;
- III. Finanzanlagen:
  1. Anlagen an verbundenen Unternehmen;
  2. Ausleihungen an verbundenen Unternehmen;
  3. Beteiligungen;
  4. Ausleihungen an Unternehmen, mit denen ein Beteiligungsverhältnis besteht;
  5. Wertpapiere des Anlagevermögens;
  6. sonstige Ausleihungen.

B. Umlaufvermögen:
- I. Vorräte:
  1. Roh-, Hilfs- und Betriebsstoffe;
  2. unfertige Erzeugnisse, unfertige Leistungen;
  3. fertige Erzeugnisse, Waren;
  4. geleistete Anzahlungen;
- II. Forderungen und sonstige Vermögensgegenstände:
  1. Forderungen aus Lieferungen und Leistungen;
  2. Forderungen gegen verbundene Unternehmen;
  3. Forderungen gegen Unternehmen, mit d.ein Beteiligungsverhältnis besteht;
  4. sonstige Vermögensgegenstände;
- III. Wertpapiere:
  1. Anteile an verbundenen Unternehmen;
  2. eigene Anteile;
  3. sonstige Wertpapiere;
- IV. Schecks, Kassenbestand, Bundesbank- und Postgiroguthaben, Guthaben bei Kreditinstituten.

C. Rechnungsabgrenzungsposten.

Passivseite

A. Eigenkapital:
- I. Gezeichnetes Kapital;
- II. Kapitalrücklage;
- III. Gewinnrücklage;
  1. Gesetzliche Rücklage;
  2. Rücklage für eigene Anteile;
  3. satzungsmäßige Rücklagen;
  4. andere Gewinnrücklagen;
- IV. Gewinnvortrag / Verlustvortrag;
- V. Jahresüberschuß / Jahresfehlbetrag.

B. Rückstellungen:
1. Rückstellungen für Pensionen und ähnliche Verpflichtungen;
2. Steuerrückstellungen;
3. sonstige Rückstellungen.

C. Verbindlichkeiten:
1. Anleihen, davon konvertibel;
2. Verbindlichkeiten gegenüber Kreditinstituten;
3. erhaltene Anzahlungen auf Bestellungen;
4. Verbindlichkeiten aus Lieferungen und Leistungen;
5. Verbindlichkeiten aus der Annahme gezogenen Wechsel und der Ausstellung eigener Wechsel;
6. Verbindlichkeiten gegenüber verbundenen Unternehmen;
7. Verbindlichkeiten gegenüber Unternehmen, mit denen ein Beteiligungsverhältnis besteht;
8. sonstige Verbindlichkeiten,
   davon aus Steuern,
   davon im Rahmen der sozialen Sicherheit.

D. Rechnungsabgrenzungsposten.

Abb. 16: Bilanzgliederung gemäß § 226 Abs. 2 und 3 HGB

Die **Entwicklung der einzelnen Posten des Anlagevermögens** sowie des Postens „Aufwendungen für die Ingangsetzung und Erweiterung des Geschäftsbetriebes“ ist gemäß § 268 Abs. 2 HGB entweder in der Bilanz oder im Anhang darzustellen. I.d.R. wird dieser **Anlagenspiegel** (vielfach auch: Anlagegitter) aus Gründen der Transparenz in den Anhang aufgenommen. Durch den Anlagespiegel soll insbesondere die **Investitionstätigkeit** in der zurückliegenden Rechnungsperiode kenntlich gemacht werden, auch wenn dieser Zielsetzung aus sehr unterschiedlichen Gründen nur bedingt entsprochen wird: die Informationen sind unvollständig, da z.B. leasingfinanzierte Investitionen i.a.R. nicht berücksichtigt sind und nicht verdeutlicht wird, ob Erweiterungs-, Rationalisierungs- oder Ersatzinvestitionen durchgeführt wurden. Der Anlagenspiegel ist, der angelsächsischen Bilanzierungspraxis folgend, nach der **direkten Bruttomethode** aufgebaut: Ausgangsgröße sind die (historischen) Anschaffungs- oder Herstellungskosten der zu Periodenbeginn zum Anlagevermögen zugehörigen Vermögensgegenstände. Neben Zugängen, Abgängen, Umbuchungen und Zuschreibungen werden im Anlagespiegel die bis zum Ende der Rechnungsperiode insgesamt angefallenen, kumulierten Abschreibungen ausgewiesen, so daß abschließend die Restbuchwerte der Vermögensgegenstände ausgewiesen werden können.

Kleinen Kapitalgesellschaften werden bei der Erstellung des Anlagespiegels Erleichterungen eingeräumt, d.h. eine Verkürzung auf die Positionsgruppen „Immaterielle Vermögensgegenstände“, „Sachanlagen“ und „Finanzanlagen“ ist möglich.

In der Praxis sind regelmäßig **unterschiedliche Darstellungsformen** festzustellen, vielfach werden auch, zulässigerweise, Spalten zusammengefaßt (z.B. Zu- und Abschreibungen). In ausführlicher Darstellung kann der Anlagespiegel beispielhaft und alternativ wie folgt aufgebaut werden (*ADS 1992, Rn. 44 zu § 268 HGB*):

Beispiel 1

(1) Anschaf-fungs-/ Herstel-lungs-kosten	(2) Zu-gänge	(3) Zu-schreibun-gen	(4) Um-buchun-gen	(5) Ab-gänge	(6) gesamte Abschrei-bungen	(7) 31. 12. Gj.	(8) 31. 12. Vj.	(9) Abschrei-bungen Ge-schäfts-jahr
(Aufgliederung nach den einzelnen Posten des Anlagevermögens und den Aufwendungen für die Ingangsetzung und Erweiterung des Geschäftsbetriebes)								

Beispiel 2

(1) Anschaf-fungs-/ Herstel-lungs-kosten	(2) Zu-gänge	(3) Ab-gänge	(4) Um-buchun-gen	(5) Zu-schrei-bungen	(6) gesamte Abschrei-bungen	(7) Abschrei-bungen Ge-schäfts-jahr	(8) 31. 12. Gj.	(9) 31. 12. Vj.
(Aufgliederung nach den einzelnen Posten des Anlagevermögens und den Aufwendungen für die Ingangsetzung und Erweiterung des Geschäftsbetriebes)								

Abb. 17: Anlagenspiegel

In **Spalte 1** des Anlagespiegels sind die gesamten **Anschaffungs- oder Herstellungskosten** der Gegenstände des Anlagevermögens auszuweisen, die zu Beginn der Rechnungsperiode vorhanden waren. Soweit Vermögensgegenstände z.B. im Zuge einer Umwandlung übernommen werden, müssen die Anschaffungskosten durch das rechtsnachfolgende Unternehmen bestimmt werden; i.d.R. wird ein Zeitwertansatz in Betracht kommen.

Spalte 2 des Anlagespiegels erfaßt die **Zugänge** der Rechnungsperiode. Als Zugang ist jede mengenmäßige Mehrung des Anlagevermögens definiert, so daß in dieser Spalte die Investitionstätigkeit des Unternehmens für die zurückliegende Rechnungsperiode sachlich und wertmäßig dokumentiert wird (Ausnahmen: leasingfinanzierte Investitionen, gemietete Anlagegüter). Zuordnungsprobleme können regelmäßig dann auftreten, wenn eine nachträgliche Änderung der Anschaffungs- oder Herstellungskosten vorliegt. Soweit es sich um nachträgliche Anschaffungs- oder Herstellungskosten handelt (z.B. Ausbau eines Betriebsgebäudes), liegt eine Mengenmehrung des Anlagevermögens vor, die unter „Zugänge“ zu erfassen ist.

In der **Spalte 3 oder 5** werden die **Abgänge** der zurückliegenden Rechnungsperiode ausgewiesen. Abgänge, d.h. Mengenminderungen des Anlagevermögens können durch Veräußerung, Verschrottung, Aussonderung und dgl. von Anlagegüter verursacht sein. Da der Anlagespiegel nach dem Bruttoprinzip zu erstellen ist, werden die Abgänge nicht mit den jeweiligen Restbuchwerten, sondern mit ihren jeweiligen Anschaffungs- oder Herstellungskosten ausgewiesen. Daraus folgt zwingend, daß die auf ausgeschiedene Anlagegüter entfallenden Abschreibungen aus der Spalte „Abschreibungen“ in die Spalte „Abgänge“ umzubuchen sind; die Anschaffungs- oder Herstellungskosten errechnen sich somit aus dem jeweiligen Restbuchwert eines Vermögensgegenstandes zuzüglich anteilig verrechneter Abschreibungen.

Die **Spalte „Umbuchungen“** dokumentiert formale Ausweisänderungen des Anlagevermögens, die insbesondere bei dem Posten „Geleistete Anzahlungen und Anlagen im Bau“ notwendig werden können, wenn z.B. eine betriebliche Baumaßnahme abgeschlossen und das erstellte Betriebsgebäude genutzt wird. Auch hier sind dem Bruttoprinzip folgend die gesamten historischen Anschaffungs- oder Herstellungskosten auszuweisen.

In der **Spalte „Zuschreibungen“** werden Werterhöhungen des Anlagevermögens erfaßt, die aufgrund „... *des Nominalwertprinzips ... i.d.R. nur Korrekturen früher erfolgter Abschreibungen darstellen*“ (*ADS 1992, Rn. 59 zu § 268 HGB*). Während die Zuschreibungen der zurückliegenden Rechnungsperiode in dieser Spalte zu erfassen sind, müssen Zuschreibungen aus Vorperioden mit den kumulierten Abschreibungen der Vorjahre verrechnet werden. Nur so kann sichergestellt werden, daß die Restbuchwerte von Anlagegegenständen korrekt ermittelt werden können.

In den **Spalten 6 und 9** bzw. **6 und 7** werden die kumulierten Abschreibungen sowie - gesondert - die Abschreibungen der zurückliegenden Rechnungsperiode ausgewiesen. Unter „Abschreibungen“ werden dabei die gesamten **planmäßigen, außerplanmäßigen** sowie die **nur steuerrechtlich zulässigen** Abschreibungen erfaßt (einschl. der Sofortabschreibung „geringwertiger Wirtschaftsgüter“).

Gemäß § 265 Abs. 7 Nr. 2 HGB ist es zulässig, Bilanzposten, die mit einer arabischen Ziffer bezeichnet sind, zusammenzufassen und die zusammengefaßten Posten im Anhang gesondert auszuweisen. In der Praxis wird von dieser Möglichkeit i.a.R. durch Darstellung eines sog. **Verbindlichkeitenspiegels** im Anhang Gebrauch gemacht. Die in der Bilanz **artmäßig gegliederten Schulden** des Unternehmens werden dabei nach **Fristigkeiten differenziert** und unter Angabe der **Besicherung** tabellarisch dokumentiert. Beispielhaft läßt sich der Verbindlichkeitenspiegel in Abb. 18 dargestellt (*ADS 1992, Rn. 26 ff. zu § 285 HGB*).

4.1.3 Ausgewählte Bilanzpositionen von Kapitalgesellschaften

Verschiedene Positionen bzw. Positionsgruppen werden im HGB definiert oder umschreiben, andere wiederum sind mangels Legaldefinition negativ abzugrenzen.

4.1.3.1 Anlagevermögen

Gemäß § 247 Abs. 2 HGB sind als Anlagevermögen nur die **Gegenstände** auszuweisen, die dazu bestimmt sind, **dauernd dem Geschäftsbetrieb** zu **dienen**. Maßgebend für den Ausweis eines Vermögensgegenstandes unter der Positionsgruppe „Anlagevermögen“ ist damit die **Zweckbestimmung** und die **Dauer** der zweckbestimmten **Zugehörigkeit** zum Betriebsvermögen. Als objektive Kriterien zur Abgrenzung der Zweckbestimmung kommen die Art oder Natur des Gegenstandes, der Geschäftszweig des Unternehmens sowie die tatsächliche Verwendung des Gegenstandes im Unternehmen in Betracht; die beispielhafte Aufzählung typischer

Gegenstände des Anlagevermögens im Gliederungsschema des § 266 Abs. 2 und 3 HGB vermittelt dabei Anhaltspunkte i.S. einer widerlegbaren Vermutung.

	Restlaufzeit bis zu einem Jahr	Restlaufzeit zwischen einem und fünf Jahren	Restlaufzeit von mehr als fünf Jahren	Gesamtbetrag	davon durch Pfandrecht und ähnliche Rechte gesichert	Art und Form der Sicherheit
1. Anleihen davon konvertibel						
2. Verbindlichkeiten gegenüber Kreditinstituten						
3. erhaltene Anzahlungen auf Bestellungen						
4. Verbindlichkeiten aus Lieferungen und Leistungen						
5. Verbindlichkeiten aus der Annahme gezogener Wechsel und der Ausstellung eigener Wechsel						
6. Verbindlichkeiten gegenüber verbundenen Unternehmen						
7. Verbindlichkeiten gegenüber Unternehmen, mit denen ein Beteiligungsverhältnis besteht						
8. Sonstige Verbindlichkeiten -davon aus Steuern -davon im Rahmen der sozialen Sicherheit						
9. Gesamtsumme						

Abb. 18: Verbindlichkeitenspiegel

Die Abgrenzung dessen, was unter „dauernd“ zu verstehen ist, kann i.d.R. nicht rein zeitlich vorgenommen werden (steuerrechtlich wird bei einer Betriebszugehörigkeit von mehr als 6 Jahren Anlagevermögen, bei einer Betriebszugehörigkeit von weniger als 6 Monaten Umlaufvermögen vermutet), maßgebend ist auch hier die Zweckbestimmung am Abschlußstichtag, so daß die Bindungsdauer letztlich ein derivatives Abgrenzungskriterium darstellt.

Beispiel 1:

Eine Werkzeugmaschine dient i.d.R. auf Dauer dem Geschäftsbetrieb, wenn sie im Fertigungsbereich eingesetzt ist (= Anlagevermögen); dieselbe Werkzeugmaschine ist dagegen bei einem Maschinengroßhandelsunternehmen Umlaufvermögen, da sie für den Verkauf bestimmt ist.

Beispiel 2:

Erwirbt ein Unternehmen z.B. zum Ausgleich eines vorübergehenden Engpasses eine gebrauchte Produktionsmaschine, die lediglich für einen Zeitraum von drei Monaten in der Produktion eingesetzt und danach wieder veräußert werden soll, ist die Maschine, soweit sie am Abschlußstichtag noch vorhanden ist, als „Anlagevermögen“ auszuweisen, da sie während ihrer gesamten betrieblichen Zugehörigkeit dem Unternehmenszweck dient.

Das Anlagevermögen wird in die Positionsgruppen „immaterielle Vermögensgegenstände“, „Sachanlagen“ und „Finanzanlagen“ differenziert.

4.1.3.1.1 Immaterielle Anlagen

Unter **immateriellem Anlagevermögen** sind gemäß § 248 Abs. 2 HGB ausschließlich **entgeltlich erworbene** Rechte (wie Patente, Lizenzen, Konzessionen, Baurechte, Nießbrauchrechte, DV-Software aber auch ungeschützte Erfindungen, Kundenkarteien, Rezepturen usw.) auszuweisen. Auch ein **entgeltlich erworbener Geschäfts- oder Firmenwert** sowie ein **Verschmelzungsmehrwert** gemäß § 348 Abs. 2 S. 2 AktG sind unter immateriellem Anlagevermögen zu erfassen.

Als **Geschäfts- oder Firmenwert** darf gemäß § 255 Abs. 4 HGB der Unterschiedsbetrag angesetzt werden, *um den für die Übernahme eines Unternehmens bewirkte Gegenleistung den Wert der einzelnen Vermögensgegenstände abzüglich der Schulden im Zeitpunkt der Übernahme übersteigt*. Die Formulierung „darf ... angesetzt werden“ macht deutlich, daß es sich um ein Aktivierungswahlrecht handelt, das jedoch - da der Firmenwert nicht losgelöst von dem dahinter stehenden

Unternehmen gesehen werden kann - als reine Bilanzierungshilfe interpretiert werden muß. Wie bei den eigentlichen immateriellen Vermögensgegenständen wird auch beim Firmenwert vorausgesetzt, daß er entgeltlich erworben wurde (sog. „derivativer“ Firmenwert; häufig werden synonym zum Begriff „Geschäfts- oder Firmenwert“ die Begriffe „Good-will“ oder „Organisationswert“ verwendet).

Beispiel:

Vermögen zu Zeitwerten in Zeitpunkt der Übernahme	1.000.000,00 DM
- Schulden im Zeitpunkt der Übernahme	450.000,00 DM
= Reinvermögen im Zeitpunkt der Übernahme	550.000,00 DM
Kaufpreis	600.000,00 DM
Derivativer Firmenwert	50.000,00 DM

4.1.3.1.2 Sachanlagen

Im Gegensatz zu den immateriellen Vermögensgegenständen und dem Firmenwert sind **Sachanlagen** körperliche Vermögensgegenstände, die am Abschlußstichtag dazu bestimmt sind, dem Betrieb eines Unternehmens dauernd, d.h. nachhaltig zu dienen. Zu den Sachanlagen zählen im wesentlichen

- **Grundstücke, grundstücksgleiche Rechte und Bauten, einschl. der Bauten auf fremden Grundstücken**

  Dieser Sammelposten ist lediglich bilanziell von Bedeutung. Die Anlagenbuchhaltung erfordert regelmäßig eine Aufteilung in Grund und Boden (unbebaute Grundstücke) und Gebäude, da letztere abnutzbare Vermögensgegenstände darstellen und planmäßig abzuschreiben sind. Für den Grund und Boden trifft dies nur in Ausnahmefällen zu, so z.B. dann, wenn unbebaute Grundstücke betrieblich abgebaut, d.h. in ihrer Substanz verzehrt werden (Kiesgrube).

  Als zweckmäßig erweist sich i.d.R. eine weitere, freiwillige Untergliederung dieses Sammelpostens z.B. in

  - Grundstücke
  - grundstücksgleiche Rechte (z.B. Erbbaurechte, Dauerwohn- und Dauernutzungsrechte)
  - Bauten auf eigenen Grundstücken
  - Bauten auf fremden Grundstücken.

Im Einzelfall können dabei Abgrenzungsprobleme zwischen Gebäuden bzw. unbebauten Grundstücken einerseits und technischen Anlagen und Maschinen andererseits auftreten, soweit es sich um fest installierte technische Einrichtungen handelt (z.B. Transformatorenanlagen, Kühltürme, verlegte Erdkabel usw.). In solchen Fällen ist immer dann ein Ausweis unter „technische Anlagen/Maschinen" geboten, wenn die Grundstücks- oder Gebäudeanteile ausschließlich oder unmittelbar dem Leistungserstellungsprozeß dienen. Unerheblich ist dabei, ob und inwieweit es sich um wesentliche Bestandteile bebauter und unbebauter Grundstücke handelt.

- **Technische Anlagen und Maschinen**

  Unter diesem Posten sind alle technischen Anlagen auszuweisen, die nicht unter den Posten A II 1 fallen und ihrer Art nach unmittelbar dem Leistungserstellungsprozeß dienen, soweit sie dem bilanzierenden Unternehmen wirtschaftlich zugehörig sind. Unter diesen Posten fallen demnach auch technische Anlagen, die durch Einbau in fremde Gebäude wesentlicher Bestandteil dieses Gebäudes geworden sind, soweit sie nach der Verkehrsauffassung selbständig veräußerbar sind.

- **Andere Anlagen, Betriebs- und Geschäftsausstattung**

  Die Postenbezeichnung verdeutlicht, daß es sich um einen Sammelposten handelt, dem alle Sachanlagen zuzuweisen sind, die nicht unter den vorgenannten Gruppen ausgewiesen werden müssen. Dazu zählen z.B.

  - Andere Anlagen, d.h. Anlagen, die nicht unmittelbar dem Produktionsprozeß dienen, wie allgemeine Transportanlagen, Verteilungsanlagen usw.
  - Betriebs- und Geschäftsausstattung, wie z.B. Arbeitsgeräte, Werkstatt- und Büroeinrichtungen, Transportbehälter, DV-Anlagen, Telekommunikationsanlagen, Modelle usw.

- **Geleistete Anzahlungen und Anlagen im Bau**

  Dieser Aktivposten enthält sämtliche Aufwendungen, die bis zum Bilanzstichtag für unvollendete und damit betrieblich noch nicht nutzbare Gegenstände des Sachanlagevermögens angefallen sind. Als „Geleistete Anzahlungen" werden Vorleistungen auf ansonsten noch schwebende Geschäfte erfolgsneutral berücksichtigt, als „Anlagen im Bau" werden die Herstellungs- oder Anschaffungskosten auf Sachanlagen berücksichtigt, die bis zum Bilanzstichtag noch nicht in einen betriebsbereiten Zustand versetzt wurden. Unerheblich ist dabei, ob die in diesem Posten zu aktivierenden Aufwendungen auf Fremd- oder Eigenleistungen zurückzuführen sind.

4.1.3.1.3 Finanzanlagen

Unter den **Finanzanlagen** werden u.a. Anteile an verbundenen Unternehmen, Ausleihungen an verbundene Unternehmen, Beteiligungen, Ausleihungen an Unternehmen, mit denen ein Beteiligungsverhältnis besteht sowie Wertpapiere des Anlagevermögens ausgewiesen.

Während Sachanlagen und immaterielle Anlagen unmittelbar und auf Dauer dem Geschäftsbetrieb des bilanzierenden Unternehmens dienen, lassen sich Finanzanlagen als Investitionen *„außerhalb des bilanzierenden Unternehmens“* begreifen; die Abgrenzung zwischen Sachanlagen und immateriellen Anlagen einerseits sowie Finanzanlagen andererseits erfolgt somit nach Maßgabe der betriebswirtschaftlichen Zuordnung der Mittelverwendung bzw. des Mitteleinsatzes.

Die Finanzanlagen werden ausweismäßig nach dem Grad der Einflußnahme sowie dem Umfang der finanziellen Verflechtung wie folgt differenziert (*Coenenberg 1993, S. 86 f.*):

Grad der Einflußnahme auf Unternehmen, in die investiert wurde

- Anteile an verbundenen Unternehmen
- Beteiligungen
- Wertpapiere des Anlagevermögens

Umfang finanzieller Verflechtung

- Ausleihungen an verbundene Unternehmen
- Ausleihungen an Unternehmen, mit denen ein Beteiligungsverhältnis besteht
- Sonstige Ausleihungen

Was unter **Anteilen an verbundenen Unternehmen** zu verstehen ist, bestimmt sich für die Rechnungslegung nach § 271 Abs. 2 HGB: verbundene Unternehmen sind danach Unternehmen, die entweder gemäß § 290 Abs. 1 HGB aufgrund „einheitlicher Leitung“ oder gemäß § 290 Abs. 2 HGB aufgrund eines „Control“-Verhältnisses als Mutter- oder Tochterunternehmen im Wege der Vollkonsolidierung in den Konzernabschluß einzubeziehen sind. Ein Control-Verhältnis wird regelmäßig gegeben sein, wenn

- einer Kapitalgesellschaft mit Sitz im Inland als Mutterunternehmen bei einem Tochterunternehmen die **Mehrheit der Stimmrechte** der Gesellschafter zusteht (Anteil > 50 %),
- das Recht zusteht, als Gesellschafter des Tochterunternehmens die **Mehrheit der Organmitglieder zu bestellen** *oder*

- das Recht zusteht, **beherrschenden Einfluß** auf das Tochterunternehmen auszuüben.

Ein bedeutsamer Unterschied gegenüber Beteiligungen besteht u.a. darin, daß sowohl unmittelbar und direkt, wie auch mittelbar und indirekt miteinander verbundene Unternehmen zu den „verbundenen Unternehmen" rechnen.

Nicht zu den verbundenen Unternehmen sind regelmäßig Gemeinschaftsunternehmen und assoziierte Unternehmen zu rechnen.

Anteile an verbundenen Unternehmen sind vielfach gleichzeitig Beteiligungen gemäß § 271 Abs. 1 HGB; in solchen Fällen geht der Ausweis als „Anteil an verbundenen Unternehmen" dem Ausweis als „Beteiligung" vor (*vgl. ADS 1992, Rn. 71 zu § 266 HGB*). Die §§ 15 ff. AktG sind für den bilanziellen Ausweis von Anteilen an verbundenen Unternehmen unbeachtlich.

Beteiligungen sind gemäß § 271 Abs. 1 HGB Anteile (= Mitgliedschaftsrechte) an anderen Unternehmen, die dazu bestimmt sind, dem eigenen Geschäftsbetrieb durch Herstellung einer dauerhaften Verbindung zu jenen Unternehmen zu dienen (= Daueranlage). Unbeachtlich ist, ob die Anteile in Wertpapieren (z.B. Aktien) verbrieft sind; auch Anteile an einer GmbH oder einer Personenhandelsgesellschaft in nicht-verbriefter Form fallen unter die Beteiligungsdefinition des § 271 Abs. 1 HGB. Über die Daueranlage hinaus müssen weitere Voraussetzungen erfüllt sein, um Anteile an anderen Unternehmen als Beteiligung einzustufen, insbesondere muß mit dem Erwerb an Anteilen mehr bezweckt sein, als lediglich eine angemessene Verzinsung der Kapitalanlage zu erwirtschaften. Indizien für eine „**Beteiligungsabsicht**" liegen z.B. bei faktischen Mitsprachemöglichkeiten, personellen Verflechtungen, langfristigen Liefer- oder Abnahmeverträgen, interdependenten Produktionsprogrammen usw. vor (*vgl. dazu ADS 1992, Rn. 14 ff. zu § 271 HGB*). Die Höhe der Beteiligung ist i.d.R. unbeachtlich, maßgeblich ist die Verflechtung. Unabhängig hiervon wird in § 271 Abs. 1 S. 3 HGB für Anteile an einer Kapitalgesellschaft eine **widerlegbare Beteiligungsvermutung** formuliert: als Beteiligung gelten im Zweifel Anteile an einer Kapitalgesellschaft, deren Nennbeträge 20 % des Nennkapitals dieser Gesellschaft übersteigen. Soweit die Beteiligungsabsicht widerlegt werden kann, die Wertpapiere **jedoch** langfristig gehalten werden, hat ein Ausweis als „Wertpapiere des Anlagevermögens" zu erfolgen. Ebenfalls unter diesen Posten fallen festverzinsliche Wertpapiere, wie Obligationen, Anleihen, Pfandbriefe, Schatzanweisungen, Wandelschuldverschreibungen sowie Kapitalmarktpapiere mit Gewinnbeteiligungsansprüchen (neben Aktien insbesondere z.B. Gewinnschuldverschreibungen, Investmentanteile usw.).

4.1.3.2 Umlaufvermögen

Eine Legaldefinition dessen, was Umlaufvermögen ist, existiert nicht, so daß „Umlaufvermögen" negativ, d.h. im Umkehrschluß abzugrenzen ist: alle Gegenstände, die **nicht dauernd dazu bestimmt** sind, **dem Geschäftsbetrieb zu dienen**, sind als Umlaufvermögen auszuweisen. Auch hier vermittelt der Postenausweis der Bilanzgliederung gemäß § 266 Abs. 1 HGB Anhaltspunkte im Sinne einer widerlegbaren Vermutung. Das Umlaufvermögen läßt sich im wesentlichen in vier Hauptgruppen untergliedern:

- Vorräte (B I)
- Forderungen und sonstige Vermögensgegenstände (B II)
- Wertpapiere (B III)
- Schecks, Kassenbestand, Bundesbank- und Postgiroguthaben, Guthaben bei Kreditinstituten (B IV).

4.1.3.2.1 Vorräte

Vorräte sind Vermögensgegenstände, die zum Zwecke der Veräußerung oder Verbrauchs angeschafft oder hergestellt werden; kennzeichnend für das Vorratsvermögen ist der im Zeitablauf vollständige, i.d.R. kurzfristige Verbrauch der Güter. Die Vorräte lassen sich - der Struktur eines Produktionsunternehmens folgend - weiter untergliedern in

- **Roh-, Hilfs- und Betriebsstoffe**

  Dazu zählen alle Verbrauchsgüter, die im Rahmen der Leistungserstellung entweder unmittelbar in das Endprodukt eingehen oder mittelbar zur Erstellung eines Sachguts oder einer Dienstleistung benötigt werden. Zu den Betriebsstoffen gehören neben Brennstoffen, Energie und Schmierstoffen auch Vorräte der Kantine und Bestände an Werbematerial des Unternehmens.

- **Unfertige Erzeugnisse, unfertige Leistungen**

  Zu den unfertigen Erzeugnissen werden diejenigen Bestände gerechnet, die zwar bis zum Bilanzstichtag bereits in den Leistungserstellungsprozeß eingespeist wurden (Be- oder Verarbeitung), jedoch am Bilanzstichtag das Stadium der Verkaufsfähigkeit noch nicht erreicht haben. Von den Rohstoffen unterscheiden sich unfertige Erzeugnisse u.a. dadurch, daß durch die begonnene Be- oder Verarbeitung bereits Aufwendungen getätigt wurden (Personalaufwand, Gemeinkosten). Soweit Erzeugnisse zwar fertigungstechnisch endbearbeitet sind, jedoch noch gelagert werden müssen, um „verkaufsfähig“ zu werden, sind sie als unfertige Erzeugnisse zu aktivieren (z.B. Spirituosen).

- **Fertige Erzeugnisse und Waren**

  Unter fertigen Erzeugnissen sind diejenigen Vorratsbestände auszuweisen, bei denen der Leistungserstellungsprozeß abgeschlossen und das Stadium der Versandfähigkeit erreicht ist. Zu den Waren zählen diejenigen Erzeugnisse, die von Dritten erworben wurden, ohne wesentliche Be- oder Verarbeitung weiterveräußert werden sollen und bis zum Bilanzstichtag noch nicht verkauft wurden.

- **Geleistete Anzahlungen**

  Zu den Vorräten gehören auch geleistete Anzahlungen auf Roh-, Hilfs- und Betriebsstoffe und Waren sowie auf Dienstleistungen, die Anschaffungsnebenkosten dieser Güter darstellen bzw. zu der Herstellungskosten fertiger Erzeugnisse zählen (z.B. Anzahlung auf gesondert berechnete Frachtleistungen eines Spediteurs im Zusammenhang mit dem Einkauf von Rohstoffen).

Erhaltene Anzahlungen auf Vorräte können gemäß § 268 Abs. 5 S. 2 HGB mit den Vorräten verrechnet und offen in einer Vorspalte der Bilanz abgesetzt werden. Soweit zwischen den erhaltenen Anzahlungen und bestimmten Posten des Vorratsvermögens ein kausaler Bezug besteht, erscheint die Saldierung gerechtfertigt, auch wenn dem Bruttoprinzip nicht mehr Rechnung getragen wird. Die Verrechnung erhaltener Anzahlungen wird insbesondere bei langfristiger Auftragsfertigung in Frage kommen können, so z.B. im Schiffs- und Großanlagenbau. In solchen Fällen könnte wie folgt ausgewiesen werden:

Vorräte	300.000.000,00 DM	
Erhaltene Anzahlung	100.000.000,00 DM	200.000.000,00 DM

Ein durch Saldierung negativer Ausweis ist allerdings nicht zulässig.

4.1.3.2.2 Forderungen und sonstige Vermögensgegenstände

Unter diesem Posten sind auszuweisen

- Forderungen aus Lieferungen und Leistungen
- Forderungen gegen verbundene Unternehmen
- Forderungen gegen Unternehmen, mit denen ein Beteiligungsverhältnis besteht
- sonstige Vermögensgegenstände.

Eine **Saldierung** von Forderungen und Verbindlichkeiten ist grundsätzlich **nicht zulässig** (Ausnahme: nach Person, Art, Fristigkeit und Fälligkeit korrespondierende Forderungen und Verbindlichkeiten). Der Betrag der Forderungen mit einer **Rest-**

laufzeit von mehr als einem Jahr ist gesondert zu vermerken (Vermerkposten gemäß § 268 Abs. 4 HGB), **Wechselforderungen** sind nicht gesondert, sondern unter der jeweiligen Forderungsart zu erfassen (Bsp.: Wechselforderungen aus einem Lieferungsgeschäft sind als Forderungen aus Lieferungen und Leistungen auszuweisen).

Bei den **sonstigen Vermögensgegenständen** handelt es sich um einen **Sammelposten**, unter dem alle Vermögensgegenstände des Umlaufvermögens auszuweisen sind, die nicht unter einem anderen Posten des Umlaufvermögens zu erfassen sind. Hierunter sind z.B. auszuweisen: Gehaltsvorschüsse, Reisekostenvorschüsse, kurzfristige Darlehen an Arbeitnehmer, Kautionen, Ansprüche auf Investitionszulagen usw. Soweit unter diesem Posten Forderungen ausgewiesen werden, die

- rechtlich erst nach dem Bilanzstichtag entstehen und
- der Höhe nach einen größeren Umfang aufweisen,

ist gemäß § 268 Abs. 4, S. 2 HGB eine gesonderte Erläuterung im Anhang erforderlich. Zu diesen **antizipativen Forderungen** sind z.B. zeitlich abgegrenzte Zins- und Dividendenansprüche oder vom Jahresumsatz der Rechnungsperiode abhängige Boni zu rechnen. Hierbei handelt es sich um Erträge der Rechnungsperiode, die nach dem Realisationsprinzip als „realisiert“ gelten, jedoch erst in der Folgeperiode als Anspruch geltend gemacht werden können.

Beispiel:

Einem Automobilvertragshändler werden bei Erreichen bzw. Überschreiten eines vom Herstellerwerk vorgegebenen Mindest-Jahresumsatz Boni gewährt. Die Boni sind dem Realisationsprinzip nach in dieser Rechnungsperiode realisiert, auch wenn der Anspruch auf Gewährung der Boni erst in der Folgeperiode geltend gemacht werden kann.

Dem Wortlaut des § 286 Abs. 4, S. 2 HGB nach muß es sich dabei um Forderungen mit „größerem Umfang“ handeln; während im Schrifttum vielfach die Auffassung vertreten wird, dies sei stets dann der Fall, wenn antizipative Forderungen quotenmäßig 10 v.H. dieses Postens erreichen, wird wohl letztlich eine einzelfallbezogene Prüfung der Bedeutung und damit der Wesentlichkeit solcher antizipativer Forderungen vorgenommen werden müssen: soweit die Wesentlichkeit einer antizipativen Forderung den Materiality-Grundsätzen entsprechend bejaht wird, ist eine gesonderte Erläuterung im Anhang notwendig.

4.1.3.2.3 Wertpapiere

Zu den unter Umlaufvermögen auszuweisenden Wertpapieren gehören übertragbare Inhaber- und Orderpapiere (festverzinsliche Kapitalmarktpapiere wie Anleihen, Pfandbriefe, Schatzanweisungen sowie Kapitalmarktpapiere mit Gewinnansprüchen wie Aktien, Genußscheine usw.), bei denen der Zwecksetzung nach keine längerfristige Kapitalanlage beabsichtigt ist.

Gesondert auszuweisen sind dabei

- **Anteile an verbundenen Unternehmen**

  Hierunter sind Aktien auszuweisen, die zwar Anteile an einem verbundenen Unternehmen verbriefen, jedoch nur vorübergehend gehalten werden sollen.

- **Eigene Anteile**

  Unter eigenen Anteilen sind bei einer AG eigene Aktien, bei einer GmbH eigene Anteile am Stammkapital der Gesellschaft zu verstehen. Durch den Erwerb eigener Anteile verändert sich zwar das Eigenkapital der Gesellschaft nominal nicht, im Falle der Insolvenz oder Liquidation des Unternehmens kann eigenen Anteilen jedoch nicht mehr der Charakter echter Vermögenswerte zugewiesen werden, sie sind vielmehr als reine Korrekturposten zum Eigenkapital zu interpretieren, die im Extrem keinen substantiellen Wert aufweisen. Aufgrund der mit dem Erwerb eigener Anteile verbundener Besonderheiten sind vergleichsweise strenge formale und materielle Regelungen zu beachten:

  - Eigene Anteile sind gemäß § 265 Abs. 3 S. 2 HGB unabhängig von ihrer Zwecksetzung **gesondert** unter der Postengruppe Umlaufvermögen **auszuweisen**.
  - Darüber hinaus ist gemäß § 272 Abs. 4 S. 1 HGB in Höhe des Vermögenswertes eigener Anteile eine **Rücklage für eigene Anteile** zu bilden; Aktiv- und Passivansatz korrespondieren damit wertmäßig.
  - Dem Erwerb eigener Aktien werden enge Grenzen gesetzt; so ist gemäß § 71 Abs. 1 AktG der **Erwerb** eigener Aktien **nur zulässig**, wenn
    - der Erwerb notwendig ist, um schweren Schaden von der Gesellschaft abzuwenden (z.B. bei einer sog. „feindlichen Übernahme“),
    - die Aktien den Arbeitnehmern der Gesellschaft zum Erwerb angeboten werden oder
    - die Aktien erworben werden, um Aktionäre abzufinden (z.B. bei Abschluß von Beherrschungs- und Gewinnabführungsverträgen).

- **Sonstige Wertpapiere**

  Wertpapiere des Umlaufvermögens, die weder zu den Anteilen an verbundenen Unternehmen, noch zu den eigenen Anteilen gehören, sind unter diesem Sammelposten zusammenzufassen. Hierunter fallen insbesondere Wertpapiere, die nur kurzfristig als Liquiditätsreserve gehalten werden.

4.1.3.2.4 Scheck, Kassenbestand, Bundesbank- und Postgiroguthaben, Guthaben bei Kreditinstituten

Unter diesem Posten sind Inhaber- und Orderschecks, Bar- und Verrechnungsschecks, Reiseschecks, Tankschecks usw. auszuweisen. Zum Kassenbestand gehören die Bargeldbestände der Haupt- und Nebenkassen (einschl. ausländischer Sorten, Briefmarken, Steuermarken und sonstiger Wertmarken). Als Guthaben bei Kreditinstituten sind Forderungen an in- und ausländische Kreditinstitute aus dem Kreditverkehr auszuweisen; hierunter fallen neben täglich fälligen Geldern auch Festgelder einschließlich gutgeschriebener Zinsen sowie Guthaben bei Bausparkassen. Soweit bei einem Kreditinstitut gleichartige Guthaben und Verbindlichkeiten mit übereinstimmender Fristigkeit gegeben sind, ist eine Saldierung erforderlich.

4.1.3.3 Rechnungsabgrenzungsposten

Nach der Art der Rechnungsabgrenzung sowie dem bilanziellen Ausweis läßt sich grundsätzlich zwischen

- **antizipativer** Rechnungsabgrenzung

  und

- **transitorischer** Rechnungsabgrenzung

unterscheiden. Die Rechnungsabgrenzung dient der Periodenabgrenzung und damit der periodengerechten Erfolgsermittlung und ist Ausfluß des Realisationsprinzips. Gemäß § 250 HGB ist ausschließlich der Ausweis **transitorischer Rechnungsabgrenzungsposten** zulässig, die antizipative Rechnungsabgrenzung wird über den Ausweis „sonstiger Vermögensgegenstände (Sonstige Forderungen)“ und „sonstiger Verbindlichkeiten“ berücksichtigt. Losgelöst von den Sonderfällen des § 250 Abs. 1 S. 2 Nrn. 1 und 2 HGB lassen sich die abgrenzungsrelevanten Sachverhalte systematisch wie folgt zusammenfassen (*Federmann in Herrmann/Heuer/Raupach 1950/1982, Anm. 1916 zu § 5 EStG*):

<table>
<tr><th colspan="2">Vorgang</th><th colspan="3" rowspan="2">Rechnungsabgrenzungs-posten (RAP)</th><th rowspan="2">Bilanzausweis</th></tr>
<tr><th>vor dem Bilanz-stichtag</th><th>nach dem Bilanz-stichtag</th></tr>
<tr><td>Ertrag</td><td>Einnahme</td><td rowspan="2">antizi-pative RAP</td><td colspan="2">aktiv</td><td>ggf. sonstige Vermögens-gegenstände</td></tr>
<tr><td>Aufwand</td><td>Ausgabe</td><td colspan="2">passiv</td><td>ggf. sonstige Verbindlich-keiten, Rückstellungen</td></tr>
<tr><td rowspan="2">Ausgabe</td><td>zeitbe-stimmter Aufwand</td><td rowspan="4">transi-torische RAP</td><td rowspan="2">aktiv</td><td>ieS</td><td>aktive RAP</td></tr>
<tr><td>zeitunbe-stimmter Aufwand</td><td>iwS</td><td>ggf. geleisete Anzah-lungen, Forderungen</td></tr>
<tr><td rowspan="2">Ein-nahme</td><td>zeitbe-stimmter Ertrag</td><td rowspan="2">passiv</td><td>ieS</td><td>passive RAP</td></tr>
<tr><td>zeitunbe-stimmter Ertrag</td><td>iwS</td><td>ggf. erhaltene Anzah-lungen, sonstige Verbind-lichkeiten</td></tr>
</table>

Abb. 19: Rechnungsabgrenzung

4.1.3.3.1 Aktive Rechnungsabgrenzung

Der Grundtatbestand, der zur Bildung eines aktiven Rechnungsabgrenzungspostens führt, wird in § 250 Abs. 1 S. 1 HGB definiert: danach sind folgende Voraussetzungen zu erfüllen:

- **Ausgabe** (= Zahlungsvorgang) vor dem Abschlußstichtag,
- **Aufwand** (= Erfolgswirksamkeit) für eine **bestimmte Zeit** nach dem Abschlußstichtag.

Unter Ausgabe sind Vorgänge, die zu einer Verminderung des Geldvermögens, unter Aufwand Vorgänge, die zu einer Verminderung des Netto- oder Reinvermögens führen, zu erfassen. Zwischen der Ausgabe und dem künftigen Aufwand muß ein kausaler, unmittelbarer sachlicher Zusammenhang gegeben sein, zudem wird die Bildung eines aktiven Rechnungsabgrenzungspostens daran gekoppelt, daß die Aufwandsverrechnung innerhalb einer bestimmten Zeit nach dem Abschlußstichtag erfolgt. Das Kriterium „bestimmte Zeit nach dem Abschlußstichtag“ wird im

Schrifttum unterschiedlich interpretiert und z.T. kontrovers diskutiert. I.d.R. wird die Aufwandsverrechnung zwar in der folgenden Rechnungsperiode vorgenommen, doch kann die Rechnungsabgrenzung auch über mehrere Rechnungsperioden hinweg erfolgen (z.B. Lizenzgebühren, die für die Gesamtlaufzeit eines Lizenzvertrages vorausgezahlt werden). In solchen Fällen muß jedoch nach h.M. regelmäßig vorausgesetzt werden, daß der Zeitraum hinreichend genau bestimmbar ist und nicht nur im Wege der Schätzung ermittelt werden kann (*ADS 1992, Rn. 34 zu § 250 HGB; ähnlich Federmann in Hermann/Heuer/Raupach 1982, Anm. 1926 zu § 5 EStG; a.A. z.B. Knobbe-Keuk 1993, S. 137 f.*).

Beispiele für aktive Rechnungsabgrenzungsposten:

- Vorauszahlung von Versicherungsprämien für die Folgeperiode
- Mietvorauszahlungen
- vorausgezahlte Kreditzinsen an den Kreditgeber.

Der Rechnungsabgrenzungposten ist jeweils ganz oder anteilig in dem Umfang **aufzulösen**, in dem in der jeweiligen Periode Aufwand zu berücksichtigen ist. Der aufgelöste Betrag wird in der GuV-Rechnung unter der sachlich zugehörigen Aufwandsposition ausgewiesen (z.B. Versicherungsprämien unter „sonstiger betrieblicher Aufwand").

Sonderfälle der aktiven Rechnungsabgrenzung sind geregelt für:

- als Aufwand berücksichtigte **Zölle und Verbrauchssteuern**, soweit sie auf am Abschlußstichtag auszuweisende Vermögensgegenstände des Vorratsvermögens entfallen (§ 250 Abs. 1 S. 2 Nr. 1 HGB)
- als Aufwand berücksichtigte **Umsatzsteuer** auf am Abschlußstichtag auszuweisende oder von den Vorräten offen abgesetzte Anzahlungen (§ 250 Abs. 1 S. 2 Nr. 2 HGB).

In beiden Fällen handelt es sich nicht um transitorische Rechnungsabgrenzungsposten i.e.S., vielmehr wird durch die systemwidrige Normierung dieser Sonderfälle der steuerrechtlichen Entwicklung entsprochen. Die Möglichkeit zur Bildung aktiver Rechnungsabgrenzungsposten gemäß § 250 Abs. 1 S. 2 Nrn. 1 und 2 HGB entspricht der Bestimmung des § 5 Abs. 5 S. 2 EStG mit der Einschränkung, daß dem handelsrechtlichen Aktivierungswahlrecht steuerrechtlich Aktivierungspflicht gegenübersteht. Damit werden letztlich fiskalisch motivierte Regelungen des Steuerrechts, durch die Steuerausfälle verhindert werden sollten, in das Handelsrecht transformiert. Die Transformation ist weder mit der Aufgabe des handelsrechtlichen Jahresabschlusses noch mit dem Charakter aktiver Rechnungsabgrenzungsposten als transitorische Posten vereinbar.

Gesondert geregelt und hervorgehoben wird der Ausweis eines **Disagios** oder **Damnums** unter den aktiven Rechnungsabgrenzungsposten (§ 250 Abs. 3 HGB). Disagio oder Damnum (= Abgeld) ist der Unterschiedsbetrag zwischen niedrigerem Auszahlungs- und höherem Rückzahlungsbetrag von Verbindlichkeiten. Dieses Abgeld ist sowohl nach der ständigen Rechtsprechung des BFH wie auch des BGH als zulässige Vergütung für die Kapitalüberlassung und damit als laufzeitabhängiges Entgelt des Kreditnehmers zu werten, d.h., es handelt sich um zinsähnliche Aufwendungen (*z.B. BFH vom 12.7.1984, BStBl. II 1984, 713; BGH vom 29.5.1990, BGHZ 111, 287 ff.*).

Für das Disagio/Damnum räumt § 250 Abs. 3 HGB ein **Aktivierungswahlrecht** ein, d.h. der Unterschiedsbetrag kann ganz oder anteilig aktiviert werden und muß bei Kapitalgesellschaften gemäß § 268 Abs. 6 HGB **gesondert** unter den aktiven Rechnungsabgrenzungsposten **ausgewiesen** werden. Soweit aktiviert wird, ist der Unterschiedsbetrag durch planmäßige Abschreibungen zu tilgen. Die Abschreibungen können dabei auf die gesamte Kreditlaufzeit oder einen beliebigen kürzeren Zeitraum verteilt werden. Wird auf die Aktivierung verzichtet, kann das Disagio/Damnum im Jahr der Kreditaufnahme in voller Höhe bzw. anteilig (bei Teilaktivierung) ergebniswirksam in voller Höhe bzw. anteilig (bei Teilaktivierung) ergebniswirksam als Aufwand verrechnet werden. Dem handelsrechtlichen Aktivierungswahlrecht steht steuerrechtlich Aktivierungspflicht gegenüber.

Beispiel:

Aufnahme eines Hypothekarkredits, Rückzahlungsbetrag 500 TDM, Auszahlungsbetrag 480 TDM, Disagio = 20 TDM, Kreditlaufzeit 10 Jahre

(1) Aktivierung des Disagios unter den aktiven RAP:

Vermögensausweis:

Bank	480 TDM
Aktive RAP	20 TDM

Kapitalausweis:

Bankschulden	500 TDM

Planmäßige Abschreibung während der Laufzeit ≥ 2 TDM.

(2) Nichtaktivierung:

Vermögensausweis:

Bank	480 TDM

Kapitalausweis:

Bankschulden	500 TDM

Zinsaufwand im Jahr der Kreditaufnahme: 20 TDM

4.1.3.3.2 Passive Rechnungsabgrenzung

Der Grundtatbestand, der zur Bildung eines passiven Rechnungsabgrenzungspostens führt, ist in § 250 Abs. 2 HGB definiert; danach sind folgende Voraussetzungen zu erfüllen:

- **Einnahme** (= Zahlungsvorgang) vor dem Abschlußstichtag
- **Ertrag** (= Erfolgswirksamkeit) für eine **bestimmte Zeit** nach dem Abschlußstichtag.

Einnahme ist jede Erhöhung des Geldvermögens, Ertrag jede Erhöhung des Netto- oder Reinvermögens des Unternehmens. Für die Festlegung dessen, was unter „bestimmte Zeit nach dem Abschlußstichtag" zu verstehen ist, gelten im wesentlichen dieselben Kriterien, wie bei der aktiven Rechnungsabgrenzung.

Beispiele für passive Rechnungsabgrenzung:

- erhaltene Vorauszahlung auf Erbbauzins
- erhaltene Mietvorauszahlung
- Einmalzahlung für die Bierbezugsverpflichtung eines Gastwirts.

Aktive und passive Rechnungsabgrenzungsposten stellen wie geleistete und erhaltene Anzahlungen Vorleistungen des Unternehmens gegenüber Dritten bzw. Vorleistungen Dritter dem Unternehmen gegenüber dar. Die Abgrenzung wird regelmäßig dadurch vollzogen, daß

- Anzahlungen Vorleistungen für einmalig zu erbringende Gegenleistungen darstellen, während unter
- Rechnungsabgrenzungsposten Vorleistungen für zeitraumbezogene Gegenleistungen erfaßt werden.

4.1.3.4 Eigenkapital

Zum Eigenkapital einer Kapitalgesellschaft rechnen gemäß § 272 HGB i.V.m. § 266 Abs. 3 Buchst. A HGB

- das „**Gezeichnete Kapital**"
- die „**Kapitalrücklagen**"
- die „**Gewinnrücklagen**"
- die „**Rücklage für eigene Anteile**".

Darüber hinaus sind auch der **Gewinnvortrag** sowie der **Jahresüberschuß** und - bei Gewinnverwendung gemäß § 268 Abs. 1 HGB - der **Bilanzgewinn** Bestandteil des Eigenkapitals. Ggf. treten eigenkapitalähnliche Posten, wie stille Einlagen oder das Genußrechtskapital, hinzu.

4.1.3.4.1 Gezeichnetes Kapital

Gezeichnetes Kapital ist gemäß § 272 Abs. 1 HGB das Kapital, auf das die Haftung der Gesellschafter oder Mitglieder für die Verbindlichkeiten des Unternehmens gegenüber Gläubigern beschränkt ist. Der Wortlaut des § 272 Abs. 1 HGB vernachlässigt dabei, daß „... *bei Kapitalgesellschaften die Gesellschafter grundsätzlich in keiner Weise gegenüber den Gläubigern der Gesellschaft haften, sondern nach §§ 1 Abs. 1 Satz 2 und 13 Abs. 2 GmbHG nur das Gesellschaftsvermögen*" (*ADS 1992, Rn. 8 zu § 272 HGB*).

Unter gezeichnetem Kapital ist bei der **AG** gemäß § 152 Abs. 1 AktG das **Grundkapital** (§ 7 AktG: Mindestnennbetrag 100 TDM) und bei der **GmbH** gemäß § 42 Abs. 1 GmbHG das **Stammkapital** (§ 5 GmbHG: Mindestnennbetrag 50 TDM) zu verstehen. Die Höhe des gezeichneten Kapitals wird durch **Satzung** bzw. **Gesellschaftsvertrag** bestimmt, gezeichnetes Kapital begründet **Teilhaberrechte**, wie z.B. Stimmrecht, Recht auf Teilnahme am Gewinn und das Recht auf Beteiligung an einem evtl. Liquidationserlös.

Soweit bei einer AG verschiedene **Aktiengattungen** (z.B. Stammaktien, Vorzugsaktien) vorhanden sind, müssen die Gesamtnennbeträge jeder Aktiengattung gemäß § 152 Abs. 1 S. 2 AktG gesondert angegeben werden (analog bei der GmbH: Vorzugsgeschäftsanteile).

Außenstehende Einlagen auf das gezeichnete Kapital sind gemäß § 272 Abs. 1 S. 2 HGB auf der Aktivseite gesondert auszuweisen und entsprechend zu bezeichnen. Soweit ausstehende Einlagen eingefordert sind, ist dies in der Bilanz durch einen Merkposten zu dokumentieren; nicht eingeforderte ausstehende Einlagen können gemäß § 272 Abs. 1 S. 3 HGB mit dem Posten „Gezeichnetes Kapital" verrechnet werden, die damit verbundenen besonderen Dokumentationspflichten sind jedoch zu beachten. Ausstehende Einlagen weisen regelmäßig einen Doppelcharakter auf: sie sind einerseits Korrekturposten zum Eigenkapital, andererseits Forderungen der Gesellschaft an ihre Anteilseigner.

Das gezeichnete Kapital der Kapitalgesellschaft kann nur unter Beachtung der Vorschriften über die Kapitalerhöhung oder Kapitalherabsetzung verändert werden, so daß sich diese Eigenkapitalposition im Zeitablauf als **relativ fixe Größe** darstellt. Eigenkapitalveränderungen außerhalb einer Änderung des in Wertpapieren verbrieften gezeichneten Kapitals werden bilanziell in **variablen Eigenkapitalposten**, den **Rücklagen**, dokumentiert.

4.1.3.4.2 Kapitalrücklagen

Als Kapitalrücklagen sind gemäß § 272 Abs. 2 HGB auszuweisen:

- das **Ausgabeagio** (Aufgeld), das bei der **Ausgabe von Anteilen** einschließlich Bezugsrechten über den Nennbetrag hinaus erzielt wird,
- der **Betrag**, der bei der **Ausgabe von Schuldverschreibungen** für Wandlungs- und Optionsrechte zum Erwerb von Anteilen erzielt wird,
- **Zuzahlungen** der Gesellschafter zur Erlangung von **Vorzugsrechten**,
- **andere Zuzahlungen** der Gesellschafter in das Eigenkapital, wie z.B. Beträge, die im „Schütt-aus-hol-zurück"-Verfahren der Gesellschaft zufließen.

4.1.3.4.3 Gewinnrücklagen

Gewinnrücklagen werden aus dem Erfolg nach Steuern gebildet; gemäß § 272 Abs. 2 HGB dürfen als Gewinnrücklagen nur solche Beträge ausgewiesen werden, die im Geschäftsjahr oder einer früheren Rechnungsperiode aus dem Ergebnis gebildet wurden. Dazu gehören gemäß Abs. 3 i.V.m. § 266 Abs. 3 A.III HGB:

- die **gesetzliche** Rücklage,
- **satzungsmäßige** Rücklagen,
- **andere** Gewinnrücklagen, sowie
- die **Rücklage für eigene Anteile**.

Während Kapitalrücklagen sowie gesetzliche Gewinnrücklagen und Rücklagen für eigene Anteile grundsätzlich gebildet werden müssen, soweit die dafür notwendigen Voraussetzungen vorliegen, besteht für satzungsmäßige und andere Gewinnrücklagen ein gesetzliches Wahlrecht.

Bei einer AG bestimmt sich die Bildung der Gewinnrücklagen nach §§ 58, 150 Abs. 1 und 2 AktG. Auf den Jahresabschluß bezogen werden Gewinnrücklagen im Rahmen der Gewinnverwendung gebildet und aufgelöst, so daß Erfolgsneutralität sichergestellt ist.

Beispiel:

a) Die X-AG erhöht ihr gezeichnetes Kapital durch Aktienemission um 500 Mio. DM, Ausgabekurs je Aktie 300 %, Nennwert je Aktie 50,00 DM, gegen Bareinzahlung bei den emittierenden Banken, Emissionskosten bleiben unberücksichtigt.

Die Bilanz verändert sich dadurch (erfolgsneutral) wie folgt:

Flüssige Mittel:	+ 1.500 Mio. DM (Vermögensmehrung)
Gezeichnetes Kapital:	+ 500 Mio. DM (Kapitalmehrung)
Kapitalrücklagen:	+ 1.000 Mio. DM (Kapitalmehrung)

b) Gemäß § 172 AktG wird der Jahresabschluß durch Vorstand und Aufsichtsrat der X-AG festgestellt; die Organe beschließen, gemäß § 58 Abs. 2 AktG den höchstzulässigen Betrag aus dem erwirtschafteten Jahresüberschuß von 200 Mio. DM in die Gewinnrücklagen der Gesellschaft einzustellen (50 % = 100 Mio. DM), die restlichen 100 Mio. DM stehen für die Gewinnausschüttung zu Verfügung.

Die Bilanz verändert sich dadurch (erfolgsneutral) wie folgt:

Jahresüberschuß	- 200 Mio. DM (Minderung)
Gewinnrücklagen:	+ 100 Mio. DM (Mehrung)
Bilanzgewinn:	+ 100 Mio. DM (Mehrung)

Aktiengesellschaften sind gemäß § 150 Abs. 1 und 2 AktG verpflichtet, jährlich 5 % des um einen eventuellen Verlustvortrag verminderten Jahresüberschuß solange in die **gesetzlichen Rücklagen** einzustellen, bis die Summe aus Kapitalrücklagen und gesetzlichen Rücklagen 10 % des Grundkapitals erreicht hat. Durch die Satzung der Gesellschaft kann ggf. ein höherer Prozentsatz festgelegt werden.

4.1.3.5 Sonderposten mit Rücklageanteil

Darunter fallen Posten, die gemäß § 273 i.V.m. § 247 Abs. 3 HGB aufgrund steuerrechtlicher Vorschriften aus dem unversteuerten Gewinn gebildet und somit erst bei ihrer Auflösung zu versteuern sind (vielfach auch als sog. „**steuerfreie Rücklagen**“ bezeichnet, obwohl diese Bezeichnung sachlich nicht zutreffend ist, da ihre Bildung nicht zu einer Steuerbefreiung, sondern lediglich zu einer zeitlichen Steuerverschiebung führt).

Die Sonderposten mit Rücklageanteil beinhalten insoweit Ertragsteile, die sowohl der Besteuerung, als auch einer möglichen Gewinnausschüttung an die Anteilseigner auf Zeit entzogen werden. Insoweit handelt es sich um einen Posten, der sowohl anteilig dem Eigenkapital, wie auch dem Fremdkapital zuzurechnen ist. Da in der Periode der Auflösung des Sonderpostens nachversteuert wird, beinhaltet dieser eine anteilige Steuerschuld gegenüber dem Fiskus. Durch die Steuerverlagerung auf spätere Rechnungsperioden und die damit verbundene Steuerstundung erwachsen dem bilanzierenden Unternehmen Zins- und Liquiditätsvorteile.

Die Sonderposten mit Rücklageanteil beinhalten im wesentlichen **zwei Komponenten**: **unversteuerte Rücklagen** z.B. gemäß R 34 oder R 35 EStR und **steuerliche „Wertberichtigungen"** für Maßnahmen gemäß § 281 Abs. 1 HGB (Differenz zwischen zulässig höherer steuerlicher Abschreibung und niedrigerer handelsrechtlicher Abschreibung). Als **unversteuerte Rücklagen** kommen z.B. in Betracht:

- Rücklage für Zuschüsse aus öffentlichen oder privaten Mitteln auf Anlagegüter (R 34 EStR)
- Sanierungsrücklage gemäß § 6d EStG
- Rücklage gemäß § 6 Fördergebietsgesetz
- Rücklage für Ersatzbeschaffung (R 35 EStR)
- Rücklage für Veräußerungsgewinne bei bestimmten Anlagegütern gemäß § 6b EStG.

Sonderposten mit Rücklageanteil sind auf der Passivseite der Bilanz gesondert unter Postengruppe B auszuweisen. ADS weisen dabei zurecht darauf hin, daß in Hinblick auf die Darstellung der Vermögens-, Finanz- und Ertragslage eine Differenzierung der Sonderposten in unversteuerte („steuerfreie") Rücklagen und steuerrechtliche Wertberichtigungen zweckmäßig erscheint (*ADS 1992, Rn. 58 zu § 281 HGB*). Dabei könnte z.B. folgendermaßen verfahren werden:

B. Sonderposten mit Rücklageanteil

I. Steuerfreie Rücklagen gemäß § 6b EStG, R 35 EStR....................................X TDM

II. Steuerrechtliche Wertberichtigungen gemäß § 7d EStG, § 80 EStDV, R 35 EStR...X TDM

Beispiel zu „steuerliche Wertberichtigung":

Kauf einer Maschine, Anschaffungskosten 100.000,00 DM, Nutzungsdauer 5 Jahre, lineare Abschreibung, ein evtl. Restwert am Ende der Nutzungsdauer bleibt unberücksichtigt. Steuerlich wird unter den Voraussetzungen des § 7g EStG eine Sonderabschreibung in Höhe von 20.000,00 DM (im 1. Jahr) vorgenommen.

Jahr	Abschreibung Handelsbilanz	Abschreibung Steuerbilanz	Sonderposten mit Rücklageanteil
1	20.000,00 DM	40.000,00 DM	20.000,00 DM
2	20.000,00 DM	15.000,00 DM	15.000,00 DM
3	20.000,00 DM	15.000,00 DM	10.000,00 DM
4	20.000,00 DM	15.000,00 DM	5.000,00 DM
5	20.000,00 DM	15.000,00 DM	0,00 DM

Der im 1. Jahr in Höhe von 20.000,00 DM gebildete Sonderposten mit Rücklageanteil wird in den Jahre 2 bis 5 in Höhe der Differenz zwischen höherer handels- und niedrigerer steuerrechtlicher planmäßiger Abschreibungen aufgelöst. Der Jahresüberschuß vermindert sich im 1. Jahr um 40.000,00 DM in den Jahren 2 bis 5 um jeweils 15.000,00 DM.

Beispiel zu steuerfreie (= unversteuerte) Rücklagen:

Durch einen Brandschaden wird eine Fertigungsanlage so zerstört, daß sie betrieblich nicht mehr nutzbar ist. Der Buchwert der Anlage beträgt 50.000,00 DM, die Versicherung leistet eine Entschädigung in Höhe von 80.000,00 DM (= Verkehrswert zum Zeitpunkt des Schadenseintritts).

1. Schritt:	Aufdeckung stiller Rücklagen	
	Entschädigungsleistung	80.000,00 DM
	- Buchwert	50.000,00 DM
	= stille Rücklage	30.000,00 DM
2. Schritt:	Bildung einer Ersatzbeschaffungsrücklage nach R 35 EStR	
	Prämisse: Beabsichtigte Ersatzinvestition für zerstörte Anlage	

Das Anlagevermögen wird um den Buchwert der „ausgeschiedenen“ Anlage vermindert, das Finanzumlaufvermögen um die Entschädigungszahlung der Versicherung vermehrt. Würde keine Ersatzinvestition durchgeführt, wäre die Differenz zwischen Entschädigungszahlung und Buchwert (= 30 TDM = stille Rücklage) in voller Höhe zu versteuern (= sonstiger betrieblicher Ertrag). Da eine Ersatzbeschaffung vorgenommen wird, kann eine Rücklage für Ersatzbeschaffung in Höhe der Differenz zwischen Buchwert des ausgeschiedenen Wirtschaftsgutes und der Entschädigung oder dem Entschädigungsanspruch gebildet werden. Buchungstechnisch wird dem wie folgt Rechnung getragen:

Bank 80.000,00 DM	an	Maschinen 50.000,00 DM
	an	Sonderposten mit Rücklageanteil 30.000,00 DM

3. Schritt: Übertragung der steuerfreien Rücklage auf die Anschaffungs- oder Herstellungskosten des Ersatzwirtschaftsgutes

Prämisse: Nach R 35 EStR ist die Ersatzbeschaffungsmaßnahme bei beweglichen Wirtschaftsgütern i.d.R. innerhalb eines Jahres vorzunehmen; ansonsten ist die steuerfreie Rücklage gewinnerhöhend aufzulösen.

Bei unterstellten Anschaffungskosten für das Ersatzwirtschaftsgut in Höhe von 100.000,00 DM vermindern sich diese um die übertragene stille Rücklage in Höhe von 30.000,00 DM. Im Zuge der Übertragung der steuerfreien Rücklage auf das Ersatzwirtschaftsgut kann das Unternehmen zwischen direkter und indirekter Abschreibung wählen; in beiden Fällen wird sichergestellt, daß die übertragene stille Rücklage nicht besteuert wird.

Direkte Abschreibung:

Maschinen 100.000,00 DM	an	Bank 100.000,00 DM
Sonderposten mit Rücklageanteil 30.000,00 DM	an	sonstige betriebliche Erträge 30.000,00 DM
Abschreibungen auf Sachanlagen 30.000,00 DM	an	Maschinen 30.000,00DM

Grundlage für die künftige planmäßige Abschreibung sind bei der direkten Abschreibung die um die Rücklage geminderten Anschaffungskosten. Die planmäßige Abschreibung beginnt im folgenden Wirtschaftsjahr.

Indirekte Abschreibung:

Maschinen 100.000,00 DM	an	Bank 100.000,00 DM
Sonderposten mit Rücklageanteil 30.000,00 DM	an	sonstige betriebliche Erträge 30.000,00 DM
Sonstiger betrieblicher Aufwand 30.000,00 DM	an	Sonderposten mit Rücklageanteil 30.000,00 DM

Der Wertberichtigungsposten ist in den Folgejahren aufzulösen (vgl. hierzu Beispiel zu „steuerlichen Wertberichtigung“).

4.1.3.6 Stille Rücklagen

Stille Rücklagen stellen im Gegensatz zu den offen in der Bilanz ausgewiesenen Gewinn- oder Kapitalrücklagen **Eigenkapitalpotentiale** dar, die

- entweder in der Bilanz nicht ausgewiesen oder
- in der Bilanz zwar enthalten, jedoch nicht als Eigenkapital erkennbar sind.

Da die Bildung stiller Rücklagen entweder durch Bilanzierungs- und Bewertungsvorschriften erzwungen oder durch Bilanzierungs- und Bewertungsentscheidungen des Unternehmens verursacht wird, wird die Bildung und Auflösung stiller Rücklagen ausführlich und gesondert im Anschluß an de Darstellung der Bilanzierungs- und Bewertungsproblematik abgehandelt (vgl.11).

4.1.3.7 Verbindlichkeiten

Verbindlichkeiten werden i.d.R. zutreffend als Oberbegriff für dem Grund und der Höhe nach gewisse (d.h. gesicherte) und ungewisse Schulden verstanden, so daß sich hinsichtlich der Verbindlichkeiten folgende Differenzierung vornehmen läßt:

- **Verbindlichkeiten i.e.S.**

  Darunter fallen **rechtlich begründete Verpflichtungen** des Unternehmens gegenüber außenstehenden Dritten wie Lieferantenverbindlichkeiten, Bankverbindlichkeiten, Verbindlichkeiten gegenüber verbundenen Unternehmen, Wechselverbindlichkeiten usw. Rechtlich begründete Verpflichtungen sind dadurch charakterisiert, daß sie der Höhe nach eindeutig qualifiziert sind und die damit verbundene künftige Auszahlungsverpflichtung dem Grunde nach eindeutig feststeht. Verbindlichkeiten i.e.S. können grundsätzlich zivilrechtlicher (z.B. Vertrag) oder öffentlich-rechtlicher Art (z.B. Steuerverbindlichkeit) sein.

- **Verbindlichkeiten i.w.S.**

  Unter Verbindlichkeiten i.w.S. fallen sowohl rechtlich begründete, ungewisse Verbindlichkeiten, wie auch faktisch begründete Leistungsverpflichtungen gegenüber Dritten:

  - **Rechtlich begründete ungewisse Verbindlichkeiten**

    Darunter fallen öffentlich-rechtlich oder zivilrechtliche Verpflichtungen des Unternehmens gegenüber Dritten, die dem Grunde nach wahrscheinlich bestehen oder entstehen werden, jedoch nach Höhe und/oder Zeitpunkt der Inanspruchnahme, „unsicher“ sind. Für derartige Verpflichtungen, die zu einer wahrscheinlichen Inanspruchnahme führen, ist eine Verbindlichkeit i.w.S. auszuweisen (= Rückstellung für ungewisse Verbindlichkeiten).

- **Faktisch begründete ungewisse Leistungsverpflichtungen**

  Darunter fallen wirtschaftlich oder sittlich begründete Leistungsverpflichtungen des Unternehmens gegenüber Dritten, denen sich das Unternehmen nicht entziehen kann, obwohl sie weder rechtlich begründet sind noch künftig rechtlich begründet werden. Soweit sich solche Leistungsverpflichtungen hinreichend konkretisieren lassen, ist eine Verbindlichkeit i.w.S. auszuweisen (z.B. Kulanzrückstellung).

„Schulden" schließen insoweit den bilanziellen Ausweis von **Verbindlichkeiten i.e.S.** und **Schuldenrückstellungen** (= Verbindlichkeiten i.w.S.) ein, wenn auch, dem Grundsatz der Bilanzklarheit entsprechend, Verbindlichkeiten i.e.S. und Rückstellungen auf der Passivseite gesondert dokumentiert werden müssen. Rückstellungen im handelsrechtlichen Sinne beinhalten dabei gleichermaßen Schuldrückstellungen wie auch Aufwandsrückstellungen, so daß korrekterweise im Lichte der Bilanzklarheit wie folgt differenziert werden müßte:

Verbindlichkeiten:	
Verbindlichkeiten i.e.S.	gesonderter Bilanzausweis
Verbindlichkeiten i.w.S. = Schuldrückstellungen	gesonderter Bilanzausweis
Aufwandsrückstellungen:	gesonderter Bilanzausweis

Damit könnte in hinreichendem Maß berücksichtigt werden, daß Aufwandsrückstellungen im Grunde systemwidrig Verpflichtungen dokumentieren, die das Unternehmen sich selbst gegenüber übernommen hat (= Innenverpflichtungen), Verpflichtungen, die aber keineswegs unter den Begriff „Schulden" i.S.d. § 242 Abs. 1 HGB subsumiert werden können.

Die **Zwecke**, für die Rückstellungen gebildet werden dürfen bzw. müssen, sind in § 249 HGB abschließend genannt:

- **Rückstellungen für ungewisse Verbindlichkeiten** (Abs. 1 S. 1),
- **Rückstellungen für drohende Verluste aus schwebenden Geschäften** (Abs. 1 S. 1),
- **Rückstellungen für unterlassene Instandhaltung und Abraumbeseitigung** (Abs. 1 S. 2 Nr. 1 und S. 3),
- **Rückstellungen für Gewährleistungen,** die **ohne rechtliche Verpflichtung** erbracht werden (Abs. 1 S. 2 Nr. 2),
- **Rückstellungen für ihrer Eigenart nach genau umschriebene**, diesem oder früheren Geschäftsjahren zuzuordnende **Aufwendungen**, die am Abschlußstich-

tag wahrscheinlich oder sicher, aber hinsichtlich ihrer Höhe oder des Zeitpunkts ihres Eintritts unbestimmt sind, wie z.B. Großreparaturen, Abbruch von Anlagen usw. (Abs. 2)

- **Rückstellungen für latente Steuern** (§ 274 Abs. 1 i.V.m. § 249 Abs. 1 S. 1 HGB; vgl. hierzu ausführlich 10)

Die Bildung von Rückstellungen berücksichtigt gleichermaßen konzeptionelle Elemente der statischen, wie auch der dynamischen Bilanzauffassung: der dynamischen Sicht entsprechen die **Aufwandsrückstellungen**, der statischen Sicht die **Schuldrückstellungen**. Das HGB folgt beiden Auffassungen, auch wenn die Bildung von Aufwandsrückstellungen die Ausnahme darstellt und damit statisches Gedankengut nach wie vor eindeutig dominiert: *„Die Zulassung von Aufwandsrückstellungen gemäß Abs. 2 bedeutet eine verstärkte Hinwendung zur dynamischen Bilanzauffassung. ...Dadurch wird die Vergleichbarkeit der Periodenergebnisse und damit der Einblick in die Ertragslage des Unternehmens ... verbessert“* (*ADS 1992, Rn. 33 zu § 249 HGB*).

Zu den Aufwandsrückstellungen sind die Rückstellungen für unterlassene Instandhaltung und Abraumbeseitigung sowie die Rückstellungen für ihrer Eigenart nach genau umschriebene, dem Geschäftsjahr oder einem früheren Geschäftsjahr zuzuordnende Aufwendungen gemäß § 249 Abs. 2 HGB zu rechnen, die übrigen Rückstellungsarten sind Schuldrückstellungen:

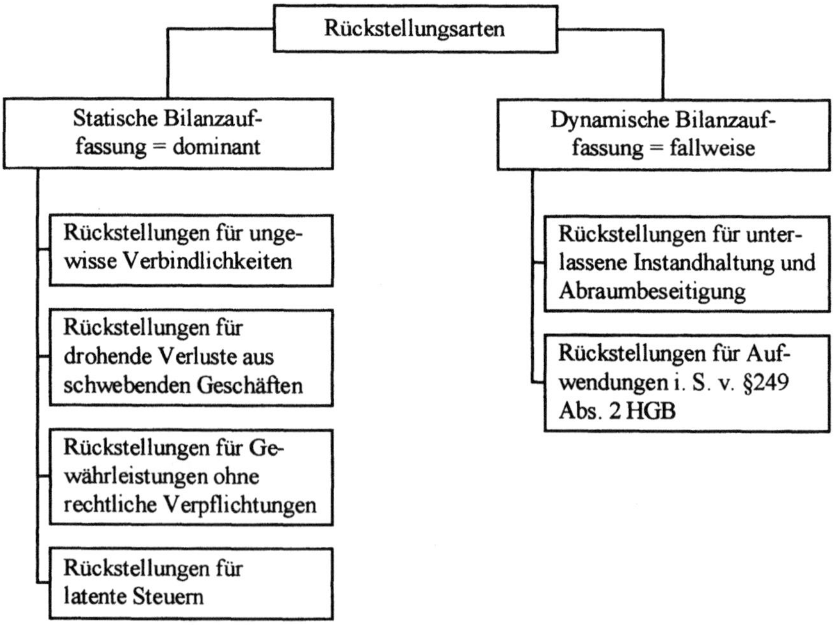

Abb. 20: Systematik der Rückstellungsarten

(1) Rückstellungen für ungewisse Verbindlichkeiten

Rückstellungen für ungewisse Verbindlichkeiten sind zu bilden für Verbindlichkeiten **gegenüber Dritten**, die am Abschlußstichtag dem Grunde nach wahrscheinlich bestehen oder künftig entstehen werden, bei denen aber Höhe und/oder mögliche Inanspruchnahme ungewiß sind. Eine solche Rückstellung ist regelmäßig zu bilden, wenn „mehr Gründe für als gegen eine Inanspruchnahme" sprechen.

Zu den Rückstellungen für ungewisse Verbindlichkeiten zählen neben Steuerrückstellungen, Prozeßrückstellungen und Gewährleistungsrückstellungen auch **Pensionsrückstellungen**. Pensionsrückstellungen sind regelmäßig zu bilden, wenn die Pensionszusage schriftlich erteilt wurde, diese keinen schädlichen Vorbehalt enthält und somit ein Rechtsanspruch des Pensionsberechtigten auf künftige Versorgungsleistungen begründet wird. Pensionszusagen, die vor dem 1.1.1987 erteilt wurden (sog. „Altzusagen"), können passiviert werden (Wahlrecht), während für Pensionsneuzusagen grundsätzlich Passivierungspflicht besteht.

(2) Rückstellungen für drohende Verluste aus schwebenden Geschäften

Die Bildung solcher **Drohverlustrückstellungen** durchbricht regelmäßig den handels- und steuerrechtlichen Grundsatz ordnungsmäßiger Buchführung, wonach schwebende Geschäfte bilanziell nicht berücksichtigungsfähig sind (Vorsichts-, Imparitäts- und Realisationsprinzip). Voraussetzung für die Bildung einer Drohverlustrückstellung ist, daß ein schwebendes Absatz- oder Beschaffungsgeschäft vorliegt, das mit einem konkreten Verlustrisiko für das bilanzierende Unternehmen behaftet ist. Dies wird regelmäßig der Fall sein, wenn aufgrund konkreter Umstände oder Tatsachen die Wahrscheinlichkeit dafür spricht, daß ein „Verpflichtungsüberschuß" gegeben sein wird, d.h. der Wert der eigenen Verpflichtungen aus dem schwebenden Geschäft den Wert der Ansprüche auf Gegenleistungen übersteigt.

Beispiel:

Die X-AG schließt mit der Y-GmbH in der Periode t_1 einen Vertrag, der die Fertigung und Lieferung eines Spezialaggregates in Periode t_2 beinhaltet. Der Verkaufspreis wird mit 100 TDM vereinbart, eine Gleitklausel ist nicht vorgesehen. Ende der Periode t_1 ist für die X-AG absehbar, daß sich aufgrund erheblicher Preissteigerungen bei Zulieferern die Fertigungskosten drastisch erhöhen werden, so daß für Herstellung und Lieferung des Aggregates voraussichtlich 120 TDM aufgewendet werden müssen. Dem Vorsichts- und Imparitätsprinzip zufolge ist eine Drohverlustrückstellung in Höhe von 20 TDM zu bilden.

Während die Rückstellungsbildung stets erfolgswirksam ist, kann die Rückstellungsauflösung erfolgsneutral oder erfolgswirksam sein. Erfolgt eine Inanspruchnahme in Höhe der Rückstellung, so erfolgt die Auflösung erfolgsneutral. Wird das Unternehmen nicht in Anspruch genommen ist die Auflösung erfolgswirksam. Ausweistechnisch wird bei großen Kapitalgesellschaften zwischen „Rückstellungen für Pensionen und ähnliche Verpflichtungen", „Steuerrückstellungen" und „sonstigen Rückstellungen" differenziert.

Beispiel:

Die X-AG wird von der Y-GmbH auf Schadensersatz wegen Nichterfüllung verklagt. Die maximal mögliche Zahlungsleistung wird seitens der X-AG aufgrund des Streitwertes mit 120 TDM veranschlagt (1990).

Fall a: Im Jahre 1993 liegt ein rechtskräftiges Urteil vor, Zahlungsleistung der X-AG 120 TDM

Fall b: Im Jahre 1993 liegt ein rechtskräftiges Urteil vor, Zahlungsleistung der X-AG 0 TDM

Fall c: 1993 wird ein Vergleich geschlossen, Zahlungsleistung der X-AG 80 TDM.

Bildung der Rückstellung:

Sonstige betriebliche Aufwendungen an sonstige Rückstellungen 120 TDM →Gewinnminderung in 1990

Auflösung der Rückstellung:

Fall a: Sonstige Rückstellungen an Finanzkonto 120 TDM → erfolgsneutral

Fall b: Sonstige Rückstellungen an sonstige betriebliche Erträge 120 TDM → Gewinnerhöhung

Fall c: Sonstige Rückstellungen 120 TDM an Finanzkonto 80 TDM
an sonstige betriebliche Erträge 40 TDM → Gewinnerhöhung

4.1.3.8 Vermerkposten

Zur verbesserten Darstellung der Vermögens-, Finanz- und Ertragslage von Kapitalgesellschaften sehen die Rechnungslegungsvorschriften eine Reihe sog. „**Vermerkposten**" vor, die entweder in der Bilanz anzuführen sind oder wahlweise in Bilanz oder Anhang ausgewiesen werden können; beispielhaft seien angeführt:

Posten	**Vermerk**	**Ausweis in**
Anleihen	davon konvertibel	Bilanz
Sonstige Verbindlichkeiten	davon aus Steuern	Bilanz
Sonstige Verbindlichkeiten	davon im Rahmen der sozialen Sicherheit	Bilanz
Ausstehende Einlagen	davon eingefordert	Bilanz
Forderungen	davon mit einer Restlaufzeit von mehr als einem Jahr	Bilanz

4.2 Die Gewinn- und Verlustrechnung (GuV)

4.2.1 Wesen und Aufgaben der GuV

Das Handelsrecht enthält in § 242 Abs. 2 HGB eine **Legaldefinition** der GuV, d.h. diese stellt eine Gegenüberstellung der Erträge und Aufwendungen der Rechnungsperiode dar. Die GuV ist somit eine **Zeitraumrechnung**, die im System der doppelten Buchführung unmittelbar mit der Bilanz verbunden ist. Bilanzierungs- und Bewertungsentscheidungen eines Unternehmens wirken sich somit unmittelbar auf die GuV aus, wie auch umgekehrt Aufwands- und Ertragsverrechnung Auswirkungen auf die Bilanz haben (müssen). Da Aufwendungen als periodisierte Ausgaben, Erträge als periodisierte Einnahmen definiert werden, dient die GuV der Periodenerfolgsermittlung durch Zuordnung der Wertzuwächse und Wertminderungen zu einer abgrenzenden Rechnungsperiode. In **dynamischer Sicht** steht dabei die periodengerechte Erfassung und Verrechnung von Einnahmen und Ausgaben sowie die Darstellung der Erfolgsquellen im Vordergrund, in **statischer Sicht** kommt der GuV primär die Aufgabe zu, die durch betriebliche Prozesse verursachten Veränderungen des Reinvermögens nach Höhe und Ursachen zu erfassen und zu dokumentieren.

Sowohl in statischer wie auch in dynamischer Sicht hat die GuV die Aufgabe, die Erfolgskomponenten eines Unternehmens aufzuzeigen, d.h. zu dokumentieren, durch welche Prozesse bzw. in welchen Bereichen unternehmerischer Betätigung positive und/oder negative Erfolge erwirtschaftet wurden. Dieser Aufgabe wird durch eine möglichst weitgefaßte **Erfolgsspaltung** entsprochen werden müssen. Für Kapitalgesellschaften wird dieser Zielsetzung durch die Gliederungsvorschriften gemäß § 275 Abs. 2 und 3 HGB sowie durch zusätzliche Erläuterungen im Anhang gemäß § 285 Nr. 4 HGB Rechnung getragen, während bei Nicht-Kapitalgesellschaften unter Beachtung der GoB weitgehende Gestaltungsfreiheit besteht.

Die GuV kann sowohl nach dem **Gesamtkosten-** wie auch nach dem **Umsatzkostenverfahren** erstellt werden (§ 275 Abs. 1 HGB); von der Verfahrenswahl sind letztlich die Art und der Umfang der Aufwands- und Ertragserfassung und -verrechnung abhängig. Entgegen des gewählten Termini „**Kosten**verfahren“ werden bei beiden Verfahren Erträge und Aufwendungen, nicht aber Leistungen und Kosten erfaßt, so daß durch die gewählten Begriffe letztendlich lediglich die Verfahrenstechnik der Ertrags- und Aufwandsverrechnung kenntlich gemacht wird. Die wesentlichen Unterschiede zwischen dem Gesamtkostenverfahren und dem Umsatzkostenverfahren lassen sich vereinfacht wie folgt skizzieren:

(1) Gesamtkostenverfahren

Beim Gesamtkostenverfahren werden dem Gesamtaufwand, gegliedert nach Aufwandsarten, die am Markt realisierten Umsatzerlöse wie auch die (noch) nicht realisierten Erträge (Bestandserhöhungen und aktivierte Eigenleistungen) gegenübergestellt. Die nicht realisierte Leistung wird damit in die Gesamtleistung des Geschäftsjahres einbezogen, periodisiert und den Gesamtaufwendungen gegenübergestellt. Das Verfahren stellt sich als relativ unkompliziert dar, die Aufwandsarten (z.B. Personalaufwand, Materialaufwand usw.) können unmittelbar aus der Finanzbuchhaltung übernommen, lediglich bei Erfassung und Bewertung der Bestände sowie selbsterstellter Anlagen (aktivierte Eigenleistungen) zu Herstellungskosten muß auf Daten der Kostenrechnung zurückgegriffen oder mittels anderer Maßnahmen eine den gesetzlichen Vorgaben entsprechende Wertermittlung sichergestellt werden. Die nach diesem Verfahren erstellte GuV läßt sich auch als **Produktionskostenrechnung** bezeichnen (*WP-Handbuch 1985/86 II, S. 194*)

(2) Umsatzkostenverfahren

Beim Umsatzkostenverfahren werden demgegenüber nur die am Markt realisierten Umsatzerlöse berücksichtigt und den hierfür angefallenen Umsatzaufwendungen bzw. Umsatzkosten gegenübergestellt; Bestandsveränderungen und aktivierte Eigenleistungen beeinflussen die GuV nicht, sofern die Bestände zu „Vollkosten“ berechnet werden.. Als „Umsatz-kosten“ werden die Herstellungskosten der in der Rechnungsperiode abgesetzten Sachgüter oder Dienstleistungen erfaßt, unabhängig davon, in welcher Periode die Herstellungskosten angefallen sind. Zusätzlich sind die Verwaltungs-, Vertriebs- sowie Forschungs- und Entwicklungskosten der laufenden Periode zu berücksichtigen. Die Aufwendungen werden hier nicht artmäßig, sondern nach **Funktionsbereichen** gegliedert. Die nach diesem Verfahren erstellte GuV-Rechnung kann als **Umsatzrechnung** charakterisiert werden.

Eine generelle Aussage darüber, welches der beiden vom Gesetzgeber für gleichwertig erachteten Verfahren das aussagefähigere ist, läßt sich nicht treffen. Die Verfahrenswahl wird u.a. vorrangig von folgenden Entscheidungsparametern abhängig sein:

- **Adressatenkreis**

  Große, kapitalmarktorientierte Publikumskapitalgesellschaften legen vielfach das international übliche Umsatzkostenverfahren zugrunde.

- **Einbeziehung in einen Konzernabschluß**

  Soweit der Jahresabschluß in einen Konzernabschluß einzubeziehen ist, wird i.d.R. der GuV-Gestaltung die Verfahrenstechnik des Mutterunternehmens zugrunde gelegt.

- **Branchenzugehörigkeit**

  Bei Dienstleistungsunternehmen wird i.a.R. auf das Gesamtkostenverfahren, bei Produktions- und Handelsunternehmen vielfach auf das Umsatzkostenverfahren zurückgegriffen, das verhältnismäßig unkompliziert die Ableitung unterjähriger kurzfristiger Erfolgsrechnungen erlaubt.

- **Nutzung von Gestaltungsspielräumen**

  Durch die beim Umsatzkostenverfahren notwendige Schlüsselung bei Zuordnung der Aufwendungen zu den Bereichen „Herstellung“, „Vertrieb“ und „Allgemeine Verwaltung“ sind gleichermaßen Abgrenzungsprobleme, wie auch Ermessens- und damit Gestaltungsspielräume gegeben, die ggf. bilanzpolitisch genutzt werden können.

Während in der internationalen Rechnungslegung das Umsatzkostenverfahren die Regel ist, greifen mittelgroße und große deutsche Kapitalgesellschaften nach wie vor überwiegend auf das von der Erstellungstechnik her unkompliziertere Gesamtkostenverfahren zurück.

Die **wesentlichen Unterschiede** zwischen beiden Verfahren lassen sich wie folgt skizzieren (*ADS 1992, Rn. 31 zu § 275 HGB*):

Gesamtkostenverfahren

	1. Jahr	2. Jahr
Umsatzerlöse	---	+ 150
Bestandsveränderung	+ 100	- 100
Materialaufwand	- 40	---
Personalaufwand	- 50	- 15

Abschreibungen	- 20	- 5
Saldo aller übrigen Aufwendungen und Erträge	---	---
Jahresergebnis	- 10	+ 30

Umsatzkostenverfahren:

	1. Jahr	2. Jahr
Umsatzerlöse	---	+ 150
Herstellungskosten der zu Erzielung der Umsatzerlöse erbrachten Leistungen	---	- 100
Vertriebskosten	---	- 10
Allgemeine Verwaltungskosten	- 10	- 10
Saldo aller übrigen Aufwendungen und Erträge	---	---
Jahresergebnis	- 10	+ 30

Abb. 21: Verfahrensvergleich (vereinfacht) Umsatz- und Gesamtkostenverfahren (ADS 1992)

4.2.2 Formaler Aufbau der GuV

Während bei Nicht-Kapitalgesellschaften keine besonderen Formvorschriften zu beachten sind, ist die GuV der **Kapitalgesellschaften** gemäß § 275 Abs. 1 HGB **zwingend in Staffelform** nach dem Gesamtkosten- oder Umsatzkostenverfahren zu erstellen (unzulässig: Kontoform). Bei Kapitalgesellschaften ist zudem das **Bruttoprinzip** zu beachten, vor dem kleine und mittelgroße Kapitalgesellschaften gemäß § 276 durch Postenzusammenfassung abweichen dürfen. Die allgemeinen Gliederungsgrundsätze, wie sie in § 265 HGB verankert sind, gelten auch für die GuV (Gliederungsstetigkeit, Ausweis von Leerposten, Angabe von Vorjahresbeträgen, geschäftszweigbedingte Abweichungen usw.). Da die GuV i.a.R. ihrer Aufgabe, die Ertragslage gemäß § 264 Abs. 2 HGB zu verdeutlichen, nicht uneingeschränkt entsprechen kann, sieht das HGB „... *eine Reihe von Angabepflichten im Anhang vor,* *die sich auf Posten der GuV beziehen und wichtige Informationen zur Ertragslage enthalten*" (*ADS 1992, Rn. 12 zu § 275 HGB*). Dazu zählen z.B. (*WP-Handbuch 1985/86 II, S. 245 ff.*):

- Angewandte Bilanzierungsmethoden bzw. Abweichungen hiervon gemäß § 284 Abs. 2 Nrn. 1 und 3 HGB
- Grundlagen der Währungsumrechnung gemäß § 284 Abs. 2 Nr. 2 HGB
- nicht vergleichbare oder angepaßte Vorjahresbeträge gemäß § 265 Abs. 2 S. 2 und 3 HGB
- Material- und Personalaufwand bei Anwendung des Umsatzkostenverfahrens gemäß § 285 Nr. 8 HGB
- Belastung des außerordentlichen Ergebnisses durch Ertragssteuern gemäß § 285 Nr. 6 HGB
- Aufführung von Posten, die in der GuV zusammengefaßt wurden gemäß § 265 Abs. 7 Nr. 2 HGB.

Die in den Grundgliederungen des § 275 Abs. 2 und 3 HGB vorgegebenen Schemata für Kapitalgesellschaften sind gemäß Abs. 1 S. 2 in der dort dokumentierten Postenabfolge zwingend, soweit zusätzliche Posten eingefügt werden sollen, darf die Grundgliederung in ihrem Informationswert nicht beeinträchtigt werden. Dabei ist vor allem sicherzustellen, daß die skontrierte Anordnung der Erträge und Aufwendungen und die Bildung von (Zwischen-) Erfolgssalden nicht gefährdet wird.

Wie bereits dargelegt, wird dem **Ziel der Erfolgsspaltung** durch Ausweis gruppierter (Zwischen-) Erfolgsgrößen im Rahmen einer Staffelform-GuV entsprochen. Durch entsprechende Gruppierung der Positionen im Rahmen der Postenabfolge lassen sich beim Gesamtkostenverfahren (GKV) und Umsatzkostenverfahren(UKV) folgende **Erfolgsgrößen/Erfolgssalden** auf der Grundlage der Gliederungsschemata ableiten, die gleichzeitig Erfolgsquellen der Kapitalgesellschaft darstellen:

Erfolgsgröße/ Saldo	**GuV-Positionen GKV**	**GuV-Positionen UKV**
Rohergebnis	Nrn. 1 - 5	Nrn. 1 - 3 u. 6
Ergebnis der betrieblichen Tätigkeit	Nrn. 1 - 8	Nrn. 1 - 7
Beteiligungsergebnis	Nr. 9	Nr. 9
Zinsergebnis	Nrn. 10, 11, 13	Nrn. 9, 10, 12
Finanzergebnis	Nrn. 9 - 13	Nrn. 8 - 12
Ergebnis der gewöhnlichen Geschäftstätigkeit	Nr. 14	Nr. 13

Außerordentliches Ergebnis	Nrn. 15 - 17	Nrn. 14 - 16
Jahresüberschuß/ Jahresfehlbetrag	Nr. 20	Nr. 19

Abb. 22: Erfolgsgrößen der GuV-Rechnung

Die **Grundgliederungs-Schemata** der Gewinn- und Verlustrechnung nach dem Gesamtkostenverfahren bzw. Umsatzkostenverfahren ist nachfolgend dargestellt.

	GuV (§ 275 Abs. 2 HGB Gesamtkostenverfahren		**GuV (§ 275 Abs. 3 HGB) Umsatzkostenverfahren**
1.	Umsatzerlöse	1.	Umsatzerlöse
2.	Erhöhung oder Verminderung des Bestandes an fertigen und unfertigen Erzeugnissen	2.	Herstellungskosten der zur Erzielung der Umsatzerlöse erbrachten Leistungen
3.	andere aktivierte Eigenleistungen	3.	Bruttoergebnis vom Umsatz
4.	sonstige betriebliche Erträge	4.	Vertriebskosten
5.	Materialaufwand:	5.	allgemeine Verwaltungskosten
a)	Aufwendungen für Roh-, Hilfs- und Betriebsstoffe und für bezogene Waren	6.	sonstige betriebliche Erträge
b)	Aufwendungen für bezogene Leistungen		
6.	Personalaufwand		
a)	Löhne und Gehälter		
b)	soziale Abgaben und Aufwendungen für Altersversorgung und für Unterstützung		
	- davon für Altersversorgung		
7.	Abschreibungen:	7.	sonstige betriebliche Aufwendungen
a)	auf immaterielle Vermögensgegenstände des Anlagevermögens und Sachanlagen sowie auf aktivierte Aufwendungen für die		

	Ingangsetzung und Erweiterung des Geschäftsbetriebs		
b)	auf Vermögensgegenstände des Umlaufvermögens, soweit diese die in dem Unternehmen üblichen Abschreibungen überschreiben		
8.	Sonstige betriebliche Aufwendungen	8.	Erträge aus Beteiligungen - davon aus verbundenen Unternehmen
9.	Erträge aus Beteiligungen - davon aus verbundenen Unternehmen	9.	Erträge aus anderen Wertpapieren und Ausleihungen des Finanzanlagevermögens - davon aus verbundenen Unternehmen
10.	Erträge aus anderen Wertpapieren und Ausleihungen des Finanzanlagevermögens - davon aus verbundenen Unternehmen	10.	sonstige Zinsen und ähnliche Erträge - davon aus verbundenen Unternehmen
11.	sonstige Zinsen und ähnliche Erträge - davon aus verbundenen Unternehmen	11.	Abschreibungen auf Finanzanlagen und auf Wertpapiere des Umlaufvermögens
12.	Abschreibungen auf Finanzanlagen und auf Wertpapiere des Umlaufvermögens	12.	Zinsen und ähnliche Aufwendungen - davon an verbundene Unternehmen
13.	Zinsen und ähnliche Aufwendungen - davon an verbundenen Unternehmen	13.	**Ergebnis der gewöhnlichen Geschäftstätigkeit**
14.	**Ergebnis der gewöhnlichen Geschäftstätigkeit**	14.	außerordentliche Erträge
15.	außerordentliche Erträge	15.	außerordentliche Aufwendungen
16.	außerordentliche Aufwendungen	16.	**außerordentliches Ergebnis**

17. **außerordentliches Ergebnis**	17. Steuern vom Einkommen und vom Ertrag
18. Steuern vom Einkommen und vom Ertrag	18. sonstige Steuern
19. sonstige Steuern	19. **Jahresüberschuß/Jahresfehlbetrag**
20. **Jahresüberschuß/Jahresfehlbetrag**	

Abb. 23: Grundgliederung der GuV gemäß § 275 Abs. 2 und 3 HGB

4.2.3 Ausgewählte Positionen der GuV

4.2.3.1 Umsatzerlöse

Der Inhalt der Position „Umsatzerlöse" wird in § 277 Abs. 1 HGB umrissen; danach werden unter diesem Posten die Außenumsätze der Rechnungsperiode erfaßt, die in unmittelbarem Bezug zum erklärten Unternehmenszweck stehen (einschl. Kuppelprodukte, Abfallprodukte u. dgl.). Der Ausweis erfolgt netto, d.h. Umsatzsteuer bleibt unberücksichtigt, Erlösschmälerungen (z.B. Skonti, Rabatte) sind abzusetzen.

4.2.3.2 Herstellungskosten der zur Erzielung der Umsatzerlöse erbrachten Leistungen

Unter dieser Position werden sowohl die Herstellungskosten für (1) die in der Rechnungsperiode marktlich verwertete Unternehmensleistung, wie auch (2) in der Rechnungsperiode hergestellte, aber noch nicht abgesetzte Produkte des Unternehmens ausgewiesen.

Der Posten Nr. 2 der GuV nach dem Umsatzkostenverfahren ist insoweit erläuterungsbedürftig, als notwendigerweise eine inhaltliche Abgrenzung der „Herstellungskosten" gegenüber der in § 255 Abs. 2 und 3 HGB vorgegebenen Herstellungskostenermittlung erforderlich ist. Die Auffassungen im Schrifttum hierzu divergieren erheblich: einerseits wird die Auffassung vertreten, die Einbeziehungswahlrechte gemäß § 255 Abs. 2 HGB könnten sowohl bilanziell, wie auch in der GuV genutzt werden, andererseits wird betont, die Herstellungskosten seien in der GuV stets zu Vollkosten anzusetzen, unabhängig davon, wie in der Bilanz bewertet wurde. Nach ADS entspricht es der internationalen Rechnungslegungspraxis, i.d.R. zu Vollkosten auszuweisen, wobei wie folgt verfahren werden könnte (*ADS 1992, Rn. 221 ff. zu § 275 HGB*):

- Produkte, die während der Rechnungsperiode **hergestellt und veräußert** wurden, werden zu **Vollkosten** angesetzt
- Produkte, die **zu Beginn der Rechnungsperiode vorhanden** waren und während der Rechnungsperiode veräußert wurden, sind mit ihrem aktivierten Wert anzusetzen, d.h. sie können zu **Voll- oder Teilkosten** angesetzt werden
- Produkte, die in der Rechnungsperiode **hergestellt** aber in diesem Zeitraum **nicht veräußert** wurden, können zu **Voll- oder Teilkosten** angesetzt werden. Die nicht aktivierten Aufwendungen sind als sonstige betriebliche Aufwendungen zu erfassen.

U.E. sollten die Herstellungskosten grundsätzlich und ausschließlich zu Vollkosten angesetzt werden, da zwischen den am Markt realisierten Umsatzerlösen (gleich in welcher Periode diese erwirtschaftet wurden) und den Herstellungskosten ein unmittelbarer kausaler Zusammenhang gegeben ist, dem bei einem Ansatz zu Teilkosten nicht mehr Rechnung getragen wird. Zudem vernachlässigt ein Teilkostenansatz auch das mit dem Bewertungsmaßstab „Anschaffungs- oder Herstellungskosten" verbundene Ziel, den Herstellungsvorgang als solchen weitgehend erfolgsneutral abzubilden. Auf der anderen ist zu sehen, daß der Gesetzgeber Wahlrecht bei der Ermittlung der Herstellungskosten eingeräumt hat. In diesem Zusammenhang sei darauf verwiesen, daß die Begriffe „Vollkosten" oder „Teilkosten" nicht im Sinne der Kostenrechnung zu interpretieren sind: Vollkosten schließen Einzel- und Gemeinkosten ein, während die Teilkosten nur die Einzelkosten berücksichtigen (vgl. dazu ausführlich 5.3.2).

4.2.3.3 Sonstige betriebliche Aufwendungen und Erträge

Inhaltlich ist bei diesem Posten nach Umsatzkosten- und Gesamtkostenverfahren weitgehend Übereinstimmung gegeben. Unter diesem **Sammelposten** werden alle Aufwendungen und Erträge berücksichtigt, die nicht unter andere Aufwands- und Ertragsposten fallen. Dazu zählen z.B. Aufwand zur Bildung und Erträge aus Auflösung von Rückstellungen, nicht aktivierte Aufwendungen hergestellter Erzeugnisse, Säumniszuschläge, Kostenerstattungen und Rückvergütungen für frühere Perioden, Abschreibungen auf Forderungen, Aufsichtsratvergütungen, Buchverluste usw.

4.2.3.4 Außerordentliche Aufwendungen und Erträge

Als **außerordentlich** werden gemäß § 277 Abs. 4 HGB solche Erträge und Aufwendungen gesondert erfaßt und ausgewiesen, die **außerhalb der gewöhnlichen Geschäftstätigkeit** des Unternehmens angefallen sind. Eine einheitliche Auffassung dessen, was „außerordentlicher Art" ist, läßt sich im Schrifttum nicht feststellen. Das Spektrum der Meinung reicht von „unternehmensfremd" bis „unregelmäßig anfallend", „der Größenordnung nach bedeutend" bis zu einer Kombination dieser Charakteristika. Geschäftsvorfälle, die

- **der Art nach ungewöhnlich**, d.h. außerhalb der betriebsgewöhnlichen Geschäftstätigkeit anfallen, und
- **einmalig oder selten** und
- **von erheblicher materieller und/oder immaterieller Bedeutung**

sind, erfüllen i.a.R. die Kriterien, die der Außerordentlichkeit zugrunde gelegt werden müssen (*ähnlich auch ADS 1992, Rn. 79 zu § 277 HGB*). Dies wird z.B. in folgenden Fällen zutreffen: Gewinn aus Veräußerung eines Betriebes oder Teilbetriebes, Gewinne aus Veräußerung wesentlicher Beteiligungen, Patente od. sonstiger Rechte, Sanierungsgewinne, Entschädigungsleistungen aufgrund von Sozialplänen usw.

4.2.3.5 Steuern

Unter Position Nr. 6a werden die Körperschaftssteuer und die Gewerbeertragsteuer, unter Nr. 6b „sonstige Steuern" wie Gewerbekapital-, Vermögen-, Grund-, Kraftfahrzeugsteuer usw. ausgewiesen.

Gemäß § 278 HGB ist der Ermittlung der **Körperschaftssteuerbelastung** der **Beschluß** oder der **Vorschlag** über eine Verwendung des Jahresergebnisses zugrunde zu legen. Der einbehaltene Gewinn wird dem Thesaurierungssatz von (i.d.R.) 45 %, der ausschüttungsfähige Gewinn dem Ausschüttungstarif von 30 % unterworfen.

4.2.4 Dokumentation der Gewinnverwendung

Ausweistechnisch schließt die **Erfolgsermittlung** qua GuV mit Dokumentation der Positionen 1 bis 20 „Jahresüberschuß/Jahresfehlbetrag" ab. Die **Ergebnisverwendung** wird gemäß §§ 325, 326 HGB in differenzierter Form im Jahresabschluß dargestellt. In vereinfachter Form stehen letztlich drei Möglichkeiten zur Verfügung:

(1) Bilanzerstellung vor Verwendung des Jahresergebnisses

Die GuV schließt in diesem Falle mit den Positionen 19/20 ab, in der Bilanz werden unter den Positionen A. IV der **Gewinn-/Verlustvortrag** unter A. V **Jahresüberschuß/Jahresfehlbetrag** ausgewiesen. Der Vorschlag und der Beschluß über die Ergebnisverwendung müssen unter Angabe der Höhe des Jahresüberschusses/Jahresfehlbetrages zum Handelsregister eingereicht bzw. im Bundesanzeiger bekanntgemacht werden (§ 325 Abs. 1 und 2 HGB).

(2) Bilanzerstellung nach teilweiser Verwendung des Jahresergebnisses

In diesem Falle wird in der Bilanz anstelle der Posten A. IV und V der Posten **Bilanzgewinn/Bilanzverlust** ausgewiesen. Die Bilanzerstellung nach teilweiser Ergebnisverwendung ist in der Rechnungslegungspraxis bei Aktiengesellschaften Regelfall (*vgl. Treuarbeit AG 1989, S. 82*), da der Jahresabschluß üblicherweise gemäß § 172 AktG durch Vorstand und Aufsichtsrat festgestellt wird und diese Organe gemäß § 58 Abs. 2 AktG befugt sind, bis zu 50 % des Jahresüberschusses in andere Gewinnrücklagen einzustellen. Die Entwicklung der Posten aus dem Jahresergebnis ist gemäß § 158 AktG zu dokumentieren, wobei in der Praxis vielfach wie folgt verfahren wird:

Beispiel:

GuV (Bayer AG 1990)	
Jahresüberschuß	1.041 Mio.
• Einstellung in andere Gewinnrücklagen	210 Mio.
Bilanzgewinn	831 Mio.

Bilanz/Passivseite (Bayer AG 1990)	
Andere Gewinnrücklagen	+ 210 Mio.
Bilanzgewinn	831 Mio.

(3) Bilanzerstellung nach vollständiger Verwendung des Jahresergebnisses

Die Gewinneinbehaltung dokumentiert sich in diesem Falle in einer Erhöhung der Gewinnrücklagen, die Gewinnausschüttung in einer Dividendenverbindlichkeit (AG), die Offenlegung der Beschlußfassung über die Gewinnverwendung erfolgt wie unter (2) dargestellt.

4.3 Anhang

Kapitalgesellschaften haben gemäß § 264 Abs. 1 HGB ergänzend zu Bilanz und GuV einen Anhang zu erstellen. Bilanz, GuV und Anhang bilden eine **Einheit**, den Jahresabschluß, der gemäß § 264 Abs. 2 HGB unter Beachtung der GoB ein den tatsächlichen Verhältnissen entsprechendes Bild der Vermögens-, Finanz- und Ertragslage der Gesellschaft vermitteln soll. Der Anhang ist damit notwendiger und integraler Bestandteil des Jahresabschlusses einer Kapitalgesellschaft. Er entspricht nur bedingt dem Geschäftsbericht i.S.d. § 160 AktG a.F., läßt sich in etwa mit dem Erläuterungsbericht (§ 160 Abs. 2 und 3 AktG a.F.) vergleichen, „... *geht in seiner Bedeutung aber über diesen hinaus, da durch die gesetzlich vorgesehenen Ausweiswahlrechte zwischen Bilanz, GuV und Anhang wesentliche, bisher ausschließlich in der Bilanz und GuV darzustellende Angaben nunmehr im Anhang gemacht werden dürfen*" (*ADS 1992, Rn. 1 zu § 284 HGB*). Neben Kapitalgesellschaften haben auch bestimmte Unternehmen, die unter das PublG fallen, die Pflicht, einen Anhang aufzustellen (§§ 1 Abs. 1, 3 i.V.m. § 5 Abs. 2 S. 1 PublG).

Der Inhalt des Anhangs sowie die mit diesem verbundenen Angabe- und Erläuterungspflichten werden durch §§ 284 - 288 HGB geregelt; um die mit dem Jahresabschluß verbundene Informationsfunktion adäquat erfüllen zu könne, enthält der Anhang

- **Pflichtangaben** in Form von Erläuterungen, Angaben, Darstellungen, Aufgliederungen, Begründungen zur Bilanz und GuV, einzelnen Posten dieser Instrumente sowie zu den angewandten Bewertungsmethoden einschl. einer möglichen Durchbrechung des Grundsatzes der Stetigkeit;
- **Wahlpflichtangaben**, die zur Entlastung von Bilanz oder GuV und zur Verbesserung der Transparenz dieser Instrumente von der Bilanz oder GuV in den Anhang verlagert werden;
- **Zusatzangaben**, die dann erforderlich werden, wenn durch Bilanz, GuV sowie Pflicht- und Wahlpflichtangaben im Anhang allein kein § 264 Abs. 2 HGB entsprechendes Bild der Lage des Unternehmens vermittelt wird.

Pflicht-, Wahlpflicht- und Zusatzangaben können durch **freiwillige Angaben** ergänzt werden (vgl. dazu ausführlich *ADS 1992, Rn. 10 ff. zu § 284 HGB*). Üblicherweise werden dabei dem Anhang im Rahmen der Informationsvermittlung **Entlastungs-, Erläuterungs- und Korrekturfunktionen** zugewiesen; dazu ist es erforderlich, die Angaben im Anhang an den allgemeinen Grundsätzen der Informationsvermittlung auszurichten (Übersichtlichkeit, Wahrheit, Vollständigkeit, Wesentlichkeit usw.). Zwar ist die Gestaltung des Anhangs keinen Formvorschriften unterworfen, doch läßt sich aus § 243 Abs. 2 HGB mittelbar die Pflicht ableiten, den Anhang inhaltlich zu strukturieren. Eine sachgerechte Strukturierung liegt z.B. vor, wenn der Anhang wie folgt gegliedert ist (*ADS 1992, Rn. 29 zu § 284 HGB*):

I Allgemeine Angaben zu Bilanzierungs- und Bewertungsmethoden und Grundlagen für die Umrechnung in Deutsche Mark

II Erläuterungen der Bilanz und Gewinn- und Verlustrechnung

1. Bilanz

2. Gewinn- und Verlustrechnung
3. Ggf. erforderliche zusätzliche Angaben nach § 264 Abs. 2 Satz 2

III Sonstige Angaben
1. Haftungsverhältnisse und sonstige finanzielle Verpflichtungen
2. Angaben zu Vorratsaktien und eigenen Aktien, genehmigtem Kapital und dergleichen
3. Mitarbeiter
4. Bezüge, Vorschüsse, Kredite und Haftungsverhältnisse von bzw. gegenüber Organmitgliedern
5. Beziehungen zu verbundenen Unternehmen und Beteiligungen
6. Andere Angaben

IV. Namen der Organmitglieder

4.4 Lagebericht

Der Lagebericht **ergänzt den Jahresabschluß**, die Pflicht zur Erstellung des Lageberichts ergibt sich aus § 264 Abs. 2 HGB, die **Mindest-Informationsinhalte** sind in § 289 HGB geregelt. Der Lagebericht ist essentieller Teil der Rechnungslegung von Kapitalgesellschaften sowie bestimmter Unternehmen, die nach dem PublG verpflichtet sind, einen Lagebericht zu erstellen (vgl. §§ 1 Abs. 1, 3 i.V.m. § 5 Abs. 2 S. 1 und 2 PublG). Die Aufgaben des Lageberichtes lassen sich - vereinfacht - wie folgt zusammenfassen:

(1) Darstellung des Geschäftsverlaufs sowie der Lage der Kapitalgesellschaft (§ 289 Abs. 1 i.V.m. § 264 Abs. 2 HGB). Dem Lagebericht werden damit primär die Funktionen der **Rechenschaftslegung** sowie der **Informationsvermittlung zur Entscheidungsfindung** zugewiesen (*vgl. ausführlich ADS 1992, Rn. 19 ff. zu § 289 HGB*).

(2) Im Rahmen der Rechenschaftslegung und einer angemessenen Informationsvermittlung sind gemäß § 289 Abs. 2 HGB insbesondere **Vorgänge von besonderer Bedeutung**, die nach Schluß des Geschäftsjahres eingetreten sind, die **voraussichtliche Entwicklung** des Unternehmens sowie der Bereich **Forschung und Entwicklung** zu verdeutlichen.

Für die inhaltliche Gestaltung des Lageberichts schlägt z.B. Stobbe folgende Struktur vor (*Stobbe 1988, S. 306 f.*):

- Erstellung eines **Wirtschaftsberichts** mit Angaben für die zurückliegende Rechnungsperiode bis einschl. Abschlußstichtag;
- Erstellung eines **Nachtragsberichts** für den Zeitraum vom Abschlußstichtag bis zum Zeitpunkt der Erstellung des Lageberichts;
- Erstellung eines **Prognoseberichts** im Hinblick auf die voraussichtliche Entwicklung der Kapitalgesellschaft.

Im Rahmen der Berichterstattung werden, ohne daß der Gesetzgeber dies inhaltlich geregelt hätte, vorrangig Angaben über die branchenbezogene und gesamtwirtschaftliche Entwicklung des Unternehmens, die Entwicklung des Unternehmensergebnisses, Investitionen und ihre Finanzierung, die Entwicklung der einzelnen Funktionsbereiche, insbesondere von Forschung und Entwicklung, Umweltschutzmaßnahmen und -auflagen, wesentliche Beteiligungen sowie Risiken besonderer Art zu machen sein.

4.5 Ausgewählte Besonderheiten der formalen Bilanzgestaltung bei bestimmten Unternehmensrechtsformen

4.5.1 Einzelunternehmen

Beim Einzelunternehmen stimmt das **Eigenkapital** regelmäßig mit den Einlagen des (Einzel-) Kaufmanns überein, ein gesonderter Ausweis von Rücklagen ist zwar möglich, aber nicht üblich. Das Eigenkapital wird i.d.R. variabel geführt, d.h. um den Gewinn erhöht bzw. den Verlust gemindert und in einem Betrag in der Bilanz ausgewiesen. Der periodische Erfolg ist in diesem Falle aus der Bilanz nicht erkennbar. Alternativ hierzu könnte auch wie folgt verfahren werden (*vgl. z.B. Castan 1994, Rn. 101 zu B 200*):

- Ausweis des Eigenkapitals mit gesonderter Dokumentation von Bilanzgewinn oder Bilanzverlust der Rechnungsperiode, ggf. nach Veränderung der Gewinnrücklagen;
- Bilanzieller Ausweis des zu Beginn und Ende der Rechnungsperiode vorhandenen Eigenkapitals, der Einlagen und Entnahmen sowie des Jahresüberschusses oder Jahresfehlbetrages.

In beiden Fällen wird die Aussagefähigkeit der Bilanz in erheblichem Maße verbessert.

Übersteigen Entnahmen und „erwirtschaftete" Verluste das bilanzielle Eigenkapital des Einzelunternehmens, wird das negative Eigenkapital unter entsprechender Bezeichnung auf der Aktivseite ausgewiesen. Zweckmäßig erscheint, diesen Posten analog der gemäß § 266 Abs. 3 HGB für Kapitalgesellschaften vorgeschriebenen Bezeichnung als „Nicht durch Eigenkapital gedeckter Fehlbetrag" auszuweisen, auch wenn beim Einzelunternehmen ggf. zusätzlich haftendes (Privat-) Kapital zur Verfügung steht.

4.5.2 Personenhandelsgesellschaften: OHG und KG

Bei der OHG können die **Kapitalkonten der Gesellschafter** bilanziell in einem Posten zusammengefaßt werden, ein gesonderter Ausweis der einzelnen Kapitalkonten der Gesellschafter ist nach h.M. nicht zwingend erforderlich. Dies gilt für die Kommanditgesellschaft entsprechend, hier jedoch mit der Maßgabe, daß eine Postenzusammenfassung jeweils nur gesondert für die Kapitalanteile der Komplementäre einerseits sowie der Kommanditisten andererseits in Betracht kommen kann. Für beide Rechtsformen gilt gleichermaßen, daß positive und negative Kapitalanteile saldiert werden können (*HFA 2/1993, B I 2b*).

Soweit durch den Gesellschaftsvertrag der Personenhandelsgesellschaft die Bildung von **Gewinnrücklagen** aus dem erwirtschafteten Jahresüberschuß vorgeschrieben wird, ist diese als „Gewinnrücklage" oder „Rücklage gemäß Gesellschaftsvertrag" gesondert auszuweisen.

4.5.3 GmbH

In die Bilanz der GmbH werden i.d.R. gesonderte Posten auszuweisen sein, um die (möglichen) Beziehungen zwischen der GmbH als juristischer Person des privaten Rechts und ihren Gesellschaftern hinreichend zu verdeutlichen. Als solche **Gesellschaft-Gesellschafter-Beziehungen** sind zu erfassen:

- **Ausleihungen** an die Gesellschafter
- **Forderungen und Verbindlichkeiten** gegenüber Gesellschaftern.

Die Gesellschaft-Gesellschafter-Beziehungen sind entweder in der Bilanz zu dokumentieren oder im Anhang kenntlich zu machen, ggf. kann auch beim entsprechenden Bilanzposten ein „Davon-Vermerk" notwendig werden. Grundsätzlich ist dabei dem Bilanzausweis der Vorzug gegenüber der Kenntlichmachung im Anhang zu geben.

Soweit in den Verbindlichkeiten sog. **eigenkapitalersetzende Darlehen** gemäß § 32a Abs. 1 GmbHG enthalten sind, müssen diese gesondert vermerkt werden, sofern die Gesellschaft überschuldet ist (*a.A. ADS 1992, Rn. 35 zu § 42 GmbHG*).

4.5.4 KG auf Aktien

Bei der Kommanditgesellschaft auf Aktien ist die Sondereinlage des persönlich haftenden Gesellschafters gesondert nach dem Posten „Gezeichnetes Kapital" als **Kapitalanteil des/der persönlich haftenden Gesellschafter/s** auszuweisen. Auf den persönlich haftenden Gesellschafter entfallende Verluste vermindern diesen Kapitalanteil entsprechend. Soweit im Extremfall Verluste den Kapitalanteil übersteigen, wird der Differenzbetrag zwischen kumulierten Verlusten und Kapitalanteil

- gesondert auf der Aktivseite unter dem Posten „Nicht durch Vermögenseinlagen gedeckter Verlust persönlich haftender Gesellschafter" ausgewiesen, sofern keine Nachschußpflicht besteht;
- bei Nachschußpflicht laut Satzung der Gesellschaft ist der entsprechende Betrag unter dem Posten Forderungen als „Einzahlungsverpflichtung persönlich haftender Gesellschafter" gesondert auszuweisen.

5 Die Bilanzierungs- und Bewertungskonzeption des Handelsrechts

Die Vermittlung eines den tatsächlichen Verhältnissen entsprechenden Bildes der Vermögens-, Finanz- und Ertragslage des Unternehmens wird vorrangig dadurch determiniert, wie wirtschaftlich relevante Sachverhalte im Jahresabschluß materiell erfaßt und dokumentiert werden. Mit der materiellen Gestaltung des Jahresabschlusses sind letztlich zwei zentrale Problemstellungen verknüpft:

(1) welche Güter müssen oder dürfen dem Grunde nach in die Bilanz aufgenommen werden (= **Bilanzierung dem Grunde nach**), d.h. wie bestimmt sich der Bilanzinhalt und - erfolgswirksam - der Inhalt der GuV und

(2) mit welchem Wert sind die Güter in der Bilanz auszuweisen (= **Bilanzierung der Höhe nach**).

Die Bilanzierung dem Grunde nach und die Bilanzierung der Höhe nach (= **Bewertung**) sind in einer gedanklich-prozessualen Abfolge zu sehen: zunächst ist zu entscheiden, ob ein Gut in der Bilanz ausgewiesen werden muß, kann oder nicht ausgewiesen werden darf, im Anschluß hieran ist zu klären, mit welchem Wert ein bilanzierungsfähiges Gut ausgewiesen werden muß oder ausgewiesen werden kann (vgl. Abb. 24).

Beide Fragestellungen sind eng miteinander verknüpft und werden vorrangig durch die Zwecksetzungen bestimmt, die zum einen mit dem handelsrechtlichen Jahresabschluß, zum anderen mit der Steuerbilanz verbunden sind. Trotz der sehr unterschiedlichen Ziele, die mit dem Jahresabschluß und der Steuerbilanz verfolgt werden, sind beide Instrumente in der deutschen Rechnungslegung durch den Grundsatz der Maßgeblichkeit der Handels- für die Steuerbilanz miteinander verzahnt.

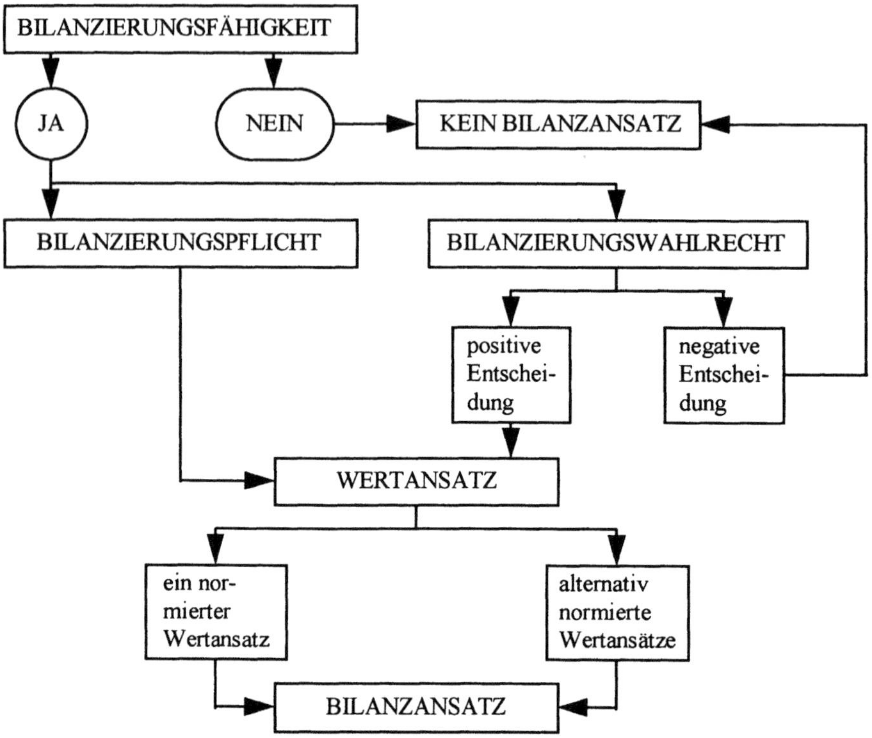

Abb. 24: Bilanzierungs- und Bewertungsabfolge

5.1 Der Grundsatz der Maßgeblichkeit der Handels- für die Steuerbilanz

§ 5 Abs. 1 EStG schreibt für buchführungspflichtige Vollkaufleute sowie Kaufleute, die freiwillig Bücher führen vor, daß zum Schluß des Geschäftsjahres dasjenige Betriebsvermögen i.S.v. § 4 Abs. 1 S. 1 EStG anzusetzen ist, das *„nach den handelsrechtlichen GoB auszuweisen ist“* (Abs. 1 Satz 1, 2. Halbsatz). Diese, an die Tatbestandsvoraussetzungen des § 5 EStG gekoppelte Rechtsfolge, das Betriebsvermögen in der Steuerbilanz vorbehaltlich abweichender steuerrechtlicher Spezialnormen nach den handelsrechtlichen GoB anzusetzen, wird allgemein als **Maßgeblichkeitsgrundsatz** oder Maßgeblichkeitsprinzip bezeichnet.

Die handelsrechtlichen GoB werden damit integraler Bestandteil des Bilanzrechts, steuerrechtliche Vorbehalte schränken jedoch die Maßgeblichkeit handelsrechtlicher GoB in Hinblick auf das verfassungsrechtliche Gebot der Gleichmäßigkeit der Besteuerung (Art. 3 GG) ein: das Gebot der Gleichmäßigkeit der Besteuerung wie auch die Besteuerung nach der objektiven Leistungsfähigkeit des Steuerpflichtigen gehen der Beachtung der GoB vor. „*Soweit also das Handelsrecht ... bei der Bilanzierung dem Grunde oder der Höhe nach Gestaltungsspielraum zubilligt, der von Einfluß auf Entstehung oder Höhe der Steuer sein kann, ist stets zu prüfen, ob nicht statt dessen am Gleichheitsgebot orientierte steuerrechtliche Objektivierungskriterien gelten*“ (*Schreiber in Blümich 1994, Rn. 32 zu § 5 EStG*). Abweichende steuerrechtliche Spezialnormen beinhalten insbesondere die Absätze 2 bis 6 des § 5 EStG sowie § 6 EStG. § 5 gilt grundsätzlich nur für die laufende Gewinnermittlung (*BFH vom 26.3.1991, BStBl. II 92, 472, 476*), greift jedoch unter Beachtung spezieller Regelungen des KStG auch in die Gewinnermittlung der Kapitalgesellschaft ein.

Nach den jeweiligen Wirkungskomponenten läßt sich grundsätzlich zwischen materieller, formeller und umgekehrter Maßgeblichkeit der Handels- für die Steuerbilanz unterscheiden:

- Die **materielle Maßgeblichkeit** überträgt die abstrakten handelsrechtlichen GoB, denen der Jahresabschluß formal und inhaltlich entsprechen muß, auf die Steuerbilanz. Daraus folgt zunächst lediglich, daß die handelsrechtlichen Rechnungslegungsvorschriften auch für die Steuerbilanz maßgeblich sind, soweit ihrem Transfer zwingende steuerrechtliche Vorschriften nicht entgegenstehen.
- Die **formelle Maßgeblichkeit** stellt auf die rechtliche Abhängigkeit der Steuerbilanz von der erstellten Handelsbilanz ab und leitet sich aus § 5 Abs. 1 S. 1 EStG ab. Vorbehaltlich abweichender steuerrechtlicher Vorschriften ist nach h.M. und ständiger Rechtsprechung des BFH die grundsätzliche Maßgeblichkeit der vom Steuerpflichtigen tatsächlich erstellten Handelsbilanz einschließlich ihrer Wertansätze für die Steuerbilanz gegeben. Die konkreten Ansätze der Handelsbilanz sind allerdings nur insoweit für die Steuerbilanz maßgeblich, als diese den abstrakten handelsrechtlichen GoB entsprechen. Die Ausübung von Bilanzierungs- und Bewertungswahlrechten in der Steuerbilanz ist damit stets an den handels- und steuerrechtlich zulässigen Ansatz in der Handelsbilanz gebunden, so daß Bilanzierungs- und Bewertungswahlrechte grundsätzlich nicht unterschiedlich ausgeübt werden können. Aus dieser grundsätzlichen Verpflichtung leitet sich die
- **umgekehrte Maßgeblichkeit** ab; diese ist quasi Umkehr oder Reflex der formellen Maßgeblichkeit: „*... sie steht als ... Kurzbezeichnung dafür, daß der Steuerpflichtige die einzelnen Posten seiner Handelsbilanz bei kodifizierter ... oder allgemeingültiger und nicht durch Spezialvorschriften ausgeschlossener formeller Maßgeblichkeit grundsätzlich faktisch am Steuerbilanzrecht ausrichten muß*“ (*Schreiber in Blümich 1994, Rn. 182 zu § 5 EStG*). Für Rechnungsperioden, die nach dem 31.12.89 enden, wurde der Kern der umgekehrten Maßgeblichkeit in § 5 Abs. 1 S. 2 EStG normiert: steuerrechtliche Wahlrechte bei der Gewinnermittlung sind in Übereinstimmung mit der handelsrechtlichen Jahresbilanz auszuüben. Dies wirkt sich unmittelbar auf den Informationsgehalt des Jah-

resabschlusses aus, da nicht publizitätspflichtige Unternehmen vielfach aus Gründen der Arbeitsvereinfachung lediglich noch eine Einheitsbilanz erstellen, die aufgrund der umgekehrten Maßgeblichkeit vorrangig an bilanzsteuerrechtlichen Vorschriften ausgerichtet ist. Den grundsätzlich unterschiedlichen Aufgaben und Zielsetzungen von Jahresabschluß und Ertragssteuerbilanz aber vermag eine solche Einheitsbilanz nicht mehr uneingeschränkt zu entsprechen: Möglichkeiten der Gewinn- und damit Steuergestaltung, die aus wirtschafts-, konjunktur-, struktur-, arbeitsmarktpolitischen oder sonstigen „übergeordneten Motiven" heraus als steuerliche Nebenziele formuliert wurden, werden in einen Jahresabschluß transferiert, der eigentlich hiervon losgelöst die primäre Aufgabe zu erfüllen hat, die tatsächliche Vermögens-, Finanz- und Ertragslage darzustellen.

Beispiel:

Die Vornahme einer z.B. für bestimmte Branchen zulässigen Sonderabschreibungen im Rahmen der steuerlichen Gewinnermittlung (mit entsprechender Verminderung des zu versteuernden Gewinns und damit der Steuerlast) setzt voraus, daß im handelsrechtlichen Jahresabschluß eine außerplanmäßige Abschreibung durchgeführt wird, damit der formellen Maßgeblichkeit entsprochen und der maßgeblich niedrigere Wertansatz der Handels- in die Steuerbilanz übernommen werden kann.

Dies führt zu einem entsprechend niedrigeren Ausweis des Vermögens und des Gewinns im handelsrechtlichen Jahresabschluß, obwohl die Wertminderung betriebswirtschaftlich unbegründet und lediglich steuerlich motiviert ist (z.B. Sonderabschreibung für neu angeschaffte bewegliche Wirtschaftsgüter für mittelständische Unternehmen nach § 7 g EStG).

Die Maßgeblichkeit wird durch zwingende steuerrechtliche Bilanzierungsvorschriften (z.B. § 5 Abs. 3 EStG) und den in § 5 Abs. 6 EStG verankerten Bewertungsvorbehalt eingeschränkt bzw. durchbrochen.

In rechtssystematischer Sicht läßt sich dem § 5 EStG das sog. **Bilanzsteuerrecht** (vielfach auch „Steuerbilanzrecht") zuordnen, das als eigenständiger Komplex neben dem Handelsbilanzrecht steht. Durch den in § 5 Abs. 1 EStG verankerten Maßgeblichkeitsgrundsatz wird ein Teil des Handelsbilanzrechts in Form der handelsrechtlichen GoB in materielles Bilanzsteuerrecht transformiert, soweit dieser Transformation steuerrechtliche Vorschriften nicht entgegenstehen. Insoweit läßt sich nach Beisse ein **dreischichtiger Aufbau des Bilanzrechts** differenzieren (*Beisse 1980, in: BB 80, S. 637; Beisse 1984, in: StuW 84, S. 1, 5*):

Schicht 1:	**Reines Handelsbilanzrecht,** unbeachtlich für die steuerliche Gewinnermittlung nach § 5 EStG (z.B. Gliederungsvorschriften der §§ 266, 275 HGB; Bilanzierungshilfen i.S.d. § 269 HGB; Passivierungswahlrechte)
Schicht 2:	**Deckungsgleiches Handels- u. Bilanzsteuerrecht,** das der steuerlichen Gewinnermittlung nach § 5 EStG zugrunde zu legen ist (handelsrechtliche GoB, die durch den Maßgeblichkeitsgrundsatz in materielles Bilanzsteuerrecht transformiert werden sowie deckungsgleiche handels- und steuerrechtliche Vorschriften wie z.B. § 5 Abs. 4 S. 1 Nrn. 1, 2 EStG → § 250 Abs. 1 S. 1, Abs. 2 HGB)
Schicht 3:	**Reines Bilanzsteuerrecht,** das der steuerlichen Gewinnermittlung nach § 5 EStG zugrunde zu legen ist (steuerrechtliche Vorschriften, die von den handelsrechtlichen Vorschriften abweichen, wie z.B. § 5 Abs. 6 EStG)

Abb. 25: Aufbau des Bilanzrechts

Durch die Verknüpfung der einkommensteuerlichen Gewinnermittlung mit dem handelsrechtlichen Jahresabschluß soll nach der Intention des Gesetzgebers bei buchführenden Gewerbetreibenden eine gesicherte Grundlage für die Ermittlung des steuerlichen Gewinns geschaffen und der Finanzverwaltung zur Verfügung gestellt werden, da durch Verweis auf die Beachtung der handelsrechtlichen GoB letztlich auch für steuerliche Zwecke auf ein bewährtes Informations- und Dokumentationssystem, das Rechnungswesen, zurückgegriffen werden kann.

Der Verzicht auf eine vom handelsrechtlichen Jahresabschluß losgelöste, eigenständige steuerliche Gewinnermittlung stellt darüber hinaus aus der Sicht des Gesetzgebers eine Vereinfachung dar, die gleichermaßen der Finanzverwaltung, wie auch dem Steuerpflichtigen zugute kommt. Inwieweit die Verknüpfung der handelsrechtlichen Rechnungslegung und der steuerlichen Gewinnermittlung (noch) als sachgerecht eingestuft werden kann, sei hier dahingestellt; zahlreiche kritische Veröffentlichungen, wie auch eine Gesetzesinitiative mit dem Ziel, den Maßgeblichkeitsgrundsatz abzuschaffen bzw. einzuschränken und die Steuerbilanz auf eine eigenständige Grundlage zu stellen, haben keine Änderung des Rechtszustands bewirkt: der Gesetzgeber hält es "*... aus Gründen der Einheitlichkeit der Rechtsordnung und der Vereinfachung der Rechtsanwendung*" nach wie vor für zwingend erforderlich, „*... die Abweichungen zwischen Handelsrecht und Steuerrecht möglichst eng zu halten und die Handelsbilanzen auch für die Besteuerung nutzbar zu machen*" (*BT-Drucks. 7/1470, S. 223*).

Die nachstehende Abbildung zeigt in vereinfachter Form die Systematik der einkommensteuerlichen Gewinnermittlung bei buchführenden Gewerbetreibenden:

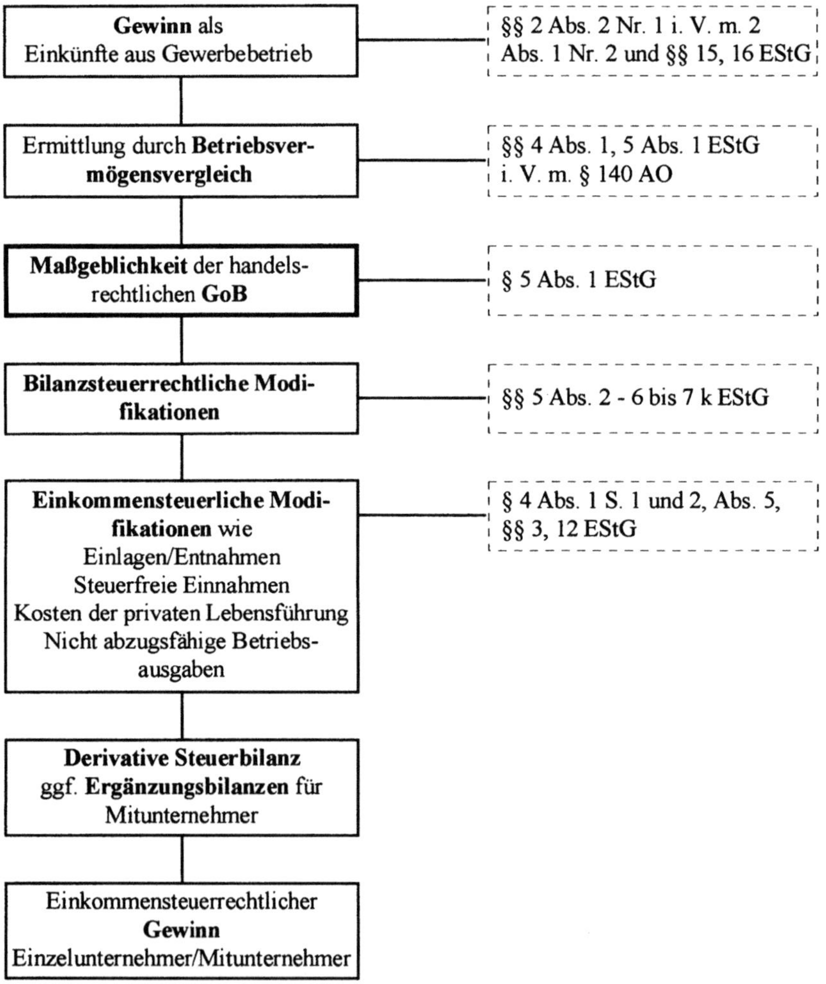

Abb. 26: Maßgeblichkeitsprinzip und Systematik der einkommensteuerlichen Gewinnermittlung

5.2 Bilanzierungsfähigkeit, Bilanzierungspflicht, Bilanzierungswahlrechte und Bilanzierungsverbote

5.2.1 Bilanzierungsfähigkeit und Bilanzierungspflicht

§ 242 Abs. 1 S. 1 HGB verpflichtet dazu, periodisch einen das Verhältnis von Vermögen und Schulden darstellenden Abschluß, d.h. eine Handelsbilanz, zu erstellen. Der Inhalt der Bilanz wird damit wesentlich durch die Extension der Begriffe „Vermögensgegenstand" bzw. „Schuld" bestimmt. Der Gesetzgeber hat beide Begriffe nicht definiert, so daß sie nach Maßgabe der GoB abzugrenzen sind. In allgemeiner Form ist in Hinblick auf die Abgrenzung der Begriffe, wie auch in Hinblick auf die bilanzielle Erfassung wirtschaftlicher Sachverhalte zwischen allgemeiner (abstrakter) und konkreter Bilanzierbarkeit zu unterscheiden:

- **Abstrakte Bilanzierungsfähigkeit** ist gegeben, wenn ein bestimmter wirtschaftlicher Sachverhalt definierte und z.T. kodifizierte Tatbestandsmerkmale erfüllt und damit einem Bilanzposten abstrakt zugeordnet werden kann.

  Beispiel:

  Mieteinnahmen, die vor dem Abschlußstichtag zugeflossen sind und Ertrag der Folgeperiode darstellen, erfüllen die kodifizierten Tatbestandsmerkmale passiver Rechnungsabgrenzungsposten gemäß § 250 HGB, so daß abstrakte Bilanzierungsfähigkeit als passiver Rechnungsabgrenzungsposten gegeben ist.

- **Konkrete Bilanzierungsfähigkeit** bedeutet, daß ein wirtschaftlicher Sachverhalt, der abstrakt bilanzierungsfähig ist, auch in Form eines konkreten Bilanzpostens berücksichtigt werden kann oder muß, sofern nicht aufgrund zusätzlicher kodifizierter Kriterien ein Bilanzierungsverbot formuliert wird.

  Beispiel:

  Prozeßsteuerungssoftware ist als immaterieller Vermögensgegenstand abstrakt bilanzierungsfähig, der konkrete Bilanzansatz setzt jedoch voraus, daß das zusätzliche Tatbestandsmerkmal „entgeltlich erworben" gemäß § 248 Abs. 2 HGB erfüllt ist. Selbstentwickelte Software ist damit, obwohl abstrakte Bilanzierungsfähigkeit gegeben ist, konkret nicht bilanzierungsfähig.

5.2.1.1 Vermögensgegenstände

Hinsichtlich der Auslegung des Begriffsinhaltes „**Vermögensgegenstand**" werden im Schrifttum unterschiedliche Konzeptionen und Auffassungen vertreten. Auf der einen Seite wird, orientiert an der statischen Bilanztheorie, die Auffassung vertreten, eine objektivierte Begriffsauslegung lasse sich nur dann erreichen, wenn im Lichte des Gläubigerschutzes das **Zerschlagungsreinvermögen** des Unternehmens zugrunde gelegt werde, auf der anderen Seite wird in Hinblick auf die Darstellung der Vermögens-, Finanz- und Ertragslage die Auslegung auf der Grundlage des **Fortführungsreinvermögens** gefordert. Die letztgenannte Auffassung wird insbesondere in der ständigen Rechtsprechung des BFH aber z.B. auch von Moxter u.a. vertreten: *„Nach den handelsrechtlichen GoB orientiert sich die Aktivierungsfähigkeit grundsätzlich nicht an der Eigenschaft, Bestandteil des Zerschlagungsvermögens zu sein: Es gilt das Prinzip der Unternehmensfortführung; Vermögensgegenstand ist daher grundsätzlich, was Bestandteil dieses Fortführungsvermögens darstellt*" (*Moxter 1986, S. 21*).

Das Spektrum der Meinungen, welche Merkmale/Kriterien der Bestimmung der Bilanzierungsfähigkeit von Vermögensgegenständen zugrunde zu legen seien, ist breit gefächert. Als Kriterien werden u.a. „Einzelbeschaffbarkeit", „Einzelveräußerbarkeit", „Einzelverwertbarkeit", „Entgeltlichkeit", „Einzelbewertbarkeit" usw. genannt, wobei sich die unterschiedlichen Positionen vereinfacht wie folgt zusammenfassen lassen:

(1) Die h.M. vertritt die Auffassung, der **Einzelveräußerbarkeit** bzw. **Einzelverwertbarkeit** komme als Definitionsmerkmal entscheidende Bedeutung bei. Abgestellt wird demnach auf die selbständige Verkehrsfähigkeit von Gütern (*ADS 1992, Rn. 23 ff. zu § 246 HGB; Coenenberg 1993, S. 54 f.; Schneider 1981, Sp. 218*), die selbständige Bewertbarkeit spielt für die Begriffsauslegung keine Rolle.

(2) Aus dem Maßgeblichkeitsgrundsatz leitet der Große Senat des BFH für die Bilanzierung ab, daß der steuerrechtliche Begriff „Wirtschaftsgut" mit dem handelsrechtlichen Begriff „Vermögensgegenstand" übereinstimmt (*BFH GrS, Beschl. vom 26.10.1987, BStBl. II 1988, 348*). Unter gleichzeitiger Berücksichtigung der Fortführungskonzeption des BFH können jedoch auch „*... tatsächliche Zustände, konkrete Möglichkeiten und Vorteile für den Betrieb, deren Erlangung sich der Kaufmann etwas kosten läßt...*" (*BFH vom 9.7.1986, BStBl. II 1987, 14*) Wirtschaftsgut sein. Voraussetzungen hierfür sind, daß diese vermögenswerten Vorteile durch Aufwendungen erworben wurden, selbständig bewertbar sind und einen über die Rechnungsperiode hinausreichenden Nutzen erwarten lassen. Insoweit korrespondiert zwar der Begriff „positives Wirtschaftsgut" des Steuerrechts mit dem handelsrechtlichen Begriff „Vermögensgegenstand", eine vollständige inhaltliche Übereinstimmung ist jedoch nicht gegeben.

Soweit Vermögensgegenstände abstrakt und konkret bilanzierungs-, d.h. aktivierungsfähig, sind, muß geprüft werden, inwieweit eine **persönliche Zurechnung** zum Betriebsvermögen des Unternehmers in Betracht kommen kann bzw. muß. Dies ergibt sich zwingend aus der Formulierung des Gesetzgebers, wonach der Kaufmann **seine** Grundstücke, Forderungen und Schulden im Inventar aufzuzeichnen hat (§ 240 Abs. 1 HGB). I.d.R. wird die Zurechnung nach dem bürgerlichrechtlichen Eigentum vorgenommen werden können; für die Fälle, in denen die absolute Verfügungsgewalt des Eigentümers i.S.d. BGB während der Nutzungsdauer eines Vermögensgegenstandes eingeschränkt oder ausgeschlossen ist, hat die Steuerrechtsprechung das Institut des sog. „**wirtschaftlichen Eigentums**" entwickelt. Dies wird z.B. relevant bei Lieferung unter Eigentumsvorbehalt, Sicherungsübereignung und bestimmten Leasing-Vertragsverhältnissen, bei denen bürgerlichrechtliches Eigentum und wirtschaftliche Verfügungsgewalt auseinanderfallen. Der steuerlichen Rechtsprechung hat der Gesetzgeber durch § 39 AO entsprochen. Danach sind zwar Wirtschaftsgüter i.d.R. dem (bürgerlich-rechtlichen) Eigentümer zuzurechnen, abweichend hiervon ist jedoch immer dann eine Zurechnung zum „wirtschaftlichen Eigentümer" erforderlich, wenn dieser gemäß § 39 Abs. 2 Nr. 1 AO *„die tatsächliche Herrschaft über ein Wirtschaftsgut in der Weise ausübt, daß er den Eigentümer im Regelfall für die gewöhnliche Nutzungsdauer von der Einwirkung auf das Wirtschaftsgut wirtschaftlich ausschließen kann.*"

Die sich aus dem Institut des wirtschaftlichen Eigentums ergebenden Konsequenzen lassen sich beispielhaft für Finanzierungsleasing über bewegliche Wirtschaftsgüter zusammenfassen:

Zurechnung bei ...	**Leasinggeber**	**Leasingnehmer**
Vollamortisation ohne Kauf- oder Verlängerungsoption	unkündbare Grundmietzeit 40 - 90% der Nutzungsdauer	unkündbare Grundmietzeit < 40 oder > 90% der Nutzungsdauer
Vollamortisation mit Kaufoption	unkündbare Grundmietzeit 40 - 90% der Nutzungsdauer + Kaufpreis bei Optionsausübung ≥ Restbuchwert	unkündbare Grundmietzeit < 40 oder > 90% der Nutzungsdauer + Kaufpreis bei Optionsausübung < Restbuchwert
Vollamortisation mit Verlängerungsoption	unkündbare Grundmietzeit 40 - 90% der Nutzungsdauer + Summe der Anschlußmieten ≥ Werteverzehr	unkündbare Grundmietzeit < 40 oder > 90% der Nutzungsdauer + Summe der Anschlußmieten < Werteverzehr

Abb. 27: Zurechnungsregeln bei Finanzierungsleasingverträgen (bewegliche Wirtschaftsgüter - Vollamortisationsverträge)

Bei **Spezial**leasingverträgen ist der Leasinggegenstand regelmäßig dem Leasingnehmer zuzurechnen, das Verhältnis von Grundmietzeit und Nutzungsdauer und evtl. vereinbarte Optionsklauseln sind unbeachtlich. Spezialleasing ist regelmäßig dann gegeben, wenn das Leasingobjekt ausschließlich auf die investiven Bedürfnisse des Leasingnehmers abgestellt ist und eine anderweitige Verwertung nach Vertragsende nicht in Betracht kommt (z.B. Sondermaschine).

Soweit Vertragsmodelle gewählt werden, bei denen zwar eine unkündbare Grundmietzeit zwischen 40 und 90 % der betriebsgewöhnlichen Nutzungsdauer vereinbart wird, jedoch die Anschaffungs- oder Herstellungskosten einschl. aller Nebenkosten des Leasinggebers nur zum Teil gedeckt werden (= **Teilamortisation**), ist bei Zurechnung des Leasinggegenstandes wie folgt zu verfahren:

Zurechnung bei ... / **Vertragsart**	**Leasinggeber**	**Leasingnehmer**
Teilamortisation mit Andienungsrecht des Leasinggebers und ohne Optionsrecht des Leasingnehmers	unkündbare Grundmietzeit 40 - 90% der Nutzungsdauer + vereinbarter Andienungspreis > Wiederbeschaffungszeitwert	unkündbare Grundmietzeit < 40 oder > 90% der Nutzungsdauer und/oder vereinbarter Andienungspreis < Wiederbeschaffungszeitwert
Teilamortisation mit Aufteilung des Mehrerlöses	unkündbare Grundmietzeit 40 - 90% der Nutzungsdauer + ≤ 75% des Mehrerlöses für Leasingnehmer	unkündbare Grundmietzeit < 40 oder >90% der Nutzungsdauer und/oder > 75% des Mehrerlöses für Leasingnehmer
Kündbarer Mietvertrag mit Anrechnung des Veräußerungserlöses auf die vom Leasingnehmer zu leistende Schlußzahlung	Erstmalige Kündigung nach Ablauf von 40% der Nutzungsdauer + Anrechnung von 90%	Erstmalige Kündigung vor Ablauf von 40% der Nutzungsdauer und/oder Anrechnung > 90%

Abb. 28: Zurechnungsregeln bei Finanzierungsleasingverträgen (bewegliche Wirtschaftsgüter - Teilamortisation)

5.2.1.2 Schulden

Schulden (= passive Wirtschaftsgüter im steuerrechtlichen Sinne) lassen sich regelmäßig durch folgende Definitionsmerkmale kennzeichnen:

- Bestehende **rechtliche** oder **wirtschaftliche Verpflichtung gegenüber Dritten**, denen sich das Unternehmen aus rechtlichen, wirtschaftlichen oder sittlichen Gründen nicht entziehen kann,
- die **in einer späteren Periode** mit hinreichender Sicherheit zu **Ausgaben** führt und
- als **selbständig bewertbare wirtschaftliche Last** abgegrenzt werden kann.

Während z.B. Coenenberg auf der Basis dieser Abgrenzung Verbindlichkeiten und Rückstellungen ohne weitere Differenzierung als „Schulden" versteht (*Coenenberg 1993, S. 55*), sind nach h.M. lediglich Verbindlichkeiten und **Schuld**rückstellungen (z.B. Garantierückstellung, Steuerrückstellung usw.) als Schulden zu interpretieren. **Aufwands**rückstellungen haben demgegenüber eher den Charakter von Wertberichtigungen bzw. zweckgebundenen Rücklagen, sie stellen jedoch in keinem Falle „Schulden" dar.

Beispiel für eine wirtschaftliche Verpflichtung:

Als Beispiel für eine wirtschaftliche Verpflichtung läßt sich die Rückstellung für Gewährleistung ohne rechtliche Verpflichtung nennen (= Kulanzrückstellung). Die Kulanzverpflichtung ist nicht rechtlich begründet, das Unternehmen kann sich dieser Leistungsverpflichtung jedoch aus marktlichen, also wirtschaftlichen Gründen nicht entziehen. Nach der Zerschlagungskonzeption liegt keine „Schuld" vor, nach der Fortführungskonzeption ist dieser wirtschaftlich begründeten Verpflichtung durch Rückstellungsbildung Rechnung zu tragen.

Passivierungspflichtig sind handelsrechtlich grundsätzlich rechtlich begründete gewisse Schulden und rechtlich oder wirtschaftlich begründete Schuldrückstellungen. Darüberhinaus sind aber auch Aufwandsrückstellungen i.S.d. § 249 Abs. 1 Nr. 1 HGB handelsrechtlich passivierungspflichtig, obwohl dies vielfach zurecht als eindeutiger Verstoß gegen die Grundsätze ordnungsmäßiger Buchführung kritisiert wird (vgl. z.B. *Döller DStR 1987, S.. 67 ff.*). Die folgende Darstellung gibt einen Überblick über passivierungspflichtige Schulden und Rückstellungen des Handelsrechts:

• Rechtliche begründete, „gewisse" Schulden"	Schulden i.e.S.
• Rückstellungen für ungewisse Schulden	Schuldenrückstellung
• Rückstellungen für drohende Verluste aus schwebendenGeschäften	
• Rückstellungen für Gewährleistungen, die ohne rechtliche Verpflichtung erbracht werden	
• Rückstellungen für unterlassene Instandhaltungen, die innerhalb der ersten drei Monate der Folgeperiode nachgeholt werden	Aufwandsrückstellung
• Rückstellungen für unterlassene Abraumbeseitigung, die im Folgejahr nachgeholt wird	

Soweit Vermögensgegenstände und Schulden bilanzierungsfähig und dem Betriebsvermögen zugehörig sind, folgt aus dem Vollständigkeitsprinzip gemäß § 246 Abs. 1 HGB grundsätzlich die **Bilanzierungspflicht**. Bilanzierungsfähigkeit führt damit automatisch zur Bilanzierungspflicht, soweit nicht Bilanzierungswahlrechte oder Bilanzierungsverbote kodifiziert sind oder Bilanzierungshilfen in Anspruch genommen werden können.

5.2.2 Bilanzierungshilfen

Bilanzierungshilfen sind keine Vermögensgegenstände, sie lassen sich vielmehr als Bilanzposten begreifen, die der Erfolgsabgrenzung aufeinanderfolgender Rechnungsperioden dienen. Damit folgt der Gesetzgeber konzeptionellen Vorstellungen der dynamischen Bilanzauffassung und läßt die Bilanzierung von Sachverhalten in der Handelsbilanz zu, die den Anforderungen, die an die Bilanzierbarkeit von Vermögensgegenständen zu stellen sind, nicht genügen. Als **Bilanzierungshilfen** können z.B. angesetzt werden:

- **Aufwendungen für die Ingangsetzung des Geschäftsbetriebes und dessen Erweiterung,** soweit sie nicht bilanzierungsfähig sind gemäß § 269 HGB. Dieses Aktivierungswahlrecht bezweckt eine Verteilung einmalig hoher Aufwendungen (Löhne, Materialaufwand usw.) im Zuge der Schaffung einer Aufbau- und Ablauforganisation auf mehrere Rechnungsperioden durch Aktivierung und anschließende Abschreibungsverrechnung. Dabei ist allerdings das Ausschüttungssperrgebot gemäß § 269 S. 2 HGB zu beachten.

- **Abgrenzungsposten für sog. „latente" Steuern** gemäß § 274 Abs. 2 HGB. Das Aktivierungswahlrecht für diese Bilanzierungshilfe dient der Periodenabgrenzung sowie einer zutreffenden Darstellung der Vermögenslage. Ursache für die Steuerabgrenzung sind *„... temporäre Abweichungen zwischen handelsrechtlichem Ergebnis vor Ertragssteuern und steuerpflichtigem Einkommen vor Ertragssteuern auf Grund unterschiedlicher Bilanzierungs- und Bewertungsvorschriften im Handels- und Steuerrecht* (*ADS 1992, Rn. 2 zu § 274 HGB*). Auch in diesem Falle ist ein Ausschüttungssperrgebot zu beachten (§ 274 Abs. 2 S. 3 HGB). Zur Abgrenzung latenter Steuern als Bilanzierungshilfe vgl. ausführlich Gliederungsziffer 10.

Ebenfalls den Charakter von Bilanzierungshilfen weisen die Bilanzierungswahlrechte für **Aufwandsrückstellungen** (§ 249 Abs. 1 S. 3 und Abs 2 HGB) sowie für als **Aufwand berücksichtigte Zölle, Verbrauchssteuern und die Umsatzsteuer auf erhaltene Anzahlungen** (§ 250 Abs. 1 S. 2 HGB) auf.

Handelsrechtliche Bilanzierungshilfen sind steuerrechtlich grundsätzlich nicht bilanzierungsfähig, es sei denn, es liegen positive oder negative Wirtschaftsgüter im steuerrechtlichen Sinne vor (z.B. derivativer Firmenwert). **Ausnahmen** hierzu stellen **Bilanzierungshilfen eigener Art** dar, wie z.B. das zwingend vorgeschriebene aktive Sonderverlustkonto aus Rückstellungsbildung i.S.d. § 17 Abs. 4 DMBilG.

5.2.3 Bilanzierungswahlrechte

Das Vollständigkeitsgebot des § 246 Abs. 1 HGB wird in bestimmten Fällen durch Bilanzierungswahlrechte durchbrochen, d.h. die Ansatzentscheidung wird in das Ermessen des bilanzierenden Unternehmens gestellt. Solche Bilanzierungswahlrechte bestehen für:

- Das **Disagio** gemäß § 250 Abs. 3 HGB. Wird aktiviert, ist das Disagio unter den aktiven Rechnungsabgrenzungsposten auszuweisen und durch Abschreibung auf die Kreditlaufzeit zu verteilen.

- **Unentgeltlich erworbene materielle Wirtschaftsgüter** nach GoB. Diese von der h.M. vertretene Auffassung ist allerdings strittig (*a.A. z.B. ADS 1992, Rn. 36 zu § 246 HGB und die dort genannten Fachvertreter*).

- **Sonderposten mit Rücklageanteil** gemäß §§ 247 Abs. 3 und 273 HGB. Dieses Passivierungswahlrecht knüpft allerdings an die Voraussetzung, daß ein solcher Posten nach steuerrechtlichen Vorschriften zulässig ist. Für Kapitalgesellschaften regelt § 273 HGB ergänzend, daß der Sonderposten nur dann gebildet werden darf, wenn die umgekehrte Maßgeblichkeit greift, d.h. die Inanspruchnahme einer steuerlichen Vergünstigung die Bildung eines entsprechenden Postens im handelsrechtlichen Jahresabschluß voraussetzt (z.B. Bildung einer Ersatzbeschaffungsrücklage gemäß R 35 EStR).
- **Pensionsrückstellungen, soweit** der Rechtsanspruch auf eine Versorgungsleistung vor dem 1.1.1987 erworben wurde oder sich ein vor diesem Zeitpunkt erworbener Rechtsanspruch nach dem 31.12.1986 erhöht hat, gemäß Art. 28 Abs. 1, S. 1 EGHGB.
- Den **derivativen Firmenwert** gemäß § 255 Abs. 4 HGB. Zwar wird in der Literatur überwiegend die Auffassung vertreten, es handle sich um eine Bilanzierungshilfe (z.B. *Coenenberg 1993, S. 63*), doch ist u.E. dem Fortführungskonzept folgend ein Vermögensgegenstand gegeben; hinzu kommt, daß auf die Formulierung einer Ausschüttungssperre verzichtet wurde, so daß mit ADS von einem Aktivierungswahlrecht auszugehen ist (*ADS 1992, Rn. 295 ff. zu § 255 AktG*).

Nach der ständigen Rechtsprechung des BFH gilt dabei grundsätzlich, daß einem **handelsrechtlichen Aktivierungswahlrecht** ein **steuerrechtliches Aktivierungsgebot** (Ansatzpflicht) und einem **handelsrechtlichen Passivierungswahlrecht** ein **steuerrechtliches Passivierungsverbot** entspricht (grundlegend: *BFH, Gr. S., Beschl 2/68 vom 3.2.1969, BStBl. II 1969, 291, 293*). Eine Ausnahme besteht für Pensionsaltzusagen gemäß Art. 28 EGHGB, für die auch steuerrechtlich gemäß § 6a EStG ein Passivierungswahlrecht gegeben ist.

Regelfall

Handelsrecht:	**Steuerrecht:**
Aktivierungswahlrecht	Aktivierungsgebot (pflicht)
Passivierungswahlrecht	Passivierungsverbot

Ausnahme (Pensionsaltzusagen)

Handelsrecht:	**Steuerrecht:**
Passivierungswahlrecht	Passivierungswahlrecht

Abb. 29: Handelsrechtliche Bilanzierungswahlrechte: steuerliche Behandlung

5.2.4 Bilanzierungsverbote

Handelsrechtliche Bilanzierungsverbote wurden rechtsformneutral im Ersten Abschnitt des III. Buches HGB verankert. Bilanzierungsverbote sind zu beachten für

- **unentgeltlich erworbene immaterielle Gegenstände des Anlagevermögens** gemäß § 248 Abs. 2 HGB (z.B. eigenentwickelte DV-Software),
- **Aufwendungen für die Gründung des Unternehmens und die Eigenkapitalbeschaffung** gemäß § 248 Abs. 1 HGB,
- einen **originären Firmenwert** gemäß § 248 Abs. 2 HGB und GoB (*a.A. Coenenberg 1993 S. 62, der einem originären Firmenwert keine Vermögenseigenschaft zuerkennt und daraus die fehlende abstrakte Bilanzierbarkeit ableitet*).

Die handelsrechtlichen Bilanzierungsverbote gelten über das Maßgeblichkeitsprinzip uneingeschränkt auch für die Steuerbilanz.

5.2.5 Zusammenfassende Darstellung der Bilanz-Entscheidungen in der Handelsbilanz

In schematisch vereinfachter Form lassen sich die Bilanzansatz-Entscheidungen in der Handelsbilanz wie folgt zusammenfassen:

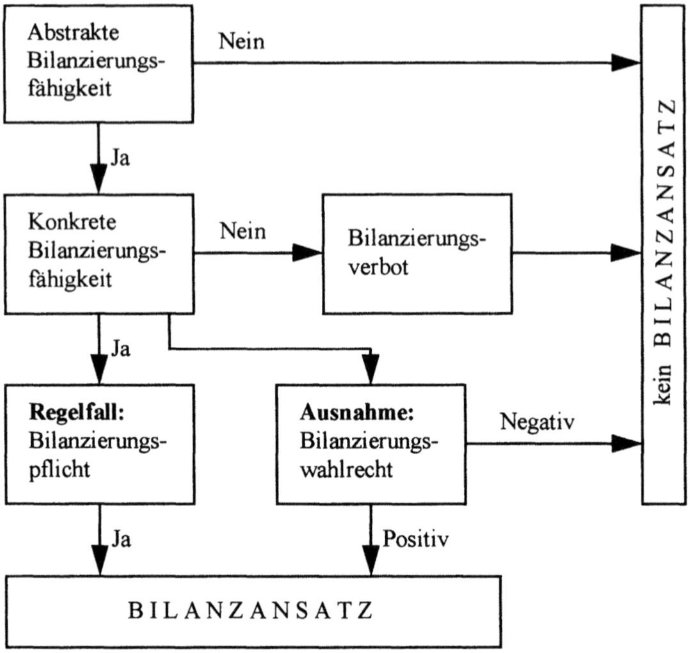

Abb. 30: Bilanzansatz-Entscheidungen in der Handelsbilanz

5.3 Bewertungskonzeption und Bewertungsmaßstäbe des Handelsrechts

Bewertung läßt sich als **Entscheidungsprozeß** begreifen, der im Gegensatz zu einer reinen Wertfeststellung zwei Entscheidungsfelder einschließt:

- **Festlegung des Wertansatzes** im Rahmen definierter handelsrechtlicher Bewertungsmaßstäbe und
- **Festlegung der Methode** zur Ermittlung des Bewertungsmaßstabes.

Dem Nominalwertprinzip bzw. Anschaffungswertprinzip folgend sind dabei die Anschaffungs- oder Herstellungskosten als Basiswerte kodifiziert, sie stellen für alle Unternehmensrechtsformen gleichermaßen die **Wertobergrenze** für den Ausweis von Vermögensgegenständen in der Bilanz dar. Darüber hinaus kommen jedoch weitere Bewertungsmaßstäbe in Betracht, durch deren Ansatz jedoch die definierte Wertobergrenze nicht überschritten werden darf.

Obwohl Art. 33 der 4. EG-(Bilanz-)Richtlinie grundsätzlich **eine Bewertung zu Wiederbeschaffungspreisen bzw. eine Neubewertung** zuläßt, hat der deutsche Gesetzgeber darauf verzichtet, diese Möglichkeit im Zuge des BiRiLiG in nationales Recht umzusetzen. In einer Protokollerklärung hat die Bundesregierung vielmehr erklärt, daß sie „... *Bewertungsmethoden zur Berücksichtigung inflationärer Entwicklungen ablehnt und daß sie solche Bewertungsmethoden ... nicht zulassen wird (Erklärung der Kommission und des Rates für das Protokoll über die Ratstagung vom 25.7.1978 Dok. Rat. R/1961/78 vom 18.7.1978*).

5.3.1 Anschaffungskosten

Anschaffungskosten fallen an, wenn ein Vermögensgegenstand **von Dritten erworben** wurde und unternehmensintern keine Be- oder Verarbeitung stattgefunden hat. Gemäß § 255 Abs. 1 HGB sind darunter die **Aufwendungen** zu verstehen, die getätigt werden, um den Vermögensgegenstand zu erwerben und in einen betriebsbereiten Zustand zu versetzen, soweit sie dem Vermögensgegenstand einzeln zugeordnet werden können. Durch den Ansatz von Anschaffungskosten soll der Erwerbsvorgang weitgehend erfolgsneutral (i.S. einer reinen Vermögensumschichtung = Aktivtausch bzw. Bilanzverlängerung) und damit steuerneutral erfaßt werden. Im Rahmen der Ermittlung der Anschaffungskosten sind folgende Komponenten zu berücksichtigen:

Anschaffungspreis (Kaufpreis, Rechnungsbetrag)

+	**Anschaffungsnebenkosten** (z.B. Transport- und Montagekosten, Grunderwerbsteuer, Maklerprovision)
+	**Nachträgliche Anschaffungskosten** (z.B. Erschließungsbeiträge, Aufwendungen für Umbaumaßnahmen usw.)
-	**Anschaffungspreisminderungen** (Preisnachlässe, zurückgewährte Entgelte)
=	**Anschaffungskosten gemäß § 255 Abs. 1 HGB**

Die **Umsatzsteuer** bleibt bei vorsteuerabzugsberechtigten Unternehmern grundsätzlich unberücksichtigt, sie ist wirtschaftlich als durchlaufender Posten bzw. Anschaffungspreisminderung zu werten.

Finanzierungskosten bleiben ebenfalls i.d.R. unberücksichtigt; hiervon abweichend wird eine Einbeziehung z.B. dann möglich sein (Ansatz- bzw. Aktivierungswahlrecht), wenn bei längerfristiger Fertigung eine zu leistende Vorauszahlung durch das auftraggebende Unternehmen kreditfinanziert wurde. In diesem Falle können Kreditzinsen bei der Ermittlung der Anschaffungskosten berücksichtigt werden (*ADS 1992, Rn. 89 zu § 255 HGB*); für eine Kreditfinanzierung der Skontierung gilt dies analog.

Soweit einem Unternehmen nicht rückzahlbare **Zuwendungen** z.B. in Form von Investitionszulagen oder „verlorenen" Zuschüssen gewährt werden, sind diese i.d.R. als Anschaffungskostenminderungen zu berücksichtigen. Steuerrechtlich besteht demgegenüber gemäß R 34 Abs. 2 EStR 1993 ein Wahlrecht, die Zuschüsse entweder als Betriebseinnahme (= Ertrag) zu erfassen oder die Anschaffungskosten entsprechend zu mindern.

Beispiel Anschaffungskostenermittlung:

Die X-AG erwirbt ein unbebautes Grundstück. Im Zuge des Erwerbs sind angefallen:

- Kaufpreis 500.000,00 DM
- Maklerprovision 25.000,00 DM zuzügl. 15 % USt.
- Grunderwerbsteuer 10.000,00 DM
- Notarkosten 10.000,00 DM
- Grundbuchgebühren 2.000,00 DM

Das unbebaute Grundstück ist zu Anschaffungskosten in Höhe von 547.000,00 DM auszuweisen, USt. bleibt unberücksichtigt; neben dem Kaufpreis wurden Anschaffungsnebenkosten in Höhe von 47.000,00 DM aktiviert.

Für die **Ermittlung der Anschaffungskosten** kommen, soweit die Voraussetzungen hierfür erfüllt sind, unterschiedliche **Verfahren** in Betracht, wie **Einzelfeststellung, Durchschnittsmethode, Bewertungsvereinfachungsverfahren** nach § 256 S. 1 HGB, **Festbewertung, Gruppenbewertung** und die **retrograde Ermittlung** (vgl. hierzu 5.3.3).

5.3.2 Herstellungskosten

Herstellungskosten beinhalten nach der Legaldefinition des § 255 Abs. 2 und 3 HGB die **Aufwendungen**, die durch den Verbrauch von Gütern und die Inanspruchnahme von Dienstleistungen entstehen, und zwar für

- die **Herstellung** eines Vermögensgegenstandes,
- seine **Erweiterung** oder
- eine über seinen ursprünglichen Zustand hinausgehende **wesentliche Verbesserung**.

Sowohl aus dem Wortlaut des § 255 Abs. 2 HGB, wie auch aus dem pagatorischen Charakter des Jahresabschlusses folgt, daß **nur aufwandsgleiche Kosten** (Grundkosten = Zweckaufwand) einzubeziehen sind. Zusatzkosten bleiben unberücksichtigt, ihre Einbeziehung würde gegen das Realisationsprinzip verstoßen. Bei der Ermittlung der Herstellungskosten anhand der Daten der Kostenrechnung des Unternehmens „... *ist ... darauf zu achten, daß nur pagatorische Werte berücksichtigt werden und deshalb i.d.R. entsprechende Korrekturen vorzunehmen sind*“ (*ADS 1987, Rn. 137 zu § 255 HGB*).

Der Gesetzgeber hat handelsrechtlich sowohl die **Wertobergrenze** wie auch die **Wertuntergrenze** der Herstellungskostenermittlung definiert. Die Wertuntergrenze ergibt sich aus den Einzelkosten gemäß § 255 Abs. 2 S. 2 HGB die Wertobergrenze aus den Einzelkosten und den einbeziehungsfähigen Gemeinkosten gemäß § 255 Abs. 2 S. 3 bis 5, u.U. einschließlich von Fremdkapitalzinsen gemäß Abs. 3 S. 2. Vertriebskosten sind nicht einbeziehungsfähig (Ansatzverbot gemäß § 255 Abs. 2 S. 6 HGB).

Die durch § 255 Abs. 2 und 3 HGB vollzogene detaillierte Regelung der Herstellungskostenermittlung sollte in bewußter Anlehnung an R 33 EStR **Steuerneutralität** sicherstellen, zum anderen sollte eine über Jahre bewährte Regelung beibehalten werden. Dem Grundsatz nach gilt, daß die Einbeziehungswahlrechte für Gemeinkosten jeweils für sich ausgeübt werden können, allerdings unter Beachtung des Grundsatzes der Bewertungsstetigkeit gemäß § 252 Abs. 1 Nr. 6 HGB. Die im Rahmen der Herstellungskostenermittlung aktivierungspflichtigen, aktivierbaren und nicht aktivierbaren „Kosten“ lassen sich wie folgt zusammenfassend darstellen (*vgl. ADS 1992, Rn. 153 zu § 255 HGB*):

Kostenart	**Einbeziehungs-**		
	pflicht	**wahlrecht**	**verbot**
Materialkosten			
Fertigungsmaterial	X		
Materialgemeinkosten		X	
Fertigungskosten			
Fertigungslöhne	X		
Fertigungsgemeinkosten einschl. Abschreibungen		X	
Sondereinzelkosten der Fertigung	X		
Sondergemeinkosten der Fertigung		X	
Verwaltungskosten			
Kosten der allgemeinen Verwaltung		X	
Aufwendungen für soziale Einrichtungen		X	

Aufwendungen für freiwillige soziale Leistungen		X	
Aufwendungen für betriebliche Altersversorgung		X	
Zinskosten			
Eigenkapitalzinsen			X
Fremdkapitalzinsen, soweit nicht auf die Herstellung entfallend			X
Fremdkapitalzinsen, soweit auf die Herstellung entfallend		X	
Vertriebskosten			X

Abb. 31: Herstellungskosten nach § 255 Abs. 2 und 3 HGB

Die lange Zeit kontrovers diskutierte Frage, inwieweit die Einbeziehungswahlrechte auch steuerrechtlich Gültigkeit besitzen, ist inzwischen als geklärt zu betrachten. Die Ermittlung der Herstellungskosten bestimmt sich steuerrechtlich letztlich analog R 33 EStR 1993; danach **beschränkt sich das steuerliche Einbeziehungswahlrecht auf** die **Verwaltungskosten**, alle übrigen Gemeinkosten sind zwingend in die Herstellungskosten einzubeziehen (h.M., so auch *BFH vom 21.10.1993, BStBl. II 94, 176 = BFHE 172, 462*).

In der betrieblichen Praxis werden die Herstellungskosten i.d.R. auf der Grundlage der Kostenrechnung ermittelt. Analog zur Anschaffungskostenermittlung kommen auch hier unterschiedliche Verfahren in Betracht, es können unterschiedliche Kapazitätsauslastungsgrade berücksichtigt und unterschiedliche Kalkulationsverfahren angewandt werden (*vgl. hierzu detailliert ADS 1992, Rn. 253 ff. zu § 255 HGB*).

Hinsichtlich der Ermittlung der handelsrechtlichen Herstellungskosten sind erhebliche bilanzpolitische Spielräume gegeben, die vorrangig veranlaßt sind durch (*vgl. ADS 1992, Rn. 282 zu § 255 HGB*):

- die **Abgrenzung** zwischen **Einzel- und Gemeinkosten** (Gemeinkosten werden vielfach geschlüsselt zugerechnet)
- die **Einbeziehungswahlrechte** für **Gemeinkosten** (ausgenommen Vertriebs(gemein)kosten)
- die Anwendung **unterschiedlicher Verfahren** zur Herstellungskostenermittlung (Einzelerfassung, Durchschnittsmethode, Verbrauchsfolgeverfahren usw.)
- die Berücksichtigung unterschiedlicher **Beschäftigungsgrade** bei der Zurechnung von Gemeinkosten (z.B. Istbeschäftigung, Normalbeschäftigung)

- die Anwendung unterschiedlicher **Kalkulationsverfahren** (z.B. Zuschlagskalkulation, Divisionskalkulation, Äquivalenzziffernrechnung).

Beispiel zur Ermittlung der Herstellungskosten:

Für eine selbsterstellte Anlage, die im Fertigungsbereich des eigenen Unternehmens eingesetzt werden soll, werden durch die Kostenrechnung folgende Daten zur Verfügung gestellt:

Materialverbrauch	100.000,00 DM
Fertigungslöhne	200.000,00 DM
Entwicklungskosten	50.000,00 DM

Betriebsübliche Gemeinkostenzuschlagssätze:

• Material	100 % der Einzelkosten
• Fertigung	200 % der Einzelkosten
• Verwaltung	20 % der Herstellkosten
• Vertrieb	30 % der Herstellkosten

In den Fertigungsgemeinkosten wurden anteilige Eigenkapitalzinsen in Höhe von 100.000,00 DM berücksichtigt.

Handelsrechtlich ergibt sich eine Wertobergrenze in Höhe von 900.000,00 DM und eine Wertuntergrenze von 350.000,00 DM (Vertriebskosten bleiben unberücksichtigt, die Einzelkapitalzinsen = Zusatzkosten werden eliminiert). **Steuerrechtlich** ist nach h.M. die Wertuntergrenze mit 750.000,00 DM definiert, die Wertobergrenze stimmt mit dem handelsrechtlichen Wertansatz überein.

5.3.3 Verfahren zur Ermittlung der Anschaffungs- oder Herstellungskosten

Dem Grundsatz der Einzelbewertung gemäß § 252 Abs. 1 Nr. 3 HGB entsprechend sind die Anschaffungs- oder Herstellungskosten für jeden Vermögensgegenstand gesondert zu ermitteln. Ausnahmsweise kann hiervon abgewichen werden, wenn dies nicht möglich oder wirtschaftlich nicht zumutbar ist.

5.3.3.1 Durchschnittsmethode

Die Durchschnittsmethode stellt das in der Praxis gebräuchlichste Verfahren dar, das nach GoB für alle **gleichen Vermögensgegenstände** sowie gemäß § 256 S. 2 i.V.m. § 240 Abs. 4 HGB für **die dort aufgeführten Güter** in Betracht kommt. Steuerrechtlich wird die Durchschnittsbewertung als *zweckentsprechendes Schätzverfahren eingestuft* (*R 36 Abs. 3 EStR*).

Beispiel:

Anfangsbestand	10.000 l a DM 0,50	=	DM 5.000,00
Zugang	20.000 l a DM 0,75	=	DM 15.000,00
Zugang	10.000 l a DM 1,10	=	DM 11.000,00
Zugang	5.000 l a DM 1,00	=	DM 5.000,00
	45.000 l		DM 36.000,00

Durchschnittliche Anschaffungskosten: 36 TDM : 45.000 l = **DM 0,80 je l**

Das Verfahren kann dadurch verfeinert werden, daß laufend nach jedem Zugang ein neuer Durchschnittspreis ermittelt und der zeitlich folgende Abgang damit bewertet wird.

5.3.3.2 Retrograde Ermittlung

Die retrograde Ermittlung stellt vielfach bei Einzelhandelsunternehmen die einzige Möglichkeit dar, die Anschaffungskosten zu ermitteln, da die Waren i.d.R. bereits beim Einkauf mit ihrem jeweiligen Verkaufspreis ausgezeichnet werden. Der Anschaffungskostenermittlung wird in solchen Fällen der Verkaufspreis zugrunde gelegt, der, vermindert um einheitliche, nach Warengruppen differenzierte Kalkulationszuschläge zu den durch Rückrechnung ermittelten Anschaffungskosten führt:

Verkaufspreis	1.000 DM
- Handelsspanne	200 DM
= Anschaffungskosten	800 DM
+ Kalkulationszuschlag der Warengruppe 25 %	200 DM
= Verkaufspreis	1.000 DM

Steuerrechtlich ist die retrograde Ermittlung der Anschaffungskosten gemäß R 32a Abs. 3 S. 3 EStR 1993 zulässig.

5.3.3.3 Festbewertung

Die Festbewertung kommt gemäß § 256 S. 2 i.V.m. § 240 Abs. 3 HGB für **Gegenstände des Sachanlagevermögens** sowie **Roh-, Hilfs- und Betriebsstoffe** in Betracht, soweit

- **diese regelmäßig ersetzt werden** (z.B. Massengüter mit ständigen Zu- und Abgängen wie z.B. Werkzeuge, Meßgeräte),
- der **Gesamtwert** für das Unternehmen von **untergeordneter Bedeutung** ist (< 5 % der Bilanzsumme wird vielfach als vertretbar angesehen; *BMF vom 26.2.1992, DStR 1992, 542; nach R. 36 Abs. 5 EStR sind 10 % der Bilanzsumme zulässig*) und
- der **Bestand in seiner Größe, Wert und Zusammensetzung** nur **geringfügigen Veränderungen** im Zeitablauf unterliegt (ausgeschlossen sind damit z.B. Rohstoffe, die am Weltmarkt erheblichen Wertschwankungen unterworfen sind).

Soweit in solchen Fällen ein Festwertansatz erfolgt, ist eine körperliche Bestandsaufnahme (**Inventur**) i.d.R. nur alle drei Jahre durchzuführen (*vgl. hierzu ausführlich ADS 1992, Rn. 77 ff. zu § 240 HGB*). Steuerrechtlich ist der Festwertansatz gemäß R 36 Abs. 5 EStR zulässig.

5.3.3.4 Gruppenbewertung

Mit der Gruppenbewertung gemäß § 256 S. 2 i.V.m. § 240 Abs. 4 HGB soll primär eine **Bewertungsvereinfachung** erreicht werden, da die Anschaffungs- oder Herstellungskosten den zu einer Gruppe zusammengefaßter Vermögensgegenständen nicht individuell zugeordnet werden müssen, sondern als **gewogene Durchschnittswerte** ermittelt werden können.

Die Gruppenbewertung ist zulässig für

- **gleichartige Gegenstände des Vorratsvermögens** sowie
- **andere gleichartige oder annähernd gleichwertige bewegliche Vermögensgegenstände** des Anlage- oder Umlaufvermögens.

Nicht gruppenbewertet werden können Forderungen, flüssige Mittel sowie geleistete Anzahlungen. In der Bilanzierungspraxis kommt die Gruppenbewertung insbesondere für „... *Massenbestände des Sachanlagevermögens* ...“, die die Voraussetzungen für einen Festwertansatz nicht erfüllen, sowie für Wertpapiere des Anlage- und Umlaufvermögens in Betracht (*ADS 1992, Rn. 122 zu § 240 HGB*).

Das Kriterium der **Gleichartigkeit** ist regelmäßig erfüllt, wenn **Art- oder Funktionsgleichheit** gegeben ist. **Gleichwertigkeit** wird als gegeben unterstellt werden können, wenn die Preise der zu einer Gruppe zusammengefaßten Vermögensgegenständen **nur geringfügig differenzieren** (eine Preisspanne bis zu 20 % wird als vertretbar erachtet, vgl. *ADS 1992, Rn. 134 zu § 240 HGB*).

Die Gruppenbewertung ist nach R 36 Abs. 4 EStR 1993 auch steuerlich zulässig, soweit die dort genannten Voraussetzungen erfüllt sind.

5.3.3.5 Verbrauchs- oder Veräußerungsfolgeverfahren

Die Verbrauchs- oder Veräußerungsfolgeverfahren (vielfach auch als sog. **„Sammelbewertungsverfahren"** bezeichnet) sind gemäß § 256 Abs. 1 HGB für die Bewertung **gleichartiger Gegenstände** des **Vorratsvermögens** zulässig. Soweit solche Verfahren praktiziert werden, besteht für Kapitalgesellschaften ggf. eine erweiterte Berichtserstattungspflicht im Anhang (§ 284 Abs. 2 Nr. 4 HGB).

Der Zweck, der mit der Anwendung der Verbrauchsfolgeverfahren verfolgt wird, ist vorrangig in einer **vereinfachten Ermittlung** der Anschaffungs- oder Herstellungskosten des Vorratsvermögens zu sehen, die mögliche bilanzpolitische Zielsetzung tritt demgegenüber i.d.R. in den Hintergrund. Die Verfahren sind allgemein dadurch gekennzeichnet, daß entweder eine bestimmte **zeitliche, wertmäßige** oder **konzernbezogene Verbrauchsabfolge** unterstellt wird und die Anschaffungs- oder Herstellungskosten auf der Basis dieser **Verbrauchsfolgefiktion** ermittelt werden. Die in Betracht kommenden Verfahren lassen sich wie folgt skizzieren:

(1) Fifo (first in-first out)-Verfahren

Das Fifo-Verfahren geht von der Fiktion aus, daß die zuerst angeschafften oder hergestellten Vermögensgegenstände auch zuerst wieder veräußert oder verbraucht werden. Die am Abschlußstichtag zu bewertenden Bestände entstammen demnach den zeitlich gesehen letzten Zugängen der Rechnungsperiode.

Beispiel:

Anfangsbestand 1.1	10.000 l	Bestandswert		DM 5.000,00
Zugang 20.4.	20.000 l a DM 0,60		=	DM 12.000,00
Zugang 16.8.	30.000 l a DM 0,80		=	DM 24.000,00

Endbestand 40.000 l.

In diesem Falle werden 30.000 l a DM 0,80 angesetzt, die noch zu bewertenden 10.000 l mit dem vorletzten Zugang, also 0,60 DM je l. Daraus errechnet sich ein Endbestandswert von 30.000,00 DM.

Bei sinkenden oder schwankenden Preisen während der Rechnungsperiode sind ggf. - dem Niederstwertprinzip entsprechend - Abwertungen erforderlich. Handelsrechtlich ist das Verfahren zulässig, soweit es den GoB entspricht, d.h. das Verfahren muß i.d.R. der tatsächlichen Verbrauchsfolge entsprechen.

Steuerrechtlich ist das Fifo-Verfahren nur dann zulässig, wenn durch die Art der Lagerhaltung nachgewiesen werden kann, daß die unterstellte mit der tatsächlichen Abfolge übereinstimmt (z.B. Lagerung in einem Silo).

(2) Lifo (last in-first out)-Verfahren

Beim Lifo-Verfahren wird die Fiktion des Fifo-Verfahrens umgekehrt, d.h. es wird unterstellt, daß die zuletzt angeschafften oder hergestellten Vermögensgegenstände zuerst veräußert oder verbraucht werden. Der Bestandsbewertung werden demnach die ältesten Bestände oder Zugänge der Rechnungsperiode zugrunde gelegt. Verfahrenstechnisch kann zwischen **Perioden-Lifo** (mit einmaliger Bestandsbewertung am Jahresende) und **permanentem Lifo** (mit fortlaufender Lifo-Bewertung während des Jahres) unterschieden werden.

Beispiel (Perioden-Lifo):

Anfangsbestand 1.1.	10.000 l	Bestandswert	DM 5.000,00
Zugang 20.4.	20.000 l a DM 0,60	=	DM 12.000,00
Zugang 5.11.	20.000 l a DM 0,80	=	DM 16.000,00

Endbestand: 15.000 l

Der zu bewertende Endbestand setzt sich gemäß Fiktion wie folgt zusammen:

10.000 l mit Bestandswert DM 5.000,00, 5.000 l a DM 0,60 = DM 3.000,00; der Endbestand wird mit einem Wert von DM 8.000,00 angesetzt.

Das Lifo-Verfahren ist gemäß § 6 Abs. 1 Nr. 2a EStG auch steuerrechtlich zulässig, selbst wenn unterstellte und tatsächliche Abfolge nicht übereinstimmen. Voraussetzung hierfür ist jedoch, daß das Verfahren den GoB entspricht und kein Bewertungsabschlag gemäß § 51 Nr. 2m EStG vorgenommen wird. Seit der Zulässigkeit dieser Methode für die Steuerbilanz im Zuge der Steuerreform 1990 werden die unterschiedlichen verfahrenstechnischen Ausgestaltungsmöglichkeiten z.T. sehr kontrovers diskutiert (*vgl. z.B. Coenenberg 1993, S. 127; während das Perioden-Lifo mit oder ohne „layer"-Bildung steuerrechtlich zulässig sind, vermeint die h.M. die Zulässigkeit des sog. „Index-Verfahrens"*)

Beispiel zu „layer"-Bildung:

I.d.R. wird beim Perioden-Lifo aus Anfangsbestand sowie Zu- und Abgängen der Rechnungsperiode ein neuer Bestand ermittelt, der Anfangsbestand der Folgeperiode darstellt. An Stelle eines solchen Verfahrens ist es jedoch auch zulässig, den Mehrbestand als gesonderten Posten (sog. „layer" = Ableger) fortzuführen und für jede Rechnungsperiode, die einen Mehrbestand aufweist, einen „layer" zu bilden. Soweit sich in einer Rechnungsperiode der Gesamtbestand verringert, sind die „layer" und der Basisbestand dem Lifo-Verfahren entsprechend abzubauen:

	Menge	Einzelpreis	Wert
Basisbestand 1988:	600 Stück	10,00 DM	6.000,00 DM
„Layer“ 1989:	200 Stück	11,00 DM	2.200,00 DM
„Layer“ 1990:	100 Stück	12,00 DM	1.200,00 DM
Gesamtbestand 1.1.1991:	900 Stück		9.400,00 DM

Soweit der Endbestand am 31.12.1991 nur noch 750 Stück beträgt, sind die „Layer“ der Jahre 1990 (in voller Höhe) und 1989 (anteilig 50 Stück) aufzulösen. Der Gesamtbestand/Endbestand am 31.12.1991 wird wie folgt ermittelt und bewertet:

	Menge	Einzelpreis	Wert
Basisbestand 1988:	600 Stück	10,00 DM	6.000,00 DM
„Layer“ 1989:	150 Stück	11,00 DM	1.650,00 DM
Gesamtbestand	750 Stück		7.650,00 DM

(3) Hifo (highest in-first out)-Verfahren

Im Gegensatz zu Lifo und Fifo wird hier keine zeitliche, sondern vielmehr eine wertmäßig-preisliche Abfolge unterstellt. Das Verfahren geht von der Fiktion aus, daß die zu den höchsten Preisen angeschafften Vermögensgegenstände zuerst veräußert oder verbraucht werden. Der Bestandsbewertung werden somit die Zugänge mit den niedrigsten Anschaffungskosten zugrunde gelegt, so daß ein extrem vorsichtiger Wertausweis der Vorräte erreicht wird. Verfahrenstechnisch kann eine Ausgestaltung als **Perioden-** oder **permanentes** Hifo-**Verfahren** in Betracht kommen.

Die handelsrechtliche Zulässigkeit ist zu bejahen (*ADS 1992, Rn. 59 ff. zu § 256 HGB*), steuerrechtlich ist das Verfahren jedoch nicht zulässig.

(4) Lofo (lowest in-first out)-Verfahren

Wie Hifo unterstellt auch das Lofo-Verfahren eine wertmäßige, preisliche Verbrauchsabfolge, d.h. die Fiktion, daß Vermögensgegenstände mit den niedrigsten Anschaffungs- oder Herstellungskosten zuerst verbraucht oder veräußert werden. Der Endbestand wird damit mit den höchstmöglichen Preisen der Zugänge der Rechnungsperiode angesetzt. Verfahrenstechnisch ist auch hier die Ausgestaltung als Perioden- oder permanentes Verfahren möglich.

Das Lofo-Verfahren verstößt gegen das Vorsichtsprinzip und ist daher handelsrechtlich nicht zulässig (*ADS 1992, Rn. 65 zu § 256 HGB*), steuerrechtliche Zulässigkeit ist ebenfalls nicht gegeben.

5.3.4 Fortgeführte Kostenwerte

Gemäß § 253 Abs. 2 HGB sind bei Gegenständen des Anlagevermögens, deren Nutzung zeitlich begrenzt ist, die Anschaffungs- oder Herstellungskosten um **planmäßige Abschreibungen** zu vermindern. Die um planmäßige Abschreibungen verminderten Anschaffungs- oder Herstellungskosten lassen sich als „fortgeführte Kostenwerte" bezeichnen.

5.3.4.1 Planmäßige Abschreibungen

Durch die Vornahme planmäßiger Abschreibungen auf Gegenstände des Anlagevermögens, deren Nutzung zeitlich begrenzt ist, wird vorrangig dynamischen aber auch statischen Gesichtspunkten Rechnung getragen:

- Durch Verrechnung von Abschreibungen wird eingetretenen Wertminderungen bei Gegenständen des Anlagevermögens entsprochen und sichergestellt, daß diese Wertminderung bei Ermittlung des Wertansatzes berücksichtigt werden. Damit kann in **statischer Sicht** eine zutreffende Darstellung der **Vermögenslage** erreicht werden.
- In **dynamischer Sicht** kommt der Abschreibung die Aufgabe zu, durch Verteilung der Anschaffungs- oder Herstellungskosten auf die Nutzungsdauer des Anlagegegenstandes eine periodengerechte Aufwandserfassung sicherzustellen und damit ein zutreffendes Bild der **Ertragslage** zu vermitteln.

Da planmäßige Abschreibungen auf der Basis „historischer" Anschaffungs- oder Herstellungskosten vorgenommen werden, kann letztlich nur die nominale Kapitalerhaltung sichergestellt werden.

Die Vornahme planmäßiger Abschreibungen entspricht dem Grundsatz der Bewertungsstetigkeit, formal kann bei **Nichtkapitalgesellschaften direkt oder indirekt**, bei **Kapitalgesellschaften** dagegen i.d.R. **nur direkt** abgeschrieben werden. Dem steht nicht entgegen, daß der Anlagenspiegel einer Kapitalgesellschaft i.S.d. § 268 Abs. 2 HGB sowohl Brutto- wie auch Nettoangaben beinhaltet.

Planmäßig abzuschreiben sind alle Anlagengegenstände deren **Nutzung begrenzt** ist; hierfür können unterschiedliche Gründe in Betracht kommen:

- **Abnutzung** (z.B. von Maschinen durch bestimmungsgemäßen Gebrauch) oder **Ausbeutung** (z.B. Abbau einer Kiesgrube)
- **technischer** oder **wirtschaftlicher Verschleiß** (z.B. durch Produktionsumstellung oder technischen Fortschritt)
- **Nutzungsdauerbegrenzung** durch **Gesetz** oder **Vertrag** (z.B. vereinbarte Lizenzdauer, zeitlich limitierter Patentschutz).

Nicht den Bestimmungen über die planmäßigen Abschreibungen unterliegen Finanzanlagen, unbebaute Grundstücke, die nicht ausgebeutet werden, Anzahlungen sowie Anlagen im Bau.

Aus dem **Grundsatz der Planmäßigkeit** der Abschreibung ergibt sich die Notwendigkeit, einen **Abschreibungsplan** zu erstellen, der durch folgende Merkmale bestimmt ist (*ADS 1992, Rn. 319 zu § 253 HGB*):

- **Anschaffungs- oder Herstellungskosten** des abnutzbaren Vermögensgegenstandes,
- voraussichtliche **Nutzungsdauer** oder geschätztes **Leistungspotential** des Vermögensgegenstandes,
- **Abschreibungsmethode,**
- eventueller **Restwert** am Ende der Nutzung (die Berücksichtigung eines Restwertes ist weder handels- noch steuerrechtlich vorgeschrieben; in der Praxis wird ein solcher i.d.R. nicht berücksichtigt).

Die Nutzungsdauer bestimmt sich i.d.R. nach der in den amtlichen Abschreibungstabellen der Finanzverwaltung (AfA-Tabellen) ausgewiesenen „betriebsgewöhnlichen" Nutzungsdauer, differenziert nach Wirtschaftsgütern, Branchen und Nutzungsintensität. Abweichungen der betriebsindividuellen Nutzungsdauer sind grundsätzlich zulässig, soweit dies durch die betrieblichen Gegebenheiten belegt werden kann.

Handelsrechtlich ist keine bestimmte **Abschreibungsmethode** vorgeschrieben, das Verfahren muß lediglich den GoB entsprechen, d.h. eine willkürfreie und periodengerechte Aufwandserfassung sicherstellen. Dem Begriff „planmäßige Abschreibung" des Handelsrechts entsprechen steuerrechtlich die Termini „**Absetzung für Abnutzung** (AfA)" und „**Absetzung für Substanzverringerung** (AfS)". Sowohl handels- wie auch steuerrechtlich kommen zeitbezogene und leistungsbezogene Abschreibungsmethoden in Betracht; zu den zeitbezogenen Methoden sind die **linearen, degressiven** und **progressiven Methode** zu rechnen.

(1) Lineare Abschreibung

Bei der linearen Abschreibung werden während der gesamten Nutzungsdauer konstante periodische Abschreibungsbeträge verrechnet: unterstellt wird eine im Zeitablauf gleichbleibende Wertminderung des Vermögensgegenstandes. Steuerrechtlich ist die lineare Abschreibung gemäß § 7 Abs. 1 EStG der Regelfall, ein Übergang von der degressiven auf die lineare Abschreibung ist daher gemäß § 7 Abs. 3 EStG stets zulässig und zwar gleichermaßen für bewegliche wie unbewegliche Vermögensgegenstände. Der Wechsel auf die lineare Abschreibung wird für die Restnutzungsdauer i.d.R. dann vollzogen, wenn sich bei linearer Restabschreibung höhere Abschreibungsbeträge ergeben, als dies bei Fortführung der geometrisch-degressiven Abschreibung der Fall wäre.

(2) Degressive Abschreibung

Bei der degressiven Abschreibung werden während der Nutzungsdauer periodisch fallende Abschreibungsbeträge verrechnet. Dadurch kann u.U. der wirtschaftlichen Entwertung sowie dem im Zeitablauf steigenden Reparaturaufwand aufwandsmäßig eher entsprochen werden, als dies bei der linearen Abschreibung der Fall ist. Hinzu kommt, daß in den ersten Jahren der (ausschüttungsfähige bzw. zu versteuernde) Gewinn stärker gemindert wird.

Bei der **geometrisch-degressiven** Abschreibung wird ein konstanter Abschreibungsprozentsatz zugrunde gelegt, der im 1. Jahr auf die Anschaffungs- oder Herstellungskosten, in den Folgejahren auf die Restbuchwerte bezogen wird. Da eine Abschreibung auf den Wert „Null" nicht erreicht werden kann, wird in der Praxis bei dieser Buchwertabschreibung regelmäßig während der Nutzungsdauer auf die lineare Methode gewechselt. Handelsrechtlich ist nach h.M. ein Abschreibungsprozentsatz bis zum 3,5-fachen des linearen Satzes zulässig; steuerrechtlich dürfen gemäß § 7 Abs. 2 EStG 30 % nicht überschritten werden. Die geometrisch-degressive Abschreibung ist steuerrechtlich zudem auf bewegliche Wirtschaftsgüter beschränkt.

Als mögliche Formen der **arithmetisch-degressiven** Abschreibung kommen handelsrechtlich die sog. digitale und die Abschreibung in fallenden Staffelsätzen in Betracht. Da beide Verfahren steuerrechtlich nicht mehr zulässig sind, kommt diesen Methodę keine praktische Bedeutung zu. Eine Ausnahme stellt lediglich die Abschreibung nach § 7 Abs. 5 EStG dar: soweit die Voraussetzungen hierfür erfüllt sind, können Gebäude oder Gebäudeteile in fallenden Staffelsätzen abgeschrieben werden.

Beispiel geometrisch-degressive Abschreibung:

Anschaffungskosten einer Maschine 100.000,00, Nutzungsdauer 5 Jahre, ein evtl. Restwert am Ende der Nutzungsdauer bleibt unberücksichtigt. In der Handels- und Steuerbilanz wird mit dem steuerlich zulässigen Höchstsatz von 30 % geometrisch-degressiv abgeschrieben.

Jahr	geometrisch - degressive Abschreibung	Restbuchwert	lineare „Rest-"Abschreibung
1	30.000,00 DM	70.000,00 DM	
2	21.000,00 DM	49.000,00 DM	
3	14.700,00 DM	34.300,00 DM	
4	10.290,00 DM	24.010,00 DM	
5	7.203,00 DM	16.807,00 DM	
6	5.042,10 DM	11.764,90 DM	
7	3.529,47 DM	8.235,43 DM	
8			2.745,14 DM
9			2.745,14 DM
10			2.745,15 DM

(3) Progressive Abschreibung

Die progressive Abschreibung stellt eine Umkehrung des Abschreibungsverlaufes der degressiven Abschreibung dar, so daß regelmäßig geometrische oder arithmetische Progressionsverläufe gegeben sein können. Handelsrechtlich ist die progressive Abschreibung nur in Ausnahmefällen zulässig, steuerrechtlich ist sie dagegen nicht zugelassen.

(4) Leistungsbezogene Abschreibung

Bei dieser Methode wird nach der Inanspruchnahme oder Leistungsabgabe eines Vermögensgegenstandes abgeschrieben. Ausgangsgrößen sind die Anschaffungs- oder Herstellungskosten sowie das geschätzte Leistungspotential (z.B. Maschinenlaufzeit in Stunden gesamt, Gesamtkilometerleistung). Die Höhe der jährlichen Abschreibungsbeträge bestimmt sich nach dem periodischen Umfang der Leistungsabgabe oder Inanspruchnahme.

Die Methode ist handels- und steuerrechtlich zulässig, steuerrechtlich allerdings nur für bewegliche Vermögensgegenstände, soweit die Voraussetzungen gemäß § 7 Abs. 1 S. 4 EStG erfüllt sind. Bei Vermögensgegenständen, die einem Substanzverzehr unterworfen sind (z.B. Steinbruch), entspricht die leistungsbezogene Abschreibung der AfS gemäß § 7 Abs.6 EStG.

Beispiel:

Anschaffungskosten eines Firmen-PkW 40.000,00 DM. Betriebsüblich wird das Fahrzeug nach 100.000 Fahrkilometern durch ein Neufahrzeug ersetzt. Abschreibung je Fahr-km somit 0,40 DM, multipliziert mit der Jahreskilometerleistung errechnet sich der Jahresabschreibungsbetrag.

Bei Anwendung einer zeitabhängigen Abschreibungsmethode ist in der Periode des Zu- oder Abgangs grundsätzlich pro rata temporis, also zeitanteilig, abzuschreiben. Bei beweglichen Wirtschaftsgütern kann steuerrechtlich diesbezüglich das **Vereinfachungsverfahren** gemäß R 44 Abs. 2 EStR 1993 angewandt werden: für Vermögensgegenstände, die im ersten Halbjahr angeschafft oder hergestellt wurden, kann die Volljahresabschreibung, für Vermögensgegenstände, die im zweiten Halbjahr zugegangen sind, kann die Halbjahresabschreibung verrechnet werden. Handelsrechtlich entspricht diese Übung den GoB.

5.3.4.2 Sofortabschreibung geringwertiger Wirtschaftsgüter

Geringwertige Wirtschaftsgüter, d.h. abnutzbare Vermögensgegenstände, deren Anschaffungs- oder Herstellungskosten DM 800,00 (ohne Umsatzsteuer) nicht übersteigen, können gemäß § 6 Abs. 2 EStG im Jahr des Zugangs sofort, d.h. in voller Höhe abgeschrieben werden. Dem bilanzierenden Unternehmen wird damit ein Wahlrecht zwischen normaler, planmäßiger Abschreibung und Sofortabschreibung eingeräumt; i.d.R. wird die Möglichkeit der Vollabschreibung genutzt, da hiermit nicht nur eine Arbeitsvereinfachung verbunden ist, sondern über die Gewinnminderung des Zugangsjahres ein Steuerverlagerungseffekt genutzt werden kann. Die Inanspruchnahme der Sofortabschreibung gemäß § 6 Abs. 2 EStG setzt voraus,

- daß es sich um ein **bewegliches,** abnutzbares **Wirtschaftsgut** handelt, das
- **selbständig nutzungsfähig** ist (maßgeblich hierfür ist die Zweckbestimmung des Wirtschaftsgutes, vgl. *BFH vom 15.3.1991, BStBl. II 1991, 682*; zur Negativabgrenzung der selbständigen Nutzung vgl. auch R 40 Abs. 1 Nrn. 1 bis 3 EStR 1993)

  und
- durch die Buchhaltung, ein Bestandsverzeichnis nach R 31 EStR oder ein gesondertes Verzeichnis die geringwertigen Wirtschaftsgüter nach Tag der Anschaffung oder Herstellung sowie Höhe der Anschaffungs- oder Herstellungskosten **nachgewiesen werden** (bei abnutzbaren Anlagegütern mit Anschaffungs- oder Herstellungskosten bis zu 100,00 DM ist der Bestandsnachweis entbehrlich).

5.3.4.3 Abschreibung des Firmenwertes

Nach § 255 Abs. 4 S. 2 HGB muß ein aktivierter Firmenwert periodisch zu mindestens einem Viertel abgeschrieben werden; bei dieser Abschreibung handelt es sich jedoch um keine planmäßige, sondern um eine **beschleunigte Abschreibung**. Soweit der Firmenwert jedoch gemäß § 255 Abs. 4 S. 3 HGB planmäßig auf die Rechnungsperioden verteilt wird, in denen er voraussichtlich genutzt werden kann, liegt eine planmäßige Abschreibung vor. Steuerrechtlich ist ein entgeltlich erworbener Firmenwert aktivierungspflichtig und muß gemäß § 7 Abs. 1 S. 3 EStG über einen Zeitraum von 15 Jahren abgeschrieben werden.

5.3.5 Rückzahlungsbetrag

Gemäß § 253 Abs. 1 S. 2 HGB sind **Verbindlichkeiten** mit ihrem Rückzahlungsbetrag anzusetzen. Eine Legaldefinition existiert nicht; Rückzahlungsbetrag ist jedoch regelmäßig der Betrag, der zur Erfüllung einer Schuld aufgebracht werden muß, so daß er vielfach auch als **Erfüllungsbetrag** bezeichnet wird. Der Rückzahlungs- oder Erfüllungsbetrag ist i.d.R. wertmäßig durch Vertrag oder Eingangsrechnung bestimmt; steht der Rückzahlungsbetrag am Abschlußstichtag noch nicht exakt fest, muß dieser u.U. (vorsichtig) geschätzt werden, ggf. ist eine Rückstellung zu bilden. Bei **Währungsverbindlichkeiten** entspricht der Rückzahlungsbetrag i.d.R. dem Briefkurs im Zeitpunkt der buchhalterischen Erfassung der Verbindlichkeit. Die Bewertung der Währungsverbindlichkeit am Abschlußstichtag bestimmt sich nach dem Imparitätsprinzip, d.h. steigende Wechselkurse führen zu einem höheren Ansatz der Verbindlichkeit gegenüber dem Zeitpunkt der Erstverbuchung, während sinkende Wechselkurse nur bis zur Untergrenze des verbuchten Rückzahlungsbetrages berücksichtigt werden.

Beispiel:

Währungsverbindlichkeit: 100.000 $

Briefkurs im Zeitpunkt der Verbuchung: 1,80 DM; Rückzahlungsbetrag 180.000 DM

Briefkurs am Abschlußstichtag:

a) 2,00 DM: Wertansatz der Verbindlichkeit: 200.000 DM

b) 1,60 DM: Wertansatz der Verbindlichkeit: 180.000 DM

Bei **Zero-Bonds** (Null-Coupon-Anleihen) werden die Zinszahlungen nicht periodisch, sondern erst am Ende der Laufzeit geleistet und sind in einem gegenüber dem Ausgabebetrag höheren Rücknahmebetrag enthalten. Nach h.M. ist der Rückzahlungsbetrag in diesem Falle nach der sog. **Nettomethode** zu ermitteln. Danach wird der Rücknahmebetrag in einen Kapital- und Zinsanteil aufgespalten. Rückzahlungsbetrag ist der Kapitalanteil zuzüglich der bis zum Abschlußstichtag aufgelaufenen, noch nicht ausgezahlten Zinsen. Steuerrechtlich wird der Rückzahlungsbetrag analog ermittelt (*vgl. BMF-Schreiben vom 5.3.1987, BStBl. I, 1987, 394*).

Sachleistungsverbindlichkeiten, die durch Lieferung von Vermögensgegenständen oder das Erbringen von Dienstleistungen zu erfüllen sind, werden i.d.R. nicht bilanziert, da sie Bestandteil schwebender Geschäfte sind. Soweit Unterschiede zwischen der geldlich bewerteten Sachleistungsverpflichtung und der entsprechenden Forderung gegeben sind, muß eine Drohverlustrückstellung gebildet werden (*vgl. ADS 1992, Rn. 106 zu § 253 HGB*).

5.3.6 Barwert

Gemäß § 253 Abs. 1, S. 2 HGB sind **Rentenverpflichtungen**, für die eine Gegenleistung nicht mehr zu erwarten ist, mit ihrem **Barwert** anzusetzen. Der Barwert wird i.d.R. als abgezinster heutiger Wert der künftig wiederkehrenden Versorgungsleistung ermittelt; dabei wird nach versicherungsmathematischen Grundsätzen verfahren (Zinseszinsen, Sterbetafeln usw. werden berücksichtigt). Eine Gegenleistung des Rentenberechtigten ist regelmäßig nicht mehr zu erwarten, wenn a) der Versorgungsfall eingetreten ist und die Rentenzahlung begonnen hat oder b) der Rentenberechtigte z.B. aus dem Unternehmen ausgeschieden ist, das erworbene Anwartschaftsrecht fortbesteht, jedoch noch keine Rentenzahlungen geleistet werden. Im erstgenannten Fall erfolgt der Ansatz zum **Rentenbarwert**, im zweitgenannten Fall zum **Anwartschaftsbarwert**. Der der Barwertermittlung zugrunde zu legende Rechnungszinssatz soll nach h.M. 3 % nicht unterschreiten, die Obergrenze wird i.d.R. durch den durchschnittlichen Kapitalmarktzins für langfristiges Fremdkapital bestimmt.

5.3.7 Tages- oder Zeitwerte

Neben den vorgenannten Werten, die Ausfluß des Anschaffungswert- oder Nominalwertprinzips darstellen, kommen aufgrund des Imparitätsprinzips Tages- oder Zeitwerte als Bewertungsmaßstab in Betracht. Tages- oder Zeitwerte werden handelsrechtlich als **aus dem Börsen- oder Marktpreis** am Abschlußstichtag **abgeleitete** oder am Abschlußstichtag **beizulegende Werte** umschrieben.

5.3.7.1 Am Abschlußstichtag beizulegender Wert

Tageswert für Vermögensgegenstände des **Anlagevermögens** ist gemäß § 253 Abs. 2 S. 3 HGB der **Wert, der ihnen am Abschlußstichtag beizulegen** ist. Eine Legaldefinition dessen, was beizulegender Wert ist und wie er ermittelt wird, enthält das HGB nicht „*Es ist daher davon auszugehen, daß .. der Wert nach Abs. 2 Satz 3 kein bestimmter Wert ist, sondern der Wert, der nach dem Zweck der Bestimmung*

(Verhütung eines zu hohen Bilanzansatzes) und unter Berücksichtigung der Verhältnisse des Einzelfalles der sinnvollste Wert ist" (*ADS 1992, Rn. 409 zu § 253 HGB*). Der beizulegende Wert wird somit regelmäßig über **Hilfswerte** zu bestimmen sein. Als Hilfswerte kommen in Betracht:

- Der **Wiederbeschaffungswert** wird i.d.R. beizulegender Wert sein, da Gegenstände des Anlagevermögens auf Dauer dem Geschäftsbetrieb dienen und während des bestimmungsgemäßen Gebrauchs nicht für den Verkauf bestimmt sind. Der Wiederbeschaffungswert kann bei abnutzbaren Gegenständen des Anlagevermögens (z.B. Maschinen, Kraftfahrzeuge) als **Wiederbeschaffungsneuwert** (ggf. abzüglich planmäßiger Abschreibungen) oder **Wiederbeschaffungszeitwert** ermittelt werden. **I.d.R.** wird, von Spezialaggregaten abgesehen, der Wiederbeschaffungs**zeitwert** zugrunde zu legen sein.

  Bei Gegenständen des Anlagevermögens, für die ein **Börsenpreis** notiert wird (z.B. Wertpapiere), ist dieser Wiederbeschaffungswert.

- Der **Einzelveräußerungswert** wird nur in Ausnahmefällen als beizulegender Wert in Betracht kommen können, wenn z.B. Anlagegegenstände veräußert werden sollen oder stillgelegte Anlagen bewertet werden, die in absehbarer Zeit nicht mehr betrieblich genutzt werden.

- Bei Anlagegegenständen, die in gleicher Form nicht wiederbeschafft werden können (z.B. Patente, Beteiligungen), wird der beizulegende Wert vielfach als **Ertragswert** ermittelt (*vgl. dazu ADS 1992, Rn. 418 ff. zu § 253 HGB*). Ertragswert ist der Kapitalwert, d.h. der Saldo der Barwerte künftiger Einnahmen und Ausgaben.

Auch Gegenstände des **Umlaufvermögens**, für die kein Börsen- oder Marktpreis festzustellen ist, sind gemäß § 253 Abs. 2 S. 3 HGB mit dem gegenüber den Anschaffungs- oder Herstellungskosten niedrigeren **beizulegenden Wert am Abschlußstichtag** anzusetzen. Der beizulegende Wert ist auch bei Gegenständen des Umlaufvermögens über Hilfswerte zu ermitteln. Um eine verlustfreie Bewertung sicherstellen zu können, wird dabei - anders als beim Anlagevermögen - Absatzmarktbezug gefordert. Da jedoch das Zurechnungsproblem nur bedingt lösbar ist, wird regelmäßig differenziert verfahren werden müssen:

- Bei **Roh-, Hilfs- und Betriebsstoffen** ergibt sich der beizulegende Wert aus den **Wiederbeschaffungs- oder Reproduktionskosten** (Beschaffungsmarktbezug).
- Bei **fertigen und unfertigen Erzeugnissen** ergibt sich der beizulegende Wert aus dem geschätzten realisierbaren **Veräußerungserlös** (Absatzmarktbezug, retrograde Ermittlung).
- Für **Handelswaren** können demgegenüber grundsätzlich die **Preise des Absatz- oder Beschaffungsmarktes** in Betracht kommen (sog. „doppeltes Niederstwertprinzip").

- Bei **Forderungen** ist der beizulegende Wert unter Berücksichtigung des jeweiligen Bonitätsrisikos einzeln oder pauschal zu ermitteln. Dem allgemeinen Kreditrisiko kann durch weitere Abschläge Rechnung getragen werden, Nichtkapitalgesellschaften haben zudem die Möglichkeit, Abschreibungen nach § 253 Abs. 4 HGB vorzunehmen.

5.3.7.2 Aus dem Börsen- oder Marktpreis abgeleiteter Wert

Bei Gegenständen des **Umlaufvermögens** wird neben dem beizulegenden Wert gemäß § 253 Abs. 3 S. 1 HGB als Tageswert der **Wert** bestimmt, **der sich aus dem Börsen- oder Marktpreis am Abschlußstichtag ergibt.** Die dabei notwendige Prüfabfolge wird in § 253 Abs. 3 HGB festgelegt. Zunächst ist der Wert zu ermitteln, der sich aus dem Börsen- oder Marktpreis ergibt; ist ein Börsen- oder Marktpreis nicht feststellbar, ist der beizulegende Wert zu bestimmen. **Börsenpreis** ist der an einer amtlichen Börse aufgrund tatsächlicher Umsätze im amtlichen Handel oder im geregelten Freiverkehr festgestellte Preis für börsengängige Wertpapiere oder Waren. **Marktpreis** ist der Preis, der für Waren einer bestimmten Gattung und durchschnittlicher Qualität am Abschlußstichtag an einem Handelsplatz im Durchschnitt gezahlt wird. Sowohl beim Börsen- wie auch beim Marktpreis ergibt sich der „abgeleitete Wert“ unter Berücksichtigung eventueller Anschaffungsnebenkosten.

5.3.8 Zukunftswert

Während die Bewertung i.d.R. auf die am Abschlußstichtag gegebenen Verhältnisse abstellt (Stichtagsbewertung), **kann** unter bestimmten Voraussetzungen bei der Bewertung des Umlaufvermögens mit dem Ansatz eines Zukunftswertes die künftige Entwicklung wertmäßig antizipiert werden. Der Ansatz eines gemäß § 253 Abs. 3 S. 3 HGB zulässigen Zukunftswertes setzt voraus, daß

- **Wertschwankungen** zu erwarten sind, die sich auf den Wertansatz auswirken,
- die Wertschwankungen in der **nächsten Zukunft** eintreten,
- der **Wertansatz nach vernünftiger kaufmännischer Beurteilung erforderlich** ist, um eine Abschreibung in der Zukunft zu verhindern.

Die Antizipation möglicher künftiger Verluste durch Ansatz des niedrigeren Zukunftswertes kommt insbesondere für Weltmarktrohstoffe, Fertigerzeugnisse, Waren und Wertpapiere in Betracht, die im Zeitablauf erheblichen Preisschwankungen unterworfen sind. Das Kriterium „nächste Zukunft“ wird nach h.M. als Zeitraum bis zu 2 Jahren zu interpretieren sein (so bereits BegrRegE zu § 155 AktG 1965 unter Verweis auf eine Entscheidung des Reichsgerichts vom 11.2.1927, RGZ 116, 119). Die „vernünftige kaufmännische Beurteilung" erfordert die willkürfreie und objektive Würdigung und Prüfung der Eintrittswahrscheinlichkeit einer Wertminderung sowie des notwendigen Wertabschlags.

Beispiel:

Eine Kaffeerösterei hat einen Lagerbestand an noch nicht verarbeiteten Kaffeebohnen von 50.000 kg, die zu DM 1,00 je kg bezogen wurden. Am Abschlußstichtag liegt der amtlich notierte Preis bei DM 1,20 je kg. Der Bestand müßte gemäß § 253 Abs. 1 HGB zu DM 50.000,00 in der Bilanz ausgewiesen werden. Ist nun bei vernünftiger kaufmännischer Beurteilung damit zu rechnen, daß der Weltmarktpreis in der kommenden Periode um z.B. DM 0,40 je kg sinken wird, kann der Bestand mit DM 40.000,00 in der Bilanz ausgewiesen werden, die künftige Wertentwicklung wird antizipiert.

5.3.9 Vernünftiger kaufmännischer Wert

Ein Wertansatz, der nach „vernünftiger kaufmännischer Beurteilung" zu ermitteln ist, kommt für Vermögensgegenstände und Rückstellungen in Betracht.

- **Vermögensgegenstände:** Nichtkapitalgesellschaften wird gemäß § 253 Abs. 4 HGB die Möglichkeit eingeräumt, über die Wertansatz- und Methodenwahlrechte hinaus zusätzliche Abschreibungen vorzunehmen und die Aktiva mit einem nach „vernünftiger kaufmännischer Beurteilung" ermittelten Wert anzusetzen. Während planmäßige, wie auch außerplanmäßige Abschreibungen üblicherweise konkreten Objektbezug aufweisen, fehlt dieser bei der Abschreibung auf den vernünftigen kaufmännischen Wert gemäß § 253 Abs. 4 HGB. Daraus folgt, daß Abschreibungen auf Vermögensgegenstände gemäß § 253 Abs. 4 HGB losgelöst von der Wertentwicklung eines konkreten Vermögensgegenstandes vorgenommen werden können, soweit der Bilanzierende dies aus wirtschaftlichen Gründen für geboten hält. Der Ansatz eines beliebig niedrigen vernünftigen kaufmännischen Wertes kommt im Sinne einer Risikovorsorge zum Ausgleich des allgemeinen Unternehmensrisikos in Betracht (*so z.B. WP-Handbuch 1985/86, S. 104; ADS 1992, Rn. 529 zu § 253 HGB*), aber auch zur Liquiditätssicherung, stillen Selbstfinanzierung und Sicherung einer gleichmäßigen Gewinnausschüttung an die Anteilseigner. Mit dem vernünftigen kaufmännischen Wert können grundsätzlich alle Vermögensgegenstände angesetzt werden, ausgenommen sind lediglich die flüssigen Mittel, da diese weder bewertet noch abgeschrieben werden können (Ausnahme: realer Kassenfehlbetrag). Der Ansatz des vernünftigen kaufmännischen Wertes wird lediglich durch das Gebot der Willkürfreiheit begrenzt: letztendlich steht dem mit dem Ansatz dieses Wertes verfolgten Risikovorsorgeziel bei Personenhandelsgesellschaften der Anspruch der Gesellschafter auf angemessene Beteiligung am Gewinn gegenüber. Durch Ansatz eines Wertes gemäß § 253 Abs. 4 HGB könnten nahezu in beliebiger Höhe stille Rücklagen gebildet und Gewinnanteile der Ausschüttung an Anteilseigner (insbesondere an Kommanditisten und stille Gesellschafter, die nicht an der Geschäftsführung beteiligt sind) entzogen werden. Die Frage, inwieweit der angemessene, ausschüttungsfähige Gewinn durch Wertansatzentscheidungen gemäß § 253 Abs. 4 HGB nach unten korrigiert werden kann, wird i.d.R. unternehmensspezifisch zu beantworten sein. Kriterien könnten z.B. Unternehmenszweck und branchenübliche Gegebenheiten sein. Dem Willkürverbot wird durch Abschreibungen gemäß § 253 Abs. 4 HGB wohl regelmäßig dann nicht entsprochen, wenn sich der ausschüttungsfähige Gewinn dadurch um mehr als die Hälfte vermindert (*vgl. z.B. Großfeld 1987, S. 707; Arbeitskreis „Steuern und Revision" 1989, S. 2222*).

Bei **Kapitalgesellschaften** ist der Ansatz eines vernünftigen kaufmännischen Wertes gemäß § 279 Abs. 1 HGB nicht zulässig.

- **Rückstellungen** sind gemäß § 253 Abs. 1, S. 2 HGB nur in Höhe des Betrages anzusetzen, der „nach vernünftiger kaufmännischer Beurteilung notwendig" ist. Der vernünftige kaufmännische Wert wird nach h.M. eher unter pessimistischen Annahmen, d.h. eher zu hoch als zu niedrig, ermittelt werden müssen, damit dem Grundsatz der Vorsicht dem Realisations- und Imparitätsprinzip entsprochen werden kann. Inwieweit bei Verbindlichkeitsrückstellungen im Rahmen der Wertermittlung eine Abzinsung auf den Barwert in Betracht kommen kann, ist strittig.

Schematisch lassen sich die Möglichkeiten des Ansatzes eines vernünftigen kaufmännischen Wertes folgendermaßen zusammenfassen:

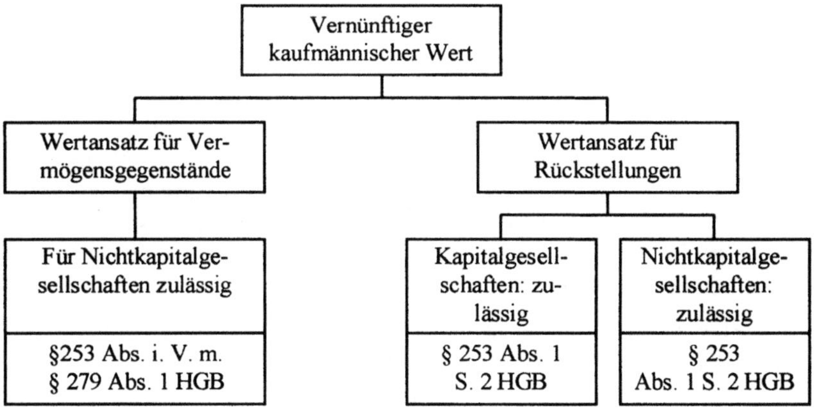

Abb. 32: Möglichkeiten des Ansatzes eines „vernünftigen kaufmännischen Wertes"

5.3.10 Steuerlich zulässige Werte

Unter bestimmten Voraussetzungen räumt das Steuerrecht den Steuerpflichtigen steuerliche Vergünstigungen in Form von Sonderabschreibungen ein, durch die z.B. bestimmte Regionen (§ 4 Fördergebietsgesetz) oder bestimmte Unternehmen (§ 7g EStG) gefördert werden; darüber hinaus können z.B., soweit die Voraussetzungen hierfür vorliegen, ein Importwarenabschlag gemäß § 80 EStDV vorgenommen und stille Rücklagen gemäß § 6b EStG und R 35 EStR auf Ersatzwirtschaftsgüter übertragen werden. Die Inanspruchnahme dieser steuerlichen Vergünstigungen setzt dabei gemäß § 5 Abs. 1 S. 2 EStG voraus, daß in der Handelsbilanz ein korrespondierender Wertansatz ausgewiesen wird und damit quasi eine „**Einheitsbilanz**" erstellt werden kann, die gleichermaßen als Handels- und Steuerbilanz fungiert. Dazu wird durch § 254 S. 1 HGB ein **Wahlrecht** zur Vornahme von Abschreibungen eingeräumt, um Vermögensgegenstände in der Handelsbilanz mit ihren steuerrechtlich zulässigen Werten ansetzen zu können, die unter den handelsrechtlich möglichen Wertansätzen liegen. Durch die Notwendigkeit zur Wahrnehmung steuerlicher Vergünstigungen einen niedrigeren als den nach handelsrechtlichen Grundsätzen gebotenen Wert ausweisen zu müssen, wird die Vermögens- und Ertragslage in der Handelsbilanz durch die umgekehrte Maßgeblichkeit nicht unerheblich verfälscht.

Für **Einzelunternehmen und Personenhandelsgesellschaften** gilt das Wahlrecht gemäß § 254 S. 1 HGB uneingeschränkt, ein Wertaufholungsgebot bei Wegfall des Grundes ist gemäß § 254 S. 2 i.V.m. § 253 Abs. 5 HGB nicht zu beachten. Unabhängig hiervon wird dem Wahlrecht gemäß § 254 S. 1 HGB bei Nichtkapitalgesellschaften nur geringe Bedeutung zukommen, da in praxi i.d.R. die sehr weitgehenden Abschreibungsmöglichkeiten gemäß § 253 Abs. 4 HGB ausreichenden und das Wahlrecht umfassenden Abwertungsspielraum beinhalten (*vgl. ADS 1992, Rn. 5 zu § 254 HGB*).

Kapitalgesellschaften dürfen gemäß § 279 Abs. 2 HGB Abschreibungen nach § 254 HGB allerdings nur insoweit vornehmen, als die steuerrechtliche Anerkennung eines Wertansatzes von einem entsprechenden Handelsbilanzansatz abhängig gemacht wird. Im Zuge des Steuerreformgesetztes und der damit verbundenen Einfügung des Satzes 2 in § 5 Abs. 1 EStG wurde nunmehr jedoch klargestellt, daß die umgekehrte Maßgeblichkeit ab VZ 1990 auf alle steuerlichen Bilanzierungs- und Bewertungswahlrechte anzuwenden ist.

§ 281 Abs. 1 HGB räumt Kapitalgesellschaften grundsätzlich das Wahlrecht ein, steuerliche Sonderabschreibungen so vorzunehmen, daß der Unterschiedsbetrag zwischen der steuerlich zulässigen und der handelsrechtlich gebotenen Bewertung als „Wertberichtigung" in einen Sonderposten mit Rücklageanteil eingestellt wird. In solchen Fällen sind in der Bilanz oder im Anhang die Vorschriften anzugeben, nach denen die „Wertberichtigung" gebildet wurde. Die „Wertberichtigung" ist unbeschadet steuerrechtlicher Vorschriften aufzulösen, wenn der Vermögensgegenstand, für den sie gebildet wurde, aus dem Unternehmen ausscheidet oder die steuerrechtliche „Wertberichtigung“ durch eine handelsrechtliche Abschreibung ersetzt wird. Im Gegensatz zu § 254 S. 1 HGB beinhaltet § 281 Abs. 1 HGB kein Bewertungs- sondern lediglich ein **Ausweiswahlrecht**, durch das jedoch erhebliche bilanzpolitische Spielräume eröffnet werden (*vgl. dazu ausführlich ADS 1992, Rn. 16 ff. zu § 281 HGB*). Insoweit ist es konsequent, daß die Inanspruchnahme steuerlicher Sonderabschreibungsmöglichkeiten mit weitgehenden Angabepflichten im Anhang verbunden wird; so ist z.B. gemäß § 285 Nr. 5 HGB anzugeben, in welchem Ausmaß das Jahresergebnis durch in der zurückliegenden oder in früheren Rechnungsperioden vorgenommene steuerliche Sonderabschreibungen belastet wurde und welche erheblichen künftigen Belastungen sich aus einer solchen Bewertung ergeben werden.

Beispiel:

Anschaffungskosten eines Ersatzwirtschaftsgutes 100.000,00 DM, übertragbarer Veräußerungsgewinn gemäß R 35 EStR 1993 30.000,00 DM (= aufgelöste und anteilige berücksichtigte stille Rücklage), Nutzungsdauer 5 Jahre, lineare Abschreibung, ein evtl. Restwert am Ende der Nutzungsdauer bleibt unberücksichtigt. Rechtsform AG

Durch die umgekehrte Maßgeblichkeit ist steuerlich eine Übertragung der aufgelösten stillen Rücklage auf das Ersatzwirtschaftsgut von einem entsprechenden Wertansatz der Handelsbilanz abhängig.

Kapitalgesellschaften haben grundsätzlich die Möglichkeit, eine nur steuerrechtlich zulässige Abschreibung aktivisch (= Erhöhung der kumulierten Abschreibungen) oder passivisch (Einstellung in einen Sonderposten mit Rücklageanteil) im Jahresabschluß zu berücksichtigen (§ 281 Abs. 1 i.V.m. § 254 S. 1 HGB). Soweit aktivisch verrechnet wird, ist handelsrechtlich eine Abschreibung gemäß § 254 S. 1 HGB vorzunehmen, die Anschaffungskosten des Ersatzwirtschaftsgutes werden zunächst ungeschmälert erfaßt.

6 Bewertung des Anlagevermögens

Die Bewertung des Anlagevermögens ist in §§ 253 Abs. 1, 2 und 254 i.V.m. §§ 279 bis 281 HGB geregelt. In Hinblick auf die Bewertung ist zwischen Gegenständen des **Anlagevermögens,** deren **Nutzung zeitlich begrenzt** ist und **Finanzanlagen** zu unterscheiden. Erhebliche Unterschiede sind darüber hinaus zwischen Kapital- und Nichtkapitalgesellschaften gegeben.

6.1 Wertobergrenze und Wertuntergrenzen für Gegenstände des Anlagevermögens

Dem Anschaffungs- oder Nominalwertprinzip entsprechend bilden die Anschaffungs- oder Herstellungskosten die **Wertobergrenze**, ein höherer Wertansatz ist grundsätzlich nicht zulässig.

Bei Gegenständen des Anlagevermögens, deren **Nutzung zeitlich nicht begrenzt** ist, stellen die Anschaffungs- oder Herstellungskosten während der gesamten Dauer der Zugehörigkeit zum Betriebsvermögen die Wertobergrenze dar. Bei Gegenständen des Anlagevermögens deren **Nutzung zeitlich begrenzt** ist, sind die Anschaffungs- oder Herstellungskosten um planmäßige Abschreibungen zu vermindern, d.h. zu jedem auf den Zeitpunkt der Anschaffung oder Herstellung folgenden Abschlußstichtag stellen fortgeführte Kostenwerte die Wertobergrenze dar. Der Gesetzgeber hat damit Höchstwertvorschriften formuliert gegen die im Interesse des Gläubigerschutzes nicht verstoßen werden darf.

Die **Wertuntergrenze** wird durch das aus dem Imparitätsprinzip abgeleitete **Niederstwertprinzip** bestimmt. Dabei kommen zwei Ausprägungsformen in Betracht, abhängig von der Art des Vermögensgegenstandes und der voraussichtlichen Dauer der Wertminderung:

- **Strenges Niederstwertprinzip** (Abwertungspflicht)

  Generell anzuwenden bei Gegenständen des Umlaufvermögens sowie bei Gegenständen des **Anlagevermögens**, soweit es sich um eine **dauernde Wertminderung** handelt.

- **Gemildertes Niederstwertprinzip** (Abwertungswahlrecht) bei

  - **voraussichtlich vorübergehender Wertminderung** bei allen Gegenständen des Anlagevermögens, soweit es sich um eine **Nichtkapitalgesellschaft** handelt bzw.

- **voraussichtlich vorübergehender Wertminderung** bei Gegenständen des **Finanzanlagenvermögens**, soweit es sich um eine **Kapitalgesellschaft** handelt.

Daraus folgt, daß Gegenstände des Anlagevermögens gemäß § 253 Abs. 2 S. 3 und § 279 Abs. 1 S. 2 HGB **außerplanmäßig** auf einen niedrigeren Tageswert **abgeschrieben werden müssen** bzw. **abgeschrieben werden können**. Dies gilt unabhängig davon, ob ihre Nutzung zeitlich begrenzt ist oder nicht. In der GuV bzw. im Anhang ist dabei der Betrag der außerplanmäßigen Abschreibungen gemäß § 277 Abs. 3 S. 1 HGB gesondert auszuweisen oder zu benennen. Bei **Kapitalgesellschaften** ist die Anwendung des **gemilderten Niederstwertprinzips auf Finanzanlagen beschränkt** (§ 279 Abs. 1 S. 2 HGB), während Nichtkapitalgesellschaften dieser Restriktion nicht unterworfen werden. Nichtkapitalgesellschaften haben darüber hinaus die Möglichkeit, auf den vernünftigen kaufmännischen Wert gemäß § 253 Abs. 4 HGB abzuschreiben, so daß für diese Unternehmensrechtsform letztlich keine eindeutig definierte Wertuntergrenze zu beachten ist.

Soweit der Grund, der zum Ansatz eines niedrigeren Tageswertes geführt hat, inzwischen entfallen ist, haben Kapitalgesellschaften grundsätzlich das **Wertaufholungsgebot** gemäß § 280 Abs. 1 HGB zu beachten. Auf eine Wertaufholung kann gemäß Abs. 2 jedoch immer dann verzichtet werden, wenn der niedrigere Wertansatz bei der steuerlichen Gewinnermittlung beibehalten werden kann und wenn steuerrechtlich vorausgesetzt wird, daß der niedrigere Wertansatz in der Handelsbilanz ausgewiesen wird. Nichtkapitalgesellschaften unterliegen demgegenüber keinem Wertaufholungsgebot, d.h. der niedrigere Wertansatz darf gemäß § 253 Abs. 5 HGB beibehalten werden.

Gemäß § 254 i.V.m. § 279 Abs. 2 und § 247 Abs. 3 i.V.m. § 273 HGB können die dort genannten und an sich nur steuerrechtlich zulässigen Maßnahmen (Sonderabschreibungen, Übertragung stiller Rücklagen) in der Handelsbilanz berücksichtigt werden. Entfällt der Grund, der zum Ansatz eines niedrigeren, nur steuerlich zulässigen Wertes geführt hat, gilt wiederum bei Kapitalgesellschaften das Wertaufholungsgebot, während Nichtkapitalgesellschaften das Beibehaltungswahlrecht gemäß § 253 Abs. 5 HGB wahrnehmen können.

6.2 Bewertung von Sachanlagen und immateriellen Anlagen

Die Bewertung von Sachanlagen wie auch immateriellen Vermögensgegenständen wird, wie dargestellt, vorrangig von der Zuordnung des bilanzierenden Unternehmens zu den Gruppen „Kapitalgesellschaften“ bzw. „Nichtkapitalgesellschaften“, der Zuordnung des Vermögensgegenstandes zu den Gruppen „abnutzbares Anlagevermögen“ bzw. „nichtabnutzbares Anlagevermögen“, der voraussichtlichen Dauer einer möglichen Wertminderung und steuerlichen Maßnahmen bestimmt.

6.2.1 Kapitalgesellschaften

Für Kapitalgesellschaften läßt sich demnach die Bewertung der Sachanlagen und immateriellen Anlagen wie in Abb. 33 dargestellt, schematisieren.

6.2.2 Nichtkapitalgesellschaften

Für Nichtkapitalgesellschaften ist die Bewertungssystematik wie in Abb. 34 dargestellt zu modifizieren, da das gemilderte Niederstwertprinzip zum Tragen kommt, auf den vernünftigen kaufmännischen Wert gemäß § 253 Abs. 4 HGB abgewertet werden darf und nach §§ 253 Abs. 5, 254 S. 2 HGB in Zuschreibungswahlrecht greift.

Im Vergleich zwischen der Bewertung der Sachanlagen und immateriellen Anlagen von Kapitalgesellschaften und Nichtkapitalgesellschaften zeigt sich somit, daß Nichtkapitalgesellschaften die Wertuntergrenze 2 der Kapitalgesellschaft durch außerplanmäßige Abschreibung auf den vernünftigen kaufmännischen Wert gemäß § 253 Abs. 4 HGB noch unterschreiten können:

Kapitalgesellschaft	**Nichtkapitalgesellschaft**
Wertuntergrenze 1: beizulegender Wert	Wertuntergrenze 1: beizulegender Wert
Wertuntergrenze 2: steuerlich zulässiger Wert	Wertuntergrenze 2: steuerlich zulässiger Wert
	Wertuntergrenze 3: Wert gemäß § 253 Abs. 4 HGB

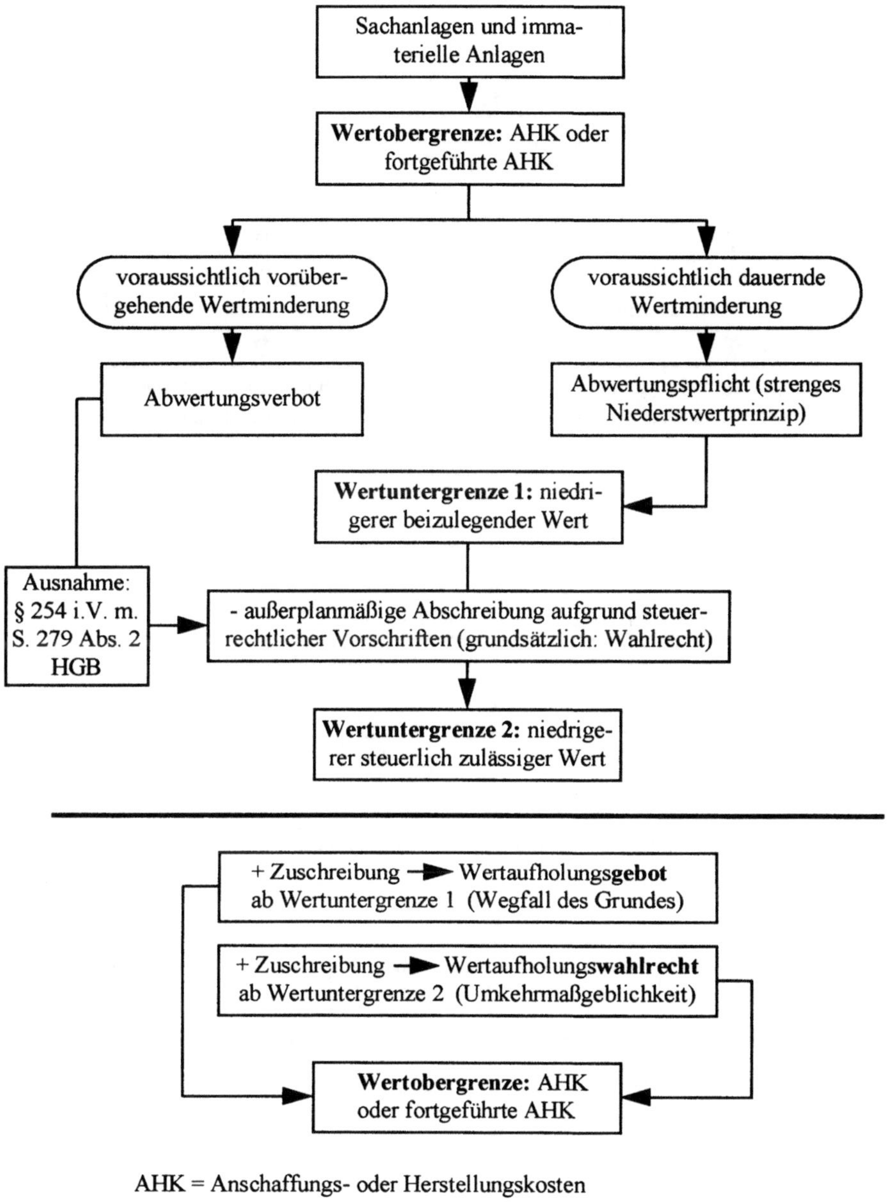

Abb. 33: Bewertung der Sachanlagen und immateriellen Anlagen bei Kapitalgesellschaften

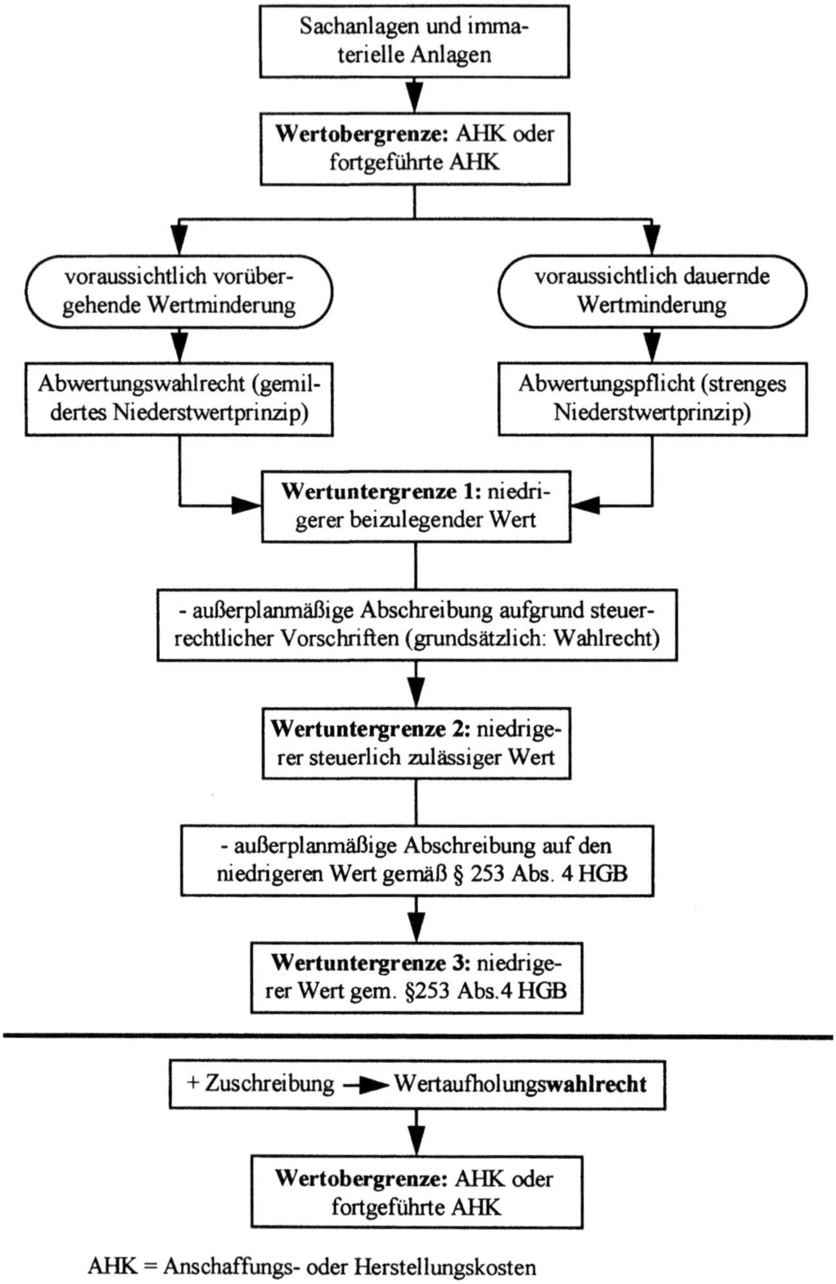

Abb. 34: Bewertung der Sachanlagen und immateriellen Anlagen bei Nichtkapitalgesellschaften

6.3 Bewertung von Finanzanlagen

Sieht man davon ab, daß anders als beim übrigen Anlagevermögen Kapitalgesellschaften bei einer voraussichtlich vorübergehenden Wertminderung nach § 253 Abs. 2 S. 3 und § 279 Abs. 1 S. 2 HGB die Möglichkeit eingeräumt wird, auf den niedrigeren beizulegenden Wert abzuwerten (Abwertungswahlrecht), sind dieselben Unterschiede zwischen Kapital- und Nichtkapitalgesellschaften gegeben, wie dies unter 6.2 dargestellt wurde.

6.3.1 Kapitalgesellschaften

In Abb. 35 ist die Bewertung der Finanzanlagen für Kapitalgesellschaften schematisch dargestellt.

6.3.2 Nichtkapitalgesellschaften

In Abb. 36 ist die Bewertung der Finanzanlagen für Nichtkapitalgesellschaften schematisch dargestellt.

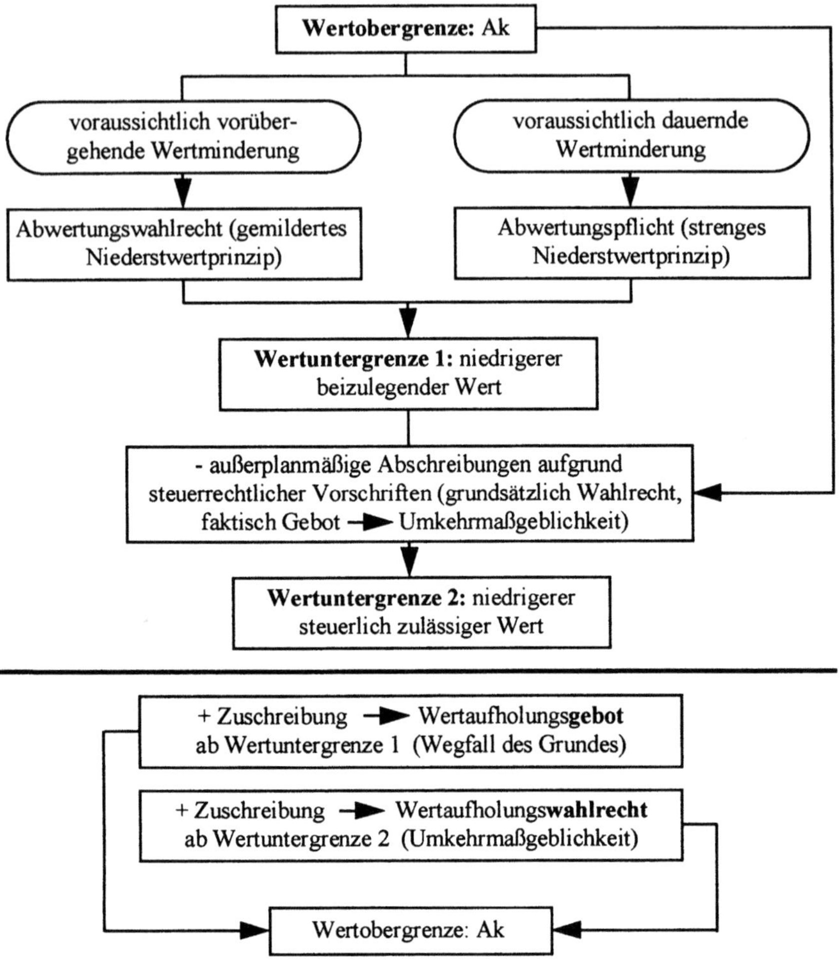

Ak = Anschaffungskosten

Abb. 35: Bewertung der Finanzanlagen bei Kapitalgesellschaften

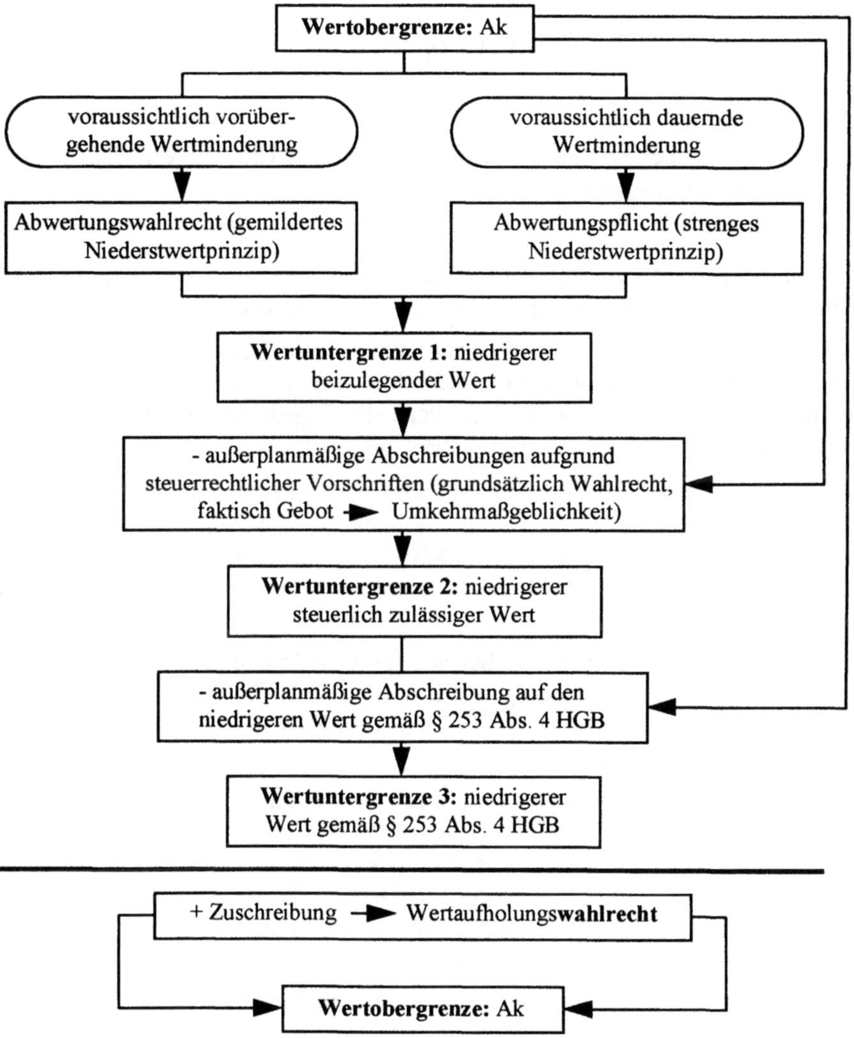

Ak = Anschaffungskosten

Abb. 36: Bewertung der Finanzanlagen bei Nichtkapitalgesellschaften

7 Bewertung des Umlaufvermögens

7.1 Wertobergrenze und Wertuntergrenzen für Gegenstände des Umlaufvermögens

Die **Wertobergrenze** ist, dem Anschaffungswert- oder Nominalwertprinzip entsprechend, durch die Anschaffungs- oder Herstellungskosten definiert.

Für die Bewertung des Umlaufvermögens ist zudem das strenge Niederstwertprinzip zu beachten, d.h. es **muß** gemäß § 253 Abs. 3 S. 1 und 2 HGB zwingend **außerplanmäßig abgeschrieben** werden, wenn der Tageswert am Abschlußstichtag unter den Anschaffungs- oder Herstellungskosten liegt.

Darüber hinausgehende Abwertungen auf einen noch niedrigeren Zukunftswert sind möglich (§ 253 Abs. 3 S. 3 HGB); dies gilt für Kapital- wie Nichtkapitalgesellschaften gleichermaßen. Nichtkapitalgesellschaften können außerdem Abschreibungen auf den vernünftigen kaufmännischen Wert gemäß § 253 Abs. 4 HGB vornehmen.

Während Nichtkapitalgesellschaften bei Wegfall des Grundes den niedrigeren Wert beibehalten können (**Beibehaltungswahlrecht**), haben Kapitalgesellschaften das **Wertaufholungsgebot** des § 280 Abs. 1 HGB (mit Einschränkungen in steuerlicher Hinsicht gemäß Abs. 2) zu beachten.

Wie bei der Bewertung des Anlagevermögens gilt auch hier, daß steuerlich zulässige Maßnahmen gemäß § 254 Abs. 1 i.V.m. § 279 Abs. 2 HGB in der Handelsbilanz berücksichtigt werden können (z.B. Importwarenabschlag). Soweit der Grund, der zum Ansatz eines niedrigeren steuerlich zulässigen Wertes geführt hat, entfällt, greift bei Kapitalgesellschaften wiederum das Wertaufholungsgebot, während Nichtkapitalgesellschaften den niedrigeren Wert beibehalten können.

Die **Bewertung des Umlaufvermögens** von **Kapitalgesellschaften** einerseits sowie **Nichtkapitalgesellschaften** andererseits wird nachfolgend in schematisierter Form verdeutlicht und zusammengefaßt.

7.2 Kapitalgesellschaften

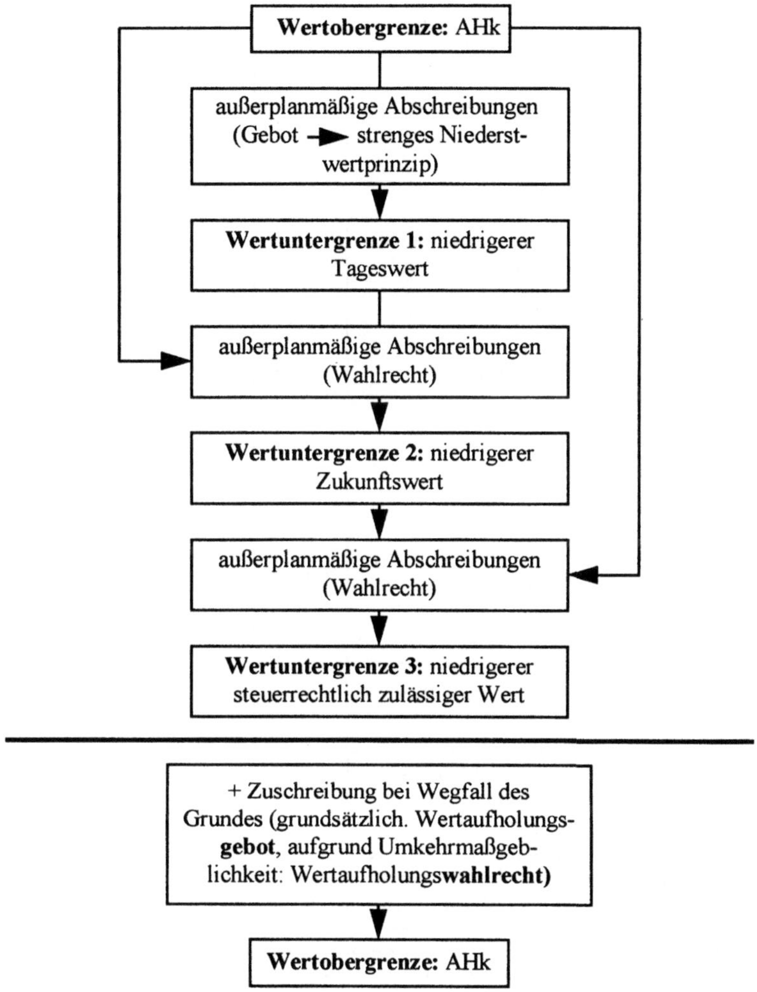

AHk = Anschaffungs- oder Herstellungskosten

Abb. 37: Bewertung des Umlaufvermögens bei Kapitalgesellschaften

7.3 Nichtkapitalgesellschaften

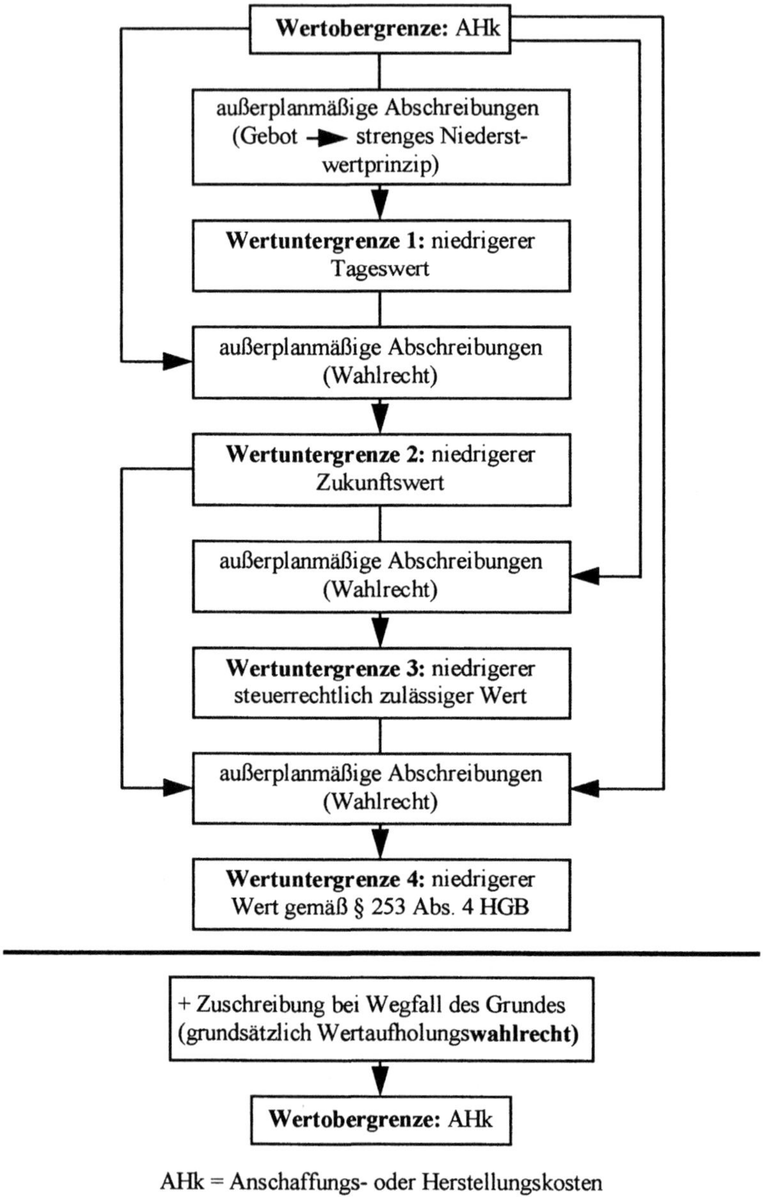

Abb. 38: Bewertung des Umlaufvermögens bei Nichtkapitalgesellschaften

Die für die Bewertung relevanten Rechtsvorschriften lassen sich, differenziert nach Vermögensgruppen und Rechtsformen, wie folgt zusammenfassen:

Rechtsform / **Vermögensgruppe**	Nichtkapitalgesellschaften	Kapitalgesellschaften
(1) Abnutzbares Anlagevermögen		
Wertobergrenze: Anschaffungs- oder Herstellungskosten bzw. fortgeführte Kostenwerte	§ 253 Abs. 1 S. 1 HGB i.V.m. § 253 Abs. 2 S. 1 und 2 HGB	§ 253 Abs. 1 S. 1 HGB i.V.m. § 253 Abs. 2 S. 1 und 2 HGB
Voraussichtlich vorübergehende Wertminderung	§ 253 Abs. 2 S. 3 HGB	§ 253 Abs. 2 S. 3 HGB i.V.m. § 279 Abs. 1 S. 2 HGB
Voraussichtlich dauernde Wertminderung	§ 253 Abs. 2 S. 3 HGB	§ 253 Abs. 2 S. 3 HGB i.V.m. § 279 Abs. 1 S. 2 HGB
außerplanmäßige Abschreibung aufgrund steuerrechtlicher Vorschriften	§ 254 HGB	§ 254 HGB i.V.m. § 279 Abs. 2 HGB
außerplanmäßige Abschreibungen auf den vernünftigen kaufmännischen Wert	§ 253 Abs. 4 HGB	---
Wertaufholung bei Wegfall des Grundes	§§ 253 Abs. 5, 254 S. 2 HGB	§ 280 Abs. 1 HGB
Wertaufholung aufgrund steuerrechtlicher Vorschriften	§§ 253 Abs. 5, 254 S. 2 HGB	§ 280 Abs. 2 HGB
(2) Nichtabnutzbares Anlagevermögen		
Wertobergrenze: Anschaffungskosten	§ 253 Abs. 1 S. 1 HGB	§ 253 Abs. 1 S. 1 HGB

(3) Finanzanlagen Wie (2), ausgenommen:		
Voraussichtlich vorübergehende Wertminderung		§ 279 Abs. 1 S. 2 HGB: Wahlrecht - gemildertes Niederstwertprinzip
(4) Umlaufvermögen Wertobergrenze: Anschaffungs- oder Herstellungskosten	§ 253 Abs. 1 S. 1 HGB	§ 253 Abs. 1 S. 1 HGB
Außerplanmäßige Abschreibung auf den niedrigeren Tageswert	§ 253 Abs. 3 S. 1 und 2 HGB	§ 253 Abs. 3 S. 1 und 2 HGB
Außerplanmäßige Abschreibung auf den niedrigeren Zukunftswert	§ 253 Abs. 3 S. 3 HGB	§ 253 Abs. 3 S. 3 HGB
Außerplanmäßige Abschreibung auf den niedrigeren steuerrechtlich zulässigen Wert	§ 254 HGB	§ 254 HGB
Außerplanmäßige Abschreibungen auf den niedrigeren vernünftigen kaufmännischen Wert	§ 253 Abs. 4 HGB	---
Wertaufholung bei Wegfall des Grundes	§§ 253 Abs. 5, 254 S. 2 HGB	§ 280 Abs. 1 HGB
Wertaufholung aufgrund steuerrechtlicher Vorschriften	§§ 253 Abs. 5, 254 S. 2 HGB	§ 280 Abs. 2 HGB

Abb. 39: Systematik bewertungsrelevanter Rechtsvorschriften des HGB

8 Bewertung von Verbindlichkeiten und Rentenverpflichtungen

Verbindlichkeiten sind - in analoger Anwendung des Anschaffungswertprinzips, ausgeprägt als Höchstwertprinzip - mit ihrem Rückzahlungs- oder Erfüllungsbetrag oder ihrem höheren Tageswert am Abschlußstichtag anzusetzen.

Rentenverpflichtungen, für die eine Gegenleistung nicht mehr zu erwarten ist, sind in Höhe des Barwertes künftiger Ausgaben (Versorgungsleistungen) auszuweisen.

9 Bewertung der Rückstellungen

Rückstellungen sind gemäß § 253 Abs. 1 S. 2 HGB mit dem **vernünftigen kaufmännischen Wert** anzusetzen, der das Risiko einer möglichen künftigen Inanspruchnahme bzw. die möglicherweise künftig zu tätigender Aufwendungen in voller Höhe deckt. Der vernünftige kaufmännische Wert wird sich dabei i.d.R. nur im Wege der **Schätzung** ermitteln lassen; dies gilt für Schuld- wie Aufwandsrückstellungen gleichermaßen. Regelmäßig ist dabei objektiviert zu verfahren, d.h. objektive Umstände sind, soweit möglich, zu berücksichtigen. Dabei ist von grundsätzlicher Bedeutung, ob z.B. eine Verbindlichkeit nur hinsichtlich ihrer **Eintrittswahrscheinlichkeit**, hinsichtlich ihrer **Höhe** oder aber hinsichtlich beider Kriterien ungewiß ist. Bei Rückstellungen, bei denen das Entstehen sicher, nur die Höhe ungewiß ist (z.B. Schadensersatz wird bejaht, Schadenshöhe jedoch strittig) muß als Ausfluß des Vorsichtsprinzips der Wert mit der größten Eintrittswahrscheinlichkeit der Bewertung zugrunde gelegt werden, wobei eher pessimistisch zu prognostizieren sein wird. Das bei Verbindlichkeitsrückstellungen zu beachtende Höchstwertprinzip gilt auch steuerrechtlich uneingeschränkt, der steuerrechtliche Bewertungsvorbehalt gemäß § 5 Abs. 6 EStG greift nicht, da „... *es im Ertragsteuerrecht keine von den handelsrechtlichen GoB abweichenden Bewertungsvorschriften zu Rückstellungen gibt*" (*Moxter 1989, S. 948*).

Bei der Bewertung von **Drohverlustrückstellungen** (Rückstellungen für drohende Verluste aus schwebenden Geschäften), d.h. Absatz- oder Beschaffungsgeschäften, bei denen ein künftiger Aufwendungsüberschuß (= Verlust) zu erwarten ist, werden im Schrifttum unterschiedliche Auffassungen vertreten. Strittig ist, ob die Leistungsverpflichtung zu Voll- oder Teilkosten anzusetzen ist und inwieweit noch nicht realisierte, aber zu erwartende Erträge verlustmindernd berücksichtigt werden müssen. Moxter (*Moxter 1993, S. 2481 ff.*) vertritt schlüssig die Auffassung, daß hinreichend konkretisierte Erträge bei der Ermittlung der Höhe des drohenden Verlustes mindernd zu berücksichtigen sind.

Strittig ist, inwieweit bei **Verbindlichkeitsrückstellungen** eine **Abzinsung** in Betracht kommen kann bzw. muß. Während bei Sachleistungsverpflichtungen eine Abzinsung einhellig verneint wird, vertreten z.B. *Küting/Keßler und Groh* (*Küting/Keßler 1989, S. 723 ff.; Groh 1988, S. 1919 f.; Groh 1989, S. 120 ff.*) die Auffassung, ungewisse Geldleistungsverpflichtungen seien abzuzinsen, sofern solche Passiva einen verdeckten Zinsanteil enthielten.

Die Rechtsprechung des BFH zu dieser Frage ist uneinheitlich: während mit Urteilen vom 7.7.1983 (*IV R 47/80, BStBl. II 1983, 753*) und 5.2.1987 (*IV R 81/84 BStBl. II 1987, 845*) sowie Vorlagebeschluß vom 26.5.1993 (*X R 72/90, BB 1993, S. 1981*) die Abzinsung z.B. bei Jubiläumsrückstellungen, Gratifikationsrückstellungen und bestimmten Drohverlustrückstellungen gefordert wird, verneint der BFH im Zusammenhang mit bedingten Rückzahlungsverpflichtungen aus Bausparverträgen die Abzinsung (*BFH-Urteile vom 12.12.1990, I R 18/89 und I R 153/86*). Nach h.M. wird eine Abzinsung wohl nur dann in Betracht kommen können, wenn Passiva tatsächlich und nicht nur fiktiv verzinslich sind. Eine Abzinsung würde ansonsten zum Ausweis nicht realisierter Gewinne führen und somit gegen Vorsichts-, Realisations- und Imparitätsprinzip verstoßen, da zum Zeitpunkt des Barwertansatzes nicht mit hinreichender Sicherheit feststeht, daß mittel- oder langfristig entsprechende Zinserträge erwirtschaftet werden können.

Die Bewertung von **Pensionsrückstellungen** (= Rückstellungen für ungewisse Verbindlichkeiten) läßt erhebliche bilanzpolitische Spielräume zu:

- Soweit es sich um mittelbare Zusagen oder unmittelbare Altzusagen handelt, beinhaltet das **Passivierungswahlrecht** die grundsätzliche Möglichkeit, lediglich eine **Teilpassivierung** vorzunehmen (bei Kapitalgesellschaften ist in solchen Fällen jedoch der Fehlbetrag im Anhang zu dokumentieren).
- Bei der **Wahl des Rechnungszinsfußes** ist handelsrechtlich eine Bandbreite zwischen 3 % und dem durchschnittlichen Kapitalmarktzins für langfristiges Fremdkapital zulässig. Dabei gilt: je niedriger der Rechnungszinsfuß, desto höher die periodischen Zuführungen zu den Pensionsrückstellungen (und umgekehrt).

Steuerrechtlich darf eine Pensionsrückstellung nur gebildet werden, wenn die Voraussetzungen gemäß § 6a Abs. 1 EStG erfüllt sind; soweit dies nicht der Fall ist, steht der handelsrechtlichen Passivierungspflicht ein steuerrechtliches Passivierungsverbot gegenüber. Steuerrechtlich ist die Pensionsrückstellung höchstens mit dem Teilwert anzusetzen. Der, der Teilwertermittlung zugrunde zu legende, Rechnungszinsfuß beträgt 6 % (§ 6a Abs. 3 S. 3 EStG).

10 Latente Steuern und Steuerabgrenzung

Gemäß § 274 HGB ist für den Jahresabschluß von Kapitalgesellschaften unter den dort genannten Voraussetzungen eine latente Steuerabgrenzung vorzunehmen, d.h. der Handelsgesetzgeber sieht den Ansatz eines **aktiven** (§ 274 Abs. 2 HGB) und eines **passiven** (§ 274 Abs. 1 HGB) **Abgrenzungspostens** für sog. „latente" Steuern vor. Die Abgrenzung latenter Ertragssteuern (Körperschaftssteuer, Gewerbeertragssteuer) wird immer dann notwendig, wenn der Handelsbilanzgewinn und der Steuerbilanzgewinn nicht übereinstimmen. „*Inhaltlich wird dabei auf solche zeitlichen Verschiebungen zwischen dem handelsrechtlichen Ergebnis (vor Ertragssteuern) und dem zu versteuernden Einkommen abgestellt, die sich in späteren Geschäftsjahren voraussichtlich ausgleichen und voraussichtlich zu einer Steuerbelastung (Abs. 1) oder Steuerentlastung (Abs. 2) führen werden*" (*ADS 1992, Rn. 1 zu § 274 HGB*).

Vereinfacht lassen sich „latente Steuern" somit wie folgt definieren:

- Ertragsteuerschuld aufgrund des zu versteuernden Gewinns (Basis: Steuerbilanz)

  – Fiktive Ertragsteuerschuld aufgrund eines originären Jahresüberschusses (Basis: Jahresabschluß)

  = latente Steuer

Abb. 40: „latente" Steuern

Als „originärer" Jahresüberschuß ist der Unternehmenserfolg definiert, der ausschließlich unter Beachtung handelsrechtlicher Bilanzierungs- und Bewertungsvorschriften (fiktiv) ermittelt und nicht durch die Beachtung steuerlicher Vorschriften (umgekehrte Maßgeblichkeit) verfälscht wird.

Soweit es sich um

- eine **passive latente Steuer** (= voraussichtliche Steuerbelastung) handelt, ist eine **Rückstellung für latente Steuern** zu bilden.
- im Falle einer **aktiven latenten Steuer** (= voraussichtliche Steuerentlastung) besteht ein Aktivierungswahlrecht, d.h. es kann eine Abgrenzung als **Bilanzierungshilfe** vorgenommen werden.

Während die Passivierung einer Rückstellung unmittelbar eine Ausschüttungssperre bewirkt, wird im Falle der Aktivierung einer Bilanzierungshilfe die Ausschüttungssperre durch § 274 Abs. 2 S. 3 HGB gesondert geregelt.

Die Konzeption der Abgrenzung latenter Steuern wurde durch die angelsächsische Rechnungslegungspraxis entwickelt (Opinion No. 11 des APB, ersetzt durch Statement No. 96 des FASB aus dem Jahre 1987). Dabei ist zu berücksichtigen, daß die angelsächsische Rechnungslegung, im Gegensatz zum deutschen Recht, eine Verknüpfung von Handels- und Steuerbilanz (Maßgeblichkeit) nicht kennt, so daß in stärkerem Maße Diskrepanzen zwischen dem steuerpflichtigen Einkommen und dem handelsrechtlichen Gewinn gegeben sein können. Dies macht letztlich eine Abgrenzung latenter Steuern in Hinblick auf eine zutreffende Periodenabgrenzung des Steueraufwands sowie eine sachgerechte Darstellung der Vermögens- und Finanzlage unabdingbar.

Eine vereinfachende Einführung in die Methodik und Problematik der Steuerabgrenzung wird im Folgenden vorgestellt.

10.1 Methodik der Steuerabgrenzung

In der angelsächsischen Rechnungslegungspraxis wurden unterschiedliche Methoden zur Bilanzierung latenter Steuern entwickelt:

- Bei der **Deferral-Methode** (oder „Deffered-Methode" oder „Abgrenzungsmethode") wird der Berechnung latenter Steuern der am Abschlußstichtag gegebene Steuersatz zugrunde gelegt, auf eine Anpassung der Steuerabgrenzungsposten aus Vorperioden an die aktuellen Steuersätze wird verzichtet. Im Mittelpunkt dieses Verfahrens steht die GuV-Rechnung, d.h. es soll eine zutreffende Relation zwischen ausgewiesenem Erfolg und ausgewiesenem Steueraufwand der Rechnungsperiode sichergestellt werden. Dies erfordert ggf. eine Korrektur des Steueraufwandes um latente Steuern.
- Die **Liability-Methode** (Verbindlichkeitsmethode) ist demgegenüber bilanzorientiert, im Mittelpunkt des Verfahrens steht die zutreffende Darstellung der Forderungen und Verbindlichkeiten des Unternehmens. Die latenten Steuern werden bei dieser Methode als künftige Steuerschulden (Verbindlichkeiten) oder geleistete Steuervorauszahlungen (Forderungen) ausgewiesen. Bei der Ermittlung des Wertansatzes der Verbindlichkeiten und Forderungen werden Annahmen über Änderungen der Steuersätze berücksichtigt. Soweit sich Steuersätze real geändert haben, erfolgt eine Anpassung der Bilanzansätze zurückliegender Rechnungsperioden.

Neben den vorgenannten Methoden wird im Schrifttum vielfach noch die „**Net-of-Tax-Methode**" abgegrenzt (*vgl. dazu z.B. Coenenberg 1993, S. 220 ff.*). *„Als ...*

pragmatische Lösung kann die ... Bilanzierungspraxis in den angelsächsischen Ländern angesehen werden, in denen ausgehend von der deferral method die Steuerabgrenzungsposten durch Elemente der liability method korrigiert werden. Dieser Lösungsansatz dürfte unter Berücksichtigung der Bewertungsgrundsätze ... auch für die deutsche Bilanzierungspraxis von Fall zu Fall zu sinnvollen Ergebnissen führen" (*ADS 1992, Rn. 15 zu § 274 HGB*).

10.2 Zeitliche Differenzen zwischen handelsrechtlichem Erfolg vor Ertragsteuern und zu versteuerndem Einkommen

Eine Abgrenzung latenter Steuern wird, wie dargestellt, immer dann erforderlich, wenn handelsrechtlicher Erfolg vor Ertragsteuern und zu versteuerndes Einkommen nicht übereinstimmen und sich die Ergebnisabweichungen in den kommenden Rechnungsperioden voraussichtlich wieder ausgleichen. Hinsichtlich dieser zeitlichen Ergebnisdifferenzen wird unterschieden zwischen

- **zeitlich unbegrenzten Differenzen** (permanent differences); diese Abweichungen betreffen Unterschiede, die in einer bestimmten Rechnungsperiode begründet werden und sich in den Folgeperioden **nicht ausgleichen** (z.B. steuerfreie Erträge oder Aufwendungen, die steuerlich nicht als Betriebsausgaben abzugsfähig sind). **Solche Differenzen** bleiben bei der Steuerabgrenzung **gemäß § 274 HGB unberücksichtigt**, da hierdurch der Steueraufwand anderer Rechnungsperioden nicht beeinflußt wird (Beispiele hierfür sind steuerlich nicht abziehbare Aufwendungen i.S.v. § 10 KStG, nichtabziehbare Spenden oder steuerfreie Erträge);
- **zeitlich begrenzten Differenzen** (temporary differences); zeitlich begrenzte Abweichungen zwischen den Ergebnissen entstehen dadurch, daß bestimmte Erfolgskomponenten im handelsrechtlichen Abschluß und in der Steuerbilanz zu unterschiedlichen Zeitpunkten berücksichtigt werden. Dies führt dazu, daß „... *eine im betreffenden Rechnungszeitraum eintretende Verminderung des Steueraufwands zu einer Erhöhung des Steueraufwands späterer Geschäftsjahre führt, und umgekehrt*" (*ADS 1992, Rn. 16 zu § 274 HGB*). Die durch unterschiedliche Erfassungszeitpunkte bedingten Ergebnisdifferenzen gleichen sich im Zeitablauf aus, sind somit zeitlich begrenzt. Beispiele für zeitlich begrenzte Differenzen werden nachfolgend dargestellt.

Die Konzeption der Abgrenzung latenter Steuern gemäß § 274 HGB berücksichtigt ausschließlich zeitlich begrenzte Ergebnisdifferenzen. Daraus folgt, daß in die Berechnung latenter Steuern nur Differenzen aufgrund unterschiedlicher Bilanzierung und Bewertung im handelsrechtlichen Jahresabschluß und in der Steuerbilanz einzubeziehen sind, die sich in Folgeperioden wieder ausgleichen. Zeitliche unbegrenzte Differenzen bleiben bei der Steuerabgrenzung ebenso unberücksichtigt wie **„quasi zeitlich unbegrenzte Differenzen"** (quasi permanent differences), deren

Berücksichtigung gegen das Going-concern-Prinzip verstoßen würde (z.B. steuerlich nicht anerkannte Teilwertabschreibung auf Betriebsgebäude).

10.3 Steuerabgrenzung nach § 274 Abs. 1 und 2 HGB

Ein **aktiver Abgrenzungsposten** (Bilanzierungshilfe; Abs. 2) ist z.B. in folgenden Fällen zu bilden, bei denen das handelsrechtliche Ergebnis kleiner als das zu versteuerndes Einkommen ist:

- Nichtaktivierung des Disagios im handelsrechtlichen Abschluß, steuerrechtlich: Aktivierungspflicht;
- Nichtaktivierung des derivaten Firmenwertes im handelsrechtlichen Jahresabschluß, steuerrechtlich: Aktivierungspflicht und Abschreibungsverrechung;
- Abschreibung des aktivierten derivaten Firmenwertes im handelsrechtlichen Abschluß über einen Zeitraum von 4 Jahren, steuerrechtlich: Abschreibung des derivaten Firmenwertes über einen Zeitraum von 15 Jahren;
- Ansatz der Herstellungskosten von Vorräten im handelsrechtlichen Abschluß zu Einzelkosten, in der Steuerbilanz zuzüglich Material- und Fertigungsgemeinkosten;
- Ansatz eines niedrigeren Zukunftswertes im handelsrechtlichen Abschluß, in der Steuerbilanz: Ansatz des Teilwertes;
- Bildung stiller Rücklagen gemäß § 253 Abs. 4 HGB im Jahresabschluß von Nichtkapitalgesellschaften, steuerrechtlich: unzulässig;
- Bildung von steuerrechtlich nicht zulässigen Aufwandsrückstellungen im handelsrechtlichen Jahresabschluß.

Ein **passiver Abgrenzungsposten** (Rückstellung für latente Steuern, Abs. 1) ist in folgenden Fällen zu bilden, bei denen das handelsrechtliche Ergebnis höher als das zu versteuernde Einkommen ist:

- Aktivierung von Aufwendungen für die Ingangsetzung und Erweiterung des Geschäftsbetriebes im handelsrechtlichen Jahresabschluß, steuerrechtlich: Aktivierungsverbot;
- Ansatz von Fremdkapitalzinsen gemäß § 255 Abs. 3 S. 2 HGB im handelsrechtlichen Abschluß, soweit deren Einbeziehung in die Herstellungskosten steuerrechtlich gemäß R 33 Abs. 7 EStR 1993 unzulässig ist;
- Bewertung des Vorratsvermögens im handelsrechtlichen Jahresabschluß nach dem Fifo-Verfahren (bei steigenden Preisen). Steuerrechtlich ist das Fifo-Verfahren nicht zulässig, die Vorräte sind nach der Durchschnittsmethode zu bewerten.

Ein einheitliches Berechnungsschema zur Ermittlung latenter Steuern ist im Schrifttum nicht festzustellen; i.d.R. wird wie folgt verfahren werden können (*ADS 1992, Rn. 27 zu § 274 HGB; a.A. z.B. Runge 1988, S. 440 ff., der ein modifiziertes Ermittlungsverfahren vorschlägt*):

(1) Handelsrechtliches Ergebnis vor Ertragssteuern
(2) - Steuerrechtliches Einkommen
(3) = Temporäre Differenz
(4) + Vortrag
(5) = Kumulierte temporäre Differenz
(6) Fiktiver Steueraufwand von (1)
(7) - Tatsächlicher Steueraufwand von (2)
(8) = Steuerabgrenzung in der GuV
(9) +/-Vortrag
= Steuerabgrenzungsposten Bilanz

Abb. 41: Berechnungsschema zur Ermittlung latenter Steuern

Beispiel:

Jahr 1:
Handelsbilanzgewinn
vor Steuern..................100.000 DM

Jahr 2:
Handelsbilanzgewinn
vor Steuern..................80.000 DM

Jahr 3:
Handelsbilanzgewinn
vor Steuern..................100.000 DM

Jahr 4:
Handelsbilanzgewinn
vor Steuern..................90.000 DM

Jahr 5:
Handelsbilanzgewinn
vor Steuern.................. 80.000 DM

Die Ertragsteuerbelastung wird mit 50 % angenommen.

Unterstellt wird, daß eine Maschine (Anschaffungskosten 100.000 DM, Nutzungsdauer 5 Jahre, Zugang im 1. Jahr) in der Handelsbilanz mit 50 % geometrisch-degressiv abgeschrieben wird. In der Steuerbilanz wird demgegenüber mit dem steuerlich zulässigen Satz von 30 % abgeschrieben. Nach Ablauf des 3. Jahres wird in der Handels- und Steuerbilanz auf die lineare Abschreibung gewechselt.

Angenommen wird zudem, daß im Jahr 2 eine Rückstellung für unterlassene Instandhaltung in Höhe von 10.000 DM gebildet wird, die im Jahr 3 in voller

Höhe aufgelöst wird. Die Instandhaltungsrückstellung kann handelsrechtlich passiviert werden, steuerrechtlich ist eine Passivierungsverbot zu beachten.

Im Übrigen wird Übereinstimmung von Handels- und Steuerbilanz unterstellt.

Die **temporären Ergebnisdifferenzen** der Jahre 1 bis 5 stellen sich wie folgt vor:

	Handelsbilanzgewinn	**Steuerbilanzgewinn**
Jahr 1	100.000 DM	120.000 DM
Jahr 2	80.000 DM	94.000 DM
Jahr 3	100.000 DM	87.800 DM
Jahr 4	90.000 DM	79.100 DM
Jahr 5	80.000 DM	69.100 DM

Die **Ermittlung latenter Steuern** stellt sich wie folgt dar (in TDM):

	1. Jahr	**2. Jahr**	**3. Jahr**	**4. Jahr**	**5. Jahr**
Handelsrechtliches **Ergebnis** vor Steuern	**100**	**80**	**100**	**90**	**80**
Steuerrechtliches **Einkommen**	**120**	**94**	**87,8**	**79,1**	**69,1**
Temporäre Differenz	- 20	- 14	+ 12,2	+ 10,9	+ 10,9
Vortrag	**0**	**- 20**	**- 34**	**- 21,8**	**- 10,9**
Kumulierte temporäre Differenz	- 20	- 34	- 21,8	- 10,9	0
Fiktiver Steueraufwand 50 % aus	(100) 50	(80) 40	(100) 50	(90) 45	(80) 40
Tatsächlicher Steueraufwand 50 % aus	(120) 60	(94) 47	(87,8) 43,9	(79,1) 39,55	(69,1) 34,55
Steuerabgrenzung in GuV	+ 10	+ 7	- 6,1	- 5,45	- 5,45
Vortrag	0	+ 10	+ 17	+ 10,9	+ 5,45
Steuerabgrenzungsposten Bilanz (aktiv)	+ 10	+ 17	+ 10,9	+ 5,45	0

11 Stille Rücklagen

Stille Rücklagen sind Eigenkapitalteile bzw. **Eigenkapitalpotentiale**, die in der Bilanz entweder überhaupt nicht oder nicht als Eigenkapital erkennbar ausgewiesen werden. Stille Rücklagen (vielfach auch: **stille Reserven**) ergeben sich als Differenz aus

- dem höheren tatsächlichen und dem niedrigeren bilanziellen Wert einzelner Vermögensgegenstände bzw. des Gesamtvermögens (stille Rücklagen i.e.S.) bzw.
- dem höheren bilanziellen und dem niedrigeren tatsächlichen Wert von Aufwands- und Schuldrückstellungen (versteckte stille Rücklagen).

Stille Rücklagen können über die vorstehende Gruppierung hinaus nach weiteren Kriterien differenziert werden: wird als Kriterium der gegebene oder nicht gegebene unternehmerische **Entscheidungsspielraum** zugrunde gelegt, läßt sich zwischen

- **Zwangsrücklagen** (stille Rücklagen, die aufgrund gesetzlicher Vorschriften gebildet werden müssen, z.B. durch das Anschaffungswert erzwungene Unterbewertung von Vermögensgegenständen) und
- **Ermessensrücklagen** (stille Rücklagen, die durch bilanzpolitische Maßnahmen eines Unternehmens weitgehend autonom gebildet werden können, z.B. überhöhter Ansatz von Rückstellungen)

unterscheiden.

In **bilanztechnischer Hinsicht** kann darüber hinaus zwischen

- **stillen Bilanzierungsrücklagen** (stille Rücklagen, die durch Bilanzierungsmaßnahmen oder -vorschriften bedingt sind, z.B. Bilanzierungs-/ Aktivierungsverbot für selbsterstellte immaterielle Anlagen wie Patente und dgl.) sowie
- **stillen Bewertungsrücklagen** (stille Rücklage, die durch Bewertungsmaßnahmen und -vorschriften bedingt sind, z.B. überhöhter Ansatz von Rückstellungen, Nichteinbeziehung von Gemeinkosten bei der Ermittlung von Herstellungskosten und dgl.)

abgegrenzt werden, wobei beide Kriterien miteinander kombiniert werden können.

Stille Rücklagen werden entweder **zwangsweise** (z.B. Veräußerung eines unterbewerteten Gebäudes zu einem im Vergleich zum Bilanzbuchwert höheren Zeitwert) oder durch eine **autonome Entscheidung** des Unternehmens **aufgelöst**. In der Periode der Auflösung stiller Rücklagen wird der Gewinn entsprechend erhöht, soweit der Gewinn aus Auflösung stiller Rücklagen nicht besteuert und/oder ausgeschüttet wird, erhöht er das Eigenkapital. Insoweit erscheint es sinnvoll, nicht von stillen Eigenkapitalteilen, sondern von **Eigenkapitalpotentialen** eines Unternehmens zu sprechen.

Die Bildung stiller Rücklagen (= stille Selbstfinanzierung) dient vordergründig der Substanzerhaltung und damit dem Gläubigerschutz, wie auch dem Schutz der Anteilseigner, da potentielle Gewinne auf Zeit im Unternehmen verbleiben und gegen die Ausschüttung „gesperrt" werden. Soweit die Bildung stiller Rücklagen steuerlich zulässig ist, wird i.d.R. eine Steuerverlagerung auf spätere Perioden bewirkt (Steuerstundungseffekt), die mit Zins- und Liquiditätsvorteilen verbunden ist. Da durch die Bildung stiller Rücklagen Gewinne der Ausschüttung an die Anteilseigner entzogen werden und die Ertragslage tendenziell ungünstiger dargestellt wird, als dies tatsächlich der Fall ist, wird zwar der Ausschüttungssperrfunktion des Jahresabschlusses und dem Vorsichtsprinzip entsprochen, den außenstehenden „Investoren" fließen jedoch unzureichende Gewinnanteile zu.

Nicht übersehen werden darf im Zusammenhang mit der Gläubigerschutzfunktion stiller Rücklagen, daß durch Auflösung stiller Rücklagen in ertragsschwachen Perioden die Lage des Unternehmens verfälscht dargestellt wird und ggf. „Gewinne" dokumentiert werden, die nicht aus der operativen Tätigkeit des Unternehmens erwirtschaftet wurden.

Abbildung 40 zeigt in vereinfachter Form die bilanziellen, steuerlichen und finanzierungstechnischen Wirkungen, die mit der Bildung und Auflösung stiller Rücklagen verbunden sind:

	Bilanzielle Wirkung	**finanzwirtschaftliche Wirkung**	**steuerliche Wirkung**
Bildung stiller Rücklagen (Jahr 1)	Vermögens-, Finanz- und Ertragslage werden zu ungünstig dargestellt	stille Selbstfinanzierung und Ausschüttungssperre	Gewinnbesteuerung zu niedrig (Steuerstundung)
Folgejahre	Vermögens- und Finanzlage werden zu ungünstig dargestellt. Auf Darstellung der Ertragslage in den Folgejahren ist kein Einfluß gegeben	Ausschüttungsperre	kein Einfluß

Auflösung stiller Rücklagen (Jahr n)	relativ korrekter Ausweis der Vermögens- und Finanzlage, Ertragslage wird zu günstig dargestellt	offene Selbstfinanzierung	Gewinnbesteuerung zu hoch (Nachversteuerung)

Abb. 42: Wirkungen der Bildung und Auflösung stiller Rücklagen

Beispiele für Zwangsrücklagen, Ermessensrücklagen, stille Bilanzierungs- und/oder Bewertungsrücklagen vermittelt die folgende Tabelle:

Beispiele:

	Zwangsrücklagen	Ermessensrücklagen	Bilanzierungsrücklagen	Bewertungsrücklagen
Aktivierungsverbot für originären Firmenwert	**X**		**X**	
Aktivierungsverbot für originäre immaterielle Anlagen	**X**		**X**	
Aktivierungswahlrecht für unentgeltlich erworbene Sachgüter		**X**	**X**	
Einbeziehungswahlrecht für Gemeinkosten bei Ermittlung der Herstellungskosten		**X**		**X**

objektivierte, überhöhte Schätzung des Ansatzes von Rückstellungen		X		X
Ansatz von Anschaffungskosten bei höherem Zeitwert (Nominalwertprinzip)	X			X
Beibehaltung eines niedrigeren Wertansatzes bei Wertsteigerung		X		X

12 Offenlegung und Prüfung

Kapitalgesellschaften und Unternehmen, die in anderer Rechtsform geführt werden, aber bestimmte Größenmerkmale erfüllen, haben den geprüften und testierten Jahresabschluß und Lagebericht offenzulegen. Die Verpflichtung zur **Prüfung und Offenlegung** läßt sich sowohl mit der i.d.R. erheblichen wirtschaftlichen Außenwirkung großer Unternehmen, wie auch der bei Kapitalgesellschaften im Regelfall praktizierten **Trennung** zwischen **Eigentümern/Eigenkapitalgebern** einerseits und den **Leitungsorganen** andererseits begründen. Die Leitungsorgane haben u.a. über den Jahresabschluß Rechenschaft gegenüber externen, an der Geschäftsführung nicht beteiligten Partizipanten abzulegen; zu diesen sind gleichermaßen Eigentümer wie auch sonstige aktuelle oder potentielle Investoren zu rechnen.

Dazu ist es zwingend erforderlich, daß der Jahresabschluß zunächst geprüft, die Ordnungsmäßigkeit bestätigt (testiert) und der geprüfte und testierte Jahresabschluß bzw. Teile hieraus innerhalb einer bestimmten Frist veröffentlicht wird. Die **Prüfung** bezieht sich auf den Jahresabschluß und Lagebericht und wird von einem prüfungsberechtigten Wirtschaftsprüfer oder vereidigten Buchprüfer durchgeführt. Dieser hat die **Ordnungsmäßigkeit der Rechnungslegung** nach Gesetz und Satzung zu prüfen und - soweit Ordnungsmäßigkeit festgestellt wird - dies durch einen Bestätigungsvermerk zu testieren. Dabei ist zu beachten, daß lediglich die Ordnungsmäßigkeit der Rechnungslegung, nicht jedoch die Ordnungsmäßigkeit der Geschäftsführung bestätigt wird. Insoweit ist die Prüfung eher formalrechtlich angelegt und weist keine Parallelen zu der Geschäftsführungsprüfung i.S.d. § 53 HGrG auf, wie sie haushaltsrechtlich für bestimmte öffentliche Unternehmen vorgeschrieben ist.

12.1 Offenlegungspflichten von Kapitalgesellschaften

Gemäß § 325 Abs. 1 HGB hat der Vorstand der Kapitalgesellschaft den Jahresabschluß, den Lagebericht, den Bericht des Aufsichtsrates und ggf. den Gewinnverwendungsvorschlag unverzüglich nach Vorlage an die Hauptversammlung, spätestens jedoch bis zum Ende des 9. Monats nach dem Abschlußstichtag, zum **Handelsregister** einzureichen. Zudem ist im **Bundesanzeiger** bekanntzumachen, bei welchem Handelsregister und unter welcher Registernummer diese Unterlagen eingereicht wurden. In Abhängigkeit von der Größenklasse der jeweiligen Kapitalgesellschaften lassen sich die Offenlegungspflichten systematisch wie folgt zusammenfassen:

(1) **Kleine Kapitalgesellschaften** (§§ 325 Abs. 1, 326 HGN)

Form:

- Einreichung zum Handelsregister; Hinweis im BAnz. auf Handelsregistereinreichung

Umfang:

- verkürzte Bilanz i.S.v. § 266 Abs. 1 S. 3 HGB, keine Einreichung der GuV, verkürzter Anhang gemäß § 288 S. 1 HGB
- Ergebnisverwendungsvorschlag und -beschluß unter Angabe des Jahresüberschusses/Jahresfehlbetrages, soweit sich diese Angaben nicht aus den eingereichten Unterlagen ergeben (§ 325 Abs. 1 HGB)

Frist:

- Offenlegung spätestens bis Ende des 12. Monats nach dem Abschlußstichtag

(2) **Mittelgroße Kapitalgesellschaften** (§§ 325 Abs. 1, 327 HGB)

Form:

- Einreichung zum Handelsregister, Hinweis im BAnz. auf Handelsregistereinreichung

Umfang:

- vollständiger Jahresabschluß (Bilanz, GuV, Anhang) mit Erleichterungen gemäß § 327 HGB:

  verkürzte Bilanz i.S.v. § 266 Abs. 1 S. 3 HGB mit zusätzlichen Sonderangaben in Bilanz oder Anhang gemäß § 327 Nr. 1 HGB

  Anhang ohne Angaben gemäß § 285 Nrn. 2, 5, 8a, 12 HGB
- Vermerk über Bestätigung oder Versagung der Bestätigung
- Lagebericht
- ggf. Bericht des Aufsichtsrates
- Ergebnisverwendungsvorschlag und -beschluß unter Angabe von Jahresüberschuß/Jahresfehlbetrag, soweit sich diese Angaben nicht aus den eingereichten Unterlagen ergeben

Frist:

- Offenlegung spätestens bis zum Ende des 9. Monats nach dem Abschlußstichtag

(3) **Große Kapitalgesellschaften** (§§ 325 Abs. 1 und 2 HGB)

Form:

- Veröffentlichung im BAnz., Einreichung zum HR nach Veröffentlichung im Bundesanzeiger

Umfang:

- vollständiger und ungekürzter Jahresabschluß (Bilanz, GuV, Anhang)
- Vermerk über Bestätigung oder Versagung der Bestätigung
- Lagebericht
- ggf. Bericht des Aufsichtsrates
- Ergebnisverwendungsvorschlag und -beschluß unter Angabe von Jahresüberschuß/Jahresfehlbetrag, soweit sich diese Angaben nicht aus den eingereichten Unterlagen ergeben

Frist:

- Offenlegung spätestens bis zum Ende des 9. Monats nach dem Abschlußstichtag

Für **inländische Zweigniederlassungen** von Kapitalgesellschaften mit Sitz im Ausland werden Form und Umfang der Offenlegung durch § 325a HGB geregelt.

12.2 Offenlegungspflichten von Unternehmen, die unter das PublG fallen

Größere Unternehmen sind, auch wenn sie nicht in der Rechtsform einer juristischen Person des privaten Rechts geführt werden, nach den Vorschriften des PublG zur Offenlegung verpflichtet; soweit die größenmerkmalsbezogenen Voraussetzungen erfüllt sind, werden solche Unternehmen hinsichtlich Form, Umfang und Fristen der Offenlegung wie große Kapitalgesellschaften behandelt. Einschränkungen sind insoweit gegeben, als Personenhandelsgesellschaften lediglich eine Bilanz und eine gemäß § 5 Abs. 5 PublG zu erstellende Anlage veröffentlichen müssen; zudem wird Personenhandelsgesellschaften die Möglichkeit eingeräumt, sämtliche Eigenkapitalposten im Zuge der Offenlegung zu einer Position zusammenzufassen (§ 9 Abs. 2 und 3 PublG).

Exkurs: „Deutsche“ vs. „angelsächsische“ Rechnungslegung

Durch die Transformation der 4., 7. und 8. EG-Richtlinien in nationales Recht wurde die Rechnungslegung der Unternehmen (insbesondere: von Kapitalgesellschaften) der EU-Mitgliedstaaten harmonisiert, d.h. koordiniert und angeglichen mit dem Ziel soweit sinnvoll und geboten, **Vergleichbarkeit** und **Gleichwertigkeit** herzustellen. Rechtsangleichung und daraus resultierende Gleichwertigkeit der Rechnungslegung und Rechnungslegungsvorschriften dürfen dabei aber nicht mit einer bedingungslosen und letztlich absoluten Vereinheitlichung gleichgesetzt werden: sinnvollerweise wurde vielmehr bewußt darauf abgestellt, gewachsene **nationale Besonderheiten** der Arbeits- und Kapitalmärkte sowie der steuerlichen Rahmenbedingungen ebenso zu berücksichtigen, wie bewährte und über Jahrzehnte entwikkelte „Bilanzkulturen“ einzelner Mitgliedstaaten. Im Rahmen der Harmonisierung der Rechnungslegung innerhalb der EU wurde zudem den Aspekten einer zunehmenden Internationalisierung und Konzernierung von Unternehmen sowie eines globalen Wettbewerbs angemessen Rechnung getragen. Dieser Zielsetzung wurde u.a. auch dadurch entsprochen, daß zahlreiche Prinzipien der „angelsächsischen“ Rechnungslegung - vollständig oder ansatzweise - in die „europäische“ Rechnungslegung übernommen wurden (z.B. „True and fair View“, „matching principle“, „Equity-Methode“ usw.).

Nach wie vor fehlen jedoch weltweit anerkannte, einheitliche „Standards“ der Rechnungslegung von Unternehmen; insbesondere für große Publikumskapitalgesellschaften stellt sich dies dann als Problem dar, wenn der Zugang zu bestimmten Kapitalmärkten daran geknüpft wird, daß die Rechnungslegung bestimmten und definierten Informationszwecken zu entsprechen hat und das derzeitige Instrumentarium dies - vermeintlich - nicht zu leisten in der Lage ist. Dies trifft in besonderem Maße für den Zugang zum Kapitalmarkt der Vereinigten Staaten zu: Deutsche Unternehmen (wie z.B. Daimler Benz AG, Telekom AG, Bayer AG, Schering AG, Heidelberger Zement AG, Veba AG), die den Gang an die Wall Street antreten wollen oder müssen, sehen sich veranlaßt, ihre nach deutschem Recht erstellten Abschlüsse den „angelsächsischen“ Standards anzupassen, um den Vorgaben der Securities and Exchange Commission (SEC) entsprechen zu können. Die Zulassung an der New York Exchange (NYSE) ist zweifellos mit beträchtlichen Vorteilen verbunden, da dadurch der bedeutendste Kapitalmarkt der Welt in Anspruch genommen werden kann und neben dem Aktienmarkt ein eingespielter Markt für Investmentfonds zur Verfügung steht. Die Zulassung an der New York Stock Exchange eröffnet zudem den direkten Zugang zum US-Anleihemarkt, so daß ein erhebliches und breit gefächertes Finanzierungspotential genutzt werden kann.

Voraussetzung hierfür ist allerdings die Börsenzulassung („Listing“) durch die SEC, die nur erteilt wird, wenn die Jahres- respektive Konzernabschlüsse nach US-Recht erstellt, veröffentlicht und den Investoren präsentiert werden, da nach deutschem Recht erstellte Abschlüsse derzeit als nicht gleichwertig eingestuft werden. Dies mag einigermaßen verwundern, dokumentiert doch eine im Jahre 1994 veröffentlichte empirische Studie (*Harris/Lang/Möller in: ZfbF 1994, S. 996 ff.*), daß deutsche Abschlüsse, insbesondere deutsche Konzernabschlüsse ähnlich relevante Informationen für die Aktienbewertung zu liefern in der Lage sind, wie dies für nach US-Recht erstellte Abschlüsse der Fall ist. Signifikante Informationsdefizite deutscher Abschlüsse wurden jedenfalls nicht festgestellt. Dennoch ist sowohl bei Unternehmen wie auch Institutionen innerhalb der EU ein wahres „Internationalisierungsfieber“ ausgebrochen, dessen Stadien unter 1 skizziert werden sollen.

1 Entwicklungstendenzen der Rechnungslegung

Hinsichtlich der Rechnungslegung von Kapitalgesellschaften lassen sich in vereinfachter Form zwei „Bilanzkultur-Kreise“ abgrenzen:

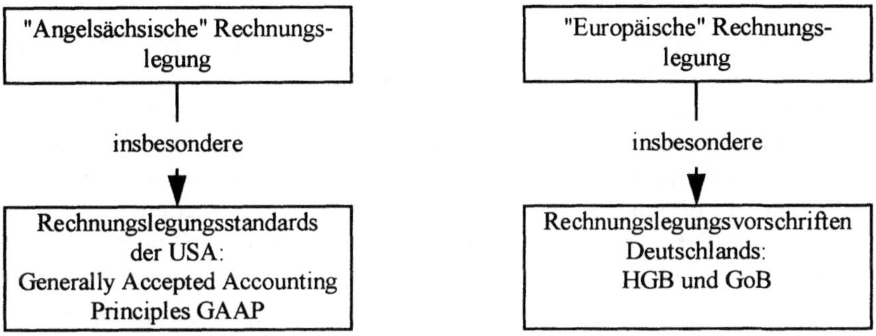

Abb. 43: „Bilanzkultur-Kreise“

Dabei ist zu berücksichtigen, daß es die „angelsächsische Rechnungslegung“ schlechthin nicht gibt, die angelsächsische Rechnungslegung vielmehr neben den GAAP auch die britischen Accounting Principles umfaßt und eine Subsumtion beider unter diese Klassifikationsgruppe nur bedingt zutreffend ist (vgl. dazu differenziert die Klassifikationsmodelle von Frank und Nobes in: *Gräfer/Demming 1994, S. 4 ff.*)

Seit Ende der 80iger Jahre sind **verstärkte Anstrengungen** zu beobachten, die zentrale Prinzipien der GAAP in die Rechnungslegung von Kapitalgesellschaften der EU-Mitgliedstaaten zu übernehmen.

- **Auf Ebene der EU**

  Durch eine Ermächtigungsrichtlinie wird versucht, die Richtlinienkompetenz der Europäischen Kommission so zu stärken, daß ohne Beteiligung nationaler Gesetzgebungsorgane eine unmittelbare Eingriffsregelung im Bereich der Rechnungslegung erfolgen kann (*vgl. z.B. Kommission der Europäischen Gemeinschaften: Vorentwurf zum Vorschlag für eine Richtlinie zur Übertragung von Durchführungsbefugnissen an die Kommission auf dem Gebiet der Rechnungslegung und ihrer Ausübung, XV/225/91 vom 23. Oktober 1991*). Dies hätte zwingend zur Folge, daß auch die deutschen Rechnungslegungsvorschriften unmittelbar durch die Kommission der offensichtlich beabsichtigten Angleichung an US-Standards unterzogen werden könnte. Diese Entwicklung wird begünstigt durch das seit 1990 eingerichtete Assistant Advisory Forum (AAF) der Kommission der Europäischen Gemeinschaften, das unter erkennbar starkem Einfluß des IASC (International Accounting Standards Committee) steht und es auf diesem Hintergrund durchaus denkbar ist, daß „... *die über das Forum (= AAF, Anm. der Verf.) eingeführten Empfehlungen von FASB und IASC in EG-Durchführungsrichtlinien aufgenommen werden und die Mitgliedstaaten so verpflichtet werden, diese Regelungen in ihre Rechtsvorschriften aufzunehmen*" (*Biener 1993, S. 354*).

- **Auf Ebene von Unternehmen**

Deutsche, wie auch französische Kapitalgesellschaften sind auf freiwilliger Basis seit Ende der 80iger Jahre bemüht, den geänderten Rechnungslegungsanforderungen, die mit dem Zugang zu internationalen Kapitalmärkten verbunden sind, durch differenzierte Maßnahmen einer erweiterten Rechnungslegung zu entsprechen. Durch erweiterte Rechnungslegung soll insbesondere den tatsächlichen oder vermuteten Informationszielen ausländischer Investoren Rechnung getragen werden. Im wesentlichen zeichnen sich dabei zwei Wege ab (*vgl. zusammenfassend Goebel/Fuchs 1995, S. 2363 ff.*):

(1) Im Rahmen der Konzernrechnungslegung wird ein **duales Abschlußkonzept** realisiert, d.h. der Konzernabschluß wird sowohl nach den Vorschriften des HGB (bzw. des französischen Code de Commerce) wie auch nach den International Accounting Standards (IAS) erstellt, geprüft und testiert (z.B. Bayer AG).

(2) Im Rahmen einer **„qualitative Reconciliation"** wird quasi die Übernahme der IAS vollzogen, soweit diese Übernahme mit den Vorschriften des HGB vereinbar ist (z.B. Hoechst AG).

Der denkbar dritte Weg, der de facto ebenfalls bereits praktiziert wurde, getrennte Abschlüsse nach deutschem Recht und IAS bzw. GAAP zu erstellten (z.B. Daimler Benz AG), erweist sich i.d.R. als zu aufwendig.

Abb. 44 verdeutlicht in anschaulicher Form den Einfluß unterschiedlicher Rechtskreise und Vorschriften auf die Rechnungslegung deutscher Konzerne (*Gräfer/Demming 1994, S. 8 in Anlehnung an Baetge 1992 - nicht veröffentlichter Vortrag auf dem 46. Deutschen Betriebswirtschafter-Tag, Berlin*):

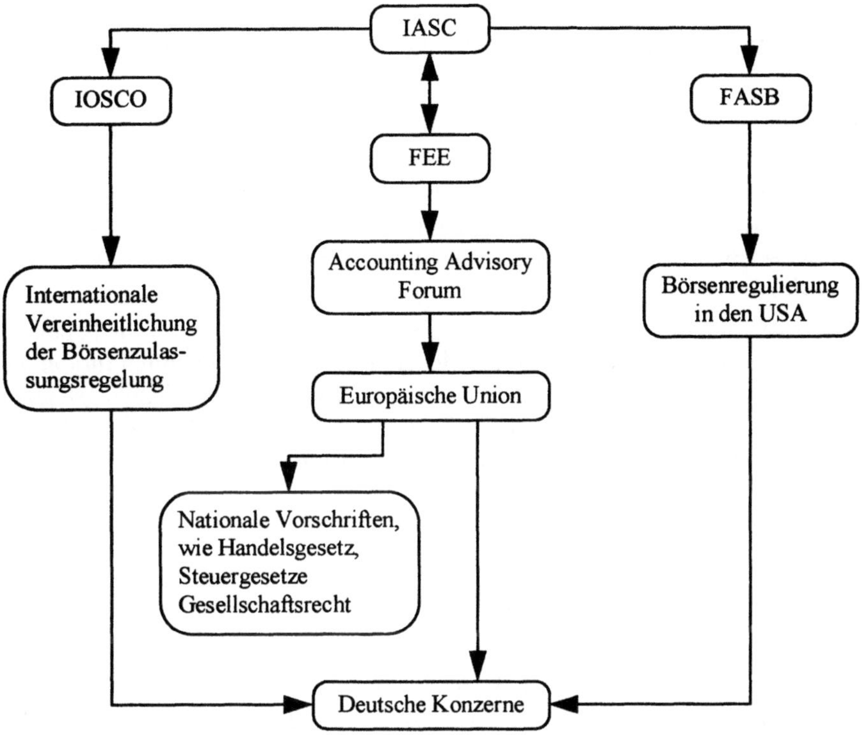

Abb. 44: Einfluß verschiedener Vorschriften auf deutsche Konzerne (*Baetge 1992*)

2 GAAP: Prinzipien der US-amerikanischen Rechnungslegung

Die IAS sind durch zahlreiche Parallelen und Analogien zu den US-amerikanischen GAAP gekennzeichnet und weisen auf eine tendenziell vergleichbare Rechnungslegungsphilosophie hin. Insoweit macht es u.E. angesichts der restriktiven Haltung der SEC und der Bedeutung des US-Kapitalmarktes für große deutsche Publikumskapitalgesellschaften durchaus Sinn, die wesentlichen Grundsätze der Rechnungslegung nach US-Recht zu skizzieren.

Dabei ist zu berücksichtigen, daß die von der SEC initiierten und vom Financial Accounting Standards Board (FASB) entwickelten GAAP ausschließlich für die ca. 14.000 börsennotierten Gesellschaften in den USA gelten; die Rechnungslegung anderer Gesellschaften bestimmt sich i.d.R. ausschließlich nach Vorgaben, die im Rahmen von Gesellschafts- oder Kreditverträgen formuliert werden (*vgl. dazu z.B. Schildbach 1995, S. 2638*).

2.1 Wichtige Rechnungslegungsgrundsätze

Ein einheitliches, induktiv und/oder deduktiv ermitteltes System an Rechnungslegungsgrundsätzen existiert nicht, jedoch ist zweifellos dem „**Conceptual Framework**" des FASB zentrale Bedeutung beizumessen. Danach ist die Rechnungslegung eindeutig an der Konzeption des „decision usefulness approach" ausgerichtet und soll vorrangig den Investoren entscheidungsrelevante Informationen zur Verfügung stellen. Das Prinzip des Gläubigerschutzes tritt demgegenüber eindeutig in den Hintergrund.

Als **zentrale Rechnungslegungsgrundsätze** („primary characteristics") werden die Grundsätze **„relevance"** und „**reliability**" definiert, d.h. die Rechnungslegung soll im Sinne einer „fair presentation" die wirtschaftliche Lage eines Unternehmens wahrheitsgetreu darstellen und zuverlässige und entscheidungsrelevante Informationen bereitstellen. Insbesondere der Reliability-Grundsatz weist starke Parallelen zu den deutschen GoB „Willkürfreiheit", Wahrheit", „Klarheit" und „Vollständigkeit" auf. Neben den genannten primary characteristics soll durch die Beachtung weiterer Grundsätze das Ziel einer wahrheitsgetreuen Darstellung der Lage des Unternehmens sichergestellt werden: dabei ist insbesondere den Grundsätzen der „**comparability**" (Vergleichbarkeit) und „**constistency**" (Methodenstetigkeit) Bedeutung beizumessen.

Die für die **Gewinnermittlung** wichtigsten Prinzipien der Rechnungslegung lassen sich aus dem sog. „**accrual principle**" ableiten:

- **Accrual Principle**

  Das accrual principle entspricht weitgehend dem deutschen Grundsatz der periodengerechten Erfolgsermittlung und schreibt vor, daß der Periodenerfolg aus den erbrachten Leistungen und den damit verbundenen Aufwendungen einer Rechnungsperiode zu ermitteln ist. Konkretisiert wird das Prinzip in erster Linie durch das „realization principle" und das „matching principle".

- **Realization Principle**

  Das von der Zielsetzung her dem deutschen Realisationsprinzip entsprechende realiziation principle regelt den Zeitpunkt der Erfassung von Erträgen bzw. Gewinnen, und wird aus acctual principle abgeleitet. Grundsätzlich werden dabei nach Naßgabe der GAAP Erträge erst dann als realisiert berücksichtigt, wenn die Leistung erbracht und eine Zahlung eingegangen oder eine Forderung begründet wurde. Das Prinzip läßt allerdings hiervon abweichend durchaus Ausnahmen zu: bei längerfristiger Fertigung kann z.B. der jeweils anteilig realisierte Teilperiodenerfolg berücksichtigt werden, auch wenn die Leistung noch nicht vollständig erbracht ist („**percentage-of-completion-method**"). Darüber hinaus ist es z.B. zulässig, bestimmte Gegenstände des Vorratsvermögens (z.B. Fertigerzeugnisse wie Edelmetalle) zu Verkaufspreisen zu bewerten und damit anteilige Gewinne als realisiert zu berücksichtigen, obwohl zu diesem Zeitpunkt noch kein Umsatz stattgefunden hat.

- **Matching Principle**

  Das matching principle entspricht weitgehend dem deutschen Grundsatz der sachlichen und zeitlichen Abgrenzung, d.h. alle Aufwendungen, die durch die Leistungserstellung verursacht sind, müssen der Periode zugeordnet werden, in der die aufwandsverursachenden Leistungen am Markt abgesetzt wurden.

Von eher untergeordneter Bedeutung in der US-Rechnungslegung ist das dem deutschen Vorsichtsprinzip entsprechende „**conservatism principle**". Dies ist naturgemäß darauf zurückzuführen, daß die sich aus diesem Prinzip ergebenden Konsequenzen als nicht mit einer „fair presentation" der Lage des Unternehmens vereinbar erachtet werden und dem Gläubigerschutzprinzip eine im Vergleich zur Gewinnermittlung eindeutig nachrangige Rolle zugewiesen wird.

Weitere für die US-Rechnungslegung bedeutsame Grundsätze stellen das Prinzip der „**substance over form**" sowie der „**materiality**"-Grundsatz dar:

- **Substance over Form**

  Aus diesem Grundsatz ist zunächst abzuleiten, daß für die Beurteilung eines Sachverhaltes nicht die rechtliche Ausgestaltung, sondern die wirtschaftliche Wirkung maßgeblich ist. Daraus folgt z.B. (analog der deutschen Regelung des § 39 AO), daß für die Bilanzierung von Vermögensgegenständen nicht das rechtliche, sondern das wirtschaftliche Eigentum relevant ist.

Aus diesem Grundsatz läßt sich auch ableiten, daß die Form der Darstellung der Abschlußinformationen gegenüber der Qualität der Informationsvermittlung als eher untergeordnet eingestuft und dem Abschlußersteller vergleichsweise große Freiräume in Hinblick auf die materielle und formelle Abschlußgestaltung eingeräumt werden.

- **Materiality**

  Dieser Grundsatz entspricht dem deutschen (nicht kodifizierten) Grundsatz der Wesentlichkeit: danach sind im Abschluß alle für die Entscheidungsfindung primär von Investoren wesentlichen Tatbestände und Sachverhalte zu berücksichtigen.

  Der Materiality-Grundsatz wirkt zudem unmittelbar in die Abschlußprüfung hinein, d.h. der Abschlußprüfer kann alle aufgrund von „cost-benefit"-Erwägungen unwesentlichen Tatbestände bei der Prüfung als vernachlässigbar ausklammern.

2.2 Annual Report

Ein auf der Grundlage der GAAP erstellter Annual Report (Jahresbericht/Geschäftsbericht) ist i.d.R. durch die Veröffentlichung folgender Elemente gekennzeichnet (*Riebell 1992, S. 188*):

1. Financial Highlights	Jahresabschlußzahlen im Kurzüberblick
2. Letter to Stockholders	Mitteilungen an die Aktionäre
3. Lines of Business	Entwicklung der Geschäftssparten
4. Research and Development	Forschung und Entwicklungsaktivitäten
5. Operational Review	Rückblickende Beurteilung des Geschäftsverlaufs
6. Financial Review/Summary	Rückblickende Beurteilung der finanziellen Lage
7. Business Segment Informations	Informationen über die Geschäftsbereiche
8. Financial Statements	Jahresabschluß
9. Notes to Financial Statements	Anmerkungen zum Jahresabschluß
10.Quarterly Results	Vierteljahresberichte

11.Effects of Inflation	Diskussion inflationsbedingter Einflüsse
12.Auditor's Report	Testat der Wirtschaftsprüfungsgesellschaft
13.10 Years Financial Summary	Zehnjahresvergleich
14.Directors and Officers	Vorstellung der Mitglieder des zentralen Lenkungs- und Verwaltungsorgan der Geschäftsleitung

Abb. 45: Elemente des Annual Report (*Riebell 1992, S. 188*)

In der verkürzten Form als sog. „**basic financial statement**" hat der Geschäftsbericht zumindest die folgenden Elemente zu enthalten (*Haller 1994, S. 265*):

• Balance Sheet	Bilanz
• Income Statement	GuV-Rechnung
• Statement of owners equity	Entwicklung des Eigenkapitals
• Cash Flow statement	Kapitalflußrechnung
• Notes	Anmerkungen zum Jahresabschluß

2.2.1 Erfolgsrechnung

Das **Income Statement** (GuV-Rechnung) ist wie die deutsche GuV-Rechnung als Erfolgsquellenrechnung konzipiert und nimmt im Rahmen der Financial Statements eine zentrale Position ein; dies dokumentiert sich i.d.R. auch durch die Positionierung, d.h. das Income Statement wird i.d.R. im Geschäftsbericht vor der Bilanz angeordnet.

Grundsätzlich wird das Income Statement in Staffelform und auf Basis des Umsatzkostenverfahrens erstellt; ein einheitliches Gliederungsschema existiert nicht, lediglich aus den SEC-Regeln lassen sich gewisse Mindestpositionsanforderungen ableiten. Je nach Gliederungstiefe und Postenanordnung läßt sich das Income Statement einstufig („single-step form") oder mehrstufig („multi-step form") erstellen. Die nachfolgenden Abbildungen zeigen beispielhaft die aus Sicht der SEC notwendigen Mindestpositionen (Abb. 46) sowie ein Beispiel für ein im mehrstufigen Verfahren erstelltes Income Statement (Abb. 47):

Income Statement

1. Net sales and gross revenues
2. Costs and expenses applicable to sales and revenues
3. Other operating costs and expenses
4. Selling, general and administrative expenses
5. Provision for doubtful accounts and notes
6. Other general expenses
7. Non-operating income
8. Interest and amortization of debt discount and expense
9. Non-operating expenses

10. Income or loss before income tax expense and appropriate items below
11. Income tax expense
12. Minority interest in income of consolidated subsidiaries
13. Equity in earnings of unconsolidated subsidiaries
14. Income of loss from continuing operations
15. Discontinued operations
16. Income of loss before extraordinary items and cumulative effects of changes in accounting principles
17. Extraordinary items, less applicable tax
18. Cumulative effects of changes in accounting principles
19. Net income or loss
20. Earnings per share data

Abb. 46: Positionen des Income Statements (SEC-Guidelines-Rules and Regulations 1993, S. 492 f.)

INCOME STATEMENT FOR THE YEAR ENDED DECEMBER 31, 1988 (Dollars in thousands)		
Net sales	(Umsatzerlöse)	1.480
Cost of goods sold	(Herstellungskosten der zur Erzielung der Umsätze erbrachten Leistung)	./. 600
Cross profit	Bruttoergebnis vom Umsatz (Rohertrag)	380
Selling and administrative expenses	(Vertriebs- und Verwaltungskosten)	./. 320
Income from operations	(Betriebsergebnis)	560
Other revenues and gains	(sonstige betriebliche Erträge)	10
Other expenses and losses	(sonstige betriebliche Aufwendungen)	./. 50
Income from continuing operations before taxes	(Ergebnis der gewöhnlichen Geschäftstätigkeit vor Steuern)	520
Income taxes	(Ertragssteuern)	./. 208
Income from continuing operations	(Ergebnis der gewöhnlichen Geschäftstätigkeit nach Steuern)	312
Discontinued Operations Loss on disposal of Hartley Division, less applicable income taxes of 60	(Verluste bei der Aufgabe des Geschäftsfeldes „Hartley" abzüglich darauf entfallender Ertragsteuerminderung)	./. 36
Income before extraordinary item and cumulative effect of accounting change	(Jahresüberschuß vor außerordentlichem Ergebnis und kumulierten Effekten durch Änderung von Bilanzierungsmethoden)	276
Extraordinary item loss from earth-quake, less applicable income taxes of 30	(Außerordentlicher Aufwand aus Erdbeben abzüglich darauf entfallender Ertragsteuerminderung)	./. 45
Cumulative effect in prior years of retroactive application of new depreciation method,	(Kumulierte Ergebniswirkung wegen Anwendung einer neuen Abschreibungsmethode, abzüg-	./. 60

less applicable income taxes of 40	lich darauf entfallender Ertragsteuerminderung)	
Net Income	(Jahresüberschuß)	171
Per share of common stock	(Auf eine Stammaktie entfallender Teil)	
Income from continuing operations	(Ergebnis aus der gewöhnlichen Geschäftstätigkeit)	3,12
Loss on disposal of discontinued operation, net of tax	(Ergebnis aus der Aufgabe eines Geschäftsfeldes, abzüglich Ertragsteuern)	./. 0,36
Income before extraordinary item and cumulative effect of accounting change	(Jahresüberschuß vor außerordentlichem Ergebnis und kumulierten Effekten durch Änderung von Bilanzierungsmethoden)	2,76
Extraordinary loss, net of tax	(außerordentlicher Aufwand, abzüglich Ertragsteuern)	./. 0,45
Cumulative effect of change in accounting principle, net of tax	(Kumulierte Ergebniswirkung wegen einer Änderung einer Bilanzierungsmethode, abzüglich Ertragsteuern)	/. 0,60
Net Income	(Jahresüberschuß)	1,71

Abb. 47 Beispiel für ein mehrstufiges Income Statement (*Haller 1994, S. 276*)

Die **inhaltliche Gestaltung** der Gewinn- und Verlustrechnung wird - ähnlich wie die nach deutschem Recht erstellte GuV einer großen Kapitalgesellschaft - durch den gesonderten Ausweis der Erfolgskomponenten bestimmt. In der nach GAAP erstellten GuV werden insbesondere die Aufwendungen und Erträge, die mit der gewöhnlichen Geschäftstätigkeit verbunden anfallen, vergleichsweise genau gegenüber denjenigen abgegrenzt, die von außerordentlicher Art sind. Damit soll es insbesondere dem Investor ermöglicht werden, durch einen Zeitvergleich der aus der gewöhnlichen Tätigkeit des Unternehmens resultierenden Erfolge Trends zu erkennen und seine Investitionsentscheidung kritisch evaluieren zu können. Die Erfolgsspaltung trägt damit eindeutig dem Grundsatz des „decision usefulness" Rechnung (*vgl. Haller 1994, S. 277*).

Das **Ergebnis der gewöhnlichen Unternehmenstätigkeit** („income from continuing operations") berücksichtigt die regelmäßig wiederkehrenden **betrieblichen** Erträge und Aufwendungen sowie Erträge und Aufwendungen, die mit der **allgemeinen Geschäftstätigkeit** verbunden angefallen sind. Dies führt dazu, daß das Ergebnis der gewöhnlichen Unternehmenstätigkeit in

- das Betriebsergebnis i.e.S. („operating income") und
- das Betriebsergebnis i.w.S. („other income")

aufgespalten werden kann. Die Zuordnung einzelner Aufwands- und Ertragspositionen zu einem dieser Ergebnisse ist vorrangig vom Unternehmenszweck abhängig, generelle Zuordnungsregeln sind nicht existent. I.d.R. werden beim Betriebsergebnis i.e.S. Umsatzerlöse, Herstellungskosten, Forschungskosten, Verwaltungs- und Vertriebskosten sowie sonstige betriebliche Aufwendungen und Erträge berücksichtigt. Das Betriebsergebnis i.e.S. entspricht damit weitgehend dem Ergebnis aus betrieblicher Tätigkeit einer nach dem Umsatzkostenverfahren erstellten Staffelform-GuV einer großen deutschen Kapitalgesellschaft. Beim Betriebsergebnis i.w.S. werden z.B. Zins- und Beteiligungserträge, Erträge und Aufwendungen aus der Veräußerung von Vermögensgegenständen, Währungsgewinne und -verluste, Prozeßaufwendungen, Zinsaufwendungen und Zahlungen an Minderheitsgesellschafter erfaßt.

Zu den Positionen der **außergewöhnlichen Unternehmenstätigkeit** („non-operating items") zählen insbesondere folgende Sachverhalten (*vgl. Haller 1994, S. 279 ff.*):

Außerordentliche Aufwendungen und Erträge („extra-ordinary items"), d.h. Aufwendungen/Erträge, die - analog § 277 Abs. 4 HGB - ungewöhnlich sind und einmalig oder selten vorkommen.

- **Gewinne oder Verluste aus Veräußerung von Unternehmensteilen** („discontinued items"). Die mit diesem Unternehmensteil verbundenen Ergebnisse sind im Anhang darzulegen, der Einfluß auf die Kennzahl „Ergebnis je Aktie" ist kenntlich zu machen.
- **Änderungen angewandter Bilanzierungs- und Bewertungsmethoden** („changes in accounting principles"). Hierunter werden die quantitativen „Ergebniseffekte" erfaßt, die aus dem Wechsel von einer zulässigen und bislang praktizierten auf eine ebenfalls zulässige Bilanzierungs- oder Bewertungsmethode resultieren.

Die durch das Income Statement vollzogene Gewinnermittlungsrechnung wird vielfach durch eine unmittelbar anschließende Gewinnverwendungsrechnung („**Statement of Retained Earnings**") ergänzt und dokumentiert die Entwicklung des Eigenkapitals. Wie auch bei deutschen Kapitalgesellschaften üblich, stellt die Gewinnverwendungsrechnung die Verbindung zwischen GuV-Rechnung und Bilanz her. Etwa seit Ende der 80iger Jahre wird die Gewinnverwendungsrechnung zunehmend in ein „**Statement of Owner's Equity**" integriert, das umfassend über die Entwicklung des Reinvermögens informiert (*vgl. Haller 1994, S. 348*).

Das **Ergebnis je Aktie** („earnings per share") wird von SEC-registrierten Gesellschaften in unmittelbaren Anschluß an die GuV ausgewiesen und stellt integraler Bestandteil der GuV dar. Das Ergebnis je Aktie („EPS") wird i.d.R. folgendermaßen ermittelt (*Haller 1994, S. 286*):

$$\frac{E-DV}{A}$$

wobei:

E = jeweilige Ergebnisgröße

DV = Dividendenansprüche von Vorzugsaktionären

A = Gewichtete Summe des durchschnittlichen Bestandes an ausgegebenen Stammaktien der Periode

Grundsätzlich hat dabei eine SEC-registrierte Gesellschaft unterschiedliche Ergebniskennzahlen je Aktie zu ermitteln, d.h. die Zählergröße „E" ist zu bestimmen als

- „income from continuing operations"
- „income before extraordinary items"
- „cummulative effect of a change in accounting principles"
- „net income"

ggf. zusätzlich auf freiwilliger Basis

- „income from discontinued operations"
- „extraordinary items"

Soweit Unternehmen eine komplexe Kapitalstruktur aufweisen, d.h. z.B. neben Stammaktien noch Wandelanleihen ausgegeben haben, sind die „primary EPS" und die „fully diluted EPS" zu ermitteln Bei der „primary EPS" wird im Nenner der Durchschnittsbestand an Stammaktien sowie der Bestand solcher Wertpapiere berücksichtigt, die Stammaktien qualitativ vergleichbar sind („common stock equivalents"), bei der „fully diluted EPS" werden dagegen im Nenner alle in Aktien umwandelbaren Wertpapiere berücksichtigt.

2.2.2 Bilanz

Das „**Balance Sheet**“ (Bilanz) kann sowohl in Konto- wie auch in Staffelform erstellt werden. In der Rechnungslegungspraxis dominiert die Staffelform, die Posten werden in konsequenter Verfolgung des Liquiditätsgliederungsprinzips angeordnet. Der Bilanz wird insoweit auch primär die Funktion zugewiesen, Liquidität und finanzwirtschaftliche Flexibilität eines Unternehmens zu dokumentieren.

Auch für das Balance Sheet gilt, daß ein allgemeinverbindliches Gliederungsschema nicht existiert, so daß je nach gewählter Postenbezeichnung und Gliederungstiefe sehr differenzierte Gestaltungsvarianten denkbar sind. Hinzu kommt, daß nach den GAAP in vielen Fällen Wahlrechte eingeräumt werden, zusätzliche Erläuterungen entweder in der Bilanz oder in den Notes zu geben, so daß die unmittelbare Vergleichbarkeit zwischen Unternehmen i.d.R. nicht sichergestellt ist. Unabhängig hiervon soll die US-Bilanz dem Informationsgehalt nach so gestaltet werden, daß dem Konzept des „decision usefullness“ entsprochen wird. Eine den SEC-Regeln entsprechende Bilanz wird i.d.R. folgende Positionen auf Aktivseite („Assets and other Debits“) und Passivseite („Liabilities and Stockholder's Equity“) aufweisen:

Assets and Other Debits	Liabilities and Stockholder's Equity
1. Cash and cash items	19. Accounts and notes payable
2. Marketable securities	20. Other current liabilities
3. Accounts and notes receivable	21. Total current liabilities
4. Allowances for doubtful accounts and notes receivable	22. Bonds and other long-term debt, including capitalized leases
5. Unearned income	23. Indebtedness to related parties - noncurrent
6. Inventories: finished goods, inventoried cost relating to long-term contracts or programs, work in process, raw materials and supplies	24. Other liabilities
7. Prepaid expenses	25. Commitments and contingent liabilities
8. Other current assets	26. Deferred credits
9. Total current assets	27. Minority interests in consolidated subsidiaries
10. Securities of related parties	28. Preferred stocks subject to mandatory redemption requirements or whose redemption is outside the control of the issuer
11. Indebtedness of related parties - not current	

12. Other investments 13. Property, plants and equipment 14. Accumulated depreciation, depletion, and amortization of property, plant and equipment 15. Intangible assets 16. Accumulated depreciation and amortiziation of intangible assets 17. Other assets 18. Total assets	29. Preferred stocks which are not redeemable or are redeemable solely at the option of the issuer 30. Common stocks 31. Other Stockholder's equity 32. Total liabilities and Stockholder's equity

Abb. 48: Positionen des Balance Sheet (*SEC Guidelines 1993, S. 488 ff.*)

2.2.2.1 Aktiv-/Passivseite und Bilanzierung

Entgegen der in Deutschland üblichen Ausweispraxis sind die Posten der **Aktivseite** nach dem Grad zunehmender Liquiditätsferne angeordnet: das Umlaufvermögen (current assets) wird insoweit konsequenterweise vor dem Anlagevermögen (fixed assets) ausgewiesen. Aktiviert werden dabei nicht nur Vermögensgegenstände, die dem bilanzierenden Unternehmen formalrechtlich zuzurechnen sind, vielmehr wird der Begriff „Vermögensgegenstände" sehr umfassend und in dynamischem Sinne als künftiger wirtschaftlicher Nutzen („future economic benefit") interpretiert, der im rechtlichen oder wirtschaftlichen Eigentum des Unternehmens steht und dessen Eintritt wahrscheinlich ist. Maßgebliches Bilanzierungskriterium stellt damit die **wirtschaftliche Verfügungsgewalt** dar. Daraus folgt ebenfalls sehr konsequent, daß z.B. selbsterstellte immaterielle Anlagen, die nach deutschem Recht nicht aktiviert werden dürfen, mit einem Aktivierungswahlrecht gekoppelt sind, soweit sie losgelöst vom Unternehmen „eigene Identität" besitzen und der Nutzen objektiv feststellbar ist. Der originäre Firmenwert, der weder eigene Identität besitzt noch einen objektiv bestimmbaren Wert aufweist, unterliegt damit analog § 247 Abs. 2 HGB einem Aktivierungsverbot. Auf der Aktivseite werden zudem sog. „deferred charges" ausgewiesen, die, in etwa mit Bilanzierungshilfen vergleichbar, Aufwendungen umfassen, die über mehrere Folgeperioden hinweg wirtschaftlichen Nutzen schaffen und somit dem „matching principle" entsprechend über mehrere (künftige) Rechnungsperioden verteilt werden müssen. Die Subsumierung dieser Bilanzposten unter die Vermögensgegenstände verdeutlicht sehr nachhaltig die dominierend dynamische Begriffsinterpretation.

Die Posten der **Passivseite** werden nach Rechtsverhältnissen gegliedert in Positionen des Fremdkapitals (liabilities) und Eigenkapitals (shareholders' equity). Das Fremdkapital wird, angeordnet nach aufsteigenden Restlaufzeiten, vor dem Eigenkapital ausgewiesen und umfaßt alle wahrscheinlichen künftigen Belastungen des Unternehmens aus bestehenden Verpflichtungen. Das Fremdkapital schließt damit Verbindlichkeiten und Rückstellungen ein: „*Liabilities are probable future sacrifies of economic benefits arising from present obligations of a particular entity to transfer assets of provide services to other entities in the future as a result of past transactions or events*“ (*FASB 1985*). Analog zur umfassenden, dynamischen und wirtschaftlichen Interpretation der Vermögensgegenstände werden somit auch Liabilities dynamisch und wirtschaftlich ausgerichtet als wahrscheinliche künftige Belastungen definiert, die aus Produktion/Absatz von Sachgütern und/oder Dienstleistungen resultieren und folglich nicht nur rechtlich bereits begründete Verpflichtungen einschließen können. Zu den nach US-amerikanischen Standards grundsätzlich bilanzierungspflichten Rückstellungen zählen insbesondere (*vgl. Haller 1994, S. 293 ff.*)

- Rückstellungen für rechtlich begründete Verpflichtungen, deren Höhe noch ungewiß ist (sog. „**accrued liabilities**“), wie z.B. Steuerrückstellungen
- Rückstellungen für ungewisse Verbindlichkeiten, deren künftig wahrscheinlicher Eintritt das Eigenkapital schmälert und deren Höhe feststeht oder zumindest realistisch abschätzbar ist (sog. „**contingent liabilities**“).

Daneben werden, analog zu den „deffered charges“ der Aktivseite, auch auf der Passivseite Abgrenzungsposten („**deferred credits**“) ausgewiesen, die begrifflich unter die „Liabilities“ subsumiert werden und der konsequenten Umsetzung des „matching principle„ dienen. Dazu zählen z.B. Rückstellungen für passive latente Steuern. Im Gegensatz zum deutschen Recht nicht bilanzierungsfähig sind reine Aufwandsrückstellungen, die mit keiner Verpflichtung Dritten gegenüber verbunden sind (wie dies z.B. für Rückstellungen gemäß § 249 Abs. 1 Nr. 1 Abs. 2 HGB zutrifft, die ledigliche Innenverpflichtungen eines Unternehmens dokumentieren).

2.2.2.2 Bewertungsmaßstäbe

Die **Bewertungskonzeption** sieht in Abhängigkeit von der jeweiligen Bilanzposition unterschiedliche und i.d.R. alternative Bewertungsmaßstäbe vor, wobei die Bewertung nicht in ein in sich geschlossenes oder zumindest schlüssiges System eingebettet, sondern kasuistisch erfolgt.

Zentraler **Bewertungsmaßstab** sind, wie in Deutschland, die historischen **Anschaffungs- oder Herstellungskosten** („historical cost") eines Vermögensgegenstandes; die Anschaffungskosten werden analog § 255 Abs. 1 HGB ermittelt, bei Ermittlung der Herstellungskosten sind jedoch im Gegensatz zum deutschen Recht die gesamten mit der Herstellung verbundenen Aufwendungen zu aktivieren, Wahlrechte für Gemeinkosten bestehen nicht. Neben den historischen Ausgangskostenwerten kommen insbesondere Werte in Betracht, die z.T. als Ausgangs- oder Korrekturwerte konzipiert sind (*vgl. Haller 1994, S. 311 ff; FASB 1984*):

- **Wiederbeschaffungs- oder Reproduktionskosten**

  Die Wiederbeschaffungs- oder Reproduktionskosten („replacement / reproduction cost") sind beschaffungsmarktbezogen zu ermitteln und kommen als Korrekturwert bei bezogenen Gütern (z.B. Rohstoffen, Maschinen als Wiederbeschaffungswert) und selbsterstellten Gütern (z.B. Fertigerzeugnissen als Reproduktionskosten) zum Ansatz. Von besonderer Bedeutung sind diese Korrekturwerte für die Bewertung der Vorräte und der Wertpapiere des Umlaufvermögens, sie können aber auch der Bewertung von Gegenständen des Anlagevermögens zugrunde gelegt werden.

- **Marktwert**

  Der „current market value" bzw. „current selling price" wird absatzmarktbezogen ermittelt und umfaßt alle Einnahmen, die bei einer unmittelbaren marktlichen Verwertung eines Vermögensgegenstandes erzielt würden. Dieser Wert stellt i.d.R. Korrekturwert dar, kommt jedoch immer dann auch als Ausgangswert in Betracht, wenn es sich um Vermögensgegenstände handelt, für die ein organisierter Markt mit entsprechenden Preisnotierungen existiert (z.B. Wertpapiere, Rohstoffe wie Edelmetalle oder landwirtschaftliche Erzeugnisse). Letztere können damit mit einem Wert ausgewiesen werden, der über den historischen Kostenwerten liegt; Voraussetzung hierfür ist jedoch , daß ein solcher Wertausweis nicht zu einer Verfälschung der Periodenerfolgsermittlung führt.

  Der Ansatz zum Marktwert kommt zudem immer dann in Betracht, wenn Vermögensgegenstände unentgeltlich erworben werden: auf Grundlage des Marktwertes wird in solchen Fällen der sog. „**fair value**" ermittelt und der Bewertung des Vermögensgegenstandes zugrunde gelegt.

- **Nettoverkaufspreis/Rückzahlungsbetrag**

  Der Nettoverkaufspreis („net realizable value") kommt insbesondere bei unfertigen Erzeugnissen, Anlagen im Bau und der Bewertung von Forderungen als Korrekturwert in Betracht. Dabei wird in allen Fällen eine Veräußerung bzw. Realisierung in naher Zukunft unterstellt. Der Nettoverkaufspreis wird i.d.R. als Differenz aus

  - voraussichtlich erzielbarem Nettoverkaufserlös
  - Vertriebskosten

- bis zur Marktreife/Fertigstellung anfallenden Aufwendungen

ermittelt und stellt sich damit als aus dem Marktwert abgeleiteter Wertmaßstab dar.

Der Rückzahlungsbetrag („net settlement value") ist Ausgangswert zur Bewertung kurzfristiger Verbindlichkeiten (z.B. Lieferantenschulden) und wird als undiskontierte Schuld zuzüglich aller noch erforderlichen Aufwendungen zum Begleichen der Verbindlichkeit ermittelt.

- **Barwert**

Der Barwert („present value of future cash Flows") ist Ausgangswert für langfristige Verbindlichkeiten und langfristige, nicht oder niedrig verzinste Forderungen des Unternehmens. Da Einzahlungen abzüglich Auszahlungen auf den Abschlußstichtag abgezinst werden, handelt es sich um den Bar- oder Endkapitalwert einer zukünftigen Zahlungsreihe.

2.2.2.3 Bewertung ausgewählter Aktiva und Passiva

Der Postenabfolge in der Bilanz entsprechend läßt sich für die Bewertung relevanter Postengruppen zusammenfassend feststellen:

(1) Umlaufvermögen

Das Umlaufvermögen umfaßt alle Vermögensgegenstände, die nicht länger als ein Jahr bzw. nicht länger, als dies der betriebsüblichen Produktionszeit („normal operating cycle") entspricht, im Unternehmen verbleiben. Dazu zählen insbesondere liquide Mittel („cash"), Wertpapiere des Umlaufvermögens („marketable securities"), Forderungen („accounts receivable") Besitzwechsel („notes receivable") Vorräte („inventories") und sonstige Gegenstände des Umlaufvermögens („other current assets").

Der Ausweis des Umlaufvermögens erfolgt grundsätzlich zu Anschaffungs- oder Herstellungskosten oder zum Zeit- oder Gegenwartswert (z.B. in Form der Wiederbeschaffungs- oder Reproduktionskosten, Marktwert usw.). Ähnlich wie in der deutschen Rechnungslegung greift auch bei der Bewertung des Umlaufvermögens ein **Niederstwertprinzip**, das jedoch von Position zu Position (dies gilt für die Vermögensgegenstände generell) unterschiedlich anzuwenden ist. Die Bewertung des Umlaufvermögens soll beispielhaft anhand einiger Posten verdeutlicht werden (*vgl. Haller 1994, S. 318 ff.; FASB 1993*):

- **Flüssige Mittel**

werden grundsätzlich mit ihrem **Gegenwartswert** („current value" oder „stated value") bewertet.

- **Forderungen des Umlaufvermögens und Besitzwechsel**

  Ausgangswert stellt der jeweilige Nennwert dar. Soweit Skonti eingeräumt wurden, kann wahlweise netto oder brutto ausgewiesen werden. Zweifelhafte Forderungen sind nach dem Niederstwertprinzip mit ihrem niedrigeren wahrscheinlichen Zuflußwert auszuweisen; für Besitzwechsel gilt dies entsprechend, so daß Forderungen und Besitzwechsel entweder mit ihrem jeweiligen Nennwert oder ihrem niedrigeren „net realizable value" am Abschlußstichtag zu bewerten sind.

  Im Rahmen der **Forderungsabschreibung** kommen im wesentlichen zwei Möglichkeiten in Betracht:

  - Einzelabschreibung (direkt) oder Einzelwertberichtigung (indirekt) oder
  - Pauschalwertberichtigung (direkt oder indirekt).

  Soweit - dies ist Regelfall - eine Pauschalwertberichtigung vorgenommen wird, kann die Höhe der Pauschalwertberichtigung entweder mittels „percentage-of-sales-method" oder die „percentage-of-outstanding-receivables-method" festgestellt werden. Bei der erstgenannten Methode wird ein aus Erfahrungswerten abgeleiteter Wertberichtigungsprozentsatz auf die Zielverkäufe der jeweiligen Rechnungsperiode bezogen, bei der zweitgenannten Methode wird, wie in der deutschen Rechnungslegung, der Forderungsbestand pauschal um eine aus Erfahrungswerten und der Bestandseinschätzung am Abschlußstichtag resultierende Wertberichtigung korrigiert.

  Entfällt der Grund, der zur Vornahme einer außerplanmäßigen Abschreibung geführt hat, ist eine Wertaufholung bis zu den ursprünglichen historischen Anschaffungskosten (= Nennwert) vorzunehmen.

  Bei **Valutaforderungen** besteht insoweit eine Besonderheit, als diese mit ihrem jeweiligen Geldkurs am Abschlußstichtag zu bewerten sind. Dies kann zum Ausweis unrealisierter Kursgewinne führen, da entgegen Vorsichts-, Anschaffungswert- und Realisationsprinzip zu einem über den Anschaffungskosten liegenden Wert ausgewiesen werden kann.

- **Wertpapiere des Umlaufvermögens**

  „Marketable securities" beinhalten solche Wertpapiere, die vom Unternehmen nur vorübergehend gehalten und voraussichtlich in der Folgeperiode veräußert werden. Unter diesen Posten fallen aber auch eigene Aktien, die ausschließlich für Vorratszwecke gehalten und z.B. als Belegschaftsaktien ausgegeben werden.

  Soweit diese Wertpapiere *Eigentümerrechte* verbriefen, sind sie grundsätzlich mit ihren Anschaffungskosten bzw. ihrem niedrigeren Marktwert auszuweisen. Eine Abwertung auf den niedrigeren Marktwert ist zwingend. Die aus dem strengen Niederstwertprinzip resultierende Abwertungspflicht bezieht sich jedoch nicht auf einzelne Wertpapiergattungen, sondern auf das Gesamtportfolio an Wertpapieren des Umlaufvermögens. Zu diesem Zweck werden gegenübergestellt:

- durchschnittliche Anschaffungskosten des Portfolios und
- durchschnittlicher Marktwert des Portfolios.

Die in diesem Falle ausnahmsweise zulässige Gruppenbewertung führt dabei zwangsläufig zu einer Verrechnung positiver und/oder negativer Wertänderungen einzelner Wertpapiergattungen des Portfolios, so daß es durchaus denkbar ist, daß einzelne Wertpapiergattungen aufgrund des Gruppenbewertungsverfahrens zu einem über ihren Anschaffungskosten liegenden Wert erfaßt werden und nicht realisierte Kursgewinne in den Wertansatz einfließen.

Soweit Wertpapiere des Umlaufvermögens Gläubigerrechte verbriefen sind sie mit ihren Anschaffungskosten auszuweisen. Eine Abwertung auf den niedrigeren Marktwert ist nur dann vorzunehmen, wenn der Wertverlust wesentlich und voraussichtlich von Dauer ist.

- **Vorratsvermögen**

Das Vorratsvermögen („inventories") umfaßt im wesentlichen dieselben Positionen, die nach deutschem Recht unter diesem Posten auszuweisen sind. Grundsätzlich gilt für die Bewertung der Vorräte ebenfalls das Niederstwertprinzip (Bewertung "at the lower of cost or market"); daraus folgt, daß Ausgangswert und gleichzeitig Wertobergrenze die historischen Anschaffungs- oder Herstellungskosten sind und i.d.R. eine Abwertung auf den niedrigeren Marktpreis zwingend geboten ist. I.d.R. wird der niedrigere Marktpreis, abhängig von der Art der Vorräte, beschaffungs- oder absatzmarktbezogen als Wiederbeschaffungspreis, Reproduktionskosten, Nettoverkaufserlös oder Nettoverkaufserlös abzüglich der üblichen Gewinnspanne, ermittelt. U.U. kann der Korrekturwert aber auch als Marktwert ermittelt werden und zu einem über den historischen Kostenwerten liegenden Wertansatz führen; dies ist ausnahmsweise zulässig für börsennotierte Rohstoffe wie Edelmetalle und landwirtschaftliche Erzeugnisse, so daß bei dieser Position der Ausweis nichtrealisierter Gewinne möglich ist.

Ansonsten gilt für die Bewertung der Vorräte das strenge Niederstwertprinzip uneingeschränkt, wenn auch mit der Maßgabe, daß die Wertuntergrenze nicht generell festgelegt ist, sondern jeweils in Abhängigkeit von Marktsituation ermittelt werden muß. Haller spricht in diesem Zusammenhang von einem **modifizierten Niederstwertprinzip** (*Haller*

1994, S. 324) und faßt die damit verbundenen Konsequenzen wie folgt systematisch zusammen:

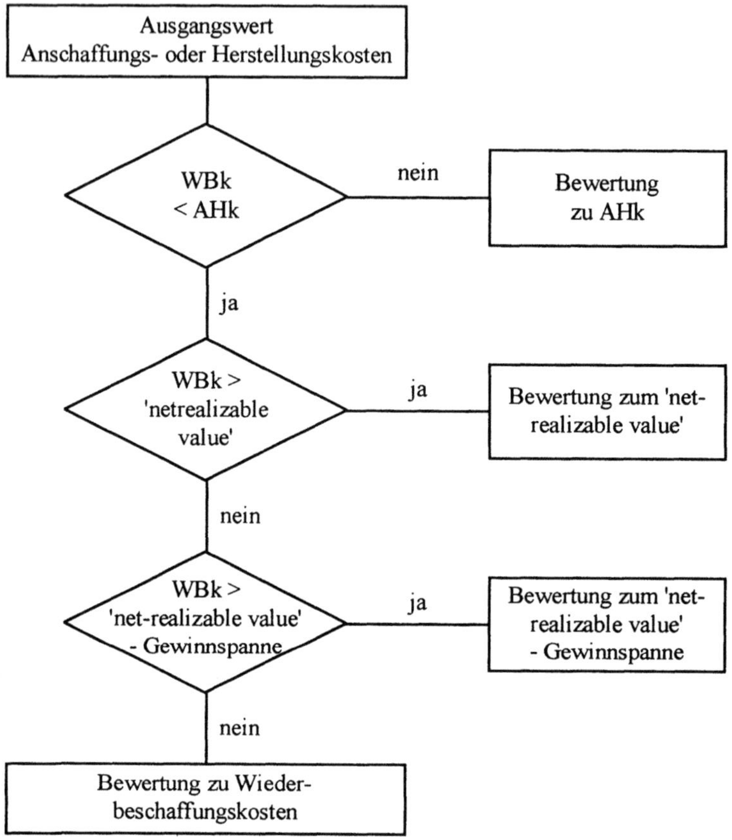

AHk = Anschaffungs- od. Herstellungskosten; WBk = Wiederbeschaffungskosten

Abb. 49: Bewertung der Vorräte: modifiziertes Niederstwertprinzip (*nach Haller 1994, S. 324*)

Das Vorratsvermögen kann entweder einzeln oder mittels Gruppen- oder Sammelbewertungsverfahren bewertet werden. Die Gruppenbewertung (Durchschnittsmethode) ist grundsätzlich zulässig, soweit es sich um gleichartige Güter handelt, deren Bestand im Zeitablauf nur geringfügigen Mengenschwankungen unterworfen ist. Die Sammelbewertungsverfahren (Fifo, Lifo usw.) sind zulässig, soweit es sich um identische, austauschbare Güter handelt.

(2) Anlagevermögen

Das Anlagevermögen umfaßt alle Vermögensgegenstände, die dem Unternehmen länger als ein Jahr bzw. über die übliche Produktionszeit hinaus zur Verfügung stehen. Üblicherweise werden unter Anlagevermögen vier Postengruppen ausgewiesen: Finanzanlagen („long term investments"), Sachanlagen („property, plant and equipment"), immaterielle Anlagen („intangible assets") und andere Gegenstände des Anlagevermögens („other assets").

Ähnlich wie für die Bewertung des Umlaufvermögens gilt auch für die Bewertung des Anlagevermögens, daß kein einheitliches, in sich geschlossenes Bewertungssystem existiert, d.h. je nach Position kommen unterschiedliche Bewertungsmaßstäbe in Betracht. Beispielhaft wird dies nachfolgend für Finanzanlagen, Sachanlagen und immaterielle Anlagen verdeutlicht:

- **Finanzanlagen**

  Unter diesen Posten sind vor allem Beteiligungen und längerfristige Wertpapiere zu subsumieren. Daneben werden aber auch Ausleihungen und Sachanlagen, die derzeit nicht dem Betriebszweck dienen (z.B. stillgelegte Anlagen, betrieblich nicht genutzte Grundstücke) unter dem Posten Finanzanlagen erfaßten.

  Eine **Beteiligung** an einem anderen Unternehmen liegt regelmäßig vor, wenn die Möglichkeit gegeben ist, auf das andere Unternehmen maßgeblichen Einfluß auszuüben. Maßgeblicher Einfluß wiederum wird widerlegbar vermutet, wenn ein Unternehmen mehr als 20 % der Stimmrechte des anderen Unternehmens hält. Die Beteiligung wird dabei nach der **Equity-Methode** („equity-method") bewertet und im Einzel- oder Konzernabschluß ausgewiesen (vgl. zur Equity-Methode Teil B „Konzernabschluß"). Die Anwendung der Equity-Bewertung kann zu einer Durchbrechung des Realisationsprinzips und damit zum Ausweis nichtrealisierter Gewinne führen.

  Anteilspapiere, die keine Beteiligung darstellen, und nicht marktfähig sind, sind mit ihren historischen Anschaffungskosten zu bewerten; soweit eine voraussichtlich dauerhafte Wertminderung eintritt, ist auf den niedrigeren Marktwert abzuschreiben. Da sich die Abwertungspflicht auf voraussichtlich dauerhafte Wertminderung beschränkt, gilt für die Bewertung anderer, nicht marktfähiger Anteilspapiere das gemilderte Niederstwertprinzip.

  Marktfähige längerfristige Wertpapiere des Anlagevermögens („marketable equity securities") sind mit ihren Anschaffungskosten oder dem niedrigeren Marktpreis am Abschlußstichtag auszuweisen (strenges Niederstwertprinzip). Wie bei den Wertpapieren des Umlaufvermögens bezieht sich der Wertvergleich auf das Gesamtportfolio und nicht auf eine einzelne Wertpapiergattung, so daß auch hier im Rahmen der Verrechnung ein portfoliointerner Wertausgleich möglich ist und bei einzelnen Beständen des Portfolios ein über den historischen Anschaffungskosten liegender Wert zulässig ist. Im Unterschied zu den Wertpapieren des Umlaufvermögens wird hier jedoch geprüft, ob es sich um eine voraussichtlich vorübergehende oder eine voraussichtlich dauerhafte Wertminderung handelt, da hieraus unterschiedliche Konsequenzen resultieren:

- Bei einer voraussichtlich dauernden Wertminderung ist auf den niedrigeren Marktpreis abzuwerten. Die Abwertungspflicht ist mit einem Wertaufholungsverbot gekoppelt.
- Bei einer voraussichtlich vorübergehenden Wertminderung wird die Wertberichtigung erfolgsneutral behandelt, dem Eigenkapital zugerechnet und gesondert in der Bilanz ausgewiesen.

- **Sachanlagen**

  Für das Sachanlagevermögen stellen die historischen Anschaffungs- oder Herstellungskosten Ausgangswert und Wertobergrenze dar. Unter bestimmten Voraussetzungen kann an die Stelle des Regelfalls Einzelbewertung auf einen Festwertansatz oder die Gruppenbewertung zurückgegriffen werden.

  Bei **abnutzbarem Sachanlagevermögen** werden die historischen Kostenwerte um **planmäßige Abschreibungen** („depreciation") vermindert, wobei - weitgehend analog der deutschen Rechnungslegung - nach den GAAP ein Methodenwahlrecht zwischen

  - linearer Abschreibung („straight line method")
  - geometrisch-degressiver Abschreibung („declining balance method")
  - arithmetisch-degressiver Abschreibung („sum of the years digit method")
  - leistungsabhängiger Abschreibung („units-of-production method")

  besteht. Anders als in der deutschen Rechnungslegung ist jedoch ein wesentlicher Restwert bei der Ermittlung der periodischen Abschreibungsbeträge zu berücksichtigen. Dies ist u.a. darin begründet, daß die Abschreibungsverrechnung dynamischen Ansätzen folgt und die Funktion der Abschreibung nicht in einer Korrektur der Bilanzwerte, sondern in ihrem Beitrag zu einer korrekten Periodenerfolgsermittlung gesehen wird. Regelfall ist in der US-amerikanischen Rechnungslegungspraxis die lineare Abschreibung..

  Außerplanmäßige Abschreibungen sind bei Gegenständen des Sachanlagevermögens grundsätzlich nur zulässig, wenn es sich um eine wesentliche und voraussichtlich dauerhafte Wertminderung handelt (*vgl. Kie-*

so/Weygandt 1989, S. 511). Die außerplanmäßige Abschreibung („write off") wird in der Gewinn- und Verlustrechnung grundsätzlich gesondert ausgewiesen, eine Zusammenfassung mit den planmäßigen Abschreibungen ist nicht zulässig.

- **Immaterielle Anlagen**

  Unter diesem Posten werden sowohl derivative als auch originäre immaterielle Vermögensgegenstände ausgewiesen. Die Bewertung erfolgt zu den historischen Anschaffungskosten (derivative immaterielle Anlagen) oder Herstellungskosten (originäre immaterielle Anlagen), vermindert um planmäßige Abschreibungen über den tatsächlichen oder geschätzten Zeitraum der Nutzenstiftung. Die Abschreibungsverrechnung erfolgt dabei grundsätzlich linear über einen Nutzungsdauerzeitraum von längstens 40 Jahren.

  Soweit **originäre immaterielle Anlagen** aktiviert werden (Wahlrecht) dürfen bei Ermittlung des Wertansatzes nur die mit der Sicherung des Nutzungsrechtes unmittelbar verbundenen Aufwendungen berücksichtigt werden; allgemeine Verwaltungskosten, allgemeine Forschungs- und Entwicklungskosten und dgl. dürfen nicht eingerechnet werden (*FASB 1993, S. 3847*). Originäre immaterielle Anlagen sind ebenfalls über einen Zeitraum von maximal 40 Jahren linear abzuschreiben.

  Ein **derivativer Firmenwert** („goodwill") wird ebenfalls zu Anschaffungskosten (Differenz aus Kaufpreis und Substanzwert) bewertet; die Anschaffungskosten werden auf einen Zeitraum von ebenfalls 40 Jahren linear abgeschrieben. Ein evtl. negativer derivativer Firmenwert („badwill") soll grundsätzlich proportional mit dem Wert der anderen Gegenstände des Anlagevermögens verrechnet werden; nicht zuordenbare Restbeträge werden als Abgrenzungsposten ausgewiesen und über einen Zeitraum von 40 Jahren gewinnerhöhend aufgelöst (*Gräfer/ Demming 1994, S. 266*).

(3) Verbindlichkeiten

Grundsätzlich werden Verbindlichkeiten mit dem **Barwert** ausgewiesen, der Rückzahlungsbetrag kommt als Wertansatz ausschließlich für kurzfristige Schulden in Betracht und dies auch nur, weil bei diesen aufgrund der Kurzfristigkeit eine Diskontierung für entbehrlich und wirtschaftlich nicht sonderlich relevant erachtet wird (*Kieso/Weygandt 1989, S. 584*). „*Diese Bewertung zum Barwert, aber auch die Tatsache, daß es in den USA bei der Bewertung der Passivseite kein zum Niederstwertprinzip auf der Aktivseite analoges Höchstwertprinzip gibt, bewirken eine, verglichen mit Deutschland, niedrigere Bewertung der Passiva und folglich einen höheren Jahresüberschuß, in den US-Jahresabschlüssen*" (*Haller 1994, S. 338*). Zur Ermittlung des Barwertes wird der Rückzahlungsbetrag mit dem marktüblichen Zinssatz diskontiert; soweit bei langfristigen Verbindlichkeiten vereinbarter Zins und marktüblicher Zins nicht übereinstimmen, ist der unter marktüblichen Bedingungen ermittelte Barwert anzusetzen. Die Differenz zwischen Rückzahlungsbetrag und dem ermittelten Barwert ist entweder offen vom Rückzahlungsbetrag abzusetzen („discount") oder diesem hinzuzurechnen („premium", z.B. bei überverzinslichen Schulden, *Haller 1994, S. 338*) und über die Kreditlaufzeit erfolgswirksam als Zinsaufwand zu verrechnen (*Kieso/Weygandt 1989, S. 627 f.*)

Soweit im Rahmen der Kreditaufnahme ein **Disagio** vereinbart wurde, ist dieses vom Rückzahlungsbetrag der Verbindlichkeit abzusetzen und erfolgswirksam über die Laufzeit des Darlehens zu verteilen (*Kieso/Weygandt 1989*).

Valutaverbindlichkeiten werden grundsätzlich zum Stichtagskurs bewertet, auch wenn dieser unter dem Kurs liegt, der zum Zeitpunkt des Entstehens der Schuld gegeben war. Dadurch wird analog zu den Valutaforderungen der Ausweis nichtrealisierter Gewinne möglich.

(4) Rückstellungen

Rückstellungen sind mit ihrem wahrscheinlichen Wert auszuweisen. Hinsichtlich der Wertminderung kann auf Erfahrungswerte des bilanzierenden Unternehmens bzw. auf statistisch gesicherte Branchendurchschnittswerte zurückgegriffen werden; soweit mehrere mögliche Werte in Betracht kommen, die gleichermaßen geeignet sind, das Risiko einer möglichen Inanspruchnahme abzudecken, soll regelmäßig der niedrigste gewählt werden. Dadurch soll insbesondere verhindert werden, daß über den Wertansatz von Rückstellungen verdeckte stille Rücklagen gebildet werden. Die vergleichsweise strenge Bewertungshandhabung von Rückstellungen verdeutlicht ebenfalls, daß bei der Bewertung der Passiva dem Vorsichtsprinzip und damit dem Gläubigerschutz vergleichsweise geringe Bedeutung beigemessen wird.

Pensionsrückstellungen werden in einer nach den GAAP erstellten Bilanz grundsätzlich nicht ausgewiesen, da die Finanzierung von betrieblichen Versorgungsleistungen i.d.R. über extern eingerichtete Pensionsfonds erfolgt, die vom bilanzierenden Unternehmen mit entsprechenden Zahlungen „bedient" werden. Nach SFAS No. 87 und 88 (*FASB 1993, S. 34285*) sind Unternehmen verpflichtet, die aus mittelbaren oder unmittelbaren Pensionszusagen resultierenden Kosten auf den Zeitraum zu verteilen, in dem der begünstigte Arbeitnehmer für das Unternehmen aktiv tätig ist und damit einen Erfolgsbeitrag leistet. Diese grundsätzliche Verpflichtung entspricht dem „matching principle". Daraus folgt, daß der jährliche Zuführungsbetrag mit dem Barwert der Pensionsverpflichtung als Aufwand („net periodic pension cost") in der GuV berücksichtigt wird, unabhängig davon, welche Zahlungen an den Pensionsfonds tatsächlich geleistet wurden. Bei der Barwertermittlung und Aufwandsverrechnung werden künftige Gehalts- und Rentenanpassungen berücksichtigt. Soweit die tatsächlichen Zahlungen an den Pensionsfonds und der periodisch verrechnete Aufwand differieren, ist entweder auf der Aktivseite ein Abgrenzungsposten (Zahlungen > Aufwand: „prepaid pension cost“) oder auf der Passivseite eine Rückstellung (Zahlungen < Aufwand: „unfunded accrued pension cost“) auszuweisen (*vgl. Haller 1994, S. 343 f.*). Eine annähernd mit einer Pensionsrückstellung nach deutschem Recht vergleichbare Rückstellung ist somit nur dann zu bilden, wenn die an die Pensionskasse tatsächlich geleisteten Zahlungen geringer sind, als der in der jeweiligen Rechnungsperiode verrechnete Aufwand.

Soweit sich das bilanzierende Unternehmen verpflichtet hat, an pensionierte Mitarbeiter und deren Familienangehörige Leistungen in Form medizinischer Versorgungs- oder anderer Sozialleistungen zu übernehmen, ist hierfür ein Rückstellung zu bilden. Die Rückstellung soll während des Zeitraums der aktiven Tätigkeit des Arbeitnehmers gebildet werden und wird der Höhe nach nach versicherungsmathematischen Grundsätzen ermittelt (*Vgl. Gräfer/Demming 1994, S. 271*).

2.2.2.4 Statement of Cash Flows

Mit dem „**Statement of Cash Flows**“ (Kapitalaufrechnung) wird zusätzlich eine Stromgrößenrechung in die Rechnungslegung integriert, durch die zusätzliche entscheidungsrelevante Informationen vermittelt werden sollen. In der Rechnung werden neben flüssigen Mitteln kurzfristig liquidierbares Vermögen sowie kurzfristige Forderungen und Verbindlichkeiten (Laufzeit < 3 Monate) berücksichtigt. Abbildung 50 zeigt in vereinfachter Form den Aufbau eines Statement of Cash Flows (*Haller 1994, S. 358*):

STATEMENT FOR THE CASH FLOWS FOR THE YEAR ENDED DECEMBER 31, 1988 (Dollars in thousands)		
CASH FLOWS FROM OPERATING ACTIVITIES:	(Cash Flow durch betriebliche Tätigkeit)	
Cash received from customers	(Zahlung von Kunden)	13.850
Cash paid to suppliers and employees	(Zahlungen an Lieferanten und Arbeitnehmer)	./. 12.000
Dividend received from affiliate	(erhaltene Zahlungen von nicht konsolidierten Beteiligungsunternehmen)	20
Interest received	(Erhaltene Zinsen)	55
Interest paid (net of amount capitalized)	(Bezahlte Zinsen)	./. 220

Income taxes paid	(Bezahlte Einkommensteuer)	./. 325	
Insurance proceed received	(Erhaltene Versicherungsleistungen)	./. 15	
Cash paid to settle lawsuit for patent infringement	(Auszahlungen zur Beilegung eines Patentrechtsstreites)	./. 30	
Net cash provided by operating activities	(Zunahme an flüssigen Mitteln durch betriebliche Tätigkeit)		1.365
CASH FLOWS FROM INVESTING ACTIVITIES:	(Cash Flow durch Investitionstätigkeit)		
Proceeds from sale of facility	(Einzahlungen aus dem Verkauf von Sachanlagen)	600	
Payment received on note for sale of plant	(Einzahlungen aufgrund eines Wechsels aus Verkauf von Sachanlagen)	150	
Capital expenditures	(Auszahlungen für Anschaffungen von Gegenständen des Anlagevermögens)	./. 1.000	
Payment for purchase of Company S. net of cash acquired	(Auszahlungen für den Kauf des Unternehmens S)	./. 925	
Net cash used in investing activities	(Abnahme an flüssigen Mitteln durch Investitionstätigkeit)	./.	1.175
CASH FLOWS FROM FINANCING ACTIVITIES:	(Cash Flow durch Aktivitäten im Finanzbereich)		
Net borrowing under line-of-credit agreement	(Einzahlungen aus Kontokorrentkredit)	300	
Principal payments under capital lease obligation	(Auszahlungen wegen bestehender Leasingverträge)	./. 125	
Proceeds from issuance of long term-debt	(Einzahlungen aus der Ausgabe von Gläubigerpapieren)	400	

Proceeds from issuance of common stock	(Einzahlungen aus der Ausgabe v. Stammaktien)	500	
Dividends paid	(Gezahlte Dividenden)	./. 200	
Net cash provided by financing activities	(Zunahme an flüssigen Mitteln durch Aktivitäten im Finanzbereich)		875
Net increase in cash and cash equivalents	(Zunahme an flüssigen Mitteln)		1.065
Cash and cash equivalents at beginning of year	(Flüsige Mittel zu Beginn des Jahres)		600
Cash and cash equivalents at end of year	(Flüssige Mittel am Ende des Jahres)		**1.665**

Abb. 50: Statement of Cash Flows (*Haller 1994, S. 358*)

2.3 Annual Report und steuerliche Gewinnermittlung

Eine mit dem deutschen Recht vergleichbare enge Koppelung zwischen Periodenerfolgsermittlung und Ermittlung des zu versteuernden Gewinns kennt das amerikanische Recht nicht, d.h. das zu versteuernde Einkommen eines Unternehmens bzw. seiner Gesellschafter wird weitgehend losgelöst von der Erstellung des Annual Report ermittelt. Die strikte Trennung zwischen investbezogener, entscheidungsorientierter Rechnungslegung und steuerlicher Gewinnermittlung wird zurecht mit der unterschiedlichen Zielsetzung beider Instrumente begründet.

Der steuerlichen Gewinnermittlung liegt der IRC („Internal Revenue Code") zugrunde, der durch „Regulations" des IRS, der amerikanischen Steuerbehörde ergänzt wird (die „Regulations" lassen sich in etwa mit den deutschen Steuerrichtlinien vergleichen). Der IRC regelt sämtlichen Bundessteuern, insbesondere die Einkommensteuer sowie die Erbschafts- und Schenkungssteuer; daneben sind ggf. noch Steuern (auch Einkommensteuern) des jeweiligen Bundesstaates relevant. Die in Deutschland vollzogene Trennung zwischen Einkommen- und Körperschaftssteuer kennt das amerikanische Steuerrecht nicht, vielmehr unterliegen sowohl Kapitalgesellschaften wie auch natürliche Personen der Einkommensteuer, wobei das zu versteuernde Einkommen in Abhängigkeit von seiner Höhe derzeit mit Sätzen zwischen 15 und 34 % besteuert wird. Trotz der strikten Trennung zwischen steuerlicher Gewinnermittlung und Rechnungslegung sind wechselseitige Interdependenzen nicht völlig ausgeschlossen, da steuerrechtliche Regelungen z.T. auf die GAAP Bezug nehmen. Soweit die GAAP jedoch zu einem mit dem Besteuerungsziel zu vereinbarenden Ergebnis führen, sind sie auch der steuerlichen Gewinnermittlung zugrunde zu legen. Zumindest insoweit kennt auch das amerikanische Recht eine Maßgeblichkeit („conformity"), wenngleich sich diese „...*jedoch zumeist zufällig und zwangsläufig (ergibt), nämlich dann, wenn die „financial accounting"-Zielsetzung und die steuerpolitische Zielsetzung des Staates die gleichen Rechnungslegungsverfahren bedingen*" (*Haller 1994, S. 249*). Daraus kann aber weder eine Maßgeblichkeit noch eine Umkehrmaßgeblichkeit i.S.d. § 5 EStG abgeleitet werden.

2.4 Einzelabschluß und Konzernabschluß

Nach US-Recht kommt dem Einzelabschluß verhältnismäßig geringe Bedeutung zu, da immer dann, wenn ein Unternehmen **beherrschenden Einfluß** auf ein anderes Unternehmen ausübt, ein Konzernabschluß („consolidated financial statement") zu erstellen ist. Da dies bei größeren Unternehmen Regelfall ist, muß i.d.R. ein Konzernabschluß aufgestellt werden. Dem für die wirtschaftliche Einheit „Konzern" erstellten Abschluß wird regelmäßig eine höhere Wertigkeit bezüglich der Vermittlung von „decision usefulness"-Informationen beigemessen, als dies für den Einzelabschluß der Fall ist:

„*There is a presumption, that consolidated statements are more meaningful than separate statements and that they are usually necessary for a fair presentation when one entity directly or indirectly has a controlling financial interest in another entity*" (*SEC-Guidelines 1993, S 468*).

Der Konzernabschluß ist losgelöst von Größenordnungsmerkmalen und Unternehmensrechtsform aufzustellen, innerhalb von 90 Tagen einzureichen und stellt Grundlage für die Gewinnausschüttung an die Investoren dar. Da der Konzernabschluß an die Stelle des Einzelabschlusses tritt„ wird - anders als nach deutschem Recht - keine Handelsbilanz II (HB II, vgl. Teil B „Konzernabschluß") erstellt; die Vermögensgegenstände und Schulden des Mutterunternehmens werden vielmehr mit den Wertansätzen in den Konzernabschluß übernommen, mit denen sie im Einzelabschluß ausgewiesen sind. Die Elemente/Instrumente der Konzernrechnungslegung entsprechen dabei den Elementen/Instrumenten, die im Rahmen des Annual Report zu erstellen sind. Nach den „Regulations S-X" der SEC werden gefordert:

- Konzernbilanz („consolidated balance sheet")
- Konzern-GuV-Rechnung („consolidated statement of income")
- Konzern-Ergebnisverwendungsrechnung („consolidated statement of retained earnings")
- Übersicht über die Entwicklung des Konzern-Eigenkapitals („consolidated statement of stockholder's equity")

- Konzern-Kapitalflußrechnung („consolidated statement of Cash Flows“)
- Erläuterungen zum Konzernabschluß („notes“).

2.5 Zusammenfassende Gegenüberstellung wesentlicher Unterschiede zwischen den GAAP und den deutschen Rechnungslegungsvorschriften

Kriterium	US-Bilanzrecht - GAAP -	Deutsches Bilanzrecht - HGB/GoB -
Rechtsgrundlagen	„Case Law“, einzelfallbezogenes Recht, keine gesetzlichen Regelungen; pragmatisch am Grundsatz des „decisional usefulness“ orientiert, vorrangig induktive Ermittlung der Rechnungslegungsgrundsätze	Kodifiziertes Recht, III. Buch HGB, GoB i.d.R. deduktiv abgeleitet
Träger der Rechtsentwicklung	berufsständische Organisationen wie AICPA, FASB usw.	Gesetzgebung, Rechtsprechung
Bedeutung des Kapitalmarktes	hoch; breite Streuung bei institutionellen und Kleinanlegern; Aktien-, Investmentfonds- und Anleihemarkt	gering bis mittel; unbedeutende Rolle von Kleinanlegern; Anleihemarkt kaum ausgeprägt
Informationsadressaten des Jahresabschlusses	Eigentheorie: Investoren, Aktionäre, Gläubiger, abgestuft	Koalitionstheorie: Aktionäre, Gläubiger, Belegschaft, nahezu gleichrangig
Bankeneinfluß	gering bis mittel	hoch

Informationsziele des Jahresabschlusses	investorschutzorientiert; werblich aufbereitet, Präsentationsdominanz: Darstellung der erfolgs- und finanzwirtschaftlichen Lage	gläubigerschutzorientiert, sachlich aufbereitet, Informationsdominanz: Darstellung der Vermögens-, Finanz- und Ertragslage, Ermittlung des ausschüttungsfähigen Gewinns
Bestandteile des Jahresabschlusses (z. B.)	• Balance Sheet • Income Statement • Notes • Auditors Report • Statement of Retained Earnings • Statement of Cash Flows	• Bilanz • GuV-Rechnung • Anhang • Lagebericht (ggf. mit größenabhängigen Erleichterungen)
Offenlegung	„gelistete" Unternehmen müssen den Abschluß innerhalb von 90 Tagen bei der SEC einreichen	Mittelgroße und große Kapitalgesellschaften müssen den Abschluß innerhalb von 9 Monaten beim Handelsregister einreichen (kleine Kapitalgesellschaften: 12 Monate)
Prüfung des Jahresabschlusses	Kriminalistische und betriebswirtschaftliche Prüfungsphilosophie: Aufzeigen von Schwachstellen; Korrekturfunktion; Häufiger Prüferwechsel	Juristische Prüfungsphilosophie: GoB-konforme Ableitung des Abschlusses aus der Buchhaltung; Dokumentationsfunktion; Prüferkonstanz
Einzel- und Konzernabschluß	Bei Konzernverhältnissen wird der Annual Report als Konzernabschluß erstellt. Strenge Einbeziehung in den Konsolidierungskreis	Einzel- und Konzernabschluß; Konzernabschluß mit eingeschränkter rechtlicher Funktion. Einbeziehung in den Konsolidierungskreis mit zahlreichen Durchbrechungen.

Jahresabschluß und Steuerbilanz	Jahresabschluß und Steuerbilanz werden getrennt und losgelöst voneinander erstellt	Umkehrmaßgeblichkeit, d.h. erheblicher Einfluß der Steuerbilanz auf den Jahresabschluß
Grundsatz der Vorsicht	geringe Bedeutung, untergeordnet gegenüber dem sog. „matching principle", d.h. der periodengerechten Zuordnung der Erträge und Aufwendungen	dominierendes Rechnungslegungsprinzip, Aufwandsantizipation u.a. Ausfluß hieraus
Realisations- und Anschaffungskostenprinzip	keine uneingeschränkte Beachtung erforderlich z.T. Bewertung zu Wiederbeschaffungskosten und Verkaufspreisen möglich	Anschaffungs- oder Herstellungskosten sind die absolute Wertobergrenze für Vermögen und Schulden
Rückstellungen	restriktive Regelung, Aufwandsrückstellungen unzulässig, Wertansatz eher niedrig (Barwert)	Schuld- und Aufwandsrückstellungen zulässig, Bilanzierungspflichten und -wahlrechte, Wertansatz eher hoch
Immaterielle Anlagen	Aktivierungswahlrecht für originäre immaterielle Anlagen	generelles Aktivierungsverbot für originäre immaterielle Anlagen
Verbindlichkeiten	Ausweis zum Barwert	Ausweis zum Rückzahlungsbetrag
Herstellungskosten	Ansatz zu Vollkosten zwingend	Wertuntergrenze Einzelkosten, Wertobergrenze Vollkosten
Schwankungsreservewert (Zukunftswert)	Ansatz unzulässig	zulässig gemäß § 253 Abs. 3 Satz 3 HGB
Längerfristige Aufträge	„Percentage of completion method", d.h. anteilige Gewinnrealisierung	„completed contract method", d.h. Gewinnrealisierung nach Fertigstellung und Lieferung

Stille Rücklagen	nur eingeschränkt möglich, tendenziell Vermeidung stiller Rücklagen; an die Stelle stiller Rücklagen treten u.U. stille Lasten	in erheblichem Umfang möglich durch Ausübung von Wahlrechten; durch Vorsichtsprinzip und steuerlich zulässige Werte wird Bildung stiller Rücklagen z.T. erzwungen

In allgemeiner Form läßt sich feststellen, daß der Annual Report als werbendes Präsentationsreport konzipiert ist und darauf abstellt, zur Erleichterung der Kapitalbeschaffung unter Vermeidung stiller Rücklagen ein möglichst hohes Eigenkapital auszuweisen und ein wirtschaftliches Ergebnis zu präsentieren, das positive Investorenimpulse vermittelt. Die „investigative", kriminalistische Prüferkonzeption, dokumentiert über die werbliche Komponente hinaus ein hohes Maß an Objektivität, verstärkt durch ein permanentes Aktionärs-Reporting seitens der Gesellschaft während der laufenden Rechnungsperiode. Hinzu kommt, daß in den USA bei Konzernen der Annual Report regelmäßig ausschließlich als Konzernabschluß erstellt und damit ein breites Spektrum entscheidungsrelevanter Daten zur Verfügung gestellt wird..

Die zweifellos gravierenden Unterschiede in der Rechnungslegung lassen sich dabei nicht nur aus einer stärkeren Kapitalmarktorientierung amerikanischer Gesellschaften und der im Conceptual Framework dokumentierten unterschiedlichen Rechnungslegungsphilosophie erklären, auch die weit weniger enge Bindung des Annual Report an die steuerliche Gewinnermittlung („accounting for tax purposes") verbessert die Informationsrelevanz erheblich.

3 International Accounting Standards

Das 1973 gegründete, Vertreter wirtschaftsprüfender Berufsorganisationen aus 82 Staaten umfassende **IASC** hat sich zum Ziel gesetzt, auf internationaler Ebene die Rechnungslegungsvorschriften anzugleichen und im Sinne anerkannter Gleichwertigkeit zu vereinheitlichen. Die Zielvorstellungen wurden dabei wie folgt formuliert (*IASC 1995, S. 7*):

„*The objectives of IASC are:*

a) to formulate and publish in the public interest accounting standards to be observed in the presentation of financial statements and to promote their worldwide acceptance and obervance;

b) to work generally for the improvement and harmonisation of regulations, accounting standards and procedures relating to the presentation of financial statements."

Das IASC, das erkennbar durch angelsächsische Vorstellungen und Konzepte, insbesondere die US-amerikanischen GAAP, geprägt ist und von Vertretern dieser Rechnungslegungsphilosophie dominiert wird, hat bislang 32 Standards veröffentlicht und zahlreiche Entwürfe („exposure drafts") weiterer Standards vorgelegt. Im dazu publizierten „**Framework**" werden u.a. die **Informationsadressaten** und ihre jeweiligen **Informationsziele** definiert; **qualitative Kriterien der Rechnungslegung** vorgegeben und **konzeptionelle und inhaltliche Regeln** entwickelt.

Als **Informationsadressaten** führt das Framework 7 Gruppen auf, deren Informationsbedürfnisse zusammenfassend wie folgt beschrieben werden:

- **Investoren**

  Investoren, die Risikokapital zur Verfügung stellen, sollen alle notwendigen Informationen zur Verfügung gestellt werden, die benötigt werden, um auf relativ gesicherter Grundlage zu entscheiden, ob Anteile gekauft, verkauft oder gehalten werden sollen. Sie sollen zudem über die Gewinnausschüttungsfähigkeit des Unternehmens informiert werden.

- **Beschäftigte**

  Mitarbeiter und ihre Vertretungen sollen über die wirtschaftliche Stabilität und die Rentabilität des Unternehmens informiert werden sowie über Fähigkeit des Unternehmens, die Lohn- und Gehaltszahlungen zu garantieren und Beschäftigungsmöglichkeiten zu sichern.

- **Kreditgeber**

  Kreditgeber sollen über die Fähigkeit des Unternehmens informiert werden, fällige Zins- und Tilgungszahlungen fristgerecht zu erbringen.

- **Lieferanten und andere Handelskreditgeber**

  sollen darüber informiert werden, ob das bilanzierende Unternehmen in der Lage ist, den vereinbarten Zahlungsbedingungen gerecht zu werden. Dazu sind auch Informationen über die kurzfristige Zahlungsfähigkeit des Unternehmens erforderlich.

- **Kunden**

  Kunden sind an Informationen über das langfristige Fortbestehen des Unternehmens interessiert, dies gilt z.B. in besonderem Maße, wenn sie von dem bilanzierenden Unternehmen abhängig sind.

- **Staatliche Institutionen**

  Benötigen Informationen über die Allokation von Ressourcen und damit verbundene Aktivitäten des Unternehmens. Sie benötigen ferner Informationen hinsichtlich der Regulierung oder Deregulierung unternehmerischer Aktivitäten, der Festlegung fiskalpolitischer Rahmenbedingungen und für statistische Zwecke.

- **Öffentlichkeit**

  Das bilanzierende Unternehmen soll die Öffentlichkeit im umfassenden Sinne informieren, z.B. über substantielle Beiträge zur Förderung der Wirtschaft im Umfeld des Unternehmensstandorts, den Beschäftigungsbeitrag des Unternehmens, die Unterstützung lokaler Zulieferer usw.

Vor Verabschiedung durchlaufen die IAS ein Verfahren, das vielfach als „standard-setting-process" oder „**due process**" bezeichnet wird: in einem mehrstufigen, interaktiven Verfahren wird - weitgehend analog zur Entwicklung der US-amerikanischen GAAP - zunächst ein Diskussionspapier zu einem als relevant erachteten Problem entworfen. Soweit der Board des IASC das Problem als ausreichend bedeutsam erachtet, wird ein Entwurf formuliert, der während eines Zeitraums von sechs Monaten öffentlich diskutiert, ggf. überarbeitet und als „Statement of Intent" vorgelegt wird. Im Anschluß hieran wird die Überleitung in den eigentlichen International Accounting Standard eingeleitet und vollzogen. Der Verfahrensablauf läßt sich damit wie folgt schematisieren:

Stufe 1:	Statement of Principles
Stufe 2:	Exposure draft
Stufe 3:	Statement of Intent
Stufe 4:	International Accounting Standard

Die **qualitativen Kriterien**, die nach den Vorstellungen des IASC der Rechnungslegung zugrunde zu legen sind, wurden dabei aus der Sicht der Informationsadressaten sehr pragmatisch wie folgt definiert oder umschrieben (*IASC 1995, S. 48 ff.*):

- **Nachvollziehbarkeit der Informationen**

  „An essential quality of the information ... is that it is readily understandable by users." Dabei wird regelmäßig ein ausreichendes ökonomisches Basiswissen des Informationsadressaten unterstellt.

- **Relevanz der Informationen**

  „To be useful, information must be relevant to the decision-making use of users." Wesentlichkeit wird dabei regelmäßig angenommen, wenn eine Information geeignet ist, getroffene oder zu treffende Entscheidungen oder Bewertungen sicherer zu machen, zu verbessern oder zu korrigieren.

- **Zuverlässigkeit der Informationen**

  „Information has the quality of reliability when it is free form material error and bias and can be depended upon by users to represent faithfully that which it either proports to represent or could resonably be expected to represent." Um die Zuverlässigkeit der Informationen sicherzustellen, werden eine wahrheitsgetreue, substantielle, vorsichtige, neutrale und vollständige Informationsvermittlung gefordert.

- **Vergleichbarkeit der Informationen**

  „Users must be able to compare the financial statement's of an enterprise through time in order to identify trends in itst financial position and performance." Dazu ist es insbesondere erforderlich, daß die Informationsadressaten über alle angewandten Bilanzierungs- und Bewertungsgrundsätze und -verfahren informiert werden.

Das konzeptionelle **Gesamtsystem qualitativer Kriterien/Merkmale** der Abschluß-Informationsvermittlung nach dem „IASC-Framework" sowie der zu erfüllenden Bedingungen („Constraints") läßt sich wie in Abb. 51 dargestellt zusammenfassen.

Die vorgenannten Merkmale lassen sich als Grundsätze einer entscheidungsorientierten, auf die Interessenlage der Investoren abstellenden Informationsvermittlung begreifen („true and fair view" „fair presentation").

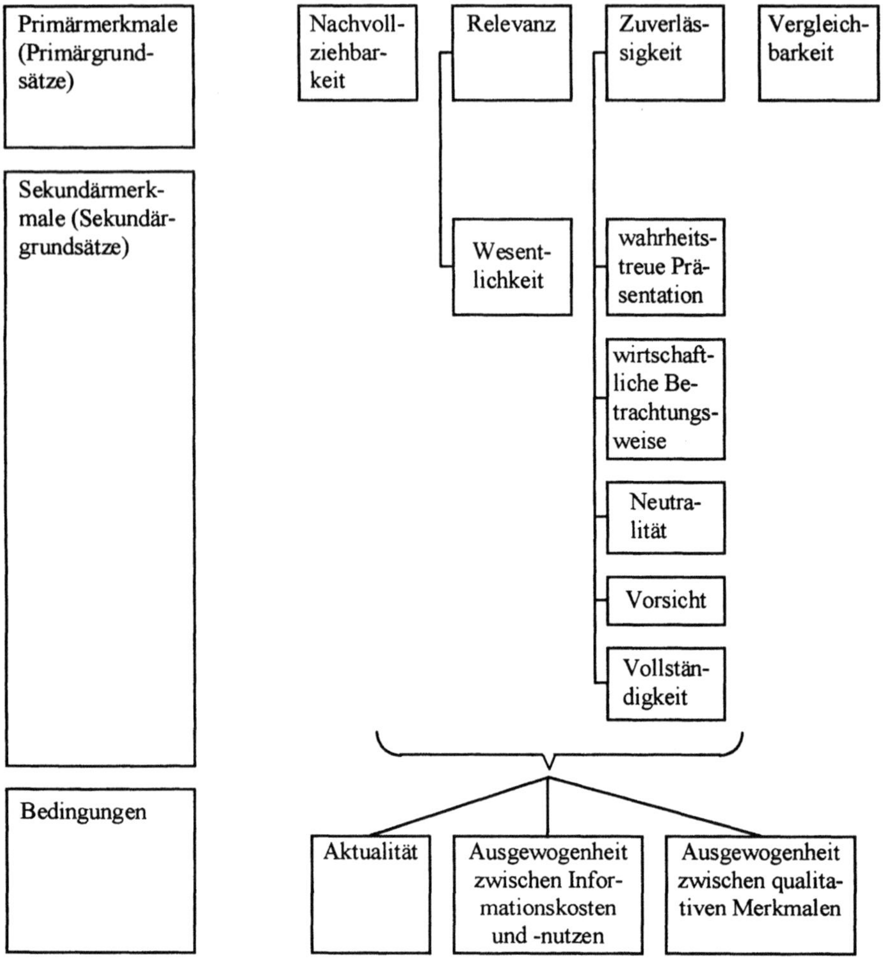

Abb. 51: Gesamtsystem des IASC - Merkmale der Informationsvermittlung

Das IASC hat bislang neben dem angesprochenen Rahmengrundsatzwerk („Framework") 32 International Accounting Standards verabschiedet, die einzelne für ausreichend bedeutsam erachtete Sachverhalte regeln. Die nachfolgende Abbildung listet die bislang verabschiedetend IAS systematisch auf:

IAS Nr.	International Accounting Standars	überarbeitet
1	Disclosure of Accounting Policies	1994
2	Valuation and Presentation of Inventories in the Context of the Historical Cost System	1993
4	Depreciation Accounting	1994
5	Information to be Disclosed in Financial Statements	1994
7	Statement of Changes in Financial Position	1992
8	Unusual and Prior Period Items and Changes in Accounting Policies	1993
9	Research and Development Costs	1993
10	Contingencies and Events Occuring after the Balance Sheet Date	1994
11	Construction Constracts	1993
12	Accounting for Taxes on Income	1994
13	Presentation of Current Assets and Current Liabilities	1994
14	Reporting Financial Information by Segment	1994
15	Information Reflecting the Effects of Changing Prices	1994
16	Property, Plant and Equipment	1993
17	Accounting for Leases	1994
18	Revenue	1993
19	Retirement Benefit Costs	1993
20	Accounting for Government Grants and Disclosure of Government Assistance	1994
21	The Effect of Changes in Foreign Exchange Rates	1993
22	Business Combinations	1993
23	Borrowing Costs	1993
24	Related Party Disclosures	1994
25	Accounting for Investments	1994

26	Accounting and Reporting by Retirement Benefit Plans	1994
27	Consolidated Financial Statements and Accounting for Investments in Subsidiaries	1994
28	Accounting for Investments in Associates	1994
29	Financial Reporting in Hyperinfationary Economies	1994
30	Disclosures in the Financial Statements of Banks and Similar Financial Institutions	1994
31	Financial Reporting of Interests in Joint Ventures	1994

Abb. 52: International Accounting Standards (Stand 1995)

Derzeit befinden sich z.B. in der Vorbereitungs- und Diskussionsphase:

E 33	Accounting for Taxes in Income
E 36	Cash Flow Statements
E 37	Research and Development Activities
E 38	Inventories
E 39	Capitalisation of Borrow Costs
E 40	Financial Instruments
E 41	Revenue Recognition
E 42	Construction Contracts
E 43	Property, Plant, Equipment
E 44	The Effects of Changes in Foreign Exchange Rates
E 45	Business Combinations
E 46	Extraordinary Items, Fundamental Errors and Changes in Accounting Policies
E 48	Financial Instruments
E 49	Income Tax

Abb. 53: Exposure Drafts des IASC (Stand 1995)

Grundsätzlich verfügt das IASC natürlich nicht über die Möglichkeit, die Anwendung der IAS durchzusetzen, so daß sie ihre Gültigkeit ausschließlich über die allgemeine Akzeptanz und damit über die Anwendung in der internationalen Rechnungslegungspraxis herleiten können. Zur Lösung dieses Transferproblems kooperiert das IASC eng mit bedeutenden internationalen Organisationen wie z.B. der SEC und der International Organisation of Securities Commissions (IOSCO). In Deutschland, wie auch anderen europäischen Staaten, hat sich die IAS-Bilanzierung bislang noch nicht durchgesetzt, sieht man von der bereits angesprochenen Rechnungslegungspraxis weniger, aber bedeutender großer Publikationsgesellschaften ab. Dies ist u.a. darauf zurückzuführen, daß vielfach nicht zu Unrecht befürchtet wird, bei einem Wechsel auf die IAS tradierte und bewährte Rechnungslegungsprinzipien (Vorsichts-, Realisations- und Imparitätsprinzip; Gläubigerschutzfunktion usw.) aufgeben zu müssen und gewachsenen nationalen Besonderheiten nicht mehr angemessen Rechnung tragen zu können (Struktur nationaler Kapitalmärkte, steuerliche Rahmenbedingungen usw.). Die Bedenken erscheinen u.E. durchaus gerechtfertigt, zeigt doch die Abgrenzung der Informationsadressaten und Informationsziele, wie auch die Ausgestaltung der Rechnungslegungsprinzipien sehr nachdrücklich, daß „decisional usefulness" vorrangig aus der Sicht von Investoren interpretiert wird, die als eher spekulative und kurzfristig renditeorientiert agierende Risikokapitalgeber gesehen werden. Der traditionelle Eigenkapitalgeber mit langfristiger Unternehmensbindung, wie er im deutschen und kontinentaleuropäischen Verständnis dominiert, tritt demgegenüber eher in der Hintergrund: als relevante Adressatengruppe, der Informationen über die Sicherung der langfristigen Existenz des bilanzierenden Unternehmens als eigenständiges organisatorisches Gebilde zu vermitteln sind, werden die Eigenkapitalgeber nicht genannt.

Ein globaler Vergleich der International Accounting Standards mit den US-amerikanischen Generally Accepted Accounting Principles zeigt nachdrücklich, wie eng die IAS an die GAAP angelehnt sind:

(1) Zwecksetzung

Sowohl die IAS wie die GAAP orientieren sich an der Interessentheorie und stellen darauf ab, Investoren entscheidungsrelevante Informationen zur Verfügung zu stellen. Auch bei den IAS dominiert, wie das „Framework" verdeutlicht, der „decision usefulness-approach".

(2) Grundsätze der Informationsvermittlung

Sowohl das „Conceptual Framework" der GAAP, wie auch das „Framework" der IAS sehen weitgehend identische Grundsätze vor, die als Grundsätze einer investorbezogenen Informationsvermittlung interpretiert werden können und in weiten Teilen gleichlautend formuliert sind. Sowohl den IAS wie auch den GAAP werden „Relevance" und „Reliabilitiy" als zentrale Rechnungslegungsgrundsätze zugrunde gelegt. Das Vorsichtsprinzip (IAS: „prudence", GAAP: „conservatism") und damit der Gläubigerschutz stellen zwar berücksichtigte, jedoch eindeutig nachrangige Rechnungslegungsgrundsätze dar und kommen nur dann zum Tragen, wenn dies aus Sicht der Investoren geboten erscheint. IAS 1 führt zwar unter „accounting Policies“ neben den Grundsätzen „substance over form“ und „materiality“ ausdrücklich auch das Vorsichtsprinzip auf, gleichzeitig wird jedoch darauf verwiesen, das die Beachtung dieses Prinzips die Bildung stiller Rücklagen nicht rechtfertige (IAS 1 Nr. 7(a)). Die übrigen bedeutenden Grundsätze der GAAP („accrual“, „materiality“ usw.) finden sich in den IAS nahezu vollständig wieder.

(3) Bilanzierungs- und Bewertungskonzeption

Vermögensgegenstände und Schulden werden sowohl in den GAAP wie den IAS dynamisch und auf Basis der wirtschaftlichen Betrachtungsweise definiert („substance over form“). Die Definitionen des IASC verdeutlichen dies hinlänglich (*IASC 1995, S. 54 ff.*):

- *„An **asset** is a resource controlled by the enterprise as a result of past events and from which future economic benefits are expected to flow to the enterprice“.*
- *„A **lability** is a present obligation of the enterprise arising from past events, the settlement of which ist expected to result in an outflow from the enterprise of resources embodying economic benefits ... An obligation is a duty or responsibility to act or perform in certain way ... may be legally enforceable as a consequence of a binding contract ..., obligations also arise, however, form normal business practice, custom and a desire to maintain good business relations or act in an equirable manner“.*

Auch ein Vergleich der Bewertungsmaßstäbe und Bewertungsgrundsätze zeigt die weitgehende Übereinstimmung der GAAP und IAS. Die IAS sehen (für unterschiedliche Anlässe, teilweise auch in Kombination) folgende Bewertungsmaßstäbe vor (*IASC 1995, S. 67*):

- **Historische Kostenwerte** („Historical Cost“)

  „Assets are recorded at the amount of cash or cash equivalents paid or the fair value of the consideration given to aquire them at the time of their acquisition. Liabilities are recorded at the amount of proceeds received in exchange for the obligation, or in some circumstances (for example, income taxes), are the amount of cash or cash equivalents expected to be paid to satisfy the liability in the normal course of business“.

- **Wiederbeschaffungskosten** („Current cost“)

  „Assets are carried at the amount of cash or cash equivalents that would have to be paid if the same of an equicalent asset was acquired currently. Liabilities are carried at the undiscounted amount of cash equivalents that would be required to settle the obligation currently“

- **Verkaufspreis/Rückzahlungsbetrag** („Realisable (settlement) value")

  „Assets are carried at the amount of cash or cash equivalents that would currently be obtained by selling the asset in an orderly disposal. Liabilities are carried at their settlement values; taht is the undiscounted amounts of cash or cash equivalents expected to be paid to satisfy the liabilities in the normal course of business".

- **Barwert** („Present value")

  „Assets are carried at the present discounted value of the future net cash inflows that the item is expected to generate in the normal course of business. Liabilieties are carried at the present discounted value of the furure net cash outflows that are expected to be required to settle the liabilities in the normal course of business".

(4) Elemente/Instrumente der Rechnungslegung

Das Rechnungslegungsinstrumentarium ist zwar nicht deckungsgleich, entspricht sich aber in den zentralen Bausteinen.

(5) Informationsadressaten

Die Informationsadressaten werden bei identischem Rechnungslegungszweck auch zwingend nahezu deckungsgleich definiert. Die abgegrenzten und gemäß IASC definierten Adressaten könnten in dieser Konstellation auch dem „Conceptual Framework" des FASB entnommen sein.

Die weitgehende Übereinstimmung der IAS mit den GAAP wird letztlich auch durch die IOSCO bestätigt, die die Mehrzahl der verabschiedeten IAS für akzeptabel bzw. für nach entsprechender Überarbeitung akzeptabel erachtet; lediglich 4 Standards wurden, mit unterschiedlicher Gewichtung und Umfang, als in dieser Form nicht hinnehmbar eingestuft (*IAS No. 9, 10, 17 und 19; vgl. Kleekämper 1995, S. 425*)

Zusammenfassend läßt sich damit feststellen, daß die derzeitige Entwicklung eindeutig darauf hinweist, daß unterschiedliche „Bilanzkulturkreise" zu Lasten der europäischen/deutschen Rechnungslegung durch Generierung von International Accounting Standards durch das IASC „verschmolzen" werden sollen. Die Zusammenführung unterschiedlicher Bilanzkulturen wird, soweit der eingeschlagene Weg wie vorgesehen realisiert wird und die IAS von den europäischen Unternehmen akzeptiert werden (müssen), zu einer eindeutigen Dominanz US-amerikanischer Rechnungslegungsgrundsätze führen. Die nachfolgende Abbildung verdeutlicht die Konsequenz einer internationalen Standardisierung der Rechnungslegung qua IAS:

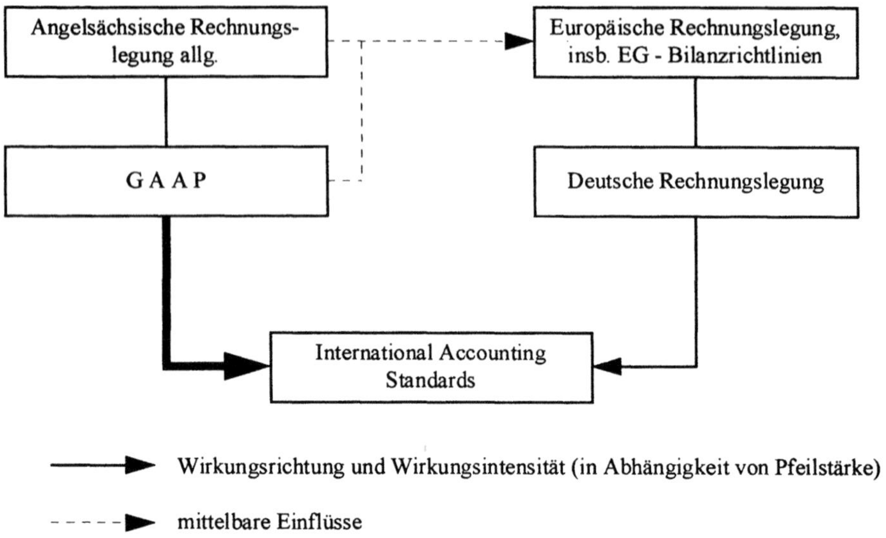

Abb. 54: International Accounting Standards - Rechnungslegungskompromiß?

4 Ausblick

Angesichts der realen Gegebenheiten in der deutschen und internationalen Rechnungslegungspraxis, wie auch angesichts der zitierten Ergebnisse der Harris/Lang/Möller-Studie verwundern Aussagen, nach denen es angeblich aus der Sicht von US-Bilanzexperten „... *praktisch unmöglich (sei), die Ertragssituation eines deutschen Unternehmens aus seiner veröffentlichten Bilanz und Gewinn- und Verlustrechnung zu erkennen...*" (*FAZ Nr. 21 vom 21.1.1995, S. 23*). Derartige Feststellungen sind sachlich unzutreffend. Wir verkennen dabei nicht, daß der Aussagegehalt des Jahresabschlusses einer deutschen Kapitalgesellschaft durch zahlreiche Möglichkeiten der Bildung stiller Rücklagen durchaus eingeschränkter Natur sein kann und die „tatsächliche Vermögens-"Finanz- und Ertragslage" nur bedingt, d.h. der Bilanzierungs- und Bewertungskonzeption des deutschen Handelsrechts entsprechend, abgebildet wird. Gleichzeitig sind aber auch die aus dem Vorsichtsprinzip und seiner konsequenten Umsetzung resultierenden Positivwirkungen zu berücksichtigen:

- Die Bildung stiller Rücklagen führt zu substanzschützenden Eigenkapitalpotentialen und einer im Sinne der Kapitalerhaltung und des Gläubigerschutzes zweckentsprechenden Ausschüttungssperre.
- Stille Rücklagen werden i.d.R. nur in Ausnahmefällen zur Kaschierung von „Managementfehlern" aufgelöst, sie tragen vielmehr im Regelfall dazu bei, die langfristige Existenz des Unternehmens zu sichern und die Flexibilität des Unternehmens zu verbessern.
- Die Bildung stiller Rücklagen ist bei Kapitalgesellschaften aufgrund handelsrechtlicher Vorschriften sowohl eindeutig geregelt, wie auch der Höhe nach begrenzt, lediglich die faktisch erzwungene Bildung stiller Rücklagen aufgrund der Umkehrmaßgeblichkeit kann bei Kapitalgesellschaften zu nicht gewollten und betriebswirtschaftlich auch nicht begründbaren Negativwirkungen führen und den Anteilseignern zustehende, erwirtschaftete Gewinne einer Ausschüttung entziehen.
- Stille Lasten enthalten deutsche Abschlüsse i.d.R. nicht, da dies durch das Imparitätsprinzip in angemessener Weise verhindert wird. Für nach IAS oder GAAP erstellte Abschlüsse kann dies demgegenüber so nicht uneingeschränkt festgestellt werden.

Insoweit ist die insbesondere im angelsächsischen Schrifttum vehement vorgetragene Forderung nach einer möglichst umgehenden Rechtsangleichung der deutschen Rechnungslegungsvorschriften an die angelsächsischen „Standards" (IAS resp. GAAP) mit einiger Skepsis zu betrachten. Das Spektrum der Meinungen in der deutschsprachigen Fachliteratur ist breit gefächert und reicht von (mehrheitlicher)

Anlehnung bis zu vorsichtiger Zustimmung. Die im Schrifttum vertretenen Auffassungen lassen sich in vereinfachter Form wie folgt zusammenfassen:

(1) Ablehnung

Die Ablehnung einer Übernahme angelsächsischer Standards wird vorrangig damit begründet, daß dadurch tradierte, bewährte und über Jahrzehnte gewachsene Rechnungslegungsgrundsätze aufgegeben werden müßten und unterschiedlichen kulturellen, ökonomischen und steuerlichen Gegebenheiten nicht mehr adäquat Rechnung getragen werden könnte. Ein Verzicht auf das Vorsichts-, Nominalwert- und Imparitätsprinzip wird durch Vertreter dieser Gruppe ebenso abgelehnt, wie geltend gemacht wird, daß unter Beachtung der jeweiligen Rechnungslegungszwecke vom Informationsgehalt her durchaus Gleichwertigkeit gegeben sei.

(2) Zustimmung

Die Zustimmung zu einer Übernahme wesentlicher angelsächsischer Standards in die deutsche Rechnungslegung wird vorrangig damit begründet, daß ein weltweit globaler Wettbewerb und das Zusammenwachsen der Kapitalmärkte eine Standardisierung der Rechnungslegung der wichtigsten Industrienationen unabdingbar mache. I.d.R. wird zudem vorgetragen, daß aufgrund der faktischen Bedeutung und Dominanz des US-Kapitalmarktes für deutsche bzw. europäische Kapitalgesellschaften vertretbare und identische Bedingungen geschaffen werden müßten, um zu verhindern, daß erhebliche Wettbewerbsnachteile in Kauf genommen werden müssen. Vielfach wird noch ergänzend darauf verwiesen, daß die sich abzeichnende Entwicklung in der Rechnungslegung nicht mehr umkehrbar sei und sich die Bundesrepublik nicht in ein „Rechnungslegungs-Abseits" begeben dürfe.

Vertreter, die für eine Übernahme angelsächsischer Standards votieren, weisen - nicht unbegründet - auch darauf hin, daß durch das Maßgeblichkeitsprinzip die handelsrechtlich gewollte Informationsfunktion des Jahresabschlusses pervertiert werde und eine erzwungene Umstellung dieses überfällige Problem zu lösen in der Lage sei.

(3) Kompromiß

Vertreter dieser Gruppe, der wir uns zugehörig fühlen, halten mittel- bis langfristig eine Harmonisierung der Rechnungslegung für unerläßlich, meinen jedoch, daß Harmonisierung nicht mit einer Oktroyierung angelsächsischer Standards gleichgesetzt werden kann, vielmehr einen Kompromiß unter Berücksichtigung unterschiedlicher Bilanzkulturen erforderlich macht. Die Lösung dieses Konsensproblems sollte jedenfalls nicht einzelnen Unternehmen überlassen bleiben, die wie Daimler Benz AG oder Deutsche Telekom AG einen Kompromiß mit der SEC auszuhandeln versuchen; hier sind gleichermaßen Wissenschaft, berufsständige Organisationen und der europäische Verordnungsgeber aufgerufen, Ansätze zu einer tragfähigen Kompromißlösung zu generieren.

Eine derartige Kompromißlösung könnte z.B. für die „europäische“ Rechnungslegung folgende Eckpunkte beinhalten:

- Aufgabe des Maßgeblichkeitsprinzips in seiner derzeitigen Ausprägung und damit Verstärkung der Informationsfunktion des Jahresabschlusses und Beibehaltung von Vorsichts-, Nominalwert- und Imparitätsprinzip.
- Einschränkung der Möglichkeiten zur Bildung von Aufwandsrückstellungen, die, auch nach derzeitiger Rechtslage, zwar handels- aber nicht steuerrechtlich zulässig sind.
- Modifikation und Verkürzung der Publizitätsfristen, Erweiterung des Rechnungslegungsinstrumentariums (z.B. um eine zwingend vorgeschriebene Kapitalflußrechnung) und verbesserte Berichterstattung gegenüber den Informationsadressaten.
- Verstärkte Hinwendung zu einer investigativen Abschlußprüfung mit höherem Objektivierungsgrad (ansatzweise in § 53 HGrG für öffentliche Unternehmen bereits verankert).

U.E. sollte dabei nicht übersehen werden, daß eine primär auf die Informationsbedürfnisse von Investoren ausgerichtete Rechnungslegung à la longue durchaus zu Fehlentwicklungen führen kann, da die Interessenlage eines „Investors“ (= kurzfristiges Renditeziel) mit dem Ziel der langfristigen Unternehmenssicherung konkurrieren kann, das kurzfristige Renditeziel aber auch nur dann realisiert werden kann, wenn langfristig die Unternehmensexistenz gesichert ist. Dies setzt voraus, daß die Substanz des Unternehmens nicht über Gebühr geschmälert wird. Daraus folgt u.E. zwingend, daß es Interesse und Ziel eines Eigenkapitalgebers sein muß, seine Renditeinteressen im Einklang mit dem langfristigen Sicherungsziel des Unternehmens zu definieren und zu verwirklichen. Kurzfristig-spekulative Interessen treten demgegenüber in den Hintergrund, da der Investor ansonsten Gefahr läuft, zwar kurzfristig mit aus seiner Sicht angemessenen, aus der Sicht des Unternehmens jedoch überhöhten Gewinnzuführungen bedient zu werden, dadurch die Unternehmenssubstanz aufgezehrt wird und der Investor langfristig über dann hinzunehmende Verluste seine Ziele insgesamt nicht realisieren kann.

Darüber hinaus sollte nicht übersehen werden, daß zwischen der gewachsenen „Bilanzkultur“ einerseits und der jeweiligen „Unternehmenskultur“ andererseits ein enges Interdependenzverhältnis gegeben ist. Wird „Unternehmenskultur“ vereinfacht als mikro- und makroökonomische Sozialisation eines Unternehmens interpretiert, dokumentiert sich diese u.a. qualitativ in den Rechnungslegungsgrundsätzen und quantitativ in der Rechnungslegung selbst. Die Bilanzkultur wiederum, wird sie in ihren zentralen und elementaren Grundsätzen geändert, muß zwangsläufig zu einer Veränderung der Unternehmenskultur führen. Busse von Colbe meint zurecht, daß *„ein **Paradigmenwechsel** für die Rechnungslegung vom Primat der Ausschüttungsbemessung und des Gläubigerschutzes zum Vorrang der Anlegerinformation in Deutschland und anderen Teilen Zentraleuropas .... zugleich eine*

Verlagerung von der ***gesellschaftsrechtlichen*** *hin zu einer* ***kapitalmarktorientierten Rechnungslegung*** *bedeuten*" würde (*Busse von Colbe 1995, S. 390*). Primat des Kapitalmarktes führt aber, konsequent zu Ende gedacht, unabdingbar zu einer Veränderung der Unternehmenskultur. Dies würde á la longue dazu führen müssen, daß die aus der Koalitionstheorie abzuleitende, für deutsche Unternehmen nach wie vor zutreffende Schlußfolgerung eines tragfähigen Interessenausgleichs zwischen den Koalitionären aufgegeben werden müßte. Notwendige und berechtigte Interessen der Koalitionäre müßten zugunsten einseitiger Interessen eines in Deutschland/Europa bislang eher unbedeutenden „spekulativen Investors" vernachlässigt werden, eines Investors, der seine Renditeinteressen eindeutig als vorrangig erachtet. Auf dem US-Kapitalmarkt zumindest nicht unübliche, die Interessen anderer Koalitionäre vernachlässigende „feindliche Übernahmen" auf der Basis attraktiver Aktionärsangebote bestätigen dies mit frappanter Regelmäßigkeit. Die vielfach folgende „Zerschlagung" des übernommenen Unternehmens berücksichtigt ebenfalls ausschließlich Investoreninteressen und klammert Interessen anderer Beteiligter nahezu vollständig aus. Die Politik der Unternehmensleitung fokussiert in solchen Fällen vielfach allein auf die Börsenkursentwicklung und die Pflege von Investoreninteressen.

B Grundlagen der Konzernrechnungslegung

1 Vorbemerkung

In der Bundesrepublik Deutschland stehen über 90 % aller (deutschen) Aktiengesellschaften in Konzernverbindung mit anderen Unternehmen. Auch bei den großen und mittelgroßen Gesellschaften mit beschränkter Haftung sind - nach Schätzungen - weit mehr als 50 % dieser Unternehmen mit anderen Gesellschaften verbunden.

Sowohl auf nationaler als auch internationaler Ebene ist von einer zunehmenden „Konzernierung“ auszugehen.

Aufgrund der vielfältigen Verflechtungs- und Beziehungsmöglichkeiten in einem Konzernverbund würden die Einzeljahresabschlüsse der jeweiligen Konzernunternehmen nur ein unzureichendes Bild von der Vermögens-, Finanz- und Ertragslage sowohl des Konzerns, wie auch eines Konzernunternehmens ergeben. *„So war es* (bis zum Inkrafttreten des AktG 1965*) z.B. möglich, ohne gegen geltende Rechnungslegungsvorschriften zu verstoßen, in publizierten Einzelabschlüssen Kapital und Liquidität auszuweisen, die nur von anderen Konzernunternehmen „geborgt“ waren, und Gewinne zu zeigen, die noch nicht ihre Bestätigung am Markt gefunden hatten*“ (*ADS, 1992, Rn. 13 zu §§ 290 - 315 HGB*). Auf der anderen Seite wird die wirtschaftliche Verfassung eines Konzernunternehmens in hohem Maße von der Lage und Entwicklung des Konzern, wie aktuelle Beispiele: Bremer Vulkan, Daimler Benz, zeigen, beeinflußt.

Die Vermögens-, Finanz- und Ertragslage eines Konzernunternehmens kann nur dann zutreffend beurteilt werden, wenn zusätzlich zu einem Einzelabschluß ein Konzernabschluß erstellt wird. Ausgangspunkt eines Konzernabschlusses sind die Einzelabschlüsse der rechtlich selbständigen Konzernunternehmen. Diese werden zu einem gemeinsamen Jahresabschluß und Lagebericht zusammengefaßt.

1.1 Konzernbegriff

„Konzern“ läßt sich allgemein als ein Zusammenschluß, (= Verbund) von rechtlich selbständigen Unternehmen zu einer wirtschaftlichen Einheit definieren.

Diese **allgemeine Definition** wird sowohl im Aktiengesetz als auch im HGB konkretisiert, wobei allerdings signifikante Definitionsunterschiede festzustellen sind.

Diese Unterschiede sind zum einen historisch zu erklären, zum anderen durch die unterschiedlichen Zielsetzungen, die die genannten Gesetze verfolgen. Dessen ungeachtet wird in der Literatur diese Unterschiedlichkeit zurecht kritisiert (*vgl. Küting in Küting/Weber 1989, S. 760*).

Historische Erklärung

Bis zur Umsetzung der 7. EG-Richtlinie ergaben sich die Vorschriften über die Konzernrechnungslegung ausnahmslos aus dem AktG 1965. Mit der Änderung des HGB 1985 hat der Gesetzgeber neben den aktienrechtlichen Vorschriften eine weitere Bestimmung des Begriffs „verbundene Unternehmen" eingeführt. Diese - "neue"- Begriffsbestimmung unterscheidet sich von der aktienrechtlichen. Eine Anpassung hat der Gesetzgeber nicht vorgenommen, weil durch die sich in Arbeit befindliche **9. EG-Richtlinie** (Konzernrechtrichtlinie) eine nicht nur national sondern EG-weit einheitliche Begriffsfassung realisiert werden soll.

Unterschiedliche Zielsetzung

Die Zielsetzung des AktG und des HGB sind unterschiedlich.

Der **handelsrechtliche Begriff** der verbundenen Unternehmen bezieht sich ausschließlich auf die **Rechnungslegung**. Im Recht der Rechnungslegung sollen die Rechtsfolgen dargestellt werden, die sich durch die Unternehmensverflechtungen für die Vermögens-, Finanz- und Ertragslage ergeben.

„Diese Herausstellung ist erforderlich, da zwischen verbundenen Unternehmen die Möglichkeit besteht, Rechts- und Wirtschaftsverhältnisse zu schaffen, die von marktüblichen Bedingungen abweichen können" (*WP-Handbuch 1992, S. 1359*).

Unternehmensverbindungen sollen demnach offengelegt werden. Wesentliche Vorschriften hierfür finden sich in §§ 266 Abs. 2 und 3, 268, 275, 285, 327 HGB.

Im **AktG** werden aus der Pflicht zur Konzernrechnungslegung vorrangig folgende **Zwecke** abgeleitet:

- Gläubiger- und Gesellschafterschutz,
- Sicherung vor Benachteiligung durch den ausgeübten Einfluß anderer Unternehmen.

Wöhe (*1990, S. 440*) konkretisiert diese Zwecke i.S.v. Rechtsfolgen:

- Mitteilungspflicht über das Bestehen von Unternehmensverbindungen
- Auskunftspflicht gegenüber dem Abschlußprüfer
- sonstige Publizitätspflichten
- Pflichten gegenüber Minderheitsaktionären
- Pflichten gegenüber Gläubigern
- Pflichten der Obergesellschaft gegenüber der Untergesellschaft

- Pflichten der Untergesellschaft gegenüber der Obergesellschaft

Diese an Unternehmensverbindungen geknüpften Rechtsfolgen sind im ganzen AktG verstreut.

Eine systematische Zusammenstellung der für verbundene Unternehmen geltenden aktienrechtlichen Vorschriften gibt das WP-Handbuch 1992 (*S. 1266 ff.*).

1.1.1 Verbundene Unternehmen nach Handelsrecht

Die Zweigleisigkeit: hier HGB - dort AktG generiert unterschiedliche Inhaltsbestimmungen des Terminus „Konzern". Diese Unterschiedlichkeit ist betriebswirtschaftlich nicht zu begründen, sie ist ausschließlich gesetzestechnischer Natur.

Im HGB wird „Konzern" nicht definiert, statt dessen wird auf die Verbundform „Mutter-Tochterunternehmen" (= verbundene Unternehmen) abgestellt.

Gemäß § 271 Abs. 2 HGB sind verbundene Unternehmen i.S. des HGB solche Unternehmen, die als Mutter- oder Tochterunternehmen (§ 290) in den Konzernabschluß eines Mutterunternehmens nach den Vorschriften über die Vollkonsolidierung einzubeziehen sind, das als oberste Mutterunternehmen den am weitestgehenden Konzernabschluß nach dem zweiten Unterabschnitt aufzustellen hat, auch wenn die Aufstellung unterbleibt, oder das einen befreienden Konzernabschluß nach § 291 oder nach einer nach § 292 erlassenen Rechtsverordnung aufstellt oder aufstellen könnte; Tochterunternehmen, die nach § 295 oder § 296 nicht einbezogen werden, sind ebenfalls verbundene Unternehmen.

Damit sind für verbundene Unternehmen zwei Merkmale konstitutiv:

- *Verbundene Unternehmen sind in den Konzernabschluß einzubeziehen, wenn es sich um ein Mutter-Tochter-Verhältnis nach § 290 HGB handelt (= positive Verbundbedingung I).*

  Ein Mutter-Tochter-Verhältnis begründet demnach einen Konzerntatbestand. Ist ein Konzerntatbestand (= Konzernunternehmen) gegeben, sind ein Konzernabschluß und ein Konzernlagebericht zu erstellen. Dieser Konzerntatbestand wird unterstellt bei „einheitlicher Leistung" nach § 290 Abs. 1 HGB sowie der Möglichkeit eines „beherrschenden Einflusses" nach § 290 Abs. 2 HGB.

  Hierbei wird eindeutig auf die Konstruktion eines „Unterordnungskonzerns", also auf ein Unterordnungs-, auf ein Subordinationsverhältnis zwischen einem „herrschenden" und einem „beherrschten" Unternehmen abgestellt (vgl. § 18 Abs. 1 AktG).

- *Verbundene Unternehmen sind in den Konzernabschluß nicht einzubeziehen oder eine Einbeziehung ist unterblieben (= negative Verbundbedingung II).*

Unerheblich für die Abgrenzung des Begriffs „verbundene Unternehmen“ ist, ob diese einen Konzernabschluß zu erstellen haben oder in den Konzernabschluß einzubeziehen sind. Unerheblich ist auch, ob der Konzernabschluß eines übergeordneten Unternehmens befreiende Wirkung besitzt, ein Unternehmen grundsätzlich in den Konsolidierungskreis einzubeziehen wäre, Einbeziehungswahlrechte oder -verbote bestehen (*vgl. ADS 1992, Rn. 58 zu § 271 HGB*).

Damit soll sichergestellt werden, daß sich die Qualifizierung als verbundenes Unternehmen nicht ausschließlich aus der Pflicht zur Erstellung eines Konzernabschlusses ergibt.

Somit eröffnet sich für den Gesetzgeber die Möglichkeit Einbeziehungsausnahmen zu schaffen. So braucht ein Mutterunternehmen das zugleich Tochterunternehmen eines („anderen“) Mutterunternehmens ist, keinen Konzernabschluß aufzustellen, sofern das übergeordnete Mutterunternehmen einen „befreienden“ Konzernabschluß (vgl. §§ 291, 292 HGB) aufstellt und diesen offenlegt. Des weiteren bestehen Einbeziehungswahlrechte und Einbeziehungsverbote.

Wenn eine Einbeziehung in den Konzernabschluß trotz Einbeziehungspflicht unterblieben ist, hat dies keine Auswirkungen auf den Tatbestand eines verbundenen Unternehmens.

1.1.2 Verbundene Unternehmen nach AktG

Im AktG ist der Begriff „verbundene Unternehmen“ weit breiter gefaßt, als im Handelsrecht.

Grundtatbestände für verbundene Unternehmen sind die

- rechtliche Selbständigkeit und
- die wirtschaftliche Unselbständigkeit, die sich durch verschiedene Verbundtatbestände ergeben können.

Die möglichen Verbundtatbestände sind in § 15 AktG abschließend aufgeführt.

Verbundene Unternehmen sind demnach Unternehmen, die im Verhältnis zueinander

- in Mehrheitsbesitz stehende Unternehmen und mit Mehrheit beteiligte Unternehmen (§ 16 AktG),
- abhängige und beherrschende Unternehmen (§ 17 AktG),
- Konzernunternehmen (§ 18 AktG),
- wechselseitig beteiligte Unternehmen (§ 19 AktG), oder

• Vertragsteile eines Unternehmensvertrages (§§ 291, 292 AktG)

sind.

Im Gegensatz zu diesen Verbundmöglichkeiten kennt das HGB nur verbundene Unternehmen i.S. von Mutter- und Tochterunternehmen (= Unterordnungskonzern), während das AktG z.B. neben dem Unterordnungskonzern (§ 18 Abs. 1) auch den Gleichordnungskonzern (§ 18 Abs. 2) kennt. Bei einem Gleichordnungskonzern sind Beherrschungsmöglichkeiten, die ein konstitutives Merkmal des „HGB-Konzern" sind, nicht gegeben. Hingegen wird eine „einheitliche Leitung" ausgeübt, ohne daß die unter einheitlicher Leitung zusammengefaßten Unternehmen jedoch i.S.d. § 15 AktG voneinander abhängig wären. Deshalb ist es auch verständlich, daß die Person oder das Organ, das die einheitliche Leitung ausübt, kein Unternehmen i.S.d. § 15 AktG sein kann. Aktuell sind in Deutschland Gleichordnungskonzerne eher die Ausnahme. Mit der Zunahme von sog. „strategischen Allianzen" dürfte sich dies ändern. Ein weiteres Beispiel für die Unterschiedlichkeit sind einfache wechselseitige Beteiligungen (§ 19 Abs. 1 AktG). Diese führen lediglich zu einem aktienrechtlichen, nicht jedoch zu einem handelsrechtlichen Unternehmensverbund.

Konzernformen	
Unterordnungskonzern	Gleichordnungskonzern
einheitliche Leitung und Abhängigkeitsverhältnis (§ 18 Abs. 1 AktG) begründet Konzernrechnungslegungspflicht (§ 290 Abs. 1 und 2 HGB)	einheitliche Leitung ohne Abhängigkeitsverhältnis (§ 18 Abs. 2 AktG) keine Konzernrechnungslegungspflicht

Abb. 55: Konzernformen

1.1.3 Verknüpfungen zwischen HGB und AktG

Auch in Bezug auf die **Konzernrechnungslegung** gibt es zwischen HGB und AktG vielfältige Verknüpfungen, d.h. einzelne, die Konzernrechnungslegungspflicht betreffende Sachverhalte werden sowohl im AktG als auch im HGB angesprochen.

Diese gesetzestechnische Vorgehensweise ist insoweit komplex, als es Sachverhalte gibt

- die sowohl im HGB, als auch im AktG definiert sind und
- es solche gibt, die zwar im HGB benannt sind, jedoch nur im AktG hinreichend bestimmt sind. Teilweise wird im HGB explizit auf Vorschriften des AktG verwiesen.

Nachfolgend soll als Regel gelten: Sofern Sachverhalte bereits im AktG bestimmt sind und im HGB nicht nochmals präzisiert werden, sind die Bestimmungen des AktG maßgebend. Zwei Fallgruppen lassen sich aus dieser Regel ableiten:

- Fallgruppe 1: Begriff ist sowohl im HGB, als auch im AktG definiert

Dies trifft z.B. für den Begriff „verbundene Unternehmen" zu (vgl. oben). Er ist zwar in beiden Gesetzen definiert, allerdings unterschiedlich breit, bedingt durch die unterschiedlichen Zielsetzungen. Die in der folgenden Synopse aufgeführten Unterscheidungsmerkmale sollen beispielhaft wesentliche Unterschiede zwischen handels- und aktienrechtlicher Begriffsbestimmung skizzieren:

„Verbundene Unternehmen" nach § 271 Abs. 2 HGB i.V.m. § 290 Abs. 1 u. 2 HGB im Vergleich zu § 15 AktG i.V.m. §§ 16, 17, 18, 19, 292 AktG	
HGB	AktG
§ 290 (1) • Unterordnungskonzern	§ 18 (1) • Unterordnungskonzern § 18 (2) • Gleichordnungskonzern
§ 290 (2) Nr. 1 • Stimmrechtsmehrheit	§ 16 (1) • Mehrheit der Anteile oder Mehrheit der Stimmrechte
§ 290 (2) Nr. 2 • Recht zur Organbestellung (dies bedeutet Mehrheit der Bestellungs- und Abberufungsrechte)	§ 17 (1) • Beherrschungsmöglichkeit: als Tatbestandsvoraussetzung reicht die Möglichkeit der Einflußnahme aus

§ 290 (2) Nr. 3 • Recht auf beherrschenden Einfluß aufgrund von Beherrschungsvertrag oder Satzungsbestimmung (Definition entspricht § 291 (1) AktG; allerdings nur Beherrschungsvertrag)	§ 17 (1) • unmittelbarer oder mittelbarer beherrschender Einfluß (zu Beherrschungs- und Gewinnabführungsverträgen vgl. § 291 (1) AktG) § 17 (1) • Beherrschungs- oder Gewinnabführungsvertrag (erster begründet einen Unterordnungskonzern, während zweiter - theoretisch - keine Weisungsrechte bedingt) § 19 (1) • Wechselseitig beteiligte Unternehmen (allerdings ist Abs. 2 zu beachten) § 292 • „Andere Unternehmensverträge" (= atypische Beherrschungsverträge, da sie i.d.R. keine Abhängigkeit begründen, allerdings kann dies aufgrund fehlender gesetzl. Regelungen jeweils nur situativ beurteilt werden).

Abb. 56: „Verbundene Unternehmen" nach HGB und AktG

Anmerkung:

Höhe der Stimmrechte und Höhe der Anteile können auseinanderfallen, indem z.B. in der Satzung oder im Gesellschaftervertrag entsprechendes bestimmt wird. So können Vorzugsaktien ohne Stimmrecht ausgegeben werden (§ 12 Abs. 1 AktG; 6. Unterabschnitt: Vorzugsaktien ohne Stimmrecht).

Für die Konzernrechnungslegung ist die handelsrechtliche Begriffsbestimmung maßgebend, da sich die Pflicht zur Rechnungslegung aus dem HGB ergibt. Allerdings dürften in der Praxis diese Unterschiede weniger bedeutend sein, da z.B. ein

Gewinnabführungsvertrag i.d.R. mit einer Beteiligung i.S.d. § 271 Abs. 2 HGB verbunden sein wird (*vgl. WP-Handbuch 1992, S. 1261 ff.*).

- Fallgruppe 2: Begriff ist im HGB aufgeführt, aber nur im AktG definiert

Die grundlegende Verpflichtung zur Erstellung eines Konzernabschlusses ergibt sich aus § 290 Abs. 1 und 2 HGB. Als wesentliches Bestimmungsmerkmal eines Konzerns wird u.a. die „einheitliche Leitung" angeführt, ohne daß dieser Begriff jedoch näher spezifiziert wird. Da der Gesetzgeber den Begriff „einheitliche Leitung" bereits in § 18 AktG inhaltlich bestimmt hat, wird u.E. konsequenterweise gefolgert, daß er ihm auch im HGB den identischen Sinngehalt zugrunde gelegt hat (*vgl. u.a. WP-Handbuch 1992, S. 663; Busse von Colbe/Ordelheide 1993, S. 79*).

Darüber hinaus verweist der Handelsgesetzgeber z.T. explizit auf Vorschriften des AktG:

In § 271 Abs. 1 S. 3 HGB wird als widerlegbare Beteiligungsvermutung auf einen Anteil von mehr als 20 % des Nennkapitals einer Kapitalgesellschaft abgestellt. Für die Berechnung der Anteilshöhe wird auf § 16 Abs. 2 und 4 AktG verwiesen.

1.1.4 Konzernrechnungslegungspflicht

Die **Voraussetzungen**, die die Pflicht zur Aufstellung von Konzernabschlüssen und Konzernlageberichten begründen, sind in § 290 Abs. 1 und 2 HGB abschließend geregelt.

Danach ist eine **Kapitalgesellschaft** (AG, KGaA, GmbH) grundsätzlich zur Konzernrechnungslegung verpflichtet, wenn ein **Mutter-Tochter-Verhältnis** gegeben ist. Dieses Mutter-Tochter-Verhältnis kann entweder

(1)durch die tatsächliche Ausübung der **einheitlichen Leitung** seitens des Mutterunternehmens „Kapitalgesellschaft" (= Konzern der einheitlichen Leitung; § 290 Abs. 1 HGB)

oder

(2)durch das Vorliegen rechtlich gesicherter **Beherrschungsmöglichkeiten** aufgrund von

- Stimmrechtsmehrheit und/oder
- Organbestellungsrecht und/oder
- beherrschendem Einfluß qua Vertrag oder Satzung

begründet werden.

Beide **Konzepte**

- tatsächlich ausgeübte **einheitliche Leitung**
- **Control-Konzept**

stehen derzeit zwar gleichberechtigt nebeneinander, das Konzept der einheitlichen Leitung darf jedoch das Control-Kozept nicht beschränken.

Bei den Tochterunternehmen, die nach § 290 in die Konzernrechnungslegung einbezogen werden, kann vom Konzernkern gesprochen werden. Des weiteren gibt es aber auch Unternehmensverbindungen, die kein Mutter-Tochter-Verhältnis begründen, weil der Abhängigkeitsgrad nicht den erforderlichen Merkmalen nach § 290 HGB entspricht. Bei solchen Unternehmensverbindungen kann es sich um Gemeinschaftsunternehmen (§ 310 HGB) oder um assoziierte Unternehmen (§ 311 HGB) handeln. Auch diese sind in einen Konzernabschluß einzubeziehen, sofern nach § 290 HGB ein Konzernabschluß zu erstellen ist.

<table>
<tr><th colspan="4">Aufstellungspflicht eines Konzernabschlusses nach HGB für ...</th></tr>
<tr><td colspan="2">... Tochterunternehmen
(§ 290 HGB)</td><td>... Gemeinschafts-
unternehmen
(§ 310 HGB)</td><td>... assoziiertes
Unternehmen
(§ 311 HGB)</td></tr>
<tr><td>einheitl. Leitung und Beteiligung nach § 271 (1) HGB</td><td>Control-Konzept
• Stimmrechts-mehrheit,
• Organbestell.-recht,
• beherrsch. Einfluß</td><td>gemeinsame Führung</td><td>maßgeblicher Einfluß</td></tr>
</table>

Abb. 57: Aufstellungspflicht nach HGB

Die Konzernrechnungspflicht kann sich darüber hinaus für Unternehmen anderer Rechtsform aus §§ 11 ff. PublG ergeben, soweit die dort aufgeführten Größenmerkmale überschritten werden.

2 Bedeutung und Aufgaben des Konzernabschlusses

Mit der Verabschiedung des Bilanzrichtlinien-Gesetzes wurden die 4., 7. und 8. EG-Richtlinien in nationales Recht transformiert. Während die 4. EG-(Bilanz) Richtlinie die Harmonierung der Rechnungslegung im Rahmen der Einzeljahresabschlüsse innerhalb der EU-Mitgliedsstaaten zum Ziel hatte, wurde durch die 7. EG-(Konzernbilanz-) Richtlinie die Konzernrechnungslegung innerhalb der EU-Mitgliedsstaaten angepaßt. Die auf der 7. EG-Richtlinie basierenden Vorschriften (insbesondere §§ 290 - 315 HGB) waren erstmals für nach dem 31.12.1989 beginnende Geschäftsjahre anzuwenden.

Der Konzernabschluß setzt sich, in Analogie zum Einzeljahresabschluß einer Kapitalgesellschaft, aus der Konzernbilanz, der Konzern-Gewinn- und Verlustrechnung und dem Konzernanhang zusammen und wird ergänzt durch den Konzernlagebericht.

Im Vergleich zu den Vorschriften des AktG 1965 wurden zahlreiche Neuerungen in die Konzernrechnungslegung eingeführt; beispielhaft seien hierbei genannt (*ADS 1992, Rn. 11 zu §§ 290 - 315 HGB*):

- die **Konzernrechnungslegungspflicht** wird auf die **GmbH erweitert;**
- die wirtschaftliche Einheit Konzern hat einen **Weltabschluß** zu erstellen, d.h. ausländische Tochtergesellschaften sind einzubeziehen;
- die Maßgeblichkeit der Einzelabschlüsse für den Konzernabschluß wird durch den **Grundsatz der einheitlichen Bewertung** ersetzt;
- das Konzept der „einheitlichen Leitung“ wird durch ein **„Control“-Konzept** ergänzt, das die Verpflichtung zur Konzernrechnungslegung bereits dann begründet, wenn die **Möglichkeit eines beherrschenden Einflusses** gegeben ist;
- Beteiligungen an sog. „assoziierten Unternehmen“ sind verbindlich nach der **Equity-Methode** zu bewerten.

Daraus wird vielfach der - zutreffende - Schluß abgeleitet, daß dem Konzernabschluß künftig verstärkte Bedeutung zukomme (*vgl. z.B. Coenenberg 1993, S. 349*) und eine Annäherung an die angelsächsische Rechnungslegung bewirkt werde. Unabhängig vom letztgenannten Aspekt sind aber nach wie vor erhebliche Bedeutungsunterschiede festzustellen: im Gegensatz zu den USA und Großbritannien ist der Konzernabschluß weder Grundlage für die Ermittlung des ausschüttungsfähigen Jahresgewinns noch Grundlage für die steuerliche Gewinnermittlung. „...*die Jahresabschlüsse der rechtlich selbständigen Konzernunternehmen (werden) durch den Konzernabschluß nicht ersetzt, sondern bleiben weiterhin als Grundlage für Ansprüche der Anteilseigner, Gläubiger und des Fiskus bestehen*“ (*ADS 1992, Rn. 17 zu §§ 290 - 315 HGB*).

Insoweit kann dem Konzernabschluß nur eine **eingeschränkte rechtliche Funktion** beigemessen werden. Unabhängig hiervon hat der Konzernabschluß eine mit dem Jahresabschluß einer Kapitalgesellschaft vergleichbare **Informationsfunktion** zu erfüllen: der **Konzernabschluß** hat gemäß § 297 Abs. 2 S. 2 HGB unter Beachtung der GoB ein den tatsächlichen Verhältnissen entsprechendes Bild der Vermögens-, Finanz- und Ertragslage des Konzerns zu vermitteln. Die Aufgabe des **Konzernlageberichts** besteht demgegenüber darin, den Geschäftsverlauf und die Lage des Konzerns darzustellen, insbesondere gemäß § 315 Abs. 2 HGB über Vorgänge von besonderer Bedeutung nach Schluß der Rechnungsperiode, die voraussichtliche Entwicklung des Konzerns und den Bereich Forschung und Entwicklung zu unterrichten. Da die Aufgabe des Konzernlageberichts denen des Lageberichts einer Kapitalgesellschaft entspricht, ist es zulässig, den Konzernlagebericht weitgehend mit dem Lagebericht des Mutterunternehmens zusammenzufassen (§ 315 Abs. 3 i.V.m. § 298 Abs. 3 HGB).

2.1 Die eingeschränkte rechtliche Funktion des Konzernabschlusses

Im Gegensatz zu Kapitalgesellschaften ist der Konzern keine juristische Person des privaten Rechts und kann aufgrund seiner fehlenden Rechtspersönlichkeit weder Träger von Rechten noch von Pflichten sein (*vgl. Staks, in: Weber/Küting 1989, S. 118*). Der Konzernabschluß bildet daher keine Grundlage für die Gewinnverwendung. Die Anteilseigner des Mutterunternehmens, wie auch der rechtlich selbständigen Tochtergesellschaften, können ihre Gewinnansprüche nur aus dem Einzel-Jahresabschluß der jeweiligen Kapitalgesellschaft geltend machen. Dennoch ist der Konzernabschluß für die **Beurteilung der Ausschüttungspolitik** des Mutterunternehmens von z.T. erheblicher Bedeutung: liegt bspw. der Konzerngewinn erheblich unter dem Jahresgewinn des Mutterunternehmens, wird dies beim Gewinnverwendungsvorschlag des Mutterunternehmens entsprechend zu berücksichtigen sein (*vgl. ADS 1992, Rn. 17 zu §§ 290 - 315 HGB*). Auf der anderen Seite sind Konzerne vielfach bestrebt, das Ergebnis des Konzerns und das der Muttergesellschaft anzugleichen (*vgl. Jonas 1986, S. 67*). Ist der Gewinn der Muttergesellschaft höher als der Konzerngewinn, bedeutet dies, daß bestimmte Tochtergesellschaften entsprechend niedrigere Gewinne oder gar Verluste ausweisen, da das Konzernergebnis den repräsentativen Durchschnitt der Einzelergebnisse aller Konzerngesellschaften bildet, sieht man von konsolidierungsbedingten Differenzen ab. In diesem Falle könnte die Konzernleitung bemüht sein, die höheren Gewinne der Muttergesellschaft bei diesen Tochtergesellschaften zu thesaurieren oder auszuschütten. In diesem Kontext wird im Schrifttum die Frage, ob Gewinnthesaurierungen bei Tochtergesellschaften auf die Gewinnverwendungskompetenz von Vorstand und Aufsichtsrat der Muttergesellschaft anzurechnen seien, kontrovers diskutiert (*vgl. z.B. Goerdeler 1986, S. 229 ff.; Thomas 1985, S. 365 ff.*).

Die eingeschränkte rechtliche Funktion zeigt sich auch darin, daß der Konzernabschluß **keiner förmlichen Feststellung** durch Vorstand, Aufsichtsrat oder Hauptversammlung bedarf; die Vorlage an den Aufsichtsrat und an die Hauptversammlung (§ 337 HGB) bzw. an die Gesellschafter (§ 42a GmbHG) des Mutterunternehmens reichen aus. Die Offenlegung erfolgt gemäß § 325 Abs. 3 HGB durch Bekanntmachung im Bundesanzeiger und Einreichung zum Handelsregister.

Der Konzernabschluß ist zudem **nicht Grundlage für die steuerliche Gewinnermittlung**, diese bleibt nach wie vor den Steuerbilanzen der rechtlich selbständigen Konzernunternehmen vorbehalten. Dem steht nicht entgegen, daß im Rahmen der Ermittlung des körperschaftsteuerlichen Gewinns köperschaftsteuerliche **Organschaften** i.S.d. §§ 14, 17 KStG (Gewinnabführungsverträge gemäß § 291 Abs. 1 AktG) zu berücksichtigen sind, d.h. das Einkommen der Organgesellschaft unter den im KStG genannten Voraussetzungen dem Organträger zugerechnet wird.

Dem Konzernabschluß muß damit eine eingeschränkte Funktion zugewiesen werden, die sich ausschließlich als Informationsfunktion darstellt. Der Informationsfunktion des Konzernabschlusses muß aber dennoch erhebliches Gewicht beigemessen werden, da

- durch **bilanzpolitische Gestaltung der Einzelabschlüsse** rechtlich zwar selbständiger, wirtschaftlich jedoch abhängiger Unternehmen **unter konzernpolitischen Aspekten** die Aussagefähigkeit der Einzelabschlüsse erheblich vermindert wird;
- abweichende Abschlußstichtage der zu einem Konzern gehörenden Gesellschaften die Beurteilung der wirtschaftlichen Einheit „Konzern" ebenso erschweren können, wie ggf. unterschiedliche Publizitätspflichten.

Insoweit kann eine relativ gesicherte Beurteilung der Vermögens-, Finanz- und Ertragslage eines konzernzugehörigen Unternehmens nur dann erfolgen, wenn die Einzeljahresabschlüsse der publizitätspflichtigen Unternehmen durch einen Konzernabschluß ergänzt werden.

2.2 Adressaten des Konzernabschlusses

Zum Kreis derjenigen, denen Informationen über die Vermögens-, Finanz- und Ertragslage des Konzern zur Verfügung zu stellen sind, können die Konzernleitung und der Konzernaufsichtsrat, die Anteilseigner, die Leitungsorgane der Tochtergesellschaften, die Arbeitnehmer der Konzernunternehmen sowie außenstehende Dritte, wie z.B. Kreditgeber und Marktpartner der Konzernmutter wie auch der Konzerntochtergesellschaften gezählt werden.

(1) Konzernleitung

Für die Konzernleitung dient der Konzernabschluß als Steuerungs- und Kontrollinstrument (*vgl. Busse von Colbe/Ordelheide 1993, S. 24*). Ohne zweckentsprechende Ausgestaltung der Informationsvermittlung und der Berichterstattung wäre eine „einheitliche" Leitung des Konzerns nicht möglich. Daher verwundert es nicht, daß vielfach schon seit langem auf freiwilliger Basis und ohne hierzu rechtlich verpflichtet zu sein, „Konzernabschlüsse" erstellt wurden (*vgl. Jonas 1986, S. 67*). Auch wenn die ausdrückliche Verpflichtung zur Konzernrechungslegung erstmals durch das AktG 1965 verankert wurde, haben zahlreiche Konzernobergesellschaften zwischen 1950 und dem Inkrafttreten des AktG 1965 freiwillig Konzernabschlüsse erstellt und veröffentlicht (*vgl. Kropff 1965, S. 436*).

Losgelöst von der Verpflichtung zur Erstellung eines Konzernabschlusses werden vielfach intern durch die Muttergesellschaften Monats- und Quartalsabschlüsse erstellt, um für überschaubare Zeitabschnitte auf jeweils aktuelle Informationen zurückgreifen zu können, die für die operative Steuerung und Kontrolle des Konzern unerläßlich sind. Bei diesen „innerjährlichen" Abschlüssen wird der Schnelligkeit und Aktualität der Informationsbereitstellung i.d.R. mehr Gewicht beigemessen als der Genauigkeit, so daß die Informationen z.T. auf geschätzten und nicht auf gebuchten Daten basieren.

(2) Anteilseigner

Die Anteilseigner sowohl der Mutter- wie auch der Tochtergesellschaften können zwar ihr Recht auf Teilnahme am Jahresgewinn unmittelbar nur aus den jeweiligen Einzel-Jahresabschlüssen ableiten, dennoch ist der Konzernabschluß als Grundlage der Gewinnausschüttungsbemessung nicht ohne Bedeutung. Zwischen dem Jahresergebnis des Konzerns und der Gewinnausschüttung der Muttergesellschaft besteht, wie unter 1.2.1 dargestellt, ein enger Zusammenhang, so daß die Aktionäre folgerichtig an der wirtschaftliche Situation aller Konzerngesellschaften interessiert sind. Da sich die Lage des Konzerns im Konzernabschluß widerspiegelt, ist dieser notwendigerweise auch für die Anteilseigner aller konzernzugehörigen Unternehmen relevant.

(3) Arbeitnehmer

Für die Arbeitnehmer ist die Verdeutlichung der wirtschaftlichen Lage des Konzerns langfristig von Bedeutung, da Arbeitsbedingungen, Beschäftigungsmöglichkeiten und die Sicherheit der Arbeitsplätze in engem Zusammenhang mit der wirtschaftlichen Lage des Konzerns stehen (*vgl. Jonas 1986, S. 74*). Die Bedeutung des Konzernabschlusses für diesen Adressatenkreis ist allerdings eher mittelbarer Natur, da eine Umsetzung der Konzernabschlußinformation i.d.R. nicht möglich sein wird und die Informationen mit einem hohen Komplexitätsgrad verknüpft sind. Insoweit werden die Konzernabschlußinformationen eher für Interessengruppen wie Betriebsrat, Gewerkschaften usw. Relevanz besitzen.

(4) Außenstehende Dritte

Notwendigerweise sind auch Marktpartner der Mutter- wie auch der Tochtergesellschaften (z. B. Kunden, Lieferanten, Wettbewerber, Kreditgeber) an Informationen über die Vermögens-, Finanz- und Ertragslage des Konzerns interessiert. Ihr Interesse ist primär darauf gerichtet, rechtzeitig die mögliche Gefährdung eigener Interessen zu erkennen bzw. Marktchancen zu nutzen, die sich aus einer Verschlechterung der wirtschaftlichen Situation des Konzern ergeben können. Mangelnde Liquidität oder fehlende Ertragskraft des Konzerns wirken sich zwangsläufig auch auf Tochtergesellschaften aus, denen es selbst gut geht. Auch die umgekehrte Situation ist denkbar: Konzerne mit gesundem Mutterunternehmen können durch verlustträchtige Töchter gefährdet werden (*vgl. Busse von Colbe/Ordelheide 1993, S. 20*).

3 Die Einheitstheorie als konzeptionelle Grundlage des Konzernabschlusses

Bis zum Inkrafttreten des AktG 1965 und der damit verbundenen erstmaligen Kodifizierung von Konzernrechnungslegungsvorschriften war strittig, wie der Konzern in der Rechnungslegung abzubilden ist. Der Meinungsstreit fokussiert in unterschiedlichen theoretischen Konzeptionen, die sich unter dem Termini „**Interessentheorie**" und „**Einheitstheorie**" zusammenfassen lassen.

Die Vertreter der **Interessentheorie** sehen im Konzernabschluß lediglich einen erweiterten Abschluß der Muttergesellschaft, den Minderheitsgesellschaftern der Tochtergesellschaften wird die Stellung von Gläubigern zugewiesen. „*Bei konsequenter Anwendung der Interessentheorie sind in den Konzernabschluß die Vermögensgegenstände und Schulden der Tochterunternehmen nur zu dem Teil einzubeziehen, der der Beteiligungsquote des Mutterunternehmens entspricht (Quotenkonsolidierung). Die Aufwendungen und Erträge erscheinen ... in der Konzern-Gewinn- und Verlustrechnung ebenfalls nur quotal*" (*ADS 1992, Rn. 25 zu §§ 290 - 315 HGB*).

Die Vorschriften des HGB zur Konzernrechnungslegung orientieren sich demgegenüber weitgehendst an der Einheitstheorie als konzeptioneller Basis. Dies dokumentiert sich u.a. in der Generalnorm des § 297 Abs. 3 S. 1 HGB.

Danach sind im Konzernabschluß die Vermögens-, Finanz- und Ertragslage der einbezogenen Unternehmen so darzustellen, als ob diese Unternehmen insgesamt ein einziges Unternehmen wären.

Der Gesetzgeber geht demnach von der **Fiktion der rechtlichen Einheit** eines Konzerns aus. Fiktion deshalb, weil lediglich die Konzernunternehmen rechtlich selbständige Einheiten sind, nicht jedoch das wirtschaftliche Gebilde „Konzern".

Von wenigen Ausnahmen abgesehen, die im Widerspruch zur Einheitstheorie stehen bzw. mit diesen konkurrieren (z.B. die Möglichkeit der Quotenkonsolidierung vom Gemeinschaftsunternehmen), lassen sich die handelsrechtlichen Vorschriften zur Konzernrechnungslegung als Ausfluß der Fiktion der rechtlichen Einheit des Konzern interpretieren. Durch eine konsequente Umsetzung des Grundsatzes der wirtschaftlichen Einheit in eine Fiktion der rechtlichen Einheit des Konzerns soll dieser „*... aussagefähig gegenüber außenstehenden Dritten, den Konzernfremden, abgegrenzt werden*" (*Lück 1994, S. 71*).

Die Konzernabschlußfiktion ist damit zweckorientiert, die tatsächliche rechtliche Unabhängigkeit der einbezogenen Unternehmen bleibt unangetastet. Der Konzernabschluß ist somit nach der Einheitstheorie ein eigenständiger Abschluß der zu einer rechtlichen Einheit zusammengefaßten Unternehmen. Ein in diesem Sinne aussagefähiger Abschluß ist aber nur möglich, wenn

- **sämtliche Vermögensgegenstände und Schulden** der einbezogenen Unternehmen in die Konzernbilanz aufgenommen werden,
- **alle Aufwendungen und Erträge** aus den Einzel-GuV-Rechnungen der einbezogenen Unternehmen in die Konzern-Gewinn- und Verlustrechnung eingestellt werden (*vgl. ADS 1992, Rn. 21 zu §§ 290 - 315 HGB*).

Darüber hinaus folgt aus der Fiktion der rechtlichen Einheit zwingend, daß bei der Zusammenfassung der Einzel-Jahresabschlüsse der einbezogenen Unternehmen nur die Transaktionen berücksichtigt werden, die mit außenstehenden Dritten stattgefunden haben (*vgl. Lück 1994, S. 9*). Alle Geschäftsvorfälle, die zwischen einbezogenen Konzerngesellschaften stattgefunden haben, müssen eliminiert werden. Zudem ist der Fiktion der rechtlichen Einheit folgend für Anteile anderer Gesellschafter am Eigenkapital einbezogener Tochtergesellschaften ein Ausgleichsposten zu bilden. Die Einheitstheorie behandelt damit - im Gegensatz zur Interessentheorie - nicht nur die Anteilseigner der Muttergesellschaft, sondern auch die Anteilseigner einbezogener Tochtergesellschaften als Eigenkapitalgeber.

Im Schrifttum wird allerdings, vielfach zu Recht, darauf verwiesen, daß „... *die Vorschriften des HGB ... einige Regelungen (enthalten), die im Widerspruch zur Einheitstheorie stehen bzw. mit ihr konkurrieren. So ist in § 310 das Mitgliedstaatenwahlrecht ... zur Anwendung der Quotenkonsolidierung ... an die zur Konzernrechnungslegung verpflichteten Mutterunternehmen weitergegeben worden* (*ADS 1992, Rn. 30 zu §§ 290 - 315 HGB*). Dies ist nicht zuletzt darauf zurückzuführen, daß die Vorgaben der 7. EG-Richtlinie weder ausschließlich an der Einheitstheorie noch an der Interessentheorie ausgerichtet sind, so daß sich insgesamt „... *kein geschlossenes Konzept der Konzernrechnungslegung feststellen* ...“ läßt (*ADS 1992, Rn. 30 zu §§ 290 - 315 HGB*). Unabhängig hiervon ist jedoch festzustellen, daß die handelsrechtlichen Vorschriften weitestgehend der Einheitstheorie folgen.

Die Eliminierung konzerninterner Beziehungen zwischen in den Konzernabschluß einbezogenen Unternehmen wird in der Konzernrechnungslegung als **Konsolidierung** bezeichnet, der Konzernabschluß ist somit ein **konsolidierter Abschluß** einbezogener Unternehmen. Die Konsolidierung ist die zentrale Aufgabe der Konzernrechnungslegung, so daß die folgenden Ausführungen dieser einführenden Darstellung darauf schwerpunktmäßig Bezug nehmen.

4 Zweck der Konsolidierung und organisatorische Voraussetzungen der Konzernrechnungslegung

4.1 Zweck der Konsolidierung

Die bloße Addition der Einzelbilanzen der in einen Konzernabschluß einbezogenen Konzernunternehmen wird als Gemeinschafts-, Summen- oder Sammelbilanz bezeichnet (*vgl. Wöhe 1993, S. 1206*), dies gilt für die Gewinn- und Verlustrechnung analog. Solche additive Zusammenfassungen sind jedoch nicht geeignet, die tatsächliche wirtschaftliche Lage des Konzerns angemessen darzustellen. Charakteristikum eines Konzerns ist u.a., daß durch die Muttergesellschaft die Konzernleitung ausgeübt wird oder faktische Beherrschung der Tochtergesellschaften vorliegt mit der Konsequenz, daß die Tochtergesellschaften ihre eigenständige Dispositionsfreiheit verlieren. Durch Gestaltung der konzerninternen Transaktionen kann, sofern dies beabsichtigt wird, die tatsächliche wirtschaftliche Situation verschleiert werden. In diesem Zusammenhang ist zu berücksichtigen, daß i.d.R. das Konzerninteresse gegenüber den Interessen und Zielen der Tochtergesellschaften höher bewertet wird und deshalb interne Gewinn- und Verlustverlagerungen sowie Liquiditätsverschiebungen zu Gunsten der Muttergesellschaft durchgeführt werden können, um deren Einzelabschluß zu verbessern (*vgl. Becker 1989, S. 10*). Ein derart verschleiertes Bild könnte z.B. dann entstehen, wenn bei Lieferungs- und Leistungsgeschäften zwischen Konzerngesellschaften in den Einzelabschlüssen Gewinne realisiert werden könnten, obwohl die Absatzrisiken noch auf dem Konzernverbund lasten (*vgl. Busse von Colbe/Ordelheide 1993, S. 16*). Denkbar wäre auch, daß diese konzerninternen Transaktionen nicht unter marktüblichen Bedingungen abgewickelt werden, da die Konzerngesellschaften im Sinne der Einheitstheorie nicht als Konkurrenten zu betrachten sind, sondern sich ggf. auf Weisung der Konzernleitung gegenseitig unterstützen. Konzerninterne Kreditbeziehungen könnten insoweit z.B. Liquidität vortäuschen, die real nicht oder nicht in diesem Umfang gegeben ist (*vgl. Emmerich/Sonnenschein 1992, S. 440*), durch Vereinbarung marktunüblicher Preise und Konditionen für Lieferungen und Leistungen zwischen Konzernunternehmen könnten Gewinne verlagert werden.

Ein additiver Summenabschluß wird aber nicht in der Lage sein, eine Verfälschung des wirtschaftlichen Gesamtbildes des Konzerns vorzubeugen und ein den tatsächlichen Verhältnissen entsprechendes Bild der Vermögens-, Finanz- und Ertragslage zu vermitteln. Aus diesem Grunde sind alle sich wertmäßig auswirkenden Beziehungen zwischen den Konzernunternehmen zu erfassen und ggf. zu korrigieren, d.h. zu **konsolidieren**. Der Handelsgesetzgeber hat diesem, in Hinblick auf die durch den Konzernabschluß wahrzunehmende Informationsaufgabe, zwingenden Erfordernis durch folgende Konsolidierungsarten entsprochen:

- Kapitalkonsolidierung (§ 301 HGB)
- Schuldenkonsolidierung (§ 303 HGB)
- Zwischenergebniseliminierung (§ 304 HGB)
- Aufwands- und Ertragskonsolidierung (§ 305 HGB).

4.2 Organisatorische Voraussetzungen der Konzernrechnungslegung

Die Erstellung eines den gesetzlichen Aufgaben entsprechenden Konzernabschlusses setzt voraus, daß im Rechnungswesen der Mutter- wie auch der Tochtergesellschaften organisatorische Rahmenbedingungen geschaffen werden, die sicherstellen, daß die Einzelabschlüsse die für die Konsolidierung notwendige Homogenität aufweisen. Das Spektrum hierbei in Betracht kommender Maßnahmen, läßt sich wie in Abb. 58 dargestellt, zusammenfassen (*vgl. ADS 1992, Rn. 31 ff. zu §§ 290 - 315 HGB*).

I.d.R. wird der **Stichtag** des Konzernabschlusses so gewählt, daß er mit dem Abschlußstichtag des Mutterunternehmens übereinstimmt. Durch die Vereinheitlichung des Stichtages soll sichergestellt werden, daß zeitliche Verschiebungen hinsichtlich Vermögen, Schulden, Aufwendungen und Erträgen nicht zu einem unzutreffenden Bild der Lage des Konzerns führen. **Durch Vereinheitlichung der** einzubeziehenden **Abschlüsse** soll gewährleistet werden, daß die Einzelabschlüsse der einbezogenen Konzernunternehmen die erforderliche Gleichartigkeit aufweisen, insbesondere aber, daß identische Sachverhalte bereits in den Einzelabschlüssen gleich behandelt werden. Dies gilt in besonderem Maße für Bilanzierungs- und Bewertungsentscheidungen einschließlich der Abgrenzung der Herstellungskosten, aber auch für die Gliederungsschemata von Bilanz und GuV-Rechnung, die formale Gestaltung des Anhangs, die Festlegung von Posteninhalten usw.

Unabhängig davon, ob die notwendige Homogenität der Einzelabschlüsse zentral oder dezentral zu erreichen versucht wird, ist i.d.R. die „... *Einrichtung einer zentralen Konsolidierungsstelle beim Mutterunternehmen erforderlich*“ (*ADS 1992, Rn. 50 zu §§ 290 - 315 HGB*). Die zentrale **Konsolidierungsstelle** hat dabei z.B. folgende Aufgaben wahrzunehmen:

- Festlegung des Konsolidierungskreises
- Erstellung eines Konsolidierungsplanes
- Vorgabe eines Zeitplanes für Datenermittlung und Daten-Reporting
- Abstimmung konzerninterner Verrechnungskonten

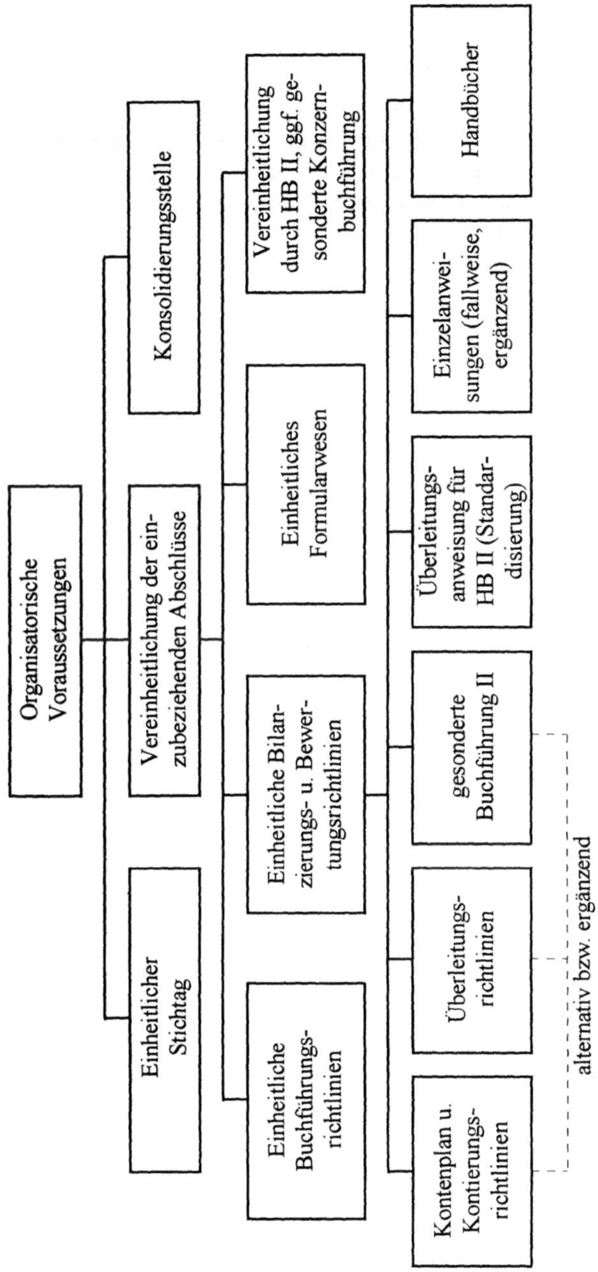

HB II = Handelsbilanz II

Abb. 58: Organisatorische Voraussetzungen der Konzernrechnungslegung

- Beratung gegenüber Tochtergesellschaften den Konzernabschluß betreffend
- Festlegung von Umrechnungskursen für Fremdwährungen

Die Schaffung entsprechender organisatorischer Voraussetzungen stellt eine notwendige, aber noch nicht hinreichende Bedingung für die Erstellung des Konzernabschlusses dar. Darüber hinaus ist, wieder in Hinblick auf die Informationsfunktion des Konzernabschlusses, die Befolgung bestimmter „Grundsätze ordnungsmäßiger Konzernrechnungslegung" unerläßlich.

5 Grundsätze der Konzernrechnungslegung

Gemäß § 297 Abs. 2 S. 2 HGB hat der Konzernabschluß den Grundsätzen ordnungsmäßiger Buchführung zu entsprechen. Im Schrifttum lassen sich diesbezüglich eine Reihe von Systematisierungsansätze unterscheiden, die letztlich als Konzernrechnungslegungsgrundsätze oder Grundsätze ordnungsmäßiger Konsolidierung (GoK) abgegrenzt werden (*vgl. dazu ausführlich z.B. Küting/Weber 1989, S. 402, Rn. 923 ff.*).

Durch die zwingende Beachtung der GoK soll sichergestellt werden, daß der Konzernabschluß der Einheitstheorie entspricht (*§ 297 Abs. 3 S. 1 HGB*); die GoK treten neben die für den Einzelabschluß zu beachtenden GoB und ergänzen diese.

Die wichtigsten Grundsätze werden nachfolgend skizziert, ohne den Versuch zu unternehmen, die Systematisierungsansätze des Schrifttums zu werten oder den bisherigen Ansätzen einen „neuen" hinzuzufügen.

5.1 Grundsatz der Klarheit und Übersichtlichkeit

Der Konzernabschluß ist gemäß § 297 Abs. 2 S. 1 HGB klar und übersichtlich aufzustellen. Dieser Grundsatz schafft eine formale Basis für die Lesbarkeit und damit Aussagefähigkeit des Konzernabschlusses (*vgl. Baetge/Kirsch, in: Küting/Weber 1989, S. 883*). Der Grundsatz der Klarheit verlangt für die Posten von Konzernbilanz und Konzern-GuV eine eindeutige Postenbezeichnung, eine geordnete und verständliche Postenfolge, sowie die eindeutige Formulierung der Angaben im Konzernanhang. Darüber hinaus sind die für große Kapitalgesellschaften geltenden Gliederungs- und Ausweisvorschriften zu beachten (*vgl. ADS 1992, Rn. 8 ff. zu § 297 HGB*).

5.2 Grundsatz der Vollständigkeit

Dieser Grundsatz bezieht sich einerseits auf die Abgrenzung des Konsolidierungskreises, zum anderen auf den Umfang der in den Konzernabschluß einzubeziehenden Abschlußposten (*vgl. Busse von Colbe/Ordelheide 1993, S. 28 f.*). Die vollständige Abgrenzung des Konsolidierungskreises ist in §§ 294 - 296 HGB geregelt und wird später näher erläutert. Für die vollständige Erfassung aller Abschlußposten, Aufwendungen und Erträge verweist § 298 Abs. 1 HGB auf das allgemeine Vollständigkeitsgebot des § 246 Abs. 1 HGB. Dieses wird für die Konzernrechnungslegung in § 300 Abs. 2 HGB konkretisiert. Danach sind alle Positionen der

Tochtergesellschaften unabhängig von ihrer Berücksichtigung im jeweiligen Einzelabschluß an die dem Jahresabschluß der Muttergesellschaft zugrunde liegenden Vorschriften anzupassen und in den Konzernabschluß zu übernehmen. Bilanzierungspflichten, Bilanzierungswahlrechte und Bilanzierungsverbote bestimmen sich somit nach den Vorschriften, die auf den Einzelabschluß der Muttergesellschaft anzuwenden sind.

5.3 Grundsatz der Stetigkeit

Durch diesen Grundsatz soll sichergestellt werden, daß die Rechnungslegung eines Konzerns im Zeitablauf vergleichbar bleibt. Der Grundsatz der Stetigkeit bezieht sich

- auf die **Bewertungsstetigkeit**, die **Wertstetigkeit** und die **Beibehaltung der Abschlußgliederung** (§ 252 Abs. 1 Nr. 6 i.V.m. § 298 Abs. 1 und § 265 Abs. 1 i.V.m. § 298 Abs. 1 HGB);
- die **Beibehaltung der Konsolidierungsmethoden** im Zeitablauf (**zeitliche** Stetigkeit) und Anwendung identischer Konsolidierungsmethoden für gleiche Sachverhalte (**sachliche** Stetigkeit) gemäß § 297 Abs. 3 S. 2 bis 5 HGB.

Unter Konsolidierungsmethoden läßt sich dabei „... *die Gesamtheit aller Methoden und Verfahren zur Entwicklung einer Konzernbilanz aus den Einzelbilanzen verstehen*" (*ADS 1992, Rn. 51 zu § 297 HGB*). Damit unterliegt die Equity-Methode ebenso dem Stetigkeitsgebot, wie die Entscheidung darüber, ob für sog. Gemeinschaftsunternehmen die Equity-Methode oder die Quotenkonsolidierung angewandt werden soll.

Wahlrechte hinsichtlich der Konsolidierungsmethoden eröffnen der Konzernleitung grundsätzlich einen erheblichen bilanzpolitischen Spielraum (*vgl. Fischer 1993, S. 125*). Der Grundsatz der Stetigkeit schränkt diesen Spielraum insoweit ein, als alle Entscheidungen bezüglich Konsolidierungskreis, Bilanzierungs- und Bewertungswahlrechten, Methodenwahlrechten bei der Währungsumrechnung, Quotenkonsolidierung oder Equity-Methode usw., die einmal getroffen wurden, so weit wie möglich beizubehalten sind. Durchbrechungen des Stetigkeitsgebotes sind nur in Ausnahmefällen zulässig und sind regelmäßig zu dokumentieren und zu begründen (*vgl. hierzu ADS 1992, Rn. 55 ff. zu § 297 HGB*).

5.4 Grundsatz der Wesentlichkeit

Dem (nicht kodifizierten) Grundsatz der Wesentlichkeit („Materiality") entsprechend sind alle Tatbestände zu berücksichtigen, die für die Erfüllung der Informationsfunktion des Konzernabschlusses wesentlich, d.h. von Bedeutung sind. Vielfach wird gefordert, die Wesentlichkeit unter Wirtschaftlichkeitsgesichtspunkten zu prüfen, d.h. den Informationsnutzen zu den Kosten der Informationsbereitstellung und -verarbeitung in Beziehung zu setzen (*vgl. hierzu z.B. Lück 1994, S. 88*). Unabhängig hiervon sind jedoch letztlich Informationen immer dann als „wesentlich" zu berücksichtigen, wenn sich, analog der Handhabung im Einzelabschluß, die Rahmenbedingungen des Konzerns wesentlich geändert haben.

5.5 Grundsatz der einheitlichen Bewertung

Der Grundsatz der einheitlichen Bewertung im Konzernabschluß stellt Ausfluß der Einheitstheorie dar und ist in §§ 300, 308 HGB verankert. Einheitlichkeit der Bewertung hat die Gleichbehandlung gleicher Sachverhalte zur Folge, d.h. die im Konzernabschluß auszuweisenden Vermögensgegenstände und Schulden dürfen nicht nach unterschiedlichen Methoden bewertet werden, sie sind vielmehr nach den für die Muttergesellschaft anwendbaren Bewertungsmethoden **einheitlich** zu bewerten. Daraus folgt z.B., daß identische Anlagen mit gleichen Nutzungsbedingungen nach derselben Abschreibungsmethode abzuschreiben und zudem identische Nutzungsdauerzeiträume zugrunde zu legen sind. An das Kriterium der „Gleichheit" sind allerdings strenge Maßstäbe anzulegen, „*... so daß Unterschiede in Art oder Funktion von Vermögensgegenständen oder Schulden, sowie Unterschiede bei den wertbestimmenden Bedingungen stets zu berücksichtigen sind*" (*ADS 1992, Rn. 15 zu § 308 HGB*). Daraus folgt, daß gerade bei internationalen Konzernen die wertbestimmenden Bedingungen aufgrund länderspezifischer Umstände erheblich differieren können mit der Folge, daß gleiche Sachverhalte bewertungsmäßig unterschiedlich behandelt werden. Dies stellt nach h. M. jedoch keinen Verstoß gegen den Grundsatz der einheitlichen Bewertung dar (*vgl. z.B. ADS 1992, Rn. 15 zu § 308 HGB*).

5.6 Grundsatz der Währungsumrechnung

Der Konzernabschluß ist gemäß § 244 i.V.m. § 298 Abs. 1 HGB in **Deutscher Mark** zu erstellen. Da dem Weltabschlußprinzip zufolge ausländische Tochtergesellschaften grundsätzlich in den Konzernabschluß einzubeziehen sind, müssen die in fremden Währungen erstellten Einzel-Jahresabschlüsse ausländischer Tochtergesellschaften umgerechnet werden. Die Währungsumrechnung obliegt i.d.R. der zentralen Konsolidierungsstelle. In der Praxis werden unterschiedliche Umrechnungsmethoden angewandt, die sich im wesentlichen durch die Bezugnahme auf unterschiedliche Umrechnungskurse unterscheiden. Die Umrechnung kann mit **hi-**

storischen oder **Tageskursen** erfolgen, die wiederum als **Stichtags-** oder **Durchschnittskurse** festgelegt werden können. Als Methoden, bei denen differenzierte Kurse für die Posten der Konzernbilanz und Konzern-GuV verwendet werden, kommen in Betracht:

- Fristigkeits-Methode
- Nominal-Sachwert-Methode
- Zeitbezugs-Methode
- Stichtagskurs-Methode (= Tageskurse)
(*vgl. dazu ausführlich ADS 1992, Rn. 15 ff. zu § 298 HGB*)

Nach der **Zeitbezugs-Methode**, die in der Praxis präferiert wird, könnte z.B. wie folgt differenziert werden:

- **Historische Kurse** (Anschaffungskurse) z.B. für Eigenkapital, Rücklagen der Vorperioden
- **Historische Kurse oder Durchschnittskurse** z.B. für Materialaufwand, Anlagenabgang
- **Tageskurse** z.B. für Verbindlichkeiten, Rückstellungen, Rechnungsabgrenzungsposten, Forderungen, flüssige Mittel, Rücklagen der Rechnungsperiode
- **Historische Kurse oder Tageskurse** z.B. für Sachanlagen, Beteiligungen, Vorräte
- **Durchschnittskurse** z.B. für alle nicht von Bilanzposten abhängigen Aufwendungen und Erträge.

6 Konzernbilanz und Konzern-Gewinn- und Verlustrechnung

Der Konzernabschluß ist gemäß § 297 Abs. 2 S. 1 HGB klar und übersichtlich zu erstellen. Der Grundsatz der Klarheit und Übersichtlichkeit bezieht sich insbesondere auf die Gliederung der Konzernbilanz und der Konzern-GuV, für die gemäß § 298 Abs. 1 HGB die **Gliederungsvorschriften** für den **Einzelabschluß großer Kapitalgesellschaften** anzuwenden sind. Daraus folgt, daß die Konzernbilanz grundsätzlich gemäß § 266 HGB, die Konzern-GuV grundsätzlich gemäß § 275 HGB zu gliedern ist, soweit

- die Eigenart des Konzernabschlusses keine Abweichungen erfordert oder
- keine Abweichungen gemäß § 298 Abs. 1 ff. HGB notwendig werden.

Im übrigen gelten die allgemeinen Gestaltungsgrundsätze, die für die Bilanz zu beachten sind, auch für die **Konzernbilanz**.

Soweit einbezogene Unternehmen in unterschiedlichen Branchen tätig sind und unterschiedliche Gliederungsvorschriften zu beachten haben, ist der Konzernabschluß analog § 265 HGB nach den Gliederungsvorschriften zu erstellen, die für den bedeutendsten Geschäftszweig gelten.

Die **Konzern-GuV** ist gemäß § 298 Abs. 1 HGB zwingend unter Beachtung der ungekürzten Grundgliederungen des § 275 HGB nach dem Umsatzkosten- oder dem Gesamtkostenverfahren zu erstellen. Abweichungen sind zulässig, soweit sie geschäftszweig- oder rechtsformbedingt sind.

Konzernbilanz und Konzern-GuV der **Bayer AG** stellen sich, wie in Abb. 59 und 60 dargestellt, für die Rechnungsperiode 1990 beispielhaft dar.

I.d.R. wird ablauftechnisch im Rahmen der Erstellung des Konzernabschlusses so verfahren, daß die einzubeziehenden Tochtergesellschaften unter Beachtung standardisierter Vorgaben bei der zentralen Konsolidierungsstelle der Muttergesellschaft einen Einzelabschluß, die sog. **„Handelsbilanz I"** einzureichen haben (HB I). Diese Handelsbilanz I muß den Vorschriften angepaßt werden, die die deutsche Muttergesellschaft zu beachten hat. Der abgestimmte und den deutschen Konzernrechnungslegungsvorschriften angepaßte Abschluß wird als **„Handelsbilanz II"** (HB II) bezeichnet. Die Handelsbilanz II wird schrittweise über die Summenbilanz in den „konsolidierten" Konzernabschluß überführt. Abbildung 61 zeigt in schematisierter Form die Entwicklung von der HB I über die HB II zum Konzernabschluß.

Konzernbilanz der Bayer AG 1990

Aktiva	Anhang	31.12.1990	31.12.1998
Anlagevermögen	(1)		
Immaterielle Vermögensgegenstände		282	220
Sachanlagen		13959	12182
Finanzanlagen	(2)	1311	837
		15552	**13239**
Umlaufvermögen			
Vorräte	(3)	8419	8235
Forderung und sonstige Vermögensgegenstände			
Forderungen aus Lieferungen und Leistungen	(4)	7990	7725
Forderungen gegen verbundene Unternehmen		165	87
Übrige Forderungen und sonstige Vermögensgegenstände	(5)	1654	1710
		9809	9522
Flüssige Mittel	(6)	3209	4006
		21437	**21763**
Rechnungsabgrenzungsposten	(7)	**958**	**1134**
		37947	**36136**

Passiva	Anhang	31.12.1990	31.12.1989
Eigenkapital			
Gezeichnetes Kapital der Bayer AG	(8)	3195	3195
Kapitalrücklagen	(9)	4081	4200
Gewinnrücklagen	(10)	6388	5988
Konzerngewinn		1881	2083
Anteil anderer Gesellschafter		407	471
		15952	**15937**
Sonderposten mit Rücklageanteil	(11)	**165**	**159**
Rückstellungen			
Rückstellungen für Pensionen und ähnliche Verpflichtungen	(12)	6469	6572
Andere Rückstellungen	(13)	4412	4393
		10881	**10965**
Verbindlichkeiten			
Anleihen	(14)	1860	1846
Verbindlichkeiten gegenüber Kreditinstituten		3208	2074
Verbindlichkeiten aus Lieferungen und Leistungen	(15)	2528	2433
Verbindlichkeiten aus Wechseln		123	205
Verbindlichkeiten gegenüber verbundenen Unternehmen		371	100
Übrige Verbindlichkeiten	(16)	2761	2374
		10851	**9032**
Rechnungsabgrenzungsposten		**98**	**43**
		37947	**36136**

Abb. 59: Konzernbilanz der Bayer AG 1990

Konzern-Gewinn- und Verlustrechnung der Bayer AG 1990 (in Mio. DM)

	Anhang	1990	1989
Umsatzerlöse	(17)	**41643**	**43299**
Herstellungskosten der zur Erzielung der Umsatzerlöse erbrachten Leistungen		24242	25060
Bruttoergebnis vom Umsatz		**17401**	**18239**
Vertriebskosten		9001	8797
Forschungskosten		2738	2695
Allgemeine Verwaltungskosten		1825	1850
Sonstige betriebliche Erträge	(18)	1405	1492
Sonstige betriebliche Aufwendungen	(19)	1690	2099
Ergebnis der betrieblichen Tätigkeit		**3552**	**4290**
Beteiligungsergebnis	(20)	80	72
Zinsergebnis	(21)	-236	-185
Übrige finanzielle Aufwendungen und Erträge	(22)	-30	-72
Finanzergebnis		**-186**	**-185**
Ergebnis der gewöhnlichen Geschäftstätigkeit/Gewinn vor Ertragssteuern		**3366**	**4105**
Steuern vom Einkommen und Ertrag	(23)	1463	1989
Jahresüberschuß		**1903**	**2116**
Anderen Gesellschaftern zustehender Gewinn/Verlust	(24)	22	33
Konzerngewinn		**1881**	**2083**

Abb. 60: Konzern-Gewinn- und Verlustrechnung der Bayer AG 1990 (Umsatzkostenverfahren)

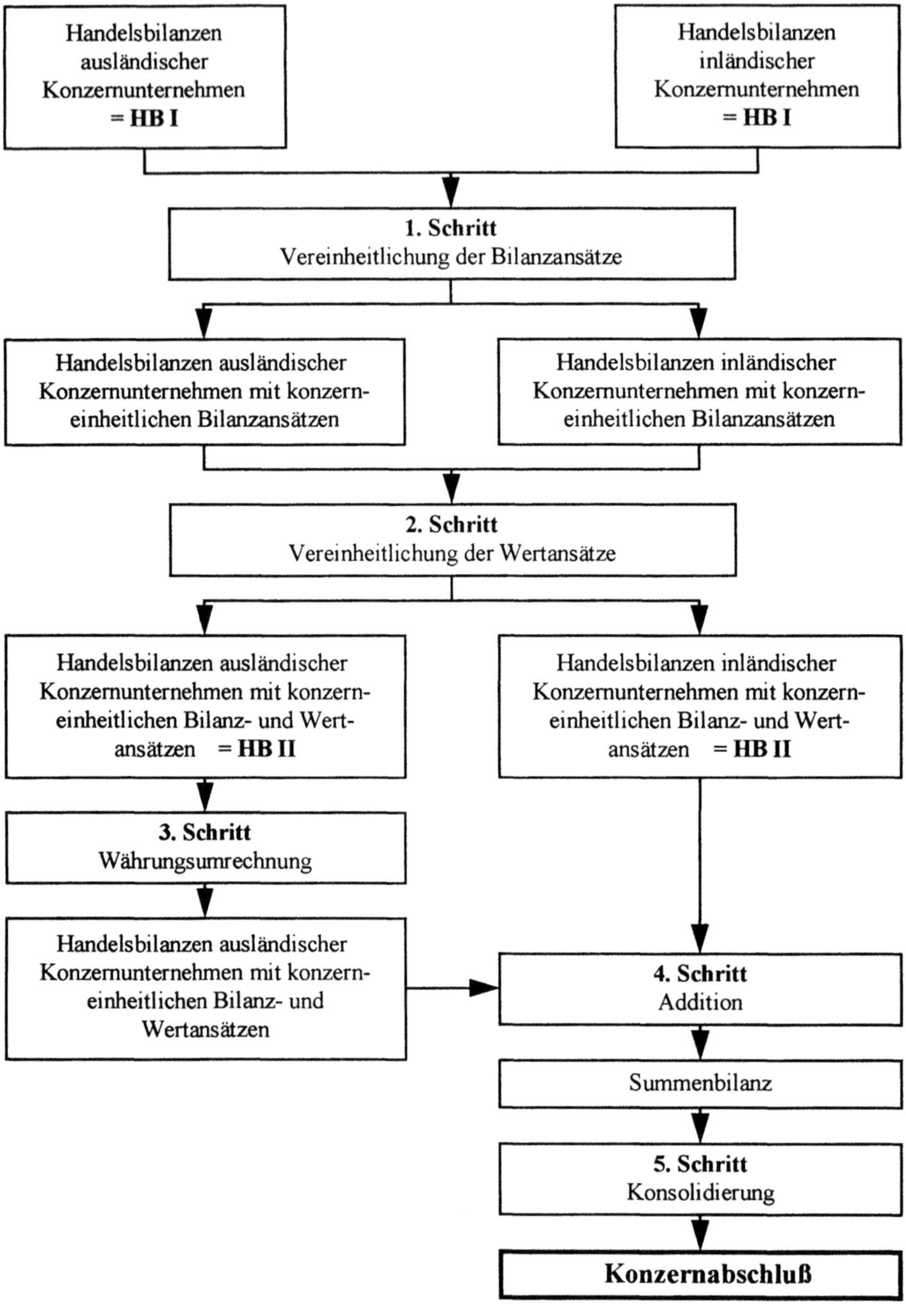

Abb. 61: Ablauftechnische Erstellung des Konzernabschlusses

7 Konsolidierungskreis

7.1 Allgemeine Einbeziehungspflicht nach dem Weltabschlußprinzip

Grundsätzlich hat das Mutterunternehmen **alle Tochterunternehmen,** ohne Rücksicht auf deren Sitz, in den Konzernabschluß einzubeziehen (§ 294 Abs. 1 HGB), d.h. der Konzernabschluß ist als sog. **„Weltabschluß"** zu erstellen.

Unter welchen Voraussetzungen ein Unternehmen als Tochterunternehmen anzusehen ist, bestimmt sich nach § 290 HGB. Soweit die dort genannten Voraussetzungen erfüllt sind, ist **Einbeziehungspflicht** gegeben, d.h. unmittelbare und mittelbare Tochterunternehmen sind im Rahmen einer Vollkonsolidierung zwingend in den Konzernabschluß einzubeziehen und zu konsolidieren. **Assoziierte Unternehmen** (§§ 311, 312 HGB) gehören nicht zu den Tochterunternehmen i.S.d. § 290 HGB; dies gilt für **Gemeinschaftsunternehmen** (i.S.d. § 310 HGB) entsprechend.

Soweit ausnahmsweise ein Gemeinschaftsunternehmen als Tochterunternehmen i.S.d. § 290 HGB anzusehen ist (so z.B. wenn ein Gesellschafter die einheitliche Leitung ausübt) und das Gemeinschaftsunternehmen Unternehmenseigenschaft besitzt, stellt sich die Frage nach der Art und Weise der Einbeziehung in den Konzernabschluß. Die Art der Einbeziehung wird dabei im Schrifttum kontrovers diskutiert (*vgl. dazu z.B. ADS 1992, Rn. 114 ff. zu § 290 HGB*). I.d.R. wird bei gemeinschaftlicher einheitlicher Leitung oder einheitlicher Leitung durch einen Gesellschafter die Pflicht zur Vollkonsolidierung gegeben sein. Soweit das Gemeinschaftsunternehmen durch einen, mehrere oder alle Gesellschafter nur „geführt" wird, besteht ein Wahlrecht zwischen

- Quotenkonsolidierung (§ 310 HGB) und
- Equity-Bilanzierung (§§ 311, 312 HGB).

Allgemein umfaßt der „Konsolidierungskreis" die Unternehmen, die im Rahmen einer Vollkonsolidierung in den Konzernabschluß einzubeziehen sind. Die Einbeziehung von Unternehmen, die nicht unter § 290 HGB fallen, ist demnach unzulässig (*vgl. Budde, Seif 1990, S. 1392*), so daß eine freiwillige Vollkonsolidierung von Unternehmen, die keine Tochterunternehmen sind, nicht in Betracht kommt.

In der Literatur wird diese enge, unmittelbar am Gesetzestext ausgerichtete Definition des Konsolidierungskreises zunehmend extensiv interpretiert. Es wird versucht, den verschiedenstartigen Verbundkonstruktionen stärker Rechnung zu tragen. Der Begriff „Konsolidierungskreis" wird auch auf Gemeinschaftsunternehmen und assoziierte Unternehmen ausgedehnt. Mit Vollkonsolidierung wird der eigentliche Kern eines Konzerns beschrieben, den die (abhängigen) Tochterunternehmen repräsentieren, während bei quotaler Konsolidierung und/oder Einbeziehung nach der Equity-Methode eine abnehmende Abhängigkeit des verbundenen Unternehmens zum Mutterunternehmen verdeutlicht werden soll. In der folgenden Abbildung ist die „Erweiterung“ des Konsolidierungskreises in vereinfachter Form dargestellt.

Konsolidierungskreis		
Vollkonsolidierung	Quotenkonsolidierung	Equity-Methode
Tochterunternehmen gemäß § 290 Abs. 1 oder 2 HGB	Gemeinschaftsunternehmen i.S.d. § 310 HGB	Assoziiertes Unternehmen § 311 HGB
Kernbereich eines Konzerns. Tochterunternehmen ist vom Mutterunternehmen abhängig, indem die einheitliche Leitung oder eines der Kontrollrechte tatsächlich ausgeübt oder wahrgenommen wird	Gemeinsam ist ein konzernfremdes Unternehmen beteiligt. Die Abhängigkeit nimmt ab; das Unternehmen wird nur geführt, nicht geleitet; Beteiligungshöhe zwischen 20-50 % der Anteile und Stimmrechte	Maßgeblicher Einfluß auf die Geschäfts- und Finanzpolitik des beteiligten Unternehmens; Beteiligungshöhe mindestens 20 % der Stimmrechte

Abb. 62: Konsolidierungskreis

Im folgenden wird zunächst die Einbeziehung nach § 294 HGB, also bei Vorliegen eines Mutter-Tochter-Verhältnisses, dargestellt. Da für ein Mutter-Tochter-Verhältnis die Tatbestände des § 290 Abs. 1 oder 2 HGB erfüllt sein müssen, sind die dort genannten Voraussetzungen zu überprüfen bzw. zu erläutern.

In diesem Zusammenhang ist auf eine Besonderheit bezüglich der Aufstellungspflicht im deutschen Recht hinzuweisen:

- **Gesetzliche Regelungen**
  - Die Aufstellungspflicht ist ausschließlich in den §§ 290 ff. HGB (im 1. Titel „Anwendungsbereich“) geregelt. Eine **Aufstellungspflicht** läßt sich demnach nur aus diesen Vorschriften ableiten.

- Der sechste Titel „Anteilmäßige Konsolidierung" (§ 310 HGB) und der siebte Titel „Assoziierte Unternehmen" (§ 311) enthält lediglich **konsolidierungstechnische** Vorschriften.

- **Konsequenz für die Konsolidierung**
  - Aufgrund des Wortlautes der §§ 310, 311 HGB ist sowohl eine Quotenkonsolidierung, als auch die Anwendung der Equity-Methode nur dann möglich, wenn bereits ein Konzernabschluß aufzustellen ist.

    Die originäre Rechnungslegungspflicht leitet sich aus diesem Mutter-Tochter-Verhältnis ab. Die Quotenkonsolidierung erfolgt nun additiv und tritt an die Stelle der Vollkonsolidierung.
  - Daraus folgt zwingend, daß für Unternehmen, die ausschließlich an Gemeinschaftsunternehmen beteiligt sind, keine Verpflichtung zur Erstellung eines Konzernabschlusses besteht. M.a.W.: Sowohl die Quotenkonsolidierung, als auch die Anwendung der Equity-Methode setzen voraus, daß nach den §§ 290 ff. HGB eine Pflicht zur Vollkonsolidierung gegeben ist.

    Dies wird im Schrifttum z.T. heftig und u.E. zurecht kritisiert, zumal die Bedeutung von Gemeinschaftsunternehmen („joint venture") ständig zunimmt: „*Für Unternehmen, die an für sie bedeutenden Gemeinschaftsunternehmen beteiligt sind, aber keine konsolidierungspflichtigen Tochterunternehmen besitzen, ist diese Regelung fragwürdig, wenn man die anteilsmäßige Konsolidierung für informativer als den Ausweis der Beteiligung zu Anschaffungskosten hält, wie es der Gesetzgeber offenbar tut*" (*Busse von Colbe/Ordelheide 1993, S. 454*).

7.2 Einbeziehung nach dem Konzept der „einheitlichen Leitung" gemäß § 290 Abs. 1 HGB

Die Pflicht zur Aufstellung eines Konzernabschlusses und eines Konzernlageberichtes nach § 290 Abs. 1 HGB ist an folgende Voraussetzungen gebunden:

1. Es muß sich um einen **Unterordnungskonzern**, demnach um ein Mutter-Tochter-Verhältnis handeln; die einheitliche Leitung wird tatsächlich ausgeübt.
2. Mutterunternehmen muß eine inländische **Kapitalgesellschaft** mit Sitz im Inland sein.
3. Dem Mutterunternehmen gehört eine **Beteiligung nach § 271 Abs. 1 HGB.**

Diese drei Bedingungen müssen kumulativ erfüllt sein.

(1) **Inländische Mutter-Kapitalgesellschaft**

Die Verpflichtung zur Konzernrechnungslegung beschränkt sich auf inländische Mutter-Kapitalgesellschaften, da der deutsche Gesetzgeber kein Unternehmen mit Sitz im Ausland zur Aufstellung eines Konzernabschlusses zwingen kann.

Die zunehmende Internationalisierung der Unternehmen wirft in diesem Zusammenhang zwangsläufig erhebliche Probleme auf. Nur durch eine notwendige Harmonisierung der Rechnungslegungsvorschriften im internationalen Bereich kann á la longue sichergestellt werden, daß Konzernabschluß und Konzernlagebericht einen gesicherten Einblick in die tatsächliche Vermögens-, Finanz- und Ertragslage ermöglichen.

Da grundsätzlich nur Mutter-Kapitalgesellschaften (AG, KGaA, GmbH) zur Konzernrechnungslegung verpflichtet sind, kann sich für Mutterunternehmen, die in einer anderen Rechtsform geführt werden, eine Verpflichtung zur Erstellung eines Konzernabschlusses und Konzernlageberichtes allenfalls aus § 11 PublG ergeben, sofern an drei aufeinander folgenden Konzernabschlußstichtagen jeweils mindestens zwei der folgenden Größenmerkmale zutreffen:

- Konzernbilanzsumme > 125 Mio. DM
- Konzernumsatzerlöse > 250 Mio. DM
- Zahl der Mitarbeiter inländischer Konzernunternehmen im Jahresdurchschnitt > 5.000.

(2) **Einheitliche Leitung**

Der Begriff „einheitliche Leitung“ wird vom Handelsgesetzgeber nicht definiert.

Auch § 18 Abs. 1 AktG enthält keine Legaldefinition, sondern führt Kriterien auf, bei deren Erfüllung die Ausübung einer „einheitlichen Leitung“ anzunehmen, zu vermuten ist. Da davon auszugehen ist, daß der Gesetzgeber dem Begriff „einheitliche Leitung“ in § 290 Abs. 1 HGB keinen anderen Sinngehalt geben wollte als im § 18 Abs. 1 AktG, soll über diesen eine Begriffsbestimmung versucht werden. Im Rahmen der Konzernrechnungslegung ist § 18 Abs. 2 AktG nicht relevant, da er den Gleichordnungskonzern definiert, für den nur in Ausnahmefällen eine Konzernrechnungslegungspflicht i.S.d. § 290 HGB gegeben ist.

(2.1) **Beherrschungsverhältnisse**

Zunächst stellt § 18 Abs. 1 AktG auf ein Beherrschungsverhältnis ab. Ein herrschendes und ein oder mehrere abhängige Unternehmen sind unter der einheitlichen Leitung des herrschenden Unternehmens zusammengefaßt. Abhängige Unternehmen sind solche, die zwar rechtlich selbständig sind, auf die aber ein anderes Unternehmen unmittelbar oder mittelbar einen beherrschenden Einfluß ausüben kann (§ 17 Abs. 1 AktG).

Als **„Beherrschungsmittel"** stehen grundsätzlich zur Verfügung:

- **Mehrheit der Stimmrechte**
- **Präsenzmehrheit** in der Haupt-/Gesellschafterversammlung

  Ein Unternehmen, das weder über die Mehrheit der Stimmrecht noch über die Kapitalmehrheit verfügt, wird als beherrschendes Unternehmen angesehen, wenn es aufgrund von permanenter Absenz anderen Anteilseigner in der Haupt-/ oder Gesellschafterversammlung über die Stimmrechtsmehrheit verfügt (*vgl. ADS 1992, Rn. 35 zu § 17 AktG*).

  Die Präsenzmehrheit als Beherrschungsmittel kann insofern relevant sein, als auch bei wichtigen Beschlüssen (vgl. z.B. Sperrminorität) die Mehrheit auf Basis der abgegebenen Stimmen (§ 103 Abs. 1 AktG) oder des bei der Versammlung vertretenen Grundkapitals berechnet werden (§ 179 Abs. 2 AktG). Nicht Berechnungsgrundlage ist hingegen der Gesamtnennbetrag des gezeichneten Kapitals.

- **Sperrminorität**

  Wichtige Beschlüsse, wie z.B. Satzungsänderung (§ 179 Abs. 2 AktG), Abberufung eines Aufsichtsratsmitgliedes (§ 102 Abs. 1 AktG) bedürfen einer Mehrheit, die mindestens drei Viertel der abgegebenen Stimmen umfaßt. Wenn nun ein Investor mehr als 25 % der Kapitalanteile hält, kann er entsprechende Entscheidungen dominieren, deshalb wird von einer „Sperrminorität" gesprochen.

  Hierbei handelt es sich zwar grundsätzlich um ein Beherrschungsmittel, jedoch ist das konstitutive Element und damit der Ausnahmecharakter solcher Entscheidungen evident. „Beherrschender Einfluß" nach § 17 Abs. 1 AktG dürfte sich auch eher an dem funktionalen Unternehmensbegriff, also am Einfluß auf das operative Geschäft orientierten.

  Konstitutive Entscheidungen sind solche grundlegender Art, wie z.B. Strukturentscheidungen zur Organisation, Rechtsformwahl, Standortwahl usw. Der funktionale Unternehmensbegriff orientiert sich am Leistungserstellungs- und -verwertungsprozeß.

  „Es sind demzufolge stets die individuellen Verhältnisse zu berücksichtigen, die sich z.B. aus Stimmbindungsverträgen, Stimmrechtsbeschränkungen, Mehrstimmrechtsaktien, stimmrechtslosen Vorzugsaktien, deren Stimmrecht auflebt (vgl. § 140 AktG, Abs. 2 AktG), oder aus besonderen statutarisch festgelegten Mehrheiten ergeben (Küting/ Küther/ Zündorf, in: Küting/Weber 1989, S. 1486).

- **Kapitalmehrheit**

  Sie liegt vor, wenn die Mehrheit der Anteile eines rechtlich selbständigen Unternehmens einem anderen Unternehmen gehört. Da „Mehrheit der Stimmrechte“ und „Mehrheit der Anteile“ konkurrieren können, ist aufgrund der damit verbundenen Einflußmöglichkeit die „Mehrheit der Stimmrechte“ ausschlaggebend.

- **Unternehmensverträge**

  In § 18 Abs. 1 S. 1 AktG wird vom Gesetzgeber ausdrücklich der Beherrschungsvertrag genannt. Ein solcher begründet unwiderlegbar einen Unterordnungskonzern, da das abhängige Unternehmen seine Leitung dem (beherrschenden) Unternehmen unterstellt (§ 291 Abs. 1 AktG).

- **Eingliederung**

  Sämtliche Aktien des einzugliedernden Unternehmens befinden sich in der Hand der zukünftigen Hauptgesellschaft. Eine Eingliederung ist nur zwischen Aktiengesellschaften möglich. Die eingegliederte Firma bleibt zwar rechtlich selbständig, die Hauptgesellschaft ist jedoch berechtigt, dem Vorstand der eingegliederten Gesellschaft hinsichtlich der Leitung der Gesellschaft Weisungen zu erteilen (§ 322 Abs. 1 AktG).

Soweit ein Konzern durch Abschluß eines Beherrschungsvertrages oder durch Eingliederung begründet wird, handelt es sich um einen sog. „**Vertragskonzern**“. Die Unternehmen sind als unter einheitlicher Leitung zusammengefaßt anzusehen (§ 18 Abs. 1 S. 2 AktG). Ein sog. „**faktischer Konzern**“ liegt demgegenüber immer dann vor, wenn die Abhängigkeit durch Stimmrechts- oder Kapitalmehrheit begründet wird.

Formen des Unterordnungskonzerns	
Vertragskonzern	faktischer Konzern
aufgrund von • Beherrschung • Eingliederung einheitliche Leitung wird **unwiderlegbar vermutet** (§ 18 Abs. 1 Satz 2 AktG)	aufgrund von • Abhängigkeit durch Stimmrechts oder Kapitalmehrheit einheitliche Leitung wird **widerlegbar vermutet** (§ 18 Abs. 1 Satz 3 AktG)

Abb. 63: Formen des Unterordnungskonzern

(2.2) **Merkmale der „einheitlichen Leitung"**

„Einheitliche Leitung" im Rahmen eines Unterordnungskonzerns ist neben dem Beherrschungsverhältnis das wesentliche Merkmal des Konzerntatbestandes und damit auch Tatbestand für die Verpflichtung zur Erstellung eines Konzernabschlusses und Konzernlageberichtes nach § 290 Abs. 1 HGB.

Da bei Vorliegen eines Vertragskonzerns eine einheitliche Leitung unwiderlegbar angenommen wird, ist lediglich für den faktischen Konzern anhand einschlägiger Kriterien zu prüfen, ob eine „einheitliche Leitung" ausgeübt wird (*vgl. ADS 1992, Rn. 16, zu § 18 AktG*):

- **Tatsächliche Ausübung**

  Die einheitliche Leitung muß **tatsächlich ausgeübt** werden. Ist dies nicht der Fall, kann die Abhänigkeitsvermutung widerlegt werden.

- **Unternehmerische Leitung**

  Die tatsächliche Ausübung der einheitlichen Leitung erfordert die tatsächliche **unternehmerische Leitung**. Generell wird auf die funktionale Unternehmensführung abgestellt (*vgl. Kappler, Rehkugler, 1991, S. 73 ff.*), also auf alle Konzernleitungsaktivitäten, die dazu angelegt sind, die wirtschaftliche Einheit Konzern zu koordinieren. Damit sind alle planungs- und kontrolldeterminierten Führungsaufgaben (*vgl. Weber, 1991, Teil 1, S. 33 ff.*) unter den Begriff „unternehmerische Leitung" subsumierbar (= originäre Führungsaufgaben).

  Zu diesen originären Führungsaufgaben gehören

  a) *„die Festlegung der Unternehmensziele im Rahmen des in der Satzung umschriebenen Unternehmensgegenstandes,*

  b) *die Festlegung der Grundzüge der Finanz-, Investitions-, Markt- und Personalpolitik,*

  c) *die Entscheidung über geschäftliche Maßnahmen von besonderer Bedeutung,*

  d) *die Koordination der wesentlichen Teilbereiche der Unternehmensleitung,*

  e) *die Besetzung der Führungsstellen im Unternehmen"*

  (*WP-Handbuch 1992, S. 1311*).

- **Weisungsrecht/Leitungsmacht**

  Nur bei Bestehen eines Beherrschungsvertrages oder bei Eingliederung ist gesetzlich geregelt, daß das herrschende Unternehmen bzw. die Hauptgesellschaft der abhängigen bzw. eingegliederten Gesellschaft Weisungen hinsichtlich der Leitung der Gesellschaft erteilen darf (§ 308 Abs. 1; § 323 Abs. 1 AktG).

Die h.M. geht davon aus, daß die tatsächliche Ausübung der einheitlichen Leitung - sofern kein Beherrschungsvertrag abgeschlossen ist, bzw. es sich um keine Eingliederung handelt - kein Weisungsrecht voraussetzt. „*Es genügt vielmehr, wenn die Konzernleitung die Geschäftspolitik der Konzernunternehmen und sonstige grundsätzliche Fragen ihrer Geschäftsführung aufeinander abstimmt. Diese Abstimmung kann sich neben einer Einflußnahme über die personelle Verflechtung der Verwaltung auch in der lockeren Form gemeinsamer Beratung vollziehen*“ (*ADS 1992, Rn. 20, zu § 18 AktG*).

Diese Interpretationen zur einheitlichen Leitung stehen im Widerspruch zur Definition des Führungs- und Leitungsbegriffes in der sozialwissenschaftlichen Literatur. So versteht Hahn unter Führung als Tätigkeit (= Leitung) „*einen Prozeß der Willensbildung und Willensdurchsetzung ...*“ (*Hahn, 1986, S. 21*). Willensdurchsetzung ist bei ihm eindeutig mit Weisungsrechten verknüpft. Die im WP-Handbuch beispielhaft aufgelisteten originären Führungsaufgaben bedingen die Willensdurchsetzung, da Führung aus Willensbildung plus Willensdurchsetzung plus Verantwortungsübernahme besteht (*Hahn, 1986, S. 25 ff.*).

In diesem Sinne überdenkenswert sind auch die Kommentierungen zu § 271 Abs. 1 HGB. Zwar ist in § 290 Abs. 1 HGB einheitliche Leitung nicht definiert, doch wird einheitliche Leitung regelmäßig nur für Tochterunternehmen angenommen. Ein Tochterunternehmen setzt eine Beteiligung nach § 271 Abs. 1 HGB voraus, wobei eine Beteiligung grundsätzlich dazu bestimmt ist, dem eigenen Geschäftsbetrieb (= Mutterunternehmen) auf Dauer zu dienen. Nach h.M. muß hiermit keine Einflußnahme auf die Geschäftsführung verbunden sein. Dies, obwohl als entscheidend angesehen wird, daß das Mutterunternehmen am beteiligten Unternehmen ein über das reine Verzinsungsziel hinausgehendes unternehmensbezogenes Interesse hat. Als Indizien für ein solch umfassendes Interesse werden von ADS folgende Merkmale angeführt: „*- Personelle Verflechtung, - interdependente Produktionsprogramme, - gemeinsame Nutzung von Vertriebswegen, - Erschließung neuer Märkte, - langfristige Liefer- und Abnahmeverträge, - gemeinsame Forschung und Entwicklung, - Risikobetreuung durch Diversifikation, - Einflußmöglichkeiten begründende Regelungen in Gesellschaftsvertrag oder Satzung, - faktische Mitsprachemöglichkeiten*“ (*ADS 1992, Rn. 14, zu § 271 HGB*).

Auf der einen Seite gehen die Fachkommentare (eher) davon aus, daß die Verfolgung der beispielhaft genannten Ziele einen Einfluß auf die Geschäftsführung des Tochterunternehmen nicht zwingend voraussetzen, auf der anderen Seite wird in der Führungsliteratur bei „Führung“ regelmäßig Einflußnahme unterstellt, d.h. das Mutterunternehmen muß über eine - wie auch immer ausgestaltete - Durchsetzungskompetenz verfügen (*vgl. Hahn, 1986, S. 487 ff.*).

- **Bereiche der einheitlichen Leitung**

  Hierbei wird auf die originären Leitungsaufgaben für den Gesamtkonzern abgestellt, d.h. die grundsätzliche Festlegung der Geschäftspolitik. Sie umfaßt somit sämtliche Unternehmensbereiche, wobei der Finanzpolitik bzw. Finanzplanung, sowie Bilanzpolitik besondere Priorität beigemessen werden kann (*vgl. ADS, 1992, Rn. 31 ff., zu § 18 AktG*).

Nach dem Konzept der „einheitlichen Leitung" sind die Tatbestandsvoraussetzungen für eine Konzernrechnungslegungspflicht breit angelegt. Zum einen wird eine einheitliche Leitung schon bei einer „lockeren Form gemeinsamer Beratungen" (*ADS 1992, Rn. 20, zu § 18 AktG*) angenommen, zum anderen reicht eine Beteiligung von 20 % aus, um als vollkonsolidierungspflichtiges Tochterunternehmen zu gelten.

Darüber hinaus führen auch Minderheitsbeteiligungen nach § 290 Abs. 1 HGB regelmäßig zu einer Konzernrechnungslegungspflicht, sofern das Mutterunternehmen die einheitliche Leitung ausübt. Eine derartige Konstellation wird in praxi jedoch die theoretisch vorstellbare Ausnahme sein.

7.3 Einbeziehung nach dem „Control-Konzept" gemäß § 290 Abs. 2 HGB

§ 290 Abs. 2 HGB nennt drei Kontrolltatbestände, die jeweils ein Mutter-Tochter-Verhältnis begründen können. Die Verpflichtung zur Erstellung eines Konzernabschlusses entsteht, wenn auch nur eine der drei genannten Rechtspositionen gegeben ist. Im Gegensatz zu Abs. 1, in dem die tatsächliche Ausübung der einheitlichen Leitung vorausgesetzt wird, stellt Abs. 2 auf Beherrschungsoptionen ab, wenn es dort heißt: „*Die Mehrheit der Stimmrechte der Gesellschafter zusteht*" **oder** „*das Recht zusteht*". Daraus folgt, daß bereits eine Beherrschungsmöglichkeit durch Innehaben einer Rechtsposition die Verpflichtung zur Erstellung eines Konzernabschlusses begründet.

Das Control-Konzept stellt damit ausschließlich auf formale Rechtspositionen ab, losgelöst davon, ob die damit verbundenen Beherrschungsmöglichkeiten tatsächlich auch genutzt werden oder genutzt werden können.

Folgende Rechtspositionen begründen nach dem Control-Konzept eine Konzernrechnungslegungspflicht:

1. **Dem Mutterunternehmen steht die Mehrheit der Stimmrechte der Gesellschafter zu (§ 290 Abs. 2 Nr. 1 HGB).**

   Anders als z.B. in den § 179 Abs. 2 und 103 Abs. 1 AktG, bei denen eine dreiviertel Mehrheit bezüglich der in der Hauptversammlung abgegebenen Stimmen oder des in der Hauptversammlung vertretenden gezeichneten Kapitals ausreicht, wird hier auf die Mehrheit der insgesamt verfügbaren Stimmrechte abgestellt.

   Aus § 290 Abs. 4 HGB ergibt sich eindeutig, daß eine einfache Stimmrechtsmehrheit ausreichend ist. Werden z.B. aufgrund von Satzungsbestimmungen qualifizierte Mehrheiten (= 75 %) für die Beschlußfassung verlangt, führt dies dazu, daß auch bei einer „nur" 51 %igen Stimmrechtsmehrheit die Erfordernisse des § 290 Abs. 2 Nr. 1 HGB erfüllt sind.

2. **Recht zur mehrheitlichen Besetzung der Leitungsorgane (§ 290 Abs. 2 Nr. 2 HGB)**

   Dem Mutterunternehmen muß das Recht zur Bestellung oder Abberufung der Mehrheit der Mitglieder des Verwaltungs-, Leitungs- oder Aufsichtsorgane zustehen. Eine rein faktische Bestellungs- oder Abberufungsmöglichkeit (z.B. aufgrund einer ständigen Hauptversammlungspräsenz) ist durch das Control-Konzept nicht gedeckt. I.d.R. ist das Recht zur Besetzung der Leitungsorgane mit einer Stimmrechtsmehrheit gekoppelt.

   Neben dieser personellen Einflußnahme durch die inländische Mutter-Kapitalgesellschaft setzt Nr. 2 zudem voraus, daß die Mutter-Kapitalgesellschaft gleichzeitig unmittelbarer oder mittelbarer Gesellschafter ist.

   Mitglieder der Verwaltungs-, Leitungs- oder Aufsichtsorgane sind sämtliche Vorstandsmitglieder, Geschäftsführer, geschäftsführende Gesellschafter, Aufsichtsräte, Verwaltungsräte, Beiräte und andere Personen, die ähnliche Management- oder Aufsichts- und Kontrollaufgaben in in- und ausländischen Gesellschaften übernehmen (*vgl. ADS, 1992, Rn. 51, zu § 290 HGB).*

3. **Beherrschungsrecht (§ 290 Abs. 2 Nr. 3 HGB)**

   Eine inländische Mutter-Kapitalgesellschaft ist zur Aufstellung eines Konzernabschlusses verpflichtet, wenn ihr das Recht zusteht, einen beherrschenden Einfluß aufgrund eines mit dem Tochterunternehmen abgeschlossenen Beherrschungsvertrages oder aufgrund einer Satzungsbestimmung auszuüben.

   Die Konzernrechnungslegungspflicht nach Nr. 3 setzt zwar weder eine Gesellschafterstellung noch eine Beteiligung der Mutter-Kapitalgesellschaft voraus, in der Praxis wird jedoch eine Anteilsverflechtung zwischen Mutter- und Tochterunternehmen die Regel sein.

7.4 Zusammenhang zwischen „einheitlicher Leitung" und „Control-Konzept"

Obwohl das Konzept der einheitlichen Leitung in der Handhabung flexibler ist, haben die EG-Mitgliedsstaaten dem Control-Konzept aufgrund seiner einfacheren Handhabung den Vorzug gegeben. Der deutsche Gesetzgeber hat unabhängig hiervon von dem bis zu einer späteren EG-weiten Koordinierung der Konzernrechnungslegung eingeräumten Mitgliedsstaatenwahlrechts Gebrauch gemacht und die Konzernrechnungslegungspflicht **zusätzlich zum Control-Konzept** an das Konzept der einheitlichen Leitung geknüpft. *„Das Controll-Konzept stellt damit eine zwingende Mindestregelung dar, die durch das Konzept der einheitlichen Leitung ergänzt wird* (*ADS 1992, Rn. 87 zu § 290 HGB*). Daraus folgt zwingend, daß sich aus der Anwendung des Konzepts der einheitlichen Leitung kein Verstoß gegen das Control-Konzept ergeben darf. Insoweit stehen die beiden Konzepte nicht gleichberechtigt oder konkurrierend nebeneinander, vielmehr muß dem Control-Konzept eindeutige Dominanz beigemessen werden. Das Konzept der einheitlichen Leitung ergänzt lediglich das Control-Konzept in Form einer nationalen Übergangsregelung. I.d.R. führen beide Konzepte zu identischen Ergebnissen.

Ein Verstoß gegen das Control-Konzept wäre gegeben, wenn die Verpflichtung zur Konzernrechnungslegung aus Abs. 1 die Vorschriften aus Abs. 2 unterlaufen würden, z.B. wenn mit einheitlicher Leitung eine qualifizierte Mehrheit der Stimmrechte verbunden wäre. I.d.R. liegen die Anforderungen, die sich aus Abs. 1 ergeben, „unter" denen des Abs. 2, so daß die rechtliche Basis, die zur Konzernrechnungslegungspflicht führt, verbreitert wird.

Die Kriterien, die i.S.v. § 290 Abs. 1 und 2 HGB bzw. § 11 PublG eine Konzernrechnungslegungspflicht im Sinne einer Vollkonsolidierung begründen, lassen sich schematisch wie folgt zusammenfassen.

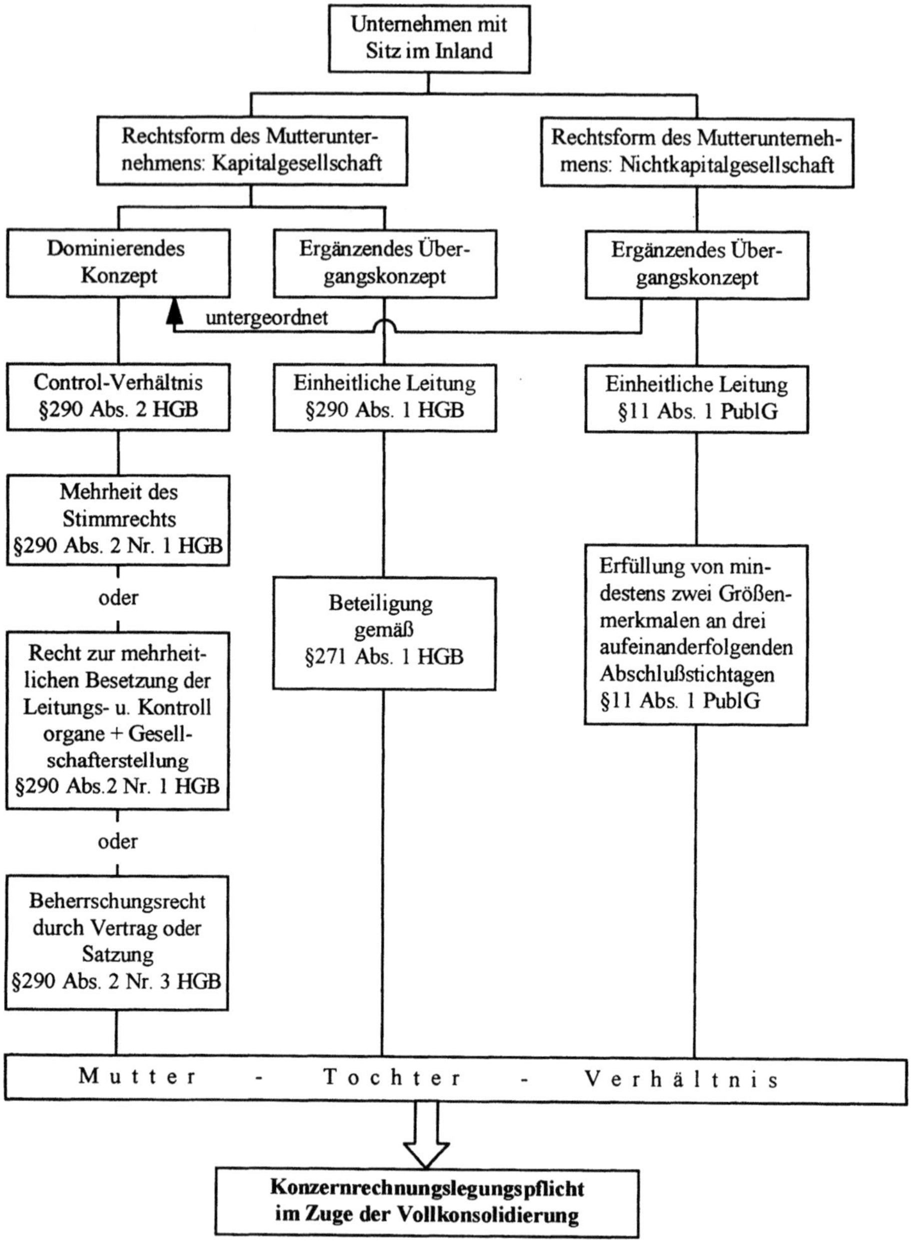

Abb. 64: Konzernrechnungspflicht nach §§ 290 HGB, 11 PublG

7.5 Ausnahme von der Verpflichtung zur Konzernrechnungslegung

Die generelle Verpflichtung zur Konzernrechnungslegung gemäß § 290 HGB wird in **zwei Fällen** durch zulässige **Ausnahmen** durchbrochen:

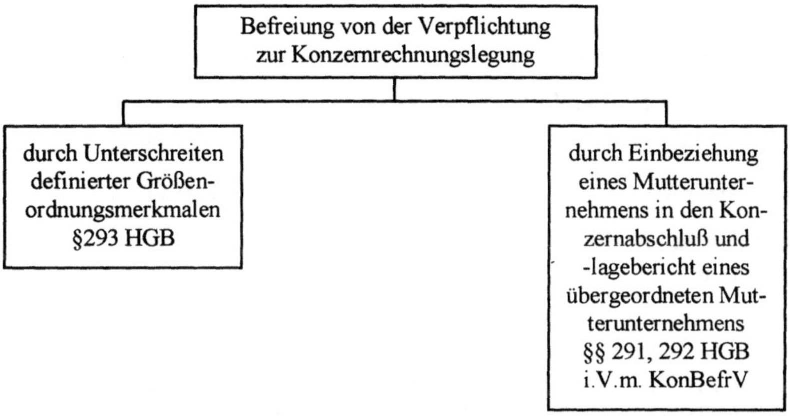

Abb. 65: Ausnahmen von der Verpflichtung zur Konzernrechnungslegung

7.5.1 Größenmerkmalsabhängige Befreiung von der Konzernrechnungslegungspflicht

Bei Unterschreiten bestimmter **Größenordnungsmerkmale** des § 293 HGB besteht grundsätzlich keine Verpflichtung zur Konzernrechnungslegung. Damit sollen insbesondere kleinen Konzernen Erleichterungen hinsichtlich der Rechnungslegung eingeräumt werden. Verpflichtungen zur Konzernrechnungslegung nach den Vorschriften des PublG bleiben hiervon unberührt.

Als Größenmerkmale definiert werden **Bilanzsumme, Umsatzerlöse** und **Beschäftigtenzahl im Jahresdurchschnitt**. Die genannten Größenmerkmale können entweder nach der Bruttomethode gemäß § 293 Abs. 1 Nr. 1 HGB oder der Nettomethode gemäß § 293 Abs. 1 Nr. 2 HGB ermittelt werden.

Der Unterschied zwischen den beiden Methoden liegt darin, daß bei der Bruttomethode (oder additive Methode) die Bilanzsummen bzw. Umsatzerlöse addiert werden; Konsolidierungsmaßnahmen sind nicht durchzuführen. Die Nettomethode setzt hingegen zumindest die Erstellung eines Probe-Konzernabschlusses voraus; sie wird deshalb auch als konsolidierte Methode bezeichnet.

- **Bruttomethode gemäß § 293 Abs. 1 Nr. 1 HGB:**

Addierte **Einzelbilanzsummen** abzüglich Fehlbeträgen einzubeziehender Unternehmen (vgl. § 269 Abs. 3 HGB)	≤ 63. 720 TDM
Addierte **Einzelumsatzerlöse** einzubeziehender Unternehmen	≤ 127.440 TDM
Beschäftigtenzahl im Jahresdurchschnitt der einzubeziehenden Unternehmen	≤ 500

- **Nettomethode gemäß § 293 Abs. 1 Nr. 2 HGB:**

Konzernbilanzsumme	≤ 53.100 TDM
Konzernumsatzerlöse	≤ 106.200 TDM
Konzernbeschäftigtenzahl im Jahresdurchschnitt	≤ 500

Die Befreiung von der Konzernrechnungslegung greift, soweit **mindestens zwei** der genannten **Größenmerkmale** am Abschlußstichtag sowie am vorhergehenden Stichtag **nicht überschritten** werden. Die Ermittlung der Werte kann wahlweise nach der Brutto- oder Nettomethode erfolgen. Das Wahlrecht kann zu jedem Abschlußstichtag neu ausgeübt werden, da nach h.M. das Stetigkeitsgebot gemäß § 297 Abs. 3 S. 2 HGB sich nur auf die Konsolidierung bezieht und in diesem Falle nicht zu beachten ist. Die Anwendung der Nettomethode setzt i.d.R. voraus, daß ein Probe-Konzernabschluß erstellt wird, um zu prüfen, ob eine Befreiung gemäß § 293 HGB in Betracht kommt. Im Extrem ist es dabei denkbar, daß durch bilanzpolitische Maßnahmen, insbesondere in Hinblick auf die Ausschöpfung des Konsolidierungswahlrechts nach § 296 Abs. 2 HGB (Konzernunternehmen von untergeordneter Bedeutung), versucht wird, einen Befreiungstatbestand bewußt herbeizuführen.

Über die vorgenannte größenmerkmalsabhängige Befreiung von der Pflicht zur Konzernrechnungslegung hinaus sieht § 293 Abs. 4 HGB eine **Befreiung in zeitlicher Hinsicht** vor, die vielfach als sog. „Härteklausel" bezeichnet wird. Gemäß Abs. 4 ist ein Mutterunternehmen auch dann von der Konzernrechnungslegungspflicht befreit, wenn die Größenmerkmale nur am aktuellen oder nur am vorhergehenden Abschlußstichtag erfüllt sind und das Mutterunternehmen am vorhergehenden Abschlußstichtag von der Konzernrechnungslegungspflicht befreit war. Damit soll sichergestellt werden, daß ein **einmaliges Überschreiten der Größenmerkmale** nicht automatisch die Verpflichtung zur Erstellung eines Konzernabschlusses und Konzernlageberichtes begründet. Damit wird die Befreiung von der Konzernrechnungslegungspflicht nur dann aufgehoben, wenn die Größenmerkmale an zwei aufeinanderfolgenden Abschlußstichtagen überschritten werden.

Beispiel zur Härteregelung:

a) **Periode**	**2 Merkmale erfüllt**	**Befreiung**
t	nein	ja
t + 1	ja	ja
t + 2	nein	ja

b) **Periode**	**2 Merkmale erfüllt**	**Befreiung**
t	nein	ja
t + 1	ja	ja
t + 2	ja	nein

§ 293 Abs. 5 HGB **schränkt die Befreiungsmöglichkeiten** der Abs. 1 bis 4 **ein**: danach kann eine größenmerkmalsabhängige Befreiung dann nicht in Anspruch genommen werden, wenn am Abschlußstichtag Aktien oder andere Wertpapiere des Mutterunternehmens oder eines anderen einbezogenen Unternehmens an einer Börse eines EG-Mitgliedsstaates zum amtlichen Handel zugelassen, in den geregelten Freiverkehr einbezogen sind oder die Zulassung dieser Wertpapiere zum amtlichen Handel beantragt ist.

7.5.2 Befreiende Konzernabschlüsse

Die grundsätzliche Verpflichtung zur Konzernrechnungslegung entfällt auch dann, wenn das Mutterunternehmen selbst wiederum Tochterunternehmen eines übergeordneten Mutterunternehmens ist und das übergeordnete Mutterunternehmen einen **befreienden Konzernabschluß** und **Konzernlagebericht** erstellt, in den das von der Konzernrechnungslegung „befreite" Mutterunternehmen einbezogen wird (§§ 291, 292 HGB).

Für Unternehmen, die unter das PublG fallen, gilt die Befreiung durch übergeordnete Konzernabschlüsse und Konzernlageberichte gemäß § 11 Abs. 6 PublG entsprechend.

Die **Anforderungen**, die an einen befreienden Konzernabschluß und Konzernlagebericht zu stellen sind, werden **differenziert geregelt**, je nach dem, in welchem Staat das übergeordnete Mutterunternehmen seinen Sitz hat:

Sitz des übergeordneten Mutterunternehmens	**Rechtsgrundlage**
EG-Mitgliedstaat	§ 291 HGB
Staat außerhalb der EG	§ 292 HGB und Konzernbefreiungsverordnung

Abb. 66: Befreiende Konzernabschlüsse

7.5.3 Befreiende Konzernabschlüsse und -lageberichte durch übergeordnete Mutterunternehmen mit Sitz in einem EG-Mitgliedstaat

Gemäß § 290 HGB sind Mutter-Kapitalgesellschaften mit Sitz im Inland zur Konzernrechnungslegung verpflichtet, soweit Tochterunternehmen einheitlich geleitet werden (§ 290 Abs. 1 HGB) oder der Mutter-Kapitalgesellschaft eine der in Abs. 2 Nrn. 1 bis 3 genannten Rechtspositionen zusteht („Control-Verhältnis"). In einem mehrstufigen, tiefgegliederten Konzern kann grundsätzlich jedes Tochterunternehmen selbst Mutterunternehmen eines anderen Tochterunternehmens sein, soweit eine der Rechtspositionen nach § 290 Abs. 2 Nrn. 1 bis 3 HGB gegeben ist, d.h. ein „Control-Verhältnis" vorliegt. Die Verpflichtung zur Teilkonzernrechnungslegung dieser Mutter-Tochter-Unternehmen über alle Konzernebenen und -stufen hinweg wird i.d.R. nur aus einer Rechtsposition abzuleiten sein, die ein Control-Verhältnis i.S.v. § 290 Abs. 2 HGB begründet, da die „einheitliche Leitung" i.S.d. § 290 Abs. 1 HGB regelmäßig bei der Konzernspitze liegt und nicht teilbar ist (*vgl. z.B. v. Wysocki/Wohlgemuth 1986, S. 44; ADS 1992, Rn. 80 ff. zu § 290 HGB; Schildbach 1994, S. 77; a.A. z.B. Busse v. Colbe/Ordelheide 1993, S. 50 f.*). M.a.W.: ein „Konzern im Konzern" ist zwar mit dem Control-Konzept, nicht jedoch mit dem Konzept der einheitlich Leitung vereinbar.

Die aus dem Mutter-Tochter-Verhältnis (nach § 290 Abs. 2 HGB) resultierende Verpflichtung zur Erstellung eines sowohl prüfungs-, wie auch publizitätspflichtigen **(Teil-) Konzernabschlusses und (Teil-) Konzernlageberichtes** gilt über alle Stufen hinweg, so daß es aufgrund dieses sog. **Tannenbaumprinzips** zu einer Vielzahl aufzustellender (Teil-) Konzernabschlüsse und (Teil-) Konzernlageberichte kommen kann. Das nachfolgende vereinfachte Beispiel verdeutlicht diesen Sachverhalt:

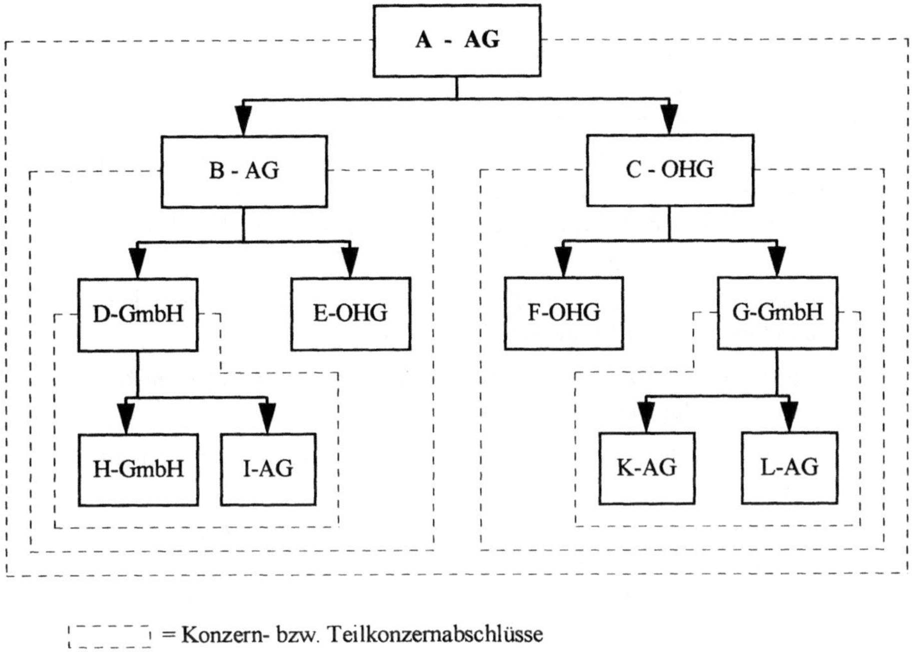

Abb. 67: (Teil-) Konzernabschlüsse nach dem sog. „Tannenbaumprinzip"

Um den aus dem Tannenbaumprinzip resultierenden Konsequenzen entgegenzuwirken, hat der Gesetzgeber angesichts des eingeschränkten Informationsgehaltes von Teil-Konzernabschlüssen und Teil-Konzernlageberichten dem Grundsatz der wirtschaftlichen Einheit des Konzerns entsprechend die Möglichkeit geschaffen, auf höherer Ebene den Konzernabschluß und -lagebericht des übergeordneten Mutterunternehmens als befreienden Konzernabschluß gelten zu lassen (in Abb. 67 Konzernabschluß der A-AG = befreiender Konzernabschluß).

Eine Befreiung gemäß § 291 HGB setzt voraus, daß folgende **Voraussetzungen** erfüllt sind:

(1) Das zu befreiende Mutterunternehmen muß gleichzeitig untergeordnetes Tochterunternehmen eines anderen (übergeordneten) Mutterunternehmens mit Sitz in einem EG-Mitgliedstaat sein.

(2) Das übergeordnete Mutterunternehmen hat einen Konzernabschluß und -lagebericht zu erstellen, in den das untergeordnete Mutterunternehmen unbe-schadet der Einbeziehungswahlrechte gemäß § 295 HGB und des Einbeziehungsverbotes gemäß § 296 HGB einbezogen wird.

(3) Der übergeordnete, befreiende Konzernabschluß und der Konzernlagebericht müssen den auf der Grundlage der 7. EG-Richtlinie erlassenen Rechnungsle-

gungsvorschriften des Landes entsprechen, in dem das übergeordnete Mutterunternehmen seinen Sitz hat. Zudem muß der übergeordnete befreiende Abschluß nach den Vorschriften des Landes, in dem das übergeordnete Mutterunternehmen seinen Sitz hat, geprüft worden sein.

(4) Der befreiende Konzernabschluß des übergeordneten Mutterunternehmens muß einschließlich Bestätigungsvermerk oder Vermerk über dessen Versagung nach den für den entfallenden Konzernabschluß maßgeblichen Vorschriften (§§ 325 ff. HGB) in deutscher Sprache offengelegt werden.

(5) Im Anhang des Einzelabschlusses des zu befreienden untergeordneten Mutterunternehmens sind folgende Angaben zu machen:

- Name und Sitz des Mutterunternehmens, das den befreienden Konzernabschluß und -lagebericht erstellt
- Hinweis auf die Befreiung von der Verpflichtung zur Konzernrechnungslegung.

Die unter (1) bis (4) genannten Anforderungen sind vom übergeordneten Mutterunternehmen, das den befreienden Konzernabschluß und -lagebericht erstellt, zu erfüllen, die unter (5) genannten Angaben hat das befreite, untergeordnete Mutterunternehmen zu machen.

Die Möglichkeit, einen befreienden Konzernabschluß zu erstellen, ist **nicht an eine bestimmte Rechtsform** des übergeordneten Mutterunternehmens gebunden, so daß dieser von BGB-Gesellschaften, Personenhandelsgesellschaften, Einzelkaufleuten und juristischen Personen des privaten und öffentlichen Rechts erstellt werden kann. Unabdingbare Voraussetzung ist jedoch, daß das den befreienden Konzernabschluß erstellende Mutterunternehmen über **Unternehmenseigenschaft** verfügt (*vgl. dazu ausführlich WP-Handbuch 1992, Bd. I, M 81; ADS 1992, Rn. 9 f. zu § 291 HGB*).

Der befreiende Abschluß kann sowohl von dem übergeordneten Mutterunternehmen, das an der Konzernspitze steht, wie auch von einem darunter angesiedelten, übergeordneten Mutterunternehmen erstellt werden. Wird der befreiende Abschluß von der Konzernspitze erstellt, ist er als **Gesamtkonzernabschluß** ausgestaltet, wird er von einem darunter stehenden, übergeordneten Mutterunternehmen erstellt, ist er als **Teilkonzernabschluß** ausgestaltet. Die Aufstellung des befreienden Abschlusses als Teilkonzernabschluß wäre z.B. vorzunehmen, wenn das die Konzernspitze bildende übergeordnete Mutterunternehmen seinen Sitz in den USA hat und ein Tochterunternhmen, das seinerseits übergeordneten Mutterunternehmen eines an der Spitze eines deutschen Konzerns stehenden Tochterunternehmens ist, seinen Sitz in Großbritannien hat. In diesem Fall könnte das in Großbritannien ansässige, übergeordnete Mutterunternehmen einen befreienden **Teil**konzernabschluß für das inländische, in Deutschland ansässige Tochterunternehmen erstellen. Die nachfolgende, schematisch vereinfachte Darstellung verdeutlicht diesen Sachverhalt:

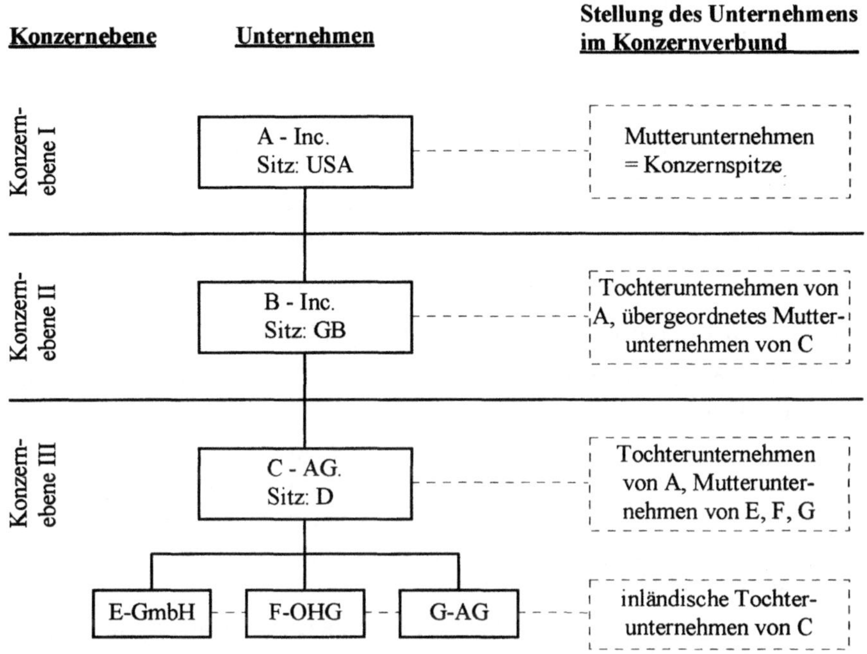

Abb. 68: Befreiender Konzernabschluß der englischen B-Inc. für die deutsche C-AG

Soweit durch die Konzernspitze ein befreiender Gesamtkonzernabschluß erstellt wird, sind die Tochterunternehmen, die zugleich übergeordnete Mutterunternehmen sind, von der Verpflichtung befreit, einen Teilkonzernabschuß erstellen zu müssen.

Soweit ein befreiender Konzernabschluß und -lagebericht durch ein übergeordnetes Mutterunternehmen **nach den Vorschriften des PublG** erstellt wird, können daraus Probleme resultieren: § 11 PublG knüpft die Pflicht zur Konzernrechnungslegung nach wie vor ausschließlich an das Konzept der einheitlichen Leitung. Rechtspositionen, die ein Control-Verhältnis begründen und damit zur Konzernrechnungslegungspflicht führen, bleiben unberücksichtigt. Daraus können sich Divergenzen hinsichtlich des Konsolidierungskreises ergeben, wenn Unternehmen zwar nach § 290 Abs. 2 HGB (Control-Verhältnis) in den Konzernabschluß einzubeziehen sind, nicht jedoch nach § 11 PublG. In solchen Fällen kommt dem nach den Vorschriften des PublG erstellten Konzernabschluß und -lagebericht nur dann befreiende Wirkung zu, wenn auch Tochterunternehmen i.S.d. § 290 Abs. 2 HGB in den Konzernabschluß einbezogen wurden, obwohl sie nicht unter einheitlicher Leitung des Mutterunternehmens stehen.

§ 291 Abs. 3 HGB räumt unter bestimmten Voraussetzungen Minderheitengesellschaftern **Minderheitenschutzrechte** ein: sie können die Aufstellung eines befreienden (Teil-) Konzernabschlusses beantragen bzw. die Aufstellung eines befreienden (Teil-) Konzernabschlusses verhindern. Diese alternativen Schutzrechte knüpfen unmittelbar an die **Höhe der Minderheitenanteile** (des übergeordneten Mutterunternehmens an dem zu befreienden Mutterunternehmen):

- Soweit dem übergeordneten Mutterunternehmen < **90 % der Anteile** an dem zu befreienden Mutterunternehmen in der Rechtsform der AG/KGaA oder GmbH gehören, können die anderen (Minderheiten-) Gesellschafter die Aufstellung eines (Teil-) Konzernabschlusses beantragen, wenn ihnen mindestens
    - 10 % der Anteile an der zu befreienden AG oder KGaA
    - bzw. 20 % der Anteile an der zu befreienden GmbH

  gehören. Der Antrag ist spätestens 6 Monate vor Ablauf des Konzerngeschäftsjahres zu stellen.
- Soweit dem übergeordneten Mutterunternehmen > **90 % der Anteile** des zu befreienden Mutterunternehmens gehören, müssen die anderen (Minderheiten-) Gesellschafter der Befreiung von der Konzernrechnungslegungspflicht zustimmen (*vgl. zum Minderheitenschutz ausführlich ADS 1992, Rn. 45 ff. zu § 291 HGB und die dortigen weiteren Literaturverweise*).

Durch die Schutzrechte des § 291 Abs. 3 HGB soll aus der Sicht des Gesetzgebers den Minderheitengesellschaftern die Möglichkeit eingeräumt werden, **zusätzliche, relevante Informationen** über die Vermögens-, Finanz- und Ertragslage des Teilkonzerns, an dem sie beteiligt sind, zu gewinnen. Auch wenn die Aufstellung von (Teil-) Konzernabschlüssen auf allen Ebenen eines Mehrstufen- Konzerns gängiger internationaler Praxis entspricht (*vgl. z.B. IASC, /IAS No. 3*), muß bezweifelt werden, daß durch Teilkonzernabschlüsse diesem Ziel, relevante Zusatzinformationen zu vermitteln, tatsächlich uneingeschränkt entsprochen werden kann. **Teil**konzernabschlüsse können letztlich dieselben Informationsmängel aufweisen, wie sie für Einzelabschlüsse von Unternehmen im Konzernverbund zutreffen können.

7.5.4 Befreiende Konzernabschlüsse und -lageberichte durch übergeordnete Mutterunternehmen mit Sitz außerhalb der EG

Auch übergeordnete Mutterunternehmen mit Sitz außerhalb der EG können einen befreienden Konzernabschluß und -lagebericht für ein in Deutschland ansässiges Tochterunternehmen erstellen, das in der Bundesrepublik als Mutterunternehmen nach § 290 Abs. 2 HGB einen (Teil-) Konzernabschluß und (Teil-) Konzernlagebericht zu erstellen hätte. Die erforderlichen Befreiungsvoraussetzungen wurden auf der Grundlage der Verordnungsermächtigung des § 292 HGB durch die **Konzernabschlußbefreiungsverordnung (KonBefrV) vom 15.11.1991** für einen Übergangszeitraum, der mit dem 31.12.1993 endete, geregelt. Durch die Erste Verordnung zur Änderung der Konzernabschlußbefreiungsverordnung vom 9.6.1993 (*BGBl I 1993, 916*) wurde der Übergangszeitraum verlängert; die Vorschriften der KonBefrV sind nunmehr letztmals auf Konzernabschlüsse anwendbar, deren Rechnungsperiode am 31.12.1995 endet.

Danach sind die Befreiungsvoraussetzungen, gemäß § 291 HGB, grundsätzlich auch für übergeordnete Mutterunternehmen mit Sitz außerhalb der EG maßgeblich, soweit

- der befreiende Konzernabschluß und Konzernlagebericht des außerhalb der EG ansässigen, übergeordneten Mutterunternehmens nach den Konzernrechnungslegungsvorschriften eines EG-Mitgliedstaates erstellt und geprüft wurde oder der erstellte und geprüfte Abschluß einem solchen gleichwertig ist.

Deutsche (untergeordnete) Mutterunternehmen, die Tochterunternehmen eines übergeordneten Mutterunternehmens mit Sitz außerhalb der EG sind, können demnach nach Maßgabe der Vorschriften der KonBefrV lediglich für Geschäftsjahre, die mit dem 31.12.1995 enden, befreit werden. Die hinter dieser Übergangsregelung stehende Absicht ist, während der Dauer der Gültigkeit der KonBefrV auf internationaler Ebene einvernehmliche Regelungen zu verabschieden, die zu einer wechselseitigen Anerkennung von Konzernabschlüssen führen sollten, die „gleichwertig" nach deutschem oder angelsächsischem Recht erstellt werden. Dies ist bis dato jedoch nicht der Fall. Aus diesem Grunde scheint es u.E. vertretbar und sinnvoll, deutschen Mutterunternehmen grundsätzlich zu gestatten, befreiende Konzernabschlüsse nach den IAS zu erstellen. Nur dadurch können Wettbewerbsnachteile deutscher Mutterunternehmen vermieden werden. In diesem Zusammenhang ist auch zu berücksichtigen, daß bereits seit 1989 die Mehrzahl französischer Mutterunternehmen ihren jeweiligen Konzernabschluß sowohl nach französischem (harmonisiertem) Recht, wie auch unter Beachtung der IAS oder GAAP erstellt. In der Bundesrepublik hat als erstes Mutterunternehmen die Bayer AG der Problematik Rechnung getragen und für die Rechnungsperiode 1994 einen Konzernabschluß erstellt, der „*... wie bisher nach den Vorschriften des deutschen Handelsrechts erstellt wird. Um eine über den nationalen Rahmen hinausgehende Vergleichbarkeit sicherzustellen, werden erstmals auch die am Bilanzstichtag geltenden Regeln des International Accounting Standards Committee, London, angewendet.*"

7.6 Einbeziehungsverbote

Ein Tochterunternehmen darf in dem Konzernabschluß nicht einbezogen werden, wenn sich seine Tätigkeit von der konzerntypischen Tätigkeit der anderen einbezogenen Unternehmen derart unterscheidet, daß die Einbeziehung in den Konzernabschluß mit der Verpflichtung, ein den tatsächlichen Verhältnissen entsprechendes

Bild der Vermögens-, Finanz- und Ertragslage des Konzerns zu vermitteln, unvereinbar ist (§ 295 Abs. 1 HGB).

Das Einbeziehungsverbot des § 295 HGB bezieht sich zwingend nur auf die Vollkonsolidierung, da in den §§ 294 und 295 HGB ausschließlich auf die (Voll-) Konsolidierung nach § 290 HGB Bezug genommen wird. Ausdrücklich wird darauf verwiesen, daß die Einbeziehung von assoziierten Unternehmen hiervon unberührt bleibt. Dies kann dazu führen, daß Tochterunternehmen, für die ein Einbeziehungsverbot besteht, nach der Equity-Methode einbezogen werden können, sofern sie die Voraussetzungen für ein assoziiertes Unternehmen erfüllen. Wesentliche Tatbestandsvoraussetzung für ein assoziiertes Unternehmen ist die tatsächliche Ausübung eines maßgeblichen Einflusses. Bei Tochterunternehmen nach § 290 Abs. 1 HGB (tatsächliche Ausübung der einheitlichen Leitung) und nach § 290 Abs. 2 Nr. 3 HGB (Beherrschungsvertrag) kann i.d.R. unterstellt werden, daß ein maßgeblicher Einfluß auch tatsächlich ausgeübt wird, während dies bei den Nrn. 1 und 2 des Abs. 2 HGB fallweise überprüft werden muß (*Sahner/Kammers, in: Küting/Weber, 1989, S. 868 f.*).

Eine Konkretisierung hinsichtlich der Unternehmen, die nicht einbezogen werden dürfen, findet sich im Gesetz nur in Form einer Negativabgrenzung. Demnach darf Abs. 1 nicht allein deshalb angewendet werden, weil die in den Konzernabschluß einbezogenen Unternehmen teils Industrie-, teils Handels- und teils Dienstleistungsunternehmen sind oder weil diese Unternehmen unterschiedliche Erzeugnisse herstellen, mit unterschiedlichen Erzeugnissen Handel treiben oder Dienstleistungen unterschiedlicher Art erbringen (Abs. 2). Insoweit, wie auch nach h.M., ist das Einbeziehungsverbot eng auszulegen.

Das Einbeziehungsverbot ist umstritten und wird national wie international nahezu einhellig abgelehnt, da es gerade das Wesen eines Konzerns ausmacht, im Zuge zunehmender Diversifikation Unternehmen mit unterschiedlicher Branchenzugehörigkeit unter einem Dach zusammenzufassen. Ein „konzerntypisches" Geschäftsfeld, in dem sich alle oder nahezu alle Konzernunternehmen betätigen, entspricht i.d.R. nicht mehr den heutigen ökonomischen Realitäten. Zudem ist zu berücksichtigen, daß keine Abweichung so gravierend sein kann, daß es nötig wird, gegen den Vollständigkeitsgrundsatz des Konzernabschlusses zu verstoßen, bzw. diesen zu durchbrechen.

Aufgrund der fehlenden rechtlichen Präzisierung des Einbeziehungsverbotes muß im Einzelfall entschieden werden, ob ein Einbeziehungsverbot besteht. ADS führen beispielhaft einige Anwendungsfälle an, bei denen ein Einbeziehungsverbot vorliegen kann (*ADS 1992, Rn. 17 ff., zu § 295 HGB*):

- Zu einem Konzern gehört eine rechtlich selbständige Unterstützungskasse. Die Vermögenswerte der Unterstützungskasse stehen nicht dem Konzern, sondern den Unterstützungsberechtigten zu.

- Konzernunternehmen im Konkurs. Die Aussagefähigkeit des Konzernabschlusses könnte durch eine Einbeziehung von in Abwicklung stehenden Unternehmen erheblich beeinträchtigt werden.

Werden Tochterunternehmen nach § 295 Abs. 1 HGB in den Konzernabschluß nicht einbezogen, ist dies im Konzernanhang anzugeben und zu begründen. Aus der Begründung muß ersichtlich sein, weshalb eine Einbeziehung eines solchen Unternehmens den Einblick in die Vermögens-, Finanz- und Ertragslage des Konzerns beeinträchtigen würde. Der Jahresabschluß dieser Unternehmen ist gemeinsam mit dem Konzernabschluß zum Handelsregister einzureichen. Diese Regelung greift jedoch nur bei solchen Tochterunternehmen, die gesetzlich zur Offenlegung verpflichtet sind, da ansonsten deren Rechte eingeschränkt würden (*vgl. u.a. Sahner/Kammers, in: Küting/Weber, 1989, S. 869*).

Soweit ein Tochterunternehmen einem Einbeziehungsverbot gemäß § 295 HGB unterliegt, ist regelmäßig zu prüfen, ob nicht eine Einbeziehung nach der Equity-Methode in Betracht kommt, da der hierfür geforderte „maßgebliche Einfluß" i.d.R. gegeben sein dürfte. Uneingeschränkt trifft dies regelmäßig bei einheitlicher Leitung, sowie bei Abschluß eines Beherrschungsvertrages zu.

7.7 Einbeziehungswahlrechte

Als zulässige Ausnahme zum Vollständigkeitsgebot räumt § 296 HGB **Einbeziehungswahlrechte** ein, soweit die dort genannten Voraussetzungen erfüllt sind.

Schematisch vereinfacht lassen sich die Einbeziehungswahlrechte, wie in Abb. 69 dargestellt, zusammenfassen.

- **Ein Tochterunternehmen muß nicht einbezogen werden (§ 296 Abs. 1 Nr. 1 HGB),**

  wenn erhebliche und andauernde Beschränkungen die Ausübung der Rechte des Mutterunternehmens in bezug auf das Vermögen oder die Geschäftsführung dieses Unternehmens nachhaltig beeinträchtigen.

  Gemäß § 296 Abs. 1 Nr. 1 HGB ist somit zwischen **vermögensrechtlichen Beschränkungen** und **Beschränkungen in der Geschäftsführung** zu unterscheiden.

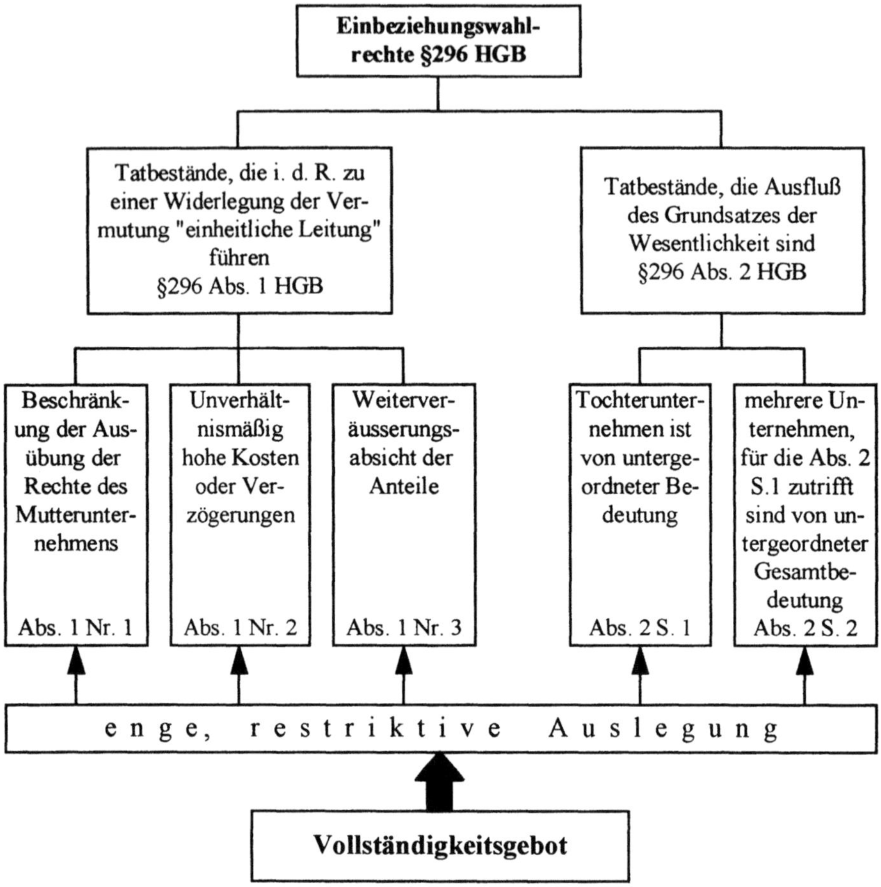

Abb. 69: Einbeziehungswahlrechte

Erhebliche Beschränkungen in bezug auf das Vermögen liegen regelmäßig vor, wenn sich diese auf das gesamte Vermögen oder zumindest auf die wesentlichen betriebsnotwendigen Teile beziehen. Beschränkungen der Geschäftsführung können z.B. durch gesellschaftsrechtliche oder vertragliche Vereinbarungen aber auch durch gesetzliche Vorschriften bedingt sein (z.B. Einstimmigkeits- oder Veto-Klauseln in Unternehmensverträgen; Verbot der Ausübung von Vorstandstätigkeiten bei ausländischen Tochterunternehmen).

Eine Beschränkung wird stets dann als „andauernd" und „nachhaltig" qualifiziert, *„wenn sie während des Geschäftsjahres und bis zur Aufstellung des Konzernabschlusses bestanden und mit ihrer Aufhebung bei Würdigung aller bekannten Umstände in absehbarer Zeit nicht zu rechnen ist"* (*Sahner/ Kammers, in: Küting/Weber 1989, S. 874*).

Dauernde Beschränkungen können insbesondere bei ausländischen Tochterunternehmen auftreten, z.B. durch Transferbeschränkungen im Vermögens- und Finanzbereich, oder bei staatlichen Zwangsmaßnahmen.

§ 296 Abs. 1 Nr. 1 HGB greift z.B. auch dann, wenn zwar formal eine Stimmrechtsmehrheit (= einfache Mehrheit) gegeben ist, für wichtige Entscheidungen die Satzung jedoch eine dreiviertel-Mehrheit (= qualifizierte Mehrheit) vorschreibt.

Das Mutter-Tochter-Verhältnis bleibt zwar unberührt, eine Einbeziehung kann jedoch unterbleiben, weil aufgrund der Satzungsbestimmung eine andauernde Beschränkung der Ausübung der Rechte des Mutterunternehmens gegeben ist.

Regelmäßig ist im Einzelfall zu prüfen, ob und inwieweit eine erhebliche Beschränkung vorliegt und ob und inwieweit dies zu einer nachhaltigen Beeinträchtigung der Rechtsposition des Mutterunternehmens führt.

- **Ein Tochterunternehmen muß nicht einbezogen werden (§ 296 Abs. 1 Nr. 2 HGB),**

wenn die für die Aufstellung des Konzernabschlusses erforderlichen Angaben nicht ohne verhältnismäßig hohe Kosten oder Verzögerungen zu erhalten sind.

Abs. 1 Nr. 2 stellt ausschließlich auf die Wirtschaftlichkeit des Konzernabschlusses und der damit verbundenen Informationsvermittlung ab, die Wesentlichkeit wird zwangsläufig vernachlässigt.

Aufgrund der fehlenden Hinweise im Gesetz zur Operationalisierung von „unverhältnismäßig hohe Kosten und Verzögerungen“, sollte diese Vorschrift *„als eine Ausnahmevorschrift angesehen werden, die nur in extremen Fällen oder für einen befristeten Zeitraum anwendbar ist“* (*WP-Handbuch 1992, S. 700*). Daraus folgt, daß das Einbeziehungswahlrecht nach Abs. 1 Nr. 2 restriktiv auszulegen ist.

Die Möglichkeit zum Einbeziehungsverzicht ist z.B. dann gegeben, wenn die benötigten Unterlagen durch Zusammenbruch der Datenverarbeitung, durch Katastrophen oder durch Streik nur unangemessen schwer zu beschaffen sind. Auf die Einbeziehung könnte z.B. auch dann verzichtet werden, wenn bei Neuerwerb einer Gesellschaft deren Integration in das Abrechnungssystem des Konzerns eine wesentliche Zeitverzögerung für die Erstellung des Konzernabschlusses mit sich bringen würde (*vgl. Busse von Colbe/Ordelheide 1993, S. 91*).

Dem Grundsatz nach ist regelmäßig davon auszugehen, daß Abs. 1 Nr. 2 lediglich zu einem vorübergehenden Einbeziehungswahlrecht führt, da die Tatbestände, die ein solches Wahlrecht begründen, im Zeitablauf „geheilt“ werden können.

- **Auf eine Einbeziehung kann verzichtet werden (§ 296 Abs. 1 Nr. 3 HGB),**

wenn die Anteile des Tochterunternehmens ausschließlich zum Zwecke ihrer Weiterveräußerung gehalten werden.

Sofern Anteile an einem Unternehmen nur kurzfristig gehalten werden, wird i.d.R. weder nach dem Konzept der einheitlichen Leitung, noch nach dem Control-Konzept ein Mutter-Tochter-Verhältnis vermutet werden können. Regelmäßig kann in solchen Fällen davon ausgegangen werden, daß weder eine aktiv ausgeübte einheitliche Leitung, gemäß § 290 Abs. 1 HGB, noch eine tatsächliche aktive Einwirkung im Sinne der Beherrschungsmöglichkeiten eines Control-Verhältnisses gemäß § 290 Abs. 2 HGB, gegeben sein werden, so daß allein schon aus formalen Gründen eine Einbeziehung in den Konsolidierungskreis problematisch wäre.

Maßgeblich für die **Zweckbestimmung** der **Weiterveräußerung** ist der nachvollziehbare Wille des Bilanzierenden, der ggf. durch sachlich zutreffende Indizien belegt wird (z.B. Aufnahme von Verkaufsverhandlungen, Verkaufsauflagen des Aufsichtsrates).

Vielfach wird zudem im Schrifttum als notwendige, wenn auch nicht hinreichende Bedingung für einen Einbeziehungsverzicht, der Ausweis dieser Anteile im Einzelabschluß der Mutterunternehmen unter dem Posten „Wertpapiere des Umlaufvermögens“ gefordert. I.d.R. kann aus dem Ausweis unter Umlaufvermögen auf die Weiterveräußerungsabsicht geschlossen werden, wobei die Zweckbestimmung im Falle des Einbeziehungsverzichts ggf. durch weitere Anhaltspunkte zu belegen ist.

Hinsichtlich der Weiterveräußerungsabsicht sind regelmäßig zwei Fälle zu unterscheiden (*ADS 1992, Rn. 22 zu § 296 HGB*):

- Die Weiterveräußerungsabsicht besteht bereits im Zeitpunkt des Erwerbs der Anteile. In solchen Fällen liegt keine Beteiligung i.S.v. § 271 Abs. 1 HGB vor, so daß auch kein Konzernverhältnis i.S.v. § 290 Abs. 1 HGB begründet wird. Das Einbeziehungswahlrecht kann sich folglich nur auf Tochterunternehmen i.S.d. Control-Konzepts beziehen.
- Die Weiterveräußerungsabsicht bezieht sich auf ein Unternehmen mit langer Konzernzugehörigkeit. In diesem Falle greift nach h.M. das Wahlrecht nicht, da das Unternehmen bis zur endgültigen Veräußerung i.d.R. noch voll in den Konzern eingebunden ist.

Daraus folgt, daß ein Einbeziehungsverzicht gemäß § 296 Abs. 1 Nr. 3 HGB i.d.R. nur dann zulässig sein wird, wenn die Weiterveräußerungsabsicht bereits zum Zeitpunkt des Erwerbs eines Unternehmens gegeben war, das nach Maßgabe des Control-Konzepts Tochterunternehmen i.S.v. § 290 Abs. 2 HGB ist.

Dies wird bei traditionellen Industrieunternehmen aber eher die Ausnahme sein, so daß das Einbeziehungswahlrecht nach Abs. 1 Nr. 3 vorrangig bei Finanzdienstleistungsunternehmen (Kreditinstitute, Versicherungen, Kapitalanlagegesellschaften) von Bedeutung sein wird.

In jedem Falle ist nach h.M. das Wahlrecht gemäß Abs. 1 Nr. 3 nur zeitlich begrenzt ausübbar, da nach Anlauf einer gewissen Zeitdauer nicht mehr unterstellt werden kann, daß die Anteile mit ausschließlicher Weiterveräußerungsabsicht gehalten werden. Im Schrifttum wird z.T. eine Befristung auf maximal 3 Jahre vorgeschlagen (*vgl. z.B. Kommission Rechnungswesen im Vorstand der Hochschullehrer für Betriebswirtschaft e.V., in: DBW 1985, S. 267 ff.*).

- **§ 296 Abs. 2 HGB**

Ein Tochterunternehmen muß in den Konzernabschluß nicht einbezogen werden, wenn es für die Verpflichtung, ein den tatsächlichen Verhältnissen entsprechendes Bild der Vermögens-, Finanz- und Ertragslage des Konzerns zu vermitteln, von untergeordneter Bedeutung ist.

Diese Regelung ist Ausfluß des Grundsatzes der Wesentlichkeit und konkretisiert diesen. Der Gesetzgeber gibt jedoch keine Hinweise darauf, wann ein Tochterunternehmen von „untergeordneter Bedeutung" ist. Somit ist jeweils im Einzelfall zu prüfen, welche Bedeutung ein Tochterunternehmen für die Darstellung der Vermögens-, Finanz- und Ertragslage des Konzerns hat. Eine Definition des unbestimmten Rechtsbegriffes „untergeordnete Bedeutung" in globaler Form über starre Verhältniszahlen, wie die z.B. in den USA üblich ist, erscheint weder sinnvoll noch zulässig (z.B. > 10 % des konsolidierten Umsatzes = bedeutend). Kennzahlen vermögen allenfalls in Verbindung mit einer Prüfung materieller Kriterien Hinweise auf die Bedeutung eines Tochterunternehmens für die Darstellung der Vermögens-, Finanz- und Ertragslage des Konzerns zu vermitteln. So wird ein Einbeziehungswahlrecht z.B. zu verneinen sein, wenn einTochterunternehmen zwar nur mit quotal 2 - 5 % am konsolidierten Vermögen und/oder Umsatz beteiligt ist, gleichwohl aber wichtige zentrale betriebswirtschaftliche Funktionen für den Konzernverbund wahrnimmt (z.B. F+E, Beschaffung, Finanzierung).

Soweit mehrere Tochterunternehmen die Voraussetzungen der untergeordneten Bedeutung erfüllen, müssen sie in den Konzernabschluß einbezogen werden, wenn sie zusammen nicht von untergeordneter Bedeutung sind (§ 290 Abs. 2 S. 2 HGB). Auch bei dieser nach § 290 Abs. 2 S. 2 HGB geforderten Gesamtbetrachtung wird regelmäßig eine Einzelfallbetrachtung sinnvoll und geboten sein. Hier gilt gleichermaßen, daß Kennzahlen allenfalls als Anhaltspunkte in eine Einzelfallbetrachtung einbezogen werden könne (*a.A. z.B. Fischer 1993, S. 24, der einen Grenzwert von 5 % des Bruttovermögens oder Umsatzes für zweckmäßig erachtet*).

Zusammenfassend läßt sich die Entscheidungsabfolge hinsichtlich der Abgrenzung des Konsolidierungskreises wie folgt schematisieren:

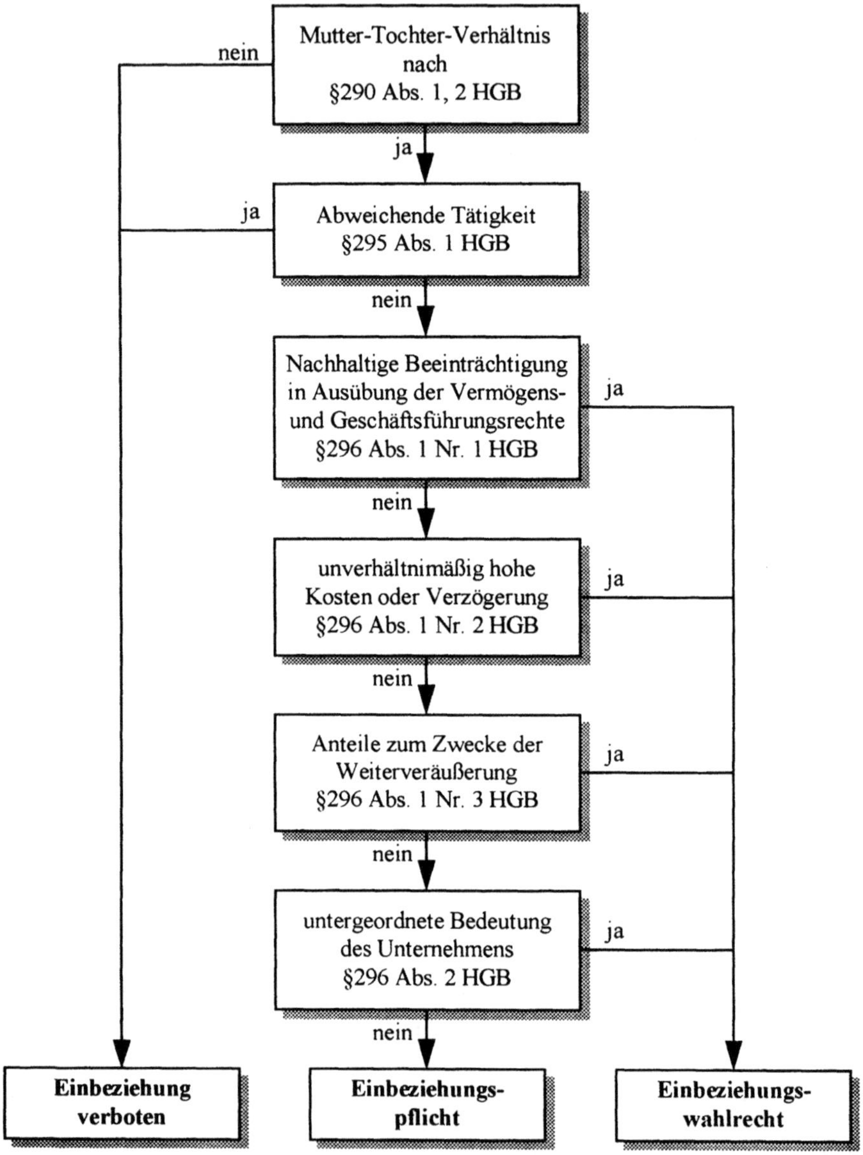

Abb. 70: Entscheidungsfolge zur Abgrenzung des Konsolidierungskreises (Vollkonsolidierung)

7.8 Stufenkonzept der Konsolidierung

Das Stufenkonzept der Konsolidierung geht davon aus, daß die Einflußnahme des Mutterunternehmens bei einem Mutter-Tochter-Verhältnis am stärksten ist. Der Grad der Einflußnahme nimmt mit abnehmender Verbundintensität ab. In der Konzernrechnungslegung wird diesen unterschiedlichen Verbundintensitäten durch **unterschiedliche Einbeziehungsformen bzw. -arten** Rechnung getragen (z.B. Vollkonsolidierung, Konsolidierung „at equity").

Eine Verbundposition setzt eine Beteiligung voraus. Eine Beteiligung an einem anderen Unternehmen liegt nur dann vor, wenn die erworbenen Anteilsrechte dem eigenen Geschäftsbetrieb durch Herstellung einer dauerhaften Verbindung dienen.

Anteile sind gesellschaftsrechtliche Kapitalanteile an einem anderen Unternehmen. Dies bedeutet, daß der Halter der Anteile am Vermögen des anderen Unternehmen Anteil hat. „Anteilhaben" begründet für sich jedoch noch keine Beteiligung im handelsrechtlichen Sinne. Anteile sind zwar notwendige, aber noch keine hinreichende Bedingung für das Vorliegen einer Beteiligung. Erst wenn die weiteren in § 271 Abs. 1 HGB genannten Voraussetzungen erfüllt sind, liegt eine Beteiligung vor.

In der folgenden Abbildung sind Verbundbeispiele und Einbeziehungsarten, sowie Verbundbeispiele und Bezeichnung für das jeweils verbundene Unternehmen schematisch dargestellt:

Verbundbeispiele und Art der Einbeziehung

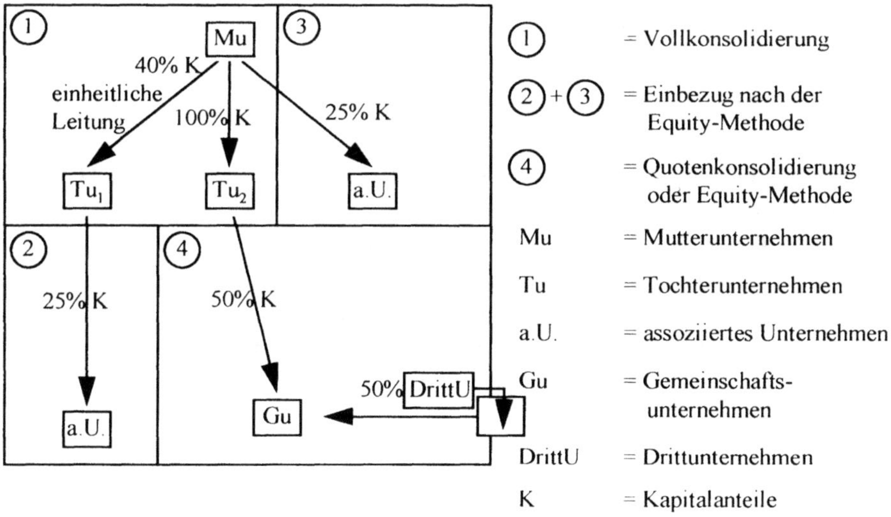

Verbundbeispiele und Art
Bezeichnungen

Mu = Mutterunternehmen ↓ Tu_1 = Tochterunternehmen	Tu_2 = Gesellschaft- oder Stammunternehmen ↓ Gu = Gemeinschaftsunternehmen
Mu = beteiligtes Unternehmen mit maßgeblichen Einflüssen ↓ a.U. = assoziiertes Unternehmen	Tu_1 = beteiligtes Unternehmen mit maßgeblichen Einflüssen ↓ a.U. = assoziiertes Unternehmen

Abb. 71: Verbundbeispiele, Art der Einbeziehung und jeweilige Unternehmensbezeichnung

7.8.1 Mutter-Tochter-Verhältnis

Eine **Vollkonsolidierung** ist stets durchzuführen, wenn die Voraussetzungen des § 290 Abs. 1 HGB (einheitliche Leitung) erfüllt sind, oder eines der „Control-Konzept"-Rechte (§ 290 Abs. 2 HGB) gegeben ist.

7.8.2 Gemeinsame Führung

Gemeinsame Führung ist nicht mit einheitlicher Leitung nach § 290 Abs. 1 HGB zu verwechseln. Vielmehr handelt es sich im Falle gemeinsamer Führung um ein **Gemeinschaftsunternehmen**, das von den Gesellschaftern gemeinsam geführt wird.

Der Begriff **„Gemeinschaftsunternehmen"** ist im Gesetz nicht definiert, gleichwohl läßt sich aus der Formulierung „führt ... gemeinsam" ableiten, daß an dem Unternehmen mehrere Gesellschafter **gemeinsam beteiligt** sind (§ 310 Abs. 1 HGB). Gemeinsam beteiligt ist dahingehend zu interpretieren, daß kein Gesellschafter eine (rechtliche) Majorität ausüben kann. Dies erfordert nicht zwingend eine paritätische Beteiligung (= 50 : 50), da auch mehr als zwei Gesellschafter gemeinsam an einem Unternehmen beteiligt sein können.

Weitere Einbeziehungsvoraussetzung ist, daß das Gesellschafterunternehmen in den Konzernabschluß im Rahmen einer Vollkonsolidierung (= Mutter-Tochter-Verhältnis) einbezogen wird und mindestens ein nicht in den Konzernabschluß einbezogenes Unternehmen an dem Gemeinschaftsunternehmen beteiligt ist.

Die Abgrenzung zwischen einem Gemeinschaftsunternehmen und einem Tochterunternehmen nach § 290 HGB ist häufig nur fallweise möglich.

- **Abgrenzung zu § 290 Abs. 1 HGB**

  Kriterien für ein **Mutter-Tochter-Verhältnis** nach § 290 Abs. 1 HGB sind

  - die einheitliche Leitung und
  - eine Beteiligung nach § 271 Abs. 1 HGB.

  Kriterien für ein **Gemeinschaftsunternehmen** nach § 310 Abs. 1 HGB sind demgegenüber

  - die gemeinsame Führung;
  - diese setzt zwingend eine Beteiligung nach § 271 Abs. 1 HGB voraus und ist deshalb im Gesetz auch nicht gesondert aufgeführt.

  Da bei einem Gemeinschaftsunternehmen von einer Beteiligungsquote von 20 % bis höchstens 50 % auszugehen ist, andererseits ein Mutter-Tochter-Verhältnis nicht zwingend die Kapital- oder Stimmrechsmehrheit verlangt, ist letztendlich die Unterscheidung zwischen einheitlicher Leitung und gemeinsamer Führung für eine Zuordnung zu § 290 Abs. 1 oder § 310 HGB maßgebend.

  Konstitutiv für „gemeinsame Führung" eines Unternehmens ist, daß den Gesellschaftern

  - gemeinsam die Mehrheit der Stimmrechte,
  - gemeinsam das Recht der Organbestellung,
  - gemeinsam das Recht, Beherrschungsverträge abzuschließen

  zusteht.

  Aus diesen Rechten lassen sich funktionale Leitungsaufgaben ableiten. Bei „einheitlicher Leitung" erfolgt die Wahrnehmung dieser Aufgaben demgegenüber durch Koordinierung der wirtschaftliche Aktivitäten aller Konzernmitglieder, was, wenn auch durch die aktuelle Literatur nicht gedeckt, Instrumente der Willensdurchsetzung bedingt.

  Bei einer gemeinsamen Führung können Führungsentscheidungen demgegenüber nur gemeinsam, bei einer paritätischen Beteiligung nur im Konsens getroffen werden.

  Deutlich wird, daß die Abgrenzung zwischen einheitlicher Leitung und gemeinsamer Führung denkbar unbefriedigend ist, da bislang noch keine operationalen

Abgrenzungskriterien erarbeitet wurden. Dies liegt im wenig operationalen Umgang mit dem Begriff „einheitliche Leitung“. Allerdings ist zu bedenken, daß das Konzept der einheitlichen Leitung, das nur aufgrund des Mitgliederstaatenwahlrechts in deutschem Recht verankert ist, bei der in Arbeit befindlichen 9. EG-Richtlinie (Konzernrechtslinie) auch als Wahlrecht nicht mehr verankert sein dürfte.

- **Abgrenzung zu § 290 Abs. 2 HGB**

Aufgrund der formal definierten Rechtspositionen des Abs. 2 ist die Abgrenzung einfacher als dies gegenüber § 290 Abs. 1 HGB der Fall ist.

Das Wesen eines Gemeinschaftsunternehmens besteht darin, daß keinem Gesellschafter die Mehrheit der Stimmrechte oder der Anteile zusteht. Ein Mutter-Tochter-Verhältnis nach Nr. 1 (Mehrheit der Stimmrechte) kommt deshalb bei einem Gemeinschaftsunternehmen nicht in Betracht.

Da in der Regel (Ausnahme: z.B. Präsenzmehrheit) das Recht zur Organbestellung die Mehrheit der Stimmrechte bedingt, diese aber einem Gesellschafter bei einem Gemeinschaftsunternehmen nicht zusteht, läßt sich auch über Nr. 2 (Organbestellungsrecht) kein Mutter-Tochter-Verhältnis begründen.

Auch bei einer paritätischen Beteiligung (50 : 50) kann das in den Konzernabschluß einbezogene Gesellschaftsunternehmen keinen Beherrschungsvertrag abschließen (vgl. § 293 Abs. 1 AktG). Somit wird auch über das Institut eines Beherrschungsvertrages bei einem Gemeinschaftsunternehmen kein Mutter-Tochter-Verhältnis begründet. Eine Ausnahme ist bei einem Mehrmüttervertragskonzern gegeben; solche Unternehmensverträge werden i.d.R. geschlossen, um eine körperschaftssteuerliche Organschaft zu begründen (*vgl. Blümich/Danelsing, Rn. 2 ff. §§ 14 - 19 KStG*).

Ein Gemeinschaftsunternehmen **ist nur dann in den Konzernabschluß einzubeziehen**, wenn es sich bei dem Gesellschafterunternehmen um ein Mutter- oder Tochterunternehmen handelt, daß das Gemeinschaftsunternehmen gemeinsam mit einem oder mehreren nicht in den Konzernabschluß einbezogenen Unternehmen führt (§ 310 Abs. 1 HGB).

Das gemeinsam geführte Unternehmen darf entsprechend den Anteilen, die dem in den Konzernabschluß einbezogenen Mutter- oder Tochterunternehmen gehören, in den Konzernabschluß einbezogen werden. Daraus folgt, daß § 310 HGB grundsätzlich eine **Quotenkonsolidierung** von Gemeinschaftsunternehmen erlaubt. Die anteilmäßige oder quotale Konsolidierung bezieht im Gegensatz zur Vollkonsolidierung Vermögen und Schulden des Gemeinschaftsunternehmens nur anteilig in den Konzernabschluß ein. Der Ausweis von Kapitalanteilen anderer Anteilseigner entfällt. Ansonsten ist die Quotenkonsolidierung entsprechend den Vorschriften für die Vollkonsolidierung durchzuführen. *„Die Besonderheit der Quotenkonsolidierung besteht darin, daß mit Ausnahmen des Eigenkapital-*

postens alle übrigen Abschlußposten des Gemeinschaftsunternehmens nur quotal in Höhe des Konzernabteils am Kapital in den Konzernabschluß übernommen werden. Die einzelnen Aktivposten und Passivposten werden also im Gegensatz zur Vollkonsolidierung nicht in voller Höhe, sondern nur entsprechend dem Beteiligungsprozentsatz des Gesellschafterunternehmens in den Konzernabschluß übernommen. Der Ausweis von Minderheitenanteilen entfällt daher" (*Lück, 1994, S. 141*). § 310 HGB beinhaltet ein **Wahlrecht** zur **Quotenkonsolidierung**; das Wahlrecht ist allerdings eingeschränkter Natur: wird das Wahlrecht zur Quotenkonsolidierung nicht ausgeübt, ist anstelle der Quotenkonsolidierung die Equity-Methode anzuwenden.

Aus dem Bericht des Rechtsausschusses ergibt sich eindeutig, daß die Übernahme des Mitgliederstaatenwahlrechts zur Quotenkonsolidierung von Gemeinschaftsunternehmen in deutsches Recht nicht als Alternative zur Vollkonsolidierung, sondern lediglich zur Equity-Methode zu interpretieren ist.

Auch wenn eine Überschneidung von „gemeinsamer Führung" und „gemeinschaftlicher Leitung" nicht generell ausgeschlossen werden kann, kann eine gemeinsame Führung nur ausgeübt werden, wenn damit auch zugleich ein maßgeblicher Einfluß (§ 311 HGB) auf die Geschäfts- und Finanzpolitik des Gemeinschaftsunternehmens verbunden ist. Ein maßgeblicher Einfluß wird bei einer Beteiligungshöhe von mehr als 20 % widerlegbar vermutet, auch wenn letztlich jeweils einzelfallbezogen auf das Gesamtbild der tatsächlichen Verhältnisse abgestellt werden muß. Die Beteiligungsquote von > 20 % ist bei einem Gemeinschaftsunternehmen i.d.R. gegeben, so daß Gemeinschaftsunternehmen gleichzeitig als assoziierte Unternehmen zu qualifizieren sind. Zu entscheiden ist demnach vom Gesellschaftsunternehmen, ob ein Unternehmen quotal (§ 310 Abs. 1 HGB) oder „at equity" (§ 311 Abs. 1 HGB) einbezogen und damit konsolidiert werden soll.

Unter Beachtung des Stetigkeitsgrundsatzes kann das Wahlrecht zwischen Quotenkonsolidierung und Konsolidierung nach der Equity-Methode für jedes Gemeinschaftsunternehmen gesondert ausgeübt werden.

Das in § 310 Abs. 1 HGB verankerte Wahlrecht zur Quotenkonsolididerung von Gemeinschaftsunternehmen, wird im Schrifttum überwiegend abgelehnt, da

- das Wahlrecht Ausfluß der Interessenstheorie ist und somit gegen die Einheitstheorie verstößt und
- durch die methodische Vermischung von Quoten- und Vollkonsolidierung die Aussagefähigkeit des Konzernabschlusses verringert und der Einblick in die Vermögens-, Finanz- und Ertragslage des Konzerns erschwert werden kann.

7.8.3 Maßgeblicher Einfluß

Wird von einem Unternehmen, das entweder voll oder quotal in einen Konzernabschluß einbezogen ist, ein maßgeblicher Einfluß auf die Geschäfts- und Finanzpolitik eines nicht einbezogenen Unternehmens ausgeübt (= **assoziiertes Unternehmen**), so ist diese Beteiligung in der Konzernbilanz „at equity" unter einem besonderen Posten mit entsprechender Bezeichnung auszuweisen.

Beteiligungen an assoziierten Unternehmen sind somit gemäß § 311 Abs. 1 HGB im Konzernabschluß gesondert auszuweisen und nach der Equity-Methode zu bewerten.

Charakteristisch für eine Beteiligung an einem assoziierten Unternehmen ist, daß das beteiligte Unternehmen **maßgeblichen Einfluß** auf die „Geschäfts- und Finanzpolitik" des assoziierten Unternehmens ausübt.

Ein Unternehmen wird als assoziiertes Unternehmen nach der Equity-Methode einbezogen, sofern

- ein oder mehrere in den Konzernabschluß einbezogene Unternehmen an dem Unternehmen eine **Beteiligung** i.S.v. § 271 Abs. 1 HGB besitzen und
- **maßgeblicher Einfluß** auf die Unternehmenspolitik dieses Unternehmens ausüben.

Der Begriff „maßgeblicher Einfluß" ist im Gesetz nicht definiert. Somit müssen, wie bei der Definition der einheitlichen Leitung, Indizien zur Beurteilung herangezogen werden.

Die einheitliche Leitung, die gemeinsame Führung, wie auch der maßgebliche Einfluß beziehen sich auf originäre Führungsaufgaben, wobei in allen Fällen die tatsächliche Ausübung unterstellt wird. Unterschiede sind insoweit im jeweiligen Grad der Einflußnahme gegeben, wobei nicht nur geringfügige, graduellle Unterschiede gegeben sein können, sondern essentielle Unterschiede vorliegen müssen.

Als wesentliche Mitwirkungsmöglichkeiten bei Gemeinschaftsunternehmen werden i.d.R. beispielhaft genannt:

- *„Vertretung im Board of directors (bzw. im vergleichbaren Verwaltungsorgan)*
- *Mitwirkung im geschäftspolitischen Entscheidungsprozeß*
- *wesentliche Geschäftsbeziehungen*
- *Austausch von Führungskräften*
- *technologische Abhängigkeit, bzw. Überlassung von grundlegenden technischen Informationen*

Es ist nicht erforderlich, daß sämtliche genannten Indizien vorliegen" (*ADS 1992, Rn. 29, zu § 311 HGB*).

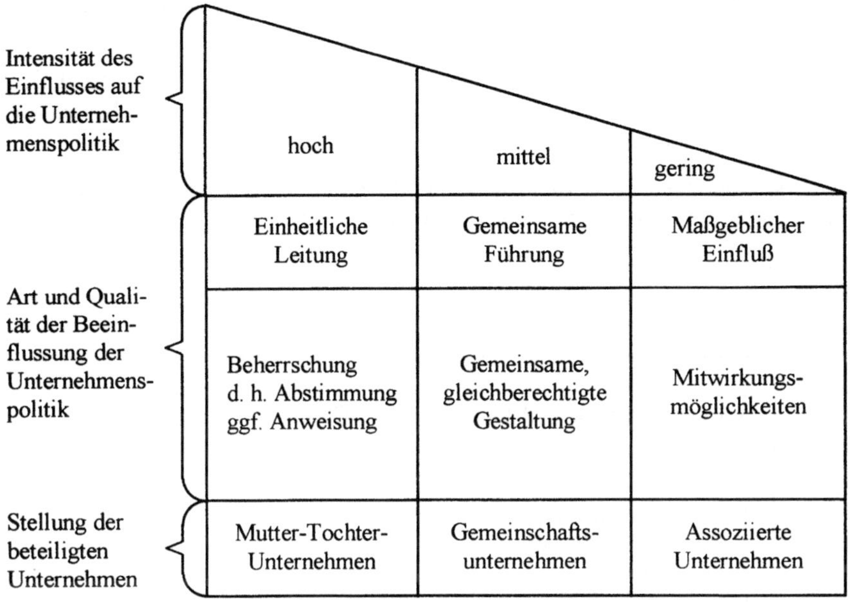

Abb. 72: Einheitliche Leitung, gemeinsame Führung und maßgeblicher Einfluß

Die Einflußnahme muß sich nicht auf operative Entscheidungen erstrecken, regelmäßig ist aber eine auf Dauer angelegte Mitwirkung bei Grundsatzentscheidungen (z.B. Produkt-, Investitionsstrategien) notwendige und hinreichende Bedingung für tatsächlich ausgeübten maßgeblichen Einfluß.

Ein maßgeblicher Einfluß wird danach z.B. von Automobilherstellern auf ihre Zulieferer ausgeübt. Dennoch handelt es sich bei diesen nicht um assoziierte Unternehmen i.S.v. § 311 Abs. 1 HGB, da zwar das Kriterium „maßgeblicher Einfluß" erfüllt ist, i.d.R. aber keine Beteiligung i.S.v. § 271 Abs. 1 HGB vorliegt. Der betriebswirtschaftliche Einfluß auf Zuliefererunternehmen kann jedoch so erheblich sein, daß er als „externe Führung" (*vgl. Hahn 1986, S. 23*) klassifiziert wird. Da das formale Merkmal der handelsrechtlichen Beteiligung fehlt, wird in solchen Fällen aufgrund der starken tatsächlich ausgeübten Einflußnahme vielfach von sog. „Unter-Strich-Beteiligungen" gesprochen.

Die **Assoziierungsvermutung** gemäß § 311 Abs. 1 S. 2 HGB wird widerlegt, wenn

- **keine Beteiligung** i.S.v. § 271 Abs. 1 HGB vorliegt,
- der **Nachweis** geführt wird, daß tatsächlich **kein maßgeblicher Einfluß** ausgeübt wird, bzw. kein ausreichendes Beeinflussungspotential gegeben ist (z.B. aufgrund sog. „Stand-still-agreements" oder fehlender Organvertretung),

- der Nachweis geführt werden kann, daß die Informationen, die zur Anwendung der Equity-Methode unabdingbar sind, nicht zur Verfügung gestellt werden (z.B. vertrauliche Informationen über Art und Höhe der stillen Rücklagen).

Bei assoziierten Unternehmen besteht eine **Ausweispflicht** (vgl. § 311 Abs. 1 S. 2, 2. Halbsatz HGB): die Beteiligung ist in der Konzernbilanz unter einem besonderen Posten mit entsprechender Bezeichnung auszuweisen.

Die folgende Abbildung faßt Einbeziehung und Konsolidierung schematisch vereinfacht in einem systematischen Stufenkonzept zusammen:

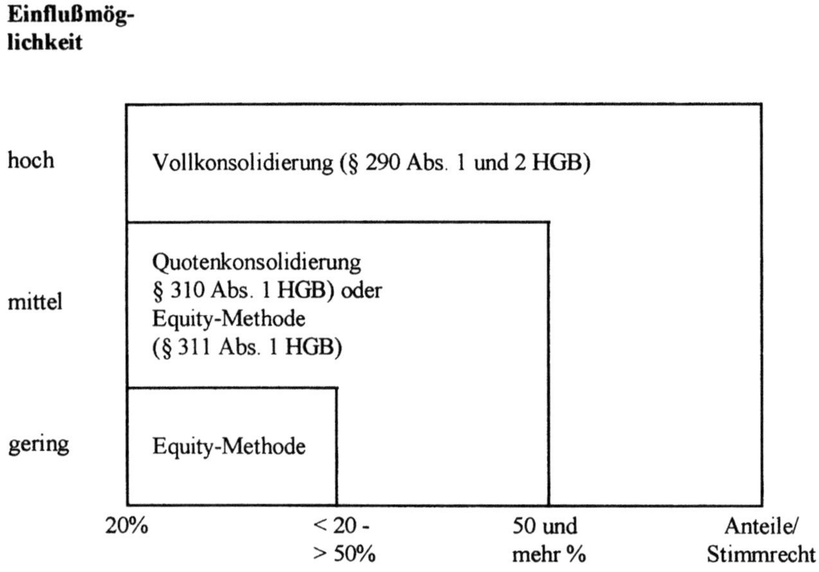

Abb. 73: Stufenkonzept der Konsolidierung

8 Vollkonsolidierung von Konzernunternehmen

8.1 Allgemeines

Im Konzernabschluß ist der Jahresabschluß des Mutterunternehmens mit den Jahresabschlüssen der Tochterunternehmen zusammenzufassen (§ 300 Abs. 1 S. 1 HGB).

Ein Konzern wird bilanztechnisch als eine rechtliche Einheit betrachtet. Die einzeln - rechtlich selbständigen - Konzernunternehmen werden im Konzernabschluß wie Unternehmensbereiche der fiktiv rechtlich und de facto wirtschaftlichen Einheit „Konzern" behandelt.

Im Jahresabschluß des Mutterunternehmens sind die Kapitalanteile an den Tochterunternehmen im Anlagevermögen unter der Position A.III. 1. „Anteile an verbundenen Unternehmen" oder unter A.III.3 „Beteiligungen" ausgewiesen. Den Kapitalanteilen des Mutterunternehmens stehen auf der Seite der Tochterunternehmen entsprechende Bilanzpositionen (Vermögensgegenstände, Schulden, Rechnungsabgrenzungsposten, Bilanzierungshilfen und Sonderposten mit Rücklageanteil) gegenüber.

Im Konzernabschluß ersetzen diese Bilanzpositionen die entsprechenden Kapitalanteilspositionen, d.h. bei der Zusammenfassung der Jahresabschlüsse der Mutterunternehmen mit denen der Tochterunternehmen, werden die im Jahresabschluß der Mutterunternehmen ausgewiesenen Kapitalanteile durch die „realen" in der Bilanz ausgewiesenen Bestände des Tochterunternehmens ersetzt.

Da die Bilanzposten der Einzelabschlüsse der einbezogenen Konzernunternehmen unabhängig von der jeweiligen Kapitalanteilsquote in voller Höhe in den Konzernabschluß übernommen werden (= Vollkonsolidierung), ist für Anteile Dritter, die nicht der Muttergesellschaft gehören, gemäß § 307 Abs. 1 HGB ein Ausgleichsposten für Anteile der anderen Gesellschafter am Kapital des Tochterunternehmens zu bilden. Für die Konzern-Gewinn- und -Verlustrechnung gilt dies analog: gemäß § 307 Abs. 2 HGB ist der im Jahresergebnis enthaltene, anderen Gesellschaftern zustehende Gewinn (bzw. der auf sie entfallende Verlust) unter entsprechender Bezeichnung gesondert auszuweisen.

Die Erstellung des Konzernabschlusses wird i.d.R. in zwei Schritten durchgeführt:

1. Erstellung der Summenbilanz sowie der Summen-Gewinn- und -Verlustrechnung.

   Die Einzelabschlüsse aller einzubeziehenden Unternehmen (also sowohl Mutter- als auch Tochterunternehmen) werden rein summarisch zu einem Abschluß zusammengefaßt.

2. Korrektur des Summen-Abschlusses = Durchführung der Konsolidierung.

   Der Summen-Abschluß ist um konzerninterne Kapital-, Kredit- sowie Lieferungs- und Leistungsverflechtungen zu bereinigen, um sicherzustellen, daß der Konzernabschluß der Einheitstheorie entspricht.

Hieraus leiten sich die folgenden Maßnahmen zur Erstellung des Konzernabschlusses ab:

- Kapitalkonsolidierung
- Schuldenkonsolidierung und
- Zwischenerfolgseliminierung sowie Konsolidierung Konsolidierung der GuV

8.2 Kapitalkonsolidierung

8.2.1 Überblick

Ausgangspunkt ist die Generalnorm des § 297 Abs. 3 HGB, wonach die Vermögens-, Finanz- und Ertragslage der in den Konzernabschluß einbezogenen Unternehmen so darzustellen ist, als ob es sich um ein rechtlich selbständiges Unternehmen handeln würde. Hierauf baut § 301 HGB auf, der Vorschriften zur Kapitalkonsolidierung enthält. Dabei ist zu berücksichtigen, daß § 301 HGB nur Regelungen für die Erstkonsolidierung enthält, Folgekonsolidierungen sind unter Beachtung von § 309 HGB und der GoK durchzuführen.

Gegenstand der Kapitalkonsolidierung sind die zwischen den einzubeziehenden Unternehmen bestehenden Kapitalverflechtungen.

Ziel der Kapitalkonsolidierung ist die Verrechnung des Beteiligungswertansatzes aus dem Einzelabschluß des Mutterunternehmens mit dem auf die Beteiligung entfallenden anteiligen Eigenkapital (= konsolidierungspflichtiges Kapital) der Einzelabschlüsse der Tochterunternehmen.

Beteiligungswertansatz (= Beteiligungsbuchwert) ist der Wert, zu dem Beteiligungen an verbundenen Unternehmen im Einzelabschluß der Mutterunternehmen als Position des Anlagevermögens ausgewiesen sind. Aktiviert werden sie mit den Anschaffungskosten (§ 255 Abs. 1 HGB), ggf. vermindert um außerplanmäßige Abschreibungen (§ 253 Abs. 2 HGB).

Zum konsolidierungspflichtigen Eigenkapital von Kapitalgesellschaften zählen hierbei:

- gezeichnetes Kapital

- Kapitalrücklagen
- Gewinnrücklagen
- Gewinn- oder Verlustvortrag
- Jahresüberschuß oder -fehlbetrag

Das folgende Beispiel zeigt die Technik der Kapitalkonsolidierung in vereinfachter Form auf.

1. Schritt: Erstellung Summenbilanz

Die Einzelbilanzen werden additiv zusammengefaßt.

Aktiva — Einzelbilanz Mutterunternehmen — Passiva

Beteiligung	400	gez. Kapital	1.100
sonst. Aktiva	850	Rücklagen	150
	1.250		1.250

Aktiva — Einzelbilanz 100%igen Tochterunternehmens — Passiva

		gez. Kapital	350
Aktiva	400	Rücklagen	50
	400		400

Aktiva — Summenbilanz — Passiva

Beteiligung	400	gez. Kapital	1.450
sonst. Aktiva	1.250	Rücklagen	200
	1.650		1.650

In der Summenbilanz wird neben den Aktiva des Mutter- und Tochterunternehmens auch der Beteiligungsbuchwert, der in der Einzelbilanz des Mutterunternehmens enthalten ist, ausgewiesen. Der gleichzeitige Ausweis der Beteiligung und der der Beteiligung entsprechenden Vermögenswerte stellen eine Doppelerfassung dar, die gegen die Generalnorm des § 297 Abs. 3 S. 1 HGB verstößt, da aus der Sicht der Einheit Konzern nicht vorhandene Vermögenswerte ausgewiesen werden.

Der Einheitstheorie entsprechend nicht vorhanden ist die Beteiligung des Mutterunternehmens, die (bei unterstellter 100 %iger Beteiligung) dem Eigenkapital des Tochterunternehmens entspricht. Durch Konsolidierung (= Verrechnung) der Beteiligung des Mutterunternehmens mit dem korrespondierenden Eigenkapital des Tochterunternehmens wird die Summenbilanz in die Konzernbilanz überführt (= 2. Schritt: Kapitalkonsolidierung).

2. Schritt: Kapitalkonsolidierung

Der Beteiligungsbuchwert in Höhe von 400 wird gegen das Eigenkapital des Tochterunternehmen in Höhe von 400 verrechnet (= konsolidiert). Das Eigenkapital der Tochter setzt sich aus dem gezeichneten Kapital in Höhe von 350 und Rücklagen in Höhe von 50 zusammen.

Aktiva	Konzernbilanz		Passiva
		gez. Kapital	1.100
Aktiva	1.250	Rücklagen	150
	1.250		1.250

Das in der Konzernbilanz ausgewiesene Eigenkapital entspricht nun dem Eigenkapitalansatz des Mutterunternehmens.

Die Aktiva in der Konzernbilanz setzen sich aus den sonstigen Aktiva des Mutterunternehmen und den Aktiva des Tochterunternehmen zusammen.

Das (vereinfachte) Beispiel läßt sich schematisch, wie in Abb. 74 dargestellt, in allgemeiner Form zusammenfassen.

Der Grundsatz der Vollkonsolidierung verlangt, daß im Konzernabschluß der Jahresabschluß des Mutterunternehmens mit den Jahresabschlüssen der Tochterunternehmen zusammenzufassen ist (§ 300 HGB). Dies bedeutet, daß die Vermögenswerte des Tochterunternehmens im vorgenannten Beispiel auf der Basis 100 % zu übernehmen sind.

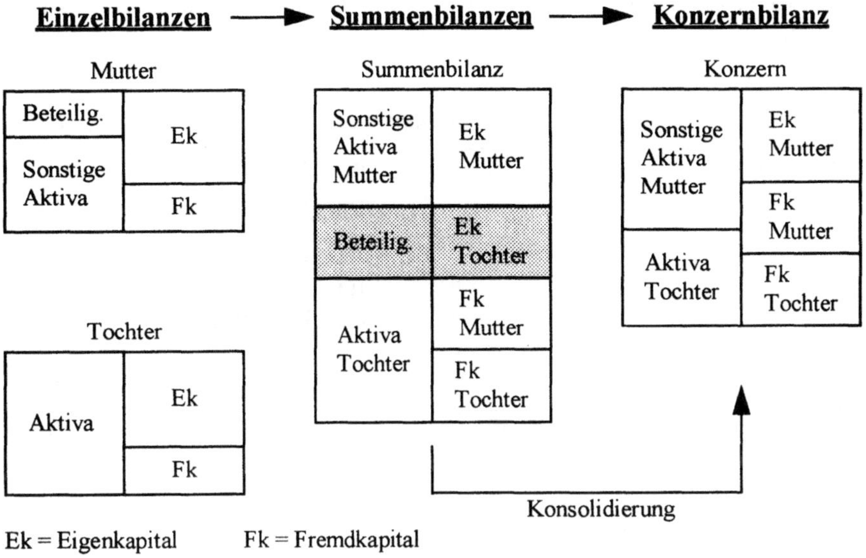

Abb. 74: Kapitalkonsolidierung: Überleitung der Einzelbilanzen in die Konzernbilanzen ohne Berücksichtigung von Aufrechnungsdifferenzen

Da eine Vollkonsolidierung jedoch nicht gleichbedeutend mit einer 100 %igen Beteiligung des Mutterunternehmens sein muß, sind Ausgleichsposten für die Anteile anderer Gesellschafter in Höhe ihrer Anteile am Eigenkapital in der Konzernbilanz gesondert auszuweisen (§ 307 Abs. 1 S. 1 HGB). *„Durch die Verpflichtung zum gesonderten Ausweis des auf Anteile anderer Gesellschafter entfallenden Eigenkapitals wird das Eigenkapital der wirtschaftlichen Einheit Konzern in zwei Blöcke ausgewiesen und dem entsprechend eine Unterteilung der Eigenkapitalgeber vorgenommen: Die Anteilseigner des Mutterunternehmens und die sonstigen Anteilseigner der einbezogenen Tochterunternehmen.“ (ADS 1992, Rn. 4 zu § 307 HGB).* In solchen Fällen liegt eine Vollkonsolidierung mit gesondertem Minderheitenausweis vor.

Beispiel:

Das (obige) Mutterunternehmen ist zu 80 % an dem (obigen) Tochterunternehmen beteiligt.

Zunächst ist das Tochterunternehmen - wie oben durchgeführt - zu 100 % zu konsolidieren. Bei Eigenkapitalausweis ist nun zu differenzieren

- in das „Konzern“-Eigenkapital des Tochterunternehmens in Höhe von 320 (= 80 %) und in

- die Eigenkapitalposition „Anteile anderer Gesellschafter" in Höhe von 80 (= 20 %).

Aktiva	Konzernbilanz			Passiva
Anlagevermögen	1.250	I.	gez. Kapital	1.030
		III.	Rücklagen	140
		VII.	Ausgleichsposten für Anteile anderer Gesellschafter	
			- am Kapital	70
			- an den Rücklagen	10
	1.250			1.250

8.2.2 Methoden der Kapitalkonsolidierung

Für die Kapitalkonsolidierung kommen in Abhängigkeit von Art und Intensität der Unternehmensverbindung **unterschiedliche Methoden** in Betracht. Einen zusammenfassenden Überblick vermittelt die folgende Abbildung:

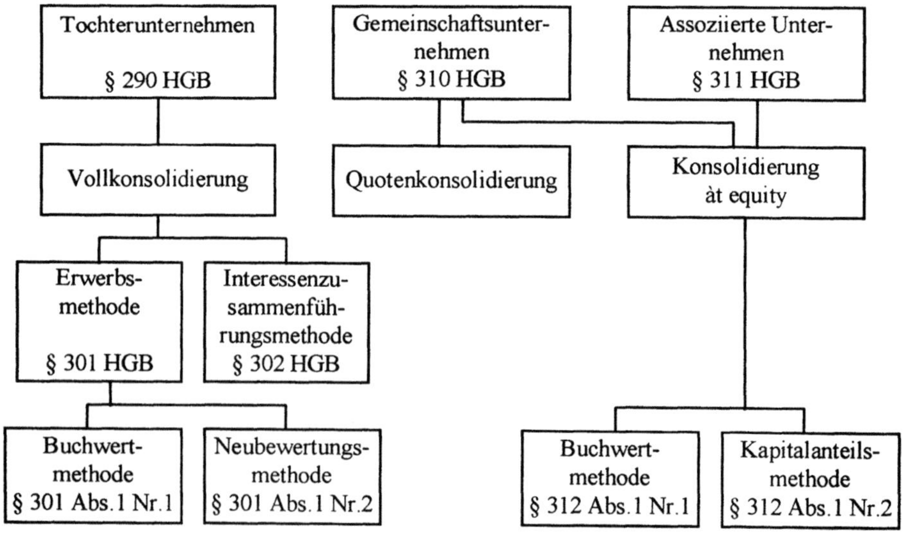

Abb. 75: Kapitalkonsolidierung und Konsolidierungsmethoden bei Tochterunternehmen, Gemeinschaftsunternehmen und assoziierten Unternehmen

Tochterunternehmen werden grundsätzlich vollkonsolidiert. Zum Ansatz kann die Erwerbsmethode nach § 301 HGB oder die Interessenzusammenführungsmethode nach § 302 HGB kommen. Soweit die Erwerbsmethode angewandt wird, kann zwischen der Buchwertmethode nach § 301 Abs. 1 Nr. 1 HGB oder der Neubewertungsmethode nach § 301 Abs. 1 Nr. 2 HGB gewählt werden.

Gemeinschaftsunternehmen können nach § 310 HGB „quotiert" konsolidiert werden.

Assoziierte Unternehmen sind nach der Buchwertmethode gemäß § 312 Abs. 1 Nr. 1 HGB oder der Kapitalanteilsmethode gemäß § 312 Abs. 1 Nr. 2 HGB in den Konzernabschluß mit einzubeziehen.

Eine Untersuchung der Treuarbeit der Konzernabschlüsse belegt, daß in der Bundesrepublik nahezu ausschließlich die Erwerbsmethode angewandt wird (*Treuarbeit 1990, S. 157 ff.*). Die folgenden Ausführungen zur Vollkonsolidierung beziehen sich aus diesem Grunde schwerpunktmäßig auf die Erwerbsmethode, die Interessenzusammenführungsmethode wird lediglich in ihren Grundzügen skizziert.

(1) Interessenzusammenführungsmethode (§ 302 HGB)

Der wesentliche Unterschied zur Erwerbsmethode besteht darin, daß die zu erwerbenden Anteile von der Mutter nicht gekauft werden, sondern daß Anteile ausgetauscht werden. Die Erwerbsmethode (= Kauf) wird deshalb auch im angelsächsischen Bereich als „Purchase-Methode" bezeichnet. Der Eigentümerkreis an dem erworbenen Unternehmen hat sich durch den Verkauf bzw. Kauf von Anteilen geändert. Dem „neuen" Unternehmensverbund steht das für den Erwerb aufzubringende Entgelt (nicht zu verwechseln mit „Kapital") nicht mehr zu Verfügung.

Bei der **Zusammenführung** (= pooling) **von Interessen** werden demgegenüber Anteile ausgetauscht. Die Methode wird im Angelsächsischen daher „pooling-of-interests-method" bezeichnet. Für den Erwerber bedeutet dies eine Kapitalerhöhung aufgrund von Sacheinlagen, für den Veräußerer einen Tausch von Anteilen, da er Anteile an seinem Unternehmen gegen solche des neuen Mehrheitsanteilseigners eintauscht.

Die Interessenzusammenführung kommt einer Verschmelzung (vgl. § 355 AktG) sehr nahe. Der Unterschied besteht (lediglich) darin, daß die Unternehmen rechtlich selbständig bleiben. Der Gesetzgeber hat (relativ) strenge Maßstäbe an die Anwendung der Pooling-of-Interests-Methode geknüpft. Wohl deshalb, weil der Informationsgehalt des Konzernabschlusses bei Anwendung der Pooling-of-Interests-Methode - zumindest bei der Erstkonsolidierung - geringer ist, als bei Anwendung der Erwerbsmethode.

Die Pooling-of-Interests-Methode ist nur zulässig, wenn die für eine Interessenszusammenführung typischen Voraussetzungen gemäß § 302 Abs. 1 HGB vollständig erfüllt sind:

- die **Beteiligungshöhe** muß **mindestens 90 %** betragen (Abs. 1 Nr. 1),
- die **Anteile** werden gegen **Ausgabe von Anteilen** eines in den Konzernabschluß einbezogenen Unternehmens erworben (Abs. 1 Nr. 2),
- eine eventuelle **Barabfindung darf** 10 % des Nennbetrages oder des rechnerischen Wertes der angegebenen Anteile **nicht überschreiten** (Abs. 1 Nr. 3).

Bei der Kapitalkonsolidierung nach § 302 HGB wird der Beteiligungsbuchwert nur gegen das anteilige Nominalkapital (= anteiliges „gezeichnetes" Kapital) der Tochterunternehmen verrechnet. Die Rücklagen sowie die übrigen Aktiva und Passiva werden zum Buchwert übernommen. Eine Differenz (vgl. hierzu Ausführungen über „Unterschiedsbetrag") zwischen Beteiligungsbuchwert des Mutterunternehmen und dem gezeichneten Kapital des Tochterunternehmens wird mit den Rücklagen des Mutterunternehmen saldiert. Stille Rücklagen werden nicht aufgedeckt. Für die wertmäßige Verrechnung maßgeblicher Zeitpunkt ist der Zeitpunkt der Übernahme der Anteile des Tochterunternehmens bzw. der erstmaligen Einbeziehung des Tochterunternehmens in den Konzernabschluß.

Beispiel:

Das Tochterunternehmen wird vom Mutterunternehmen zu 100 % übernommen. Die Übernahme erfolgt durch Aktientausch im Wert von 400 (= Beteiligungswert).

1. Schritt: Erstellung Summenbilanz

Aktiva	Mutterunternehmen		Passiva
Beteiligung	400	gez. Kapital	1.100
sonst. Aktiva	850	Rücklagen	150
	1.250		1.250

Aktiva	Tochterunternehmen		Passiva
		gez. Kapital	360
Aktiva	700	Rücklagen	340
	700		700

Aktiva	Summenbilanz		Passiva
Beteiligung	400	gez. Kapital	1.460
sonst. Aktiva	1.550	Rücklagen	490
	1.950		1.950

2. Schritt: Kapitalkonsolidierung

Aktiva	Konzernbilanz		Passiva
Beteiligung	0	Kapital	1.100
Anlagevermögen	1.550	Rücklagen	450
	1.550		1.550

Soweit, wie im vorgenannten Beispiel, der Beteiligungsbuchwert das korrespondierende gezeichnete Kapital des Tochterunternehmens übersteigt (= aktivischer Unterschiedsbetrag), vermindern sich die Rücklagen des Konzerns um den verrechneten Unterschiedsbetrag. Im umgekehrten Fall erhöhen sich die Konzernrücklagen entsprechend.

Die Pooling-of-Interests-Methode ist ausschließlich im Rahmen der Kapitalkonsolidierung anwendbar (Methodenwahlrecht). Die weiteren Konsolidierungsmaßnahmen, wie Schuldenkonsolidierung, Zwischenergebniseliminierung, Steuerabgrenzung, bleiben hiervon unberührt.

Gemäß § 302 Abs. 3 HGB sind bei Anwendung der Interessenzusammenführungsmethode **zusätzliche Angaben** über die Anwendung der Methode, die daraus resultierenden Veränderungen der Rücklagen sowie der nach dieser Methode konsolidierten Tochterunternehmen im Konzernanhang erforderlich.

(2) Erwerbsmethode

Die Erwerbsmethode („purchase-Methode"), ist die sog. „echte angelsächsische Methode" der Kapitalkonsolidierung (vielfach auch als Methode der erfolgswirksamen Erstkonsolidierung bezeichnet).

Konzeptionell liegt der Erwerbsmethode die Fiktion zugrunde, daß die durch die erstmalige Einbeziehung eines Tochterunternehmens bewirkte Erweiterung der wirtschaftlichen Einheit Konzern wie der Erwerb eines rechtlich unselbständigen Betriebes zu behandeln sei. Folglich wird unterstellt, daß das Mutterunternehmen nicht nur Anteile, sondern alle Vermögensgegenstände und

Schulden einzeln erwirbt („Einzelerwerbsfiktion"). An die Stelle der Beteiligung an dem Tochterunternehmen treten im Konzernabschluß gemäß § 301 Abs. 1 S. 2 HGB die Vermögensgegenstände und Verbindlichkeiten des Tochterunternehmens. Dabei muß im Rahmen der Erstkonsolidierung sichergestellt werden, daß Vermögensgegenstände und Verbindlichkeiten des Tochterunternehmens mit den Werten in die Konzernbilanz übernommen werden, die ihnen im Rahmen des Kaufpreises der Beteiligung beizumessen sind. Jeder Vermögensgegenstand bzw. jede Verbindlichkeit ist somit mit kaufpreisanteiligen Anschaffungskosten bzw. Konzernanschaffungskosten in der Konzernbilanz anzusetzen.

Im Zuge der Aufteilung sind die Vermögensgegenstände und Schulden des Tochterunternehmens mit folgenden Werten in der Konzernbilanz anzusetzen:

- Ansatz der Vermögensgegenstände und Schulden zum **Buchwert** gemäß § 301 Abs. 1 Satz 2 Nr. 1 HGB („**Buchwertmethode**") oder
- Ansatz der Vermögensgegenstände und Schulden (...) mit dem ihnen zum Zeitpunkt des Erwerbs der Anteile beizulegenden Wert gemäß § 301 Abs. 1 Satz 2 Nr. 2 HGB („**Neubewertungsmethode**").

Im Gegensatz zur Pooling-of-Interests-Methode werden sowohl bei Anwendung der Buchwert- wie auch der Neubewertungsmethode Differenzen zwischen Beteiligungsbuchwert des Mutterunternehmens und dem anteiligen Eigenkapital des Tochterunternehmen aufgedeckt.

Beispiel:

A	Mutter- unternehmen	P
Beteiligung 400 ↓ Beteiligungs- buchwert		

A	Tochter- unternehmen	P
		Eigenkapital 360 ↓ anteiliges Eigen- kapital

Die Differenz zwischen Beteiligungsbuchwert des Mutterunternehmen und anteiligem Eigenkapital des Tochterunternehmens (im Beispiel = 40) wird daraufhin analysiert, welcher Natur sie ist. Da es unterschiedliche Gründe geben kann, ist der Differenzbetrag entsprechend den Ursachen aufzuteilen. Die Einzelbeträge werden dann den entsprechenden Bilanzpositionen zugeordnet. Dies bedeutet, daß stille Rücklagen oder auch stille Lasten aus Konzernsicht

- zunächst aufgelöst und anschließend
- einzelnen Bilanzpositionen zugeordnet

werden.

8.2.3 Unterschiedsbetrag

In der Regel entsprechen sich Beteiligungswertansatz des Mutterunternehmen und das anteilige Eigenkapital des Tochterunternehmen nicht. Die Differenz - stille Rücklagen/stille Lasten - wird als „Unterschiedsbetrag" bezeichnet, der aus Konzernsicht wie Anschaffungskosten behandelt und ergebniswirksam abgeschrieben wird. Diese Kapitalkonsolidierungsmethode wird deshalb auch als „erfolgswirksam" bezeichnet.

Beispiel:

Das Mutterunternehmen ist zu 100 % am Tochterunternehmen beteiligt. Vernachlässigt wird dabei zunächst der Einfachheit halber, ob im Rahmen der Erwerbsmethode nach der Buchwert- oder Neubewertungsmethode verfahren wird, da lediglich die Technik der Auflösung stiller Rücklagen und ihre Zuordnung zu Bilanzpositionen dargestellt werden soll.

1. Schritt: Auflösung stiller Rücklagen

A	Mutter-unternehmen		P
Grundst.	350	gez. Kap.	1.100
Gebäude	350		
Beteilig.	400		
	1.100		1.100

A	Tochter-unternehmen		P
Grundst.	180	gez. Kap.	360
Gebäude	180		
	360		360

aktiver Unterschiedsbetrag:

Beteiligung des Mutterunternehmens	400
- gezeichnetes Kapital des Tochterunternehmens	360
= Unterschiedsbetrag	40

2. Schritt: Zuordnung zu Bilanzpositionen

Der Unterschiedsbetrag wird den Positionen Gebäude und Grundstücke zugeordnet, so daß sich die Vermögenswerte in der Konzernbilanz wie folgt verändern:

- Gebäude: 350 aus Mutterunternehmen
  180 aus Tochterunternehmen
  20 aus Aufdeckung stiller Rücklagen
- Grundstücke: 350 aus Mutterunternehmen
  180 aus Tochterunternehmen
  20 aus Aufdeckung stiller Rücklagen

} = Unterschiedsbetrag

A	Konzern		P
Grundst.	550	gez. Kap.	1.100
Gebäude	550		
	1.100		1.100

Bei der Erwerbsmethode ist zwischen Erst- und Folgekonsolidierung zu unterscheiden. Der wesentliche Unterschied besteht darin, daß „nur" (= zeitlicher Bezug) bei der Erstkonsolidierung die Aufrechnung des Beteiligungswertansatzes des Mutterunternehmens gegen das anteilige Eigenkapital des Tochterunternehmens erfolgt, so daß nur zum Zeitpunkt der Erstkonsolidierung ggf. ein Unterschiedsbetrag ermittelt und entsprechenden Bilanzpositionen zugeordnet und mit diesen verrechnet wird. Diese Wertansätze sind fortzuführen. „Fortgeführt" bezeichnet den Sachverhalt, daß auf diese Wertansätze Abschreibungen oder Zuschreibungen erfolgswirksam vorzunehmen sind.

Bei der Pooling-of-Interests-Methode wird demgegenüber eine evtl. Differenz mit den Rücklagen verrechnet. Da Rücklagen nicht abgeschrieben werden, stellt sich diese Methode als erfolgsneutral dar.

Der Unterschiedsbetrag kann sowohl aktiver als auch passiver Natur sein. Ein aktiver Unterschiedsbetrag ergibt sich, wenn der Beteiligungswertansatz (= Aktivposten) des Mutterunternehmens höher ist, als das anteilige Eigenkapital (= Passivkosten) des Tochterunternehmens. Entsprechend muß bei einem passiven Unterschiedsbetrag das anteilige Eigenkapital höher ausgewiesen sein als die Beteiligung beim Mutterunternehmen.

Gründe für einen **aktiven Unterschiedsbetrag** können sein:

- Aufdeckung stiller Rücklagen aus der Unterbewertung von Vermögensgegenständen.
- Die Muttergesellschaft unterstellt beim Erwerb der Beteiligung höhere Ertragserwartungen, als es das anteilige Reinvermögen des Tochterunternehmen vermuten läßt. Der Unterschiedsbetrag stellt sich dann als „Geschäftswert" (auch „Goodwill" genannt) dar. Die Beteiligung wurde überbewertet.
- Nicht aktivierte immaterielle Vermögensgegenstände wurden im Beteiligungsansatz berücksichtigt.

Ein **passiver Unterschiedsbetrag** kann folgende Gründe haben:

- Aufdeckung stiller Lasten durch Überbewertung von Vermögensgegenständen oder Unterbewertung von Schulden (= Verstoß gegen das Vorsichtsprinzip).
- Die Beteiligung wird aufgrund eingeschränkter und pessimistischer Ertragserwartungen vom Mutterunternehmen geringer bewertet; ein solcher Geschäftsminderwert (auch „Badwill" genannt) ist zu passivieren.
- Die Beteiligung ist unterbewertet, z.B. aufgrund eines günstigen Kaufs der Anteile (sog. „lucky buy"). Ein daraus resultierender Unterschiedsbetrag besitzt Rücklagecharakter. So wird z.B. im Konzernanhang der Hugo Boss AG für die Rechnungsperiode 1988 vermerkt: „Bei der Kapitalkonsolidierung wurde wie folgt verfahren (1) Holy!s Exclusive Herrenmoden GmbH: Der aus der Erstkonsolidierung stammende *„passive Unterschiedsbetrag auf der Kapitalkonsolidierung" von TDM 168 wurde als lucky buy gemäß § 309 Abs. 2 HGB unverändert fortgeführt...*"

Die Erfassung und Analyse eines Unterschiedsbetrages ist wichtiger Bestandteil der Kapitalkonsolidierung.

8.2.4 Unterschiede zwischen Buchwertmethode und Neubewertungsmethode

(1) Buchwertmethode

Bei dieser Methode wird der Beteiligungswertansatz des Mutterunternehmens mit dem anteiligen Buchwert des Eigenkapitals des Tochterunternehmens verrechnet. Aufgedeckt und aufgelöst werden in der Konzernbilanz die im Kaufpreis der Anteile enthaltenen stillen Rücklagen/Lasten.

Läßt sich der Unterschiedsbetrag nicht vollständig zuordnen, wird der Restbetrag, sofern

- er positiv ist, als „Geschäfts- oder Firmenwert" aktiviert,
- er negativ ist, als „Unterschiedsbetrag aus der Kapitalkonsolidierung" passiviert.

Die Aufdeckung und Zuordnung eines Unterschiedsbetrages erfolgt im Rahmen der Erstkonsolidierung. Drittanteile werden in der Konzernbilanz anteilig zum Buchwert des in der Einzelbilanz des Tochterunternehmens ausgewiesenen Eigenkapitals angesetzt. Die Zuordnung stiller Rücklagen zu den entsprechenden Konzernpositionen erfolgt jeweils in Relation zur Beteiligungshöhe.

Beispiel:

Die Beteiligung des Mutterunternehmens beträgt 80 % am Tochterunternehmen; der der Beteiligung entsprechende anteilige Buchwert des Eigenkapitals des Tochterunternehmens beläuft sich auf 360.

1. Schritt: Ausweis von Drittanteilen

A	Mutter-unternehmen		P	A	Tochter-unternehmen		P
Grundst.	350	gez. Kap.	1.100	Grundst.	180	gez. Kap.	450
Gebäude	350			Gebäude	180		
Beteilig.	400			Maschinen	90		
	1.100		1.100		450		450

Drittanteile:

gezeichnetes Kapital des Tochterunternehmens	450
- 80 %ige Beteiligung des Mutterunternehmens	360
= Anteile anderer Gesellschafter (= Drittanteile)	90

2. Schritt: Auflösung und Zuordnung stiller Rücklagen

Auflösung:

Beteiligungsbuchwert	400
- anteiliges Eigenkapital des Tochterunternehmens	360
= Unterschiedsbetrag	40

Zuordnung:

Gebäude	80 % aus 20	= 16
Grundst.	80 % aus 20	= 16
= zugeordneter Unterschiedsbetrag		= 32

Geschäfts- und Firmenwert:

Unterschiedsbetrag	= 40
- zugeordneter Unterschiedsbetrag	= 32
= Geschäfts- und Firmenwert	= 8

3. Schritt: Erstellung der Konzernbilanz

Aktiva — Konzernbilanz — Passiva

Aktiva		Passiva	
Firmenwert	8	gez. Kapital	1.100
Grundstücke	546	Anteile anderer Gesellschafter	90
Gebäude	546		
Maschinen	90		
	1.190		1.190

(2) Neubewertungsmethode

Bei dieser Methode werden alle bilanzierungsfähigen Vermögensgegenstände und Schulden des Tochterunternehmens bei der Erstellung der HB II (= Handelsbilanz II) oder simultan im Rahmen der Konsolidierung neu bewertet. Grundlage ist der beizulegende Wert zum Verrechnungsstichtag. Dies führt zu einer Änderung des Eigenkapitals beim Tochterunternehmen. Verrechnungsstichtag ist der „Stichtag des Erwerbs“ des Tochterunternehmens. Der beizulegende Wert ist ein Hilfswert, da es für diese Güter streng genommen keinen Börsen- oder Marktpreis gibt (z.B. bei speziellen Fertigungsanlagen). Der beizulegende Wert orientiert sich an den Wiederbeschaffungs- oder Wiederherstellungskosten bzw. am Marktpreis, d.h. der beizulegende Wert kann absatz- und/oder beschaffungsmarktbezogen ermittelt werden.

Da die Neubewertung auf der Ebene der Einzelbilanz durchgeführt wird, erhöht sich auch das konsolidierungspflichtige Kapital: Nach der Neubewertung der einzelnen Bilanzposten mit ihren tatsächlichen Werten (= beizulegendem Wert) wird der Wertansatz der Beteiligung des Mutterunternehmens mit dem auf diesem Wege neu berechneten anteiligen Eigenkapital des Tochterunternehmens verrechnet. Im Gegensatz zur Buchwertmethode umfaßt die Neubewertungsmethode auch Drittanteile. Somit erhöht sich bei der Offenlegung durch Zuordnung von stillen Rücklagen im Vergleich zur Buchwertmethode der Wertansatz der Drittanteile.

Beispiel:

Das Mutterunternehmen ist mit 80 % am gezeichneten Kapital des Tochterunternehmens beteiligt; der der Beteiligung entsprechende anteilige Buchwert des Eigenkapitals des Tochterunternehmens beläuft sich auf 360.

1. Schritt:	Neubewertung anläßlich der Erstellung der HB II

A	Mutterunternehmen		P
Grundst.	350	gez. Kap.	1.100
Gebäude	350		
Beteilig.	400		
	1.100		1.100

A	Tochterunternehmen (HB I)		P
Grundst.	180	gez. Kap.	450
Gebäude	180		
Maschi.	90		
	450		450

Die stillen Rücklagen sollen entsprechend den vorgenannten Beispielen aufgedeckt und den entsprechenden Bilanzpositionen zugeordnet werden; hieraus ergibt sich folgende HB II:

A	Tochter-unternehmen (HB II)		P
Grundst.	200	gez. Kap.	490
Gebäude	200		
Beteilig.	90		
	490		490

2. Schritt: Erstellung der Konzernbilanz

Im Gegensatz zur Buchwertmethode kann sich der (restliche) Konsolidierungspflichtige Unterschiedsbetrag nun nicht mehr auf stille Rücklagen, sondern nur noch auf den Geschäfts- und Firmenwert beziehen.

Aktiva	Konzern		Passiva
Firmen- u. Geschäftswert	8	gez. Kapital	1.100
Grundstücke	550	Anteile anderer Gesellschafter	98
Gebäude	550		
Maschinen	90		
	1.198		1.198

Die Höhe des beizulegenden Wertes kann maximal bis zur Höhe der Anschaffungskosten der Beteiligung betragen. Die Neubewertung ist also eine auf die Anschaffungskosten der Anteile begrenzte neue Bewertung; durch diese Begrenzung gemäß § 301 Abs. 1 S. 4 HGB, die die 7. EG-Richtlinie nicht vorsieht, soll dem Anschaffungskostenprinzip entsprochen werden.

Beispiel:

Ausgangssituation:

Die Beteiligung des Mutterunternehmens beträgt 80 % = Anschaffungskosten 400.

- Die Werte müssen vergleichbar gemacht werden (verschiedene Rechenwege sind möglich; wir beziehen uns auf die Anschaffungskosten, da diese nicht überschritten werden dürfen):
  - werden die Anschaffungskosten von 400 (= 80 %) auf Basis 100 % hochgerechnet, ergeben sich 500;
  - diese 500 entsprechen dem maximal zulässigen Eigenkapital des Tochterunternehmens, denn: 500 x 80 % = 400;
  - dem gezeichneten Eigenkapital des Tochterunternehmens in Höhe von 450 GE entspräche somit ein Wertansatz beim Mutterunternehmen in Höhe von 500 (bei 100 %iger Beteiligung).
- Maximal auflösbare stille Rücklagen:
  - max. zulässiges Eigenkapital des Tochterunternehmens = 500

    - tatsächlich gezeichnetes Kapital des Tochterunternehmens = 450

    = max. auflösbare stille Rücklagen = 50
  - Tatsächlich vorhandene stille Rücklagen von 50 können zu 100 % aufgelöst und zugeordnet werden.

Soweit die Anschaffungskosten durch konzerninterne Transaktionen „verfälscht" wurden, werden sie durch **Konzernanschaffungskosten** ersetzt. Diese Begrenzung hat zur Folge, daß aufgrund der Neubewertung kein passiver Unterschiedsbetrag möglich ist. Hingegen kann sich ein passiver Unterschiedsbetrag aufgrund der Gegebenheiten vor (!) der Neubewertung ergeben.

Stille Rücklagen werden vor der Kapitalkonsolidierung aufgedeckt und entsprechend aufgelöst. Bei einem jetzt noch verbleibenden Restbetrag kann es sich nur noch um einen zu aktivierenden „Geschäfts- oder Firmenwert" oder um einen zu passivierenden „Unterschiedsbetrag aus der Kapitalkonsolidierung" handeln. Ein passiver Unterschiedsbetrag kann jedoch nur in Ausnahmefällen entstehen, nämlich dann, wenn vor dem Stichtag der Erstkonsolidierung Abschreibungen auf den Buchwert der Beteiligung vorgenommen worden sind (*vgl. WP-Handbuch 1992, S. 749*).

(3) Unterschiede zwischen Buchwert- und Neubewertungsmethode

Die unterschiedliche konzeptionelle Vorgehensweise zwischen beiden Methoden führt zu folgenden Konsequenzen:

- Bei der **Neubewertungsmethode** werden die Minderheitenanteile in die Neubewertung einbezogen. Folglich werden auch bei den Minderheitenanteilen die aufgedeckten stillen Reserven/Lasten berücksichtigt: sie werden mit dem Zeitwert des Eigenkapitals anteilig berücksichtigt.

- Bei der **Buchwertmethode**, entsprechen die Minderheitenanteile demgegenüber dem Buchwert des in der Einzelbilanz der Tochter ausgewiesenen Eigenkapitals.

Die Neubewertungsmethode führt im Vergleich zur Buchwertmethode zu

„*(1) einer höheren Konzernbilanzsumme,*

(2) einem höheren Ansatz für Anteile anderer Gesellschafter, jeweils im Zeitpunkt der Erstkonsolidierung und

(3) im Rahmen der Folgekonsolidierung zu niedrigeren Konzernergebnissen"

(*Weber/Zündorf, in: Küting/Weber, 1989, S. 984*).

In der Praxis ist die Wahl zwischen den beiden Methoden bestimmt durch die vorherrschenden situativen Realitäten. In rezessiven Wirtschaftsphasen hat die Buchwertmethode durchaus „Vorteile". Diese liegen u.a. darin, daß der Ausweis von Drittanteilen am Eigenkapital niedriger ist als bei der Neubewertungsmethode. Bei gegebenem hohen Verschuldungsgrad stellt sich durch die Buchwertmethode das Verhältnis Eigenkapital/Fremdanteile positiver dar, als bei der Neubewertungsmethode. Unabhängig davon dominiert in der Praxis bislang die Buchwertmethode; von 90 untersuchten Konzernen haben 73 Angaben zur Konsolidierungsmethode gemäß § 301 Abs. HGB gemacht, 73 Konzerne haben die Buchwertmethode angewandt (*vgl. Treuarbeit, 1990, S. 159*).

8.2.5 Erstkonsolidierung nach der Buchwertmethode

In einem ersten Schritt wird die Summenbilanz erstellt. Weicht der Abschluß des Einzelunternehmens von den für den Konzernabschluß vorgeschriebenen Ansatz- und Bewertungsvorschriften ab, ist für das Tochterunternehmen zunächst, wie schon beschrieben, eine Handelsbilanz II zu erstellen.

In einem zweiten Schritt ist der Unterschiedsbetrag zu ermitteln, zu analysieren und dann den entsprechenden Bilanzpositionen zuzuordnen.

Deutlich wird, daß bei der Buchwertmethode die Zuordnung der Unterschiedsbeträge erst im Zuge der Konsolidierung durchgeführt wird und nicht schon bei der Erstellung der HB II.

Das folgende **Beispiel** zeigt diese Ablauffolge auf:

Ausgangssituation:

Das Mutterunternehmen beteiligt sich an einem Unternehmen - Tochterunternehmen - zu 100 %; der Kaufpreis beträgt 850; das Eigenkapital des Tochterunternehmens beträgt 700, wobei zu beachten ist, daß sich das Eigenkapital aus gezeichnetem Kapital (600), Kapitalrücklagen (60), Gewinnrücklagen (4) zusammensetzt.

1. Schritt:	Erstellung der Summenbilanz und Ermittlung des Unterschiedsbetrages

Bilanz	MU		TU	
AKTIVA				
• Grundstücke	2.100		220	
• Maschinen	1.250		190	
• Beteiligungen	1.650		125	
• Sonstige Aktiva	1.770		1.115	
PASSIVA				
• Gezeichnetes Kapital		1.700		600
• Kapitalrücklage		200		60
• Gewinnrücklage		100		40
• Bilanzgewinn		220		--
• Sonstige Passiva		4.550		950
Summe	6.770	6.770	1.650	1.650

Durch die Addition der jeweiligen Bilanzwerte wird die Summenbilanz erstellt

Summenbilanz	
AKTIVA	
• Grundstücke	2.320
• Maschinen	1.440
• Beteiligungen	1.775
• Sonstige Aktiva	2.885

PASSIVA		
• Gezeichnetes Kapital		2.300
• Kapitalrücklage		260
• Gewinnrücklage		140
• Bilanzgewinn		220
• Sonstige Passiva		5.500
Summe	8.420	8.420

Ermittlung des Unterschiedsbetrag:

Beteiligungswertansatz beim Mutterunternehmen:	850
./. Eigenkapital des Tochterunternehmen:	700
= Unterschiedsbetrag:	150

2. Schritt: Durchführung der Konsolidierung

- **Verrechnung**

  Der Beteiligungswertansatz des Mutterunternehmens wird mit dem Eigenkapital des Tochterunternehmens verrechnet;

  - Die Position „Beteiligungen" wird um 850 vermindert (1.775 minus 850),
  - Im „Gegenzug" wird die Position „gezeichnetes Kapital" um 600 (2.300 minus 600), die Position Kapitalrücklage um 60 und die Position Gewinnrücklagen um 40 vermindert.
  - Das Bilanzungleichgewicht beträgt jetzt noch 150. Dies entspricht dem oben ermittelten Unterschiedsbetrag (Kaufpreis - Eigenkapital des Tochterunternehmens).

- **Analyse des Unterschiedsbetrages**

  Unterstellt wird, daß die Analyse ergab, daß das Tochterunternehmen über stille Rücklagen verfügt, die sich folgenden Bilanzpositionen zuordnen lassen:

  - 100 bei Grundstücken,
  - 40 bei Maschinen

Ein Restbetrag in Höhe von 10 läßt sich nicht zuordnen und wurde von der Mutter mit zukünftigen Ertragserwartungen begründet.

Dieser Restbetrag in Höhe von 10 ist als „Geschäfts- und Firmenwert" zu aktivieren.

Die Konzernbilanz stellt sich demnach wie folgt dar:

Erstkonsolidierung			Konzernbilanz	
AKTIVA				
• Geschäfts-u.Firmenwert	10		10	
• Grundstücke	100		2.420	
• Maschinen	40		1.480	
• Beteiligungen		850	925	
• Sonstige Aktiva	150	150	2.885	
PASSIVA				
• Gezeichnetes Kapital	600			1.700
• Kapitalrücklage	60			200
• Gewinnrücklage	40			100
• Bilanzgewinn				220
• Sonstige Passiva				5.500
Summe	1.000	1.000	7.720	7.720

8.2.6 Erstkonsolidierung nach der Neubewertungsmethode

In einem **ersten Schritt** wird eine Neubewertung der bilanzierungsfähigen Vermögenspositionen und Schulden vorgenommen. Im vorstehenden Beispiel ergibt sich lediglich eine Neubewertung der Vermögenspositionen Grundstücke und Maschinen. Diese Neubewertung muß ihren Ausgleich in einer Passivposition finden, soll das Bilanzgleichgewicht hergestellt werden. Die Kapitalkonsolidierung ist mit dem dadurch veränderten Eigenkapital vorzunehmen. Der Differenzbetrag wird im Rahmen der Gewinnrücklage des Tochterunternehmens oder eines Sonderpostens zum Eigenkapital ausgewiesen.

Die Gewinnrücklage erhöht sich von 40 auf 180. Die Differenz von 140 entspricht den offengelegten stillen Rücklagen (Grundstücke 100, Maschinen 40).

Diese Neubewertung der Bilanzpositionen wird nicht im Rahmen der Konsolidierung, sondern vom Tochterunternehmen im Rahmen seines Einzelabschlusses, d.h. bei Erstellung der Handelsbilanz II, selbst durchgeführt.

Das Eigenkapital wurde somit zum Zwecke der Konsolidierung neu bewertet.

Der **zweite Schritt** der Konsolidierung besteht im wesentlichen „nur" noch darin, den restlichen Unterschiedsbetrag zwischen Beteiligungswertansatz und Eigenkapital aufzulösen. Der Unterschiedsbetrag betrug ursprünglich 150. 140 wurden im Rahmen der Erstellung der HB II durch das Tochterunternehmen aufgelöst. Der Restbetrag in Höhe von 10 ist im Zuge der Konsolidierung aufzulösen. Somit ergeben sich folgende Konsolidierungsbuchungsvorgänge:

- Der Beteiligungswertansatz der zu konsolidierenden Tochter ist „auszubuchen" = 850,
- das Eigenkapital, das der Tochter zuzuordnen ist (= gezeichnetes Kapital, Kapitalrücklagen, Gewinnrücklagen) ist um 840 zu vermindern (600 + 60 + 180),
- es verbleibt eine Differenz von 10. Da sich der eigentliche Unterschiedsbetrag nur auf diese 10 bezieht, besteht die wesentliche Konsolidierungsaufgabe - im Gegensatz zur Buchwertmethode - in der buchtechnischen Übernahme dieser Differenz in die Position „Geschäfts- oder Firmenwert".

	MU	TU (neu bewertet)	Summenbilanz	Erstkonsolidierung	Konzernbilanz
AKTIVA					
Geschäftswert				10	10
Grundstücke	2100	320	2420		2420
Maschinen	1250	230	1480		1480
Beteiligungen	1650	125	1775	850	925
sonstige Aktiva	1770	1115	2885	10 10	2885
Unterschiedsbetrag					
PASSIVA					
Gezeichnetes Kapital	1700	600	2300	600	1700
Kapitalrücklagen	200	60	260	60	200

Gewinnrücklagen		100		180		280	180			100
Bilanzgewinn		220		--		220				220
Sonstige Passiva		4550		950		5500				5500
Bilanzsumme	6770	6770	1790	1790	8560	8560	860	860	7720	7720

Abb. 76: Erstkonsolidierung nach der Neubewertungsmethode

Das vorstehende Beispiel zur Kapitalkonsolidierung verdeutlicht, daß Buchwert- und Neubewertungsmethode zu identischen Konsolidierungsergebnissen führen, soweit es sich - wie im Beispiel angenommen - um eine 100 %ige Beteiligung des Mutterunternehmens am Tochterunternehmen handelt.

8.2.7 Unterschied zwischen Buchwert- und Neubewertungsmethode bei Drittanteilen

Die konzeptionellen Unterschiede beider Methoden führen regelmäßig dann zu unterschiedlichen Konzernbilanzwerten, wenn konzernfremde Dritte (= Drittanteile) an dem Tochterunternehmen beteiligt sind (vgl. Abb. 75 und 76).

Die aus den methodischen Unterschieden resultierenden Konsequenzen sollen anhand des vorstehenden Zahlenbeispiels verdeutlicht werden. Unterstellt wird eine 75 %ige Beteiligung des Mutterunternehmens.

(1) Buchwertmethode

1. Schritt: Erstellung der Summenbilanz

Die Summenbilanz bei vorhandenen Drittanteilen stimmt mit der Summenbilanz bei 100 %iger Beteiligung überein.

2. Schritt: Durchführung der Konsolidierung

- Ermittlung des Unterschiedsbetrages

  Das Eigenkapital der Tochter beträgt 700, daran ist das Mutterunternehmen zu 75 % beteiligt = 525.

Der Beteiligungsbuchwert beträgt (aus welchen Gründen auch immer) 850. Somit ergibt sich ein Unterschiedsbetrag von 325.

- Diese 325 sind aufzulösen

  Die stillen Rücklagen werden entsprechend der Beteiligungshöhe anteilig zugeordnet:

  - stille Rücklagen in Grundstücke : 75 % aus 100 = 75
  - stille Rücklagen in Maschinen : 75 % aus 40 = 30

    aufgelöste stille Rücklagen insgesamt 105

  Ermittlung des Geschäftswertes:

  - Unterschiedsbetrag 325
  - \- aufgelöste stille Rücklagen 105

    Geschäfts- oder Firmenwert 220

  Da dies nur teilweise „bilanzwahr" ist, wird auf der Passivseite dokumentiert, daß das Konzerneigenkapital zu einem eindeutig definierbaren Teil anderen Anteilseignern zuzuordnen ist (= 175). Die Minderheitenbeteiligung entspricht somit 25 % des Eigenkapitals des Tochterunternehmens (700 x 0,25 = 175).

(2) Neubewertungsmethode

Die stillen Rücklagen wurden bereits in der HB II aufgedeckt und aufgelöst, so daß lediglich noch der Ausgleichsanteil für Dritte und der nicht zurechenbare Unterschiedsbetrag zu konsolidieren sind.

Diese berechnen sich im vorliegenden Beispiel wie folgt:

- Die Ausgangsdaten sind der HB II zu entnehmen.
- Der Beteiligungswertansatz des Mutterunternehmens beträgt 850.
- Das Eigenkapital des Tochterunternehmens beträgt 840, da das Eigenkapital **nach** der **Neubewertung** zugrunde zu legen ist.
- Der Unterschiedsbetrag beträgt 220. Diese setzen sich zusammen aus
  - 210 (= Minderheitsanteile 25 % des Eigenkapital von 840) zuzüglich
  - 10, die das Mutterunternehmen im Vorgriff einer erhöhten Ertragserwartung im Zuge des Beteiligungserwerbs „investierte".
- Diese 220 sind als Geschäfts- und Firmenwert zu aktivieren.

  Das Mutterunternehmen ist zu 75 % an der Tochter beteiligt. Dies entspricht einem Beteiligungswert von 630.

- Der „Anteil Dritter", der wie bei der Buchwertmethode als Eigenkapitalposition auszuweisen ist, beträgt 210 (= 25 % von 840).

Buchwertmethode bei 75% Beteiligung der Mutter

	MU		TU		Summenbilanz		Kapitalkonsolidierung				Konzernbilanz	
							Beteiligung/ Unterschieds-betrag		Drittan-teile			
Aktiva												
Geschäftswert							220				220	
Grundstücke	2.100		220		2.320		75				2.395	
Maschinen	1.250		190		1.440		30				1.470	
Beteiligung	1.650		125		1.775			850			925	
sonstige Aktiva	1.770		1.115		2.885						2.885	
Passiva												
Gez. Kapital		1.700		600		2.300	450		150			1.700
Kapitalrücklagen		200		60		260	45		15			200
Gewinnrücklagen		100		40		140	30		10			100
Bilanzgewinn		220		-		220						220
Drittanteile										175		175
sonstige Passiva		4.550		950		5.500						5.500
Summe	6.770	6.770	1.650	1.650	8.420	8.420	850	850	175	175	7.895	7.895

Abb. 77: Buchwertmethode bei Drittanteilen

Neubewertungsmethode bei 75% Beteiligung der Mutter

	MU		TU HB I		TU HB II		Summenbilanz		Kapitalkonsolidierung Beteiligung/ Untersch.-betrag		Kapitalkonsolidierung Drittanteile		Konzernbilanz	
Aktiva														
Geschäftswert									220				220	
Grundstücke	2.100		220		320		2.420						2.420	
Maschinen	1.250		190		230		1.480						1.480	
Beteiligung	1.650		125		125		1.775	*		850			925	
sonstige Aktiva	1.770		1.115		1.115		2.885						2.885	
Passiva														
Gezeichnetes Kapital		1.700		600		600		2.300	450		150			1.700
Kapitalrücklagen		200		60		60		260	45		15			200
Gewinnrücklagen		100		40		180		280	135		45			100
Bilanzgewinn		220		-		-		220						220
Drittanteile												210		210
sonstige Passiva		4.550		950		950		5.500						5.500
Summe	6.770	6.770	1.650	1.650	1.790	1.790	8.560	8.560	850	850	210	210	7.930	7.930

Abb. 78: Neubewertungsmethode bei Drittanteilen

8.2.8 Folgekonsolidierung nach § 309 HGB

§ 309 HGB enthält Vorschriften zur Fortführung des Unterschiedsbetrages in den Folgejahren nach der Erstkonsolidierung.

Danach stehen folgende verfahrenstechnische Möglichkeiten zur Behandlung des **aktiven Unterschiedsbetrages** zur Verfügung:

(1) Die in der Erstkonsolidierung aufgedeckten Wertunterschiede werden in der Folgekonsolidierung weiterverrechnet. Für die Weiterverrechnung sind die im Rahmen des Konzernabschlusses angewandten Bilanzierungs- und Bewertungsvorschriften maßgebend. Erfolgswirksam abgeschrieben wird neben dem abnutzbaren Anlagevermögen auch der Geschäfts- oder Firmenwert. Grundsätzlich werden die ermittelten Wertunterschiede in den Folgejahren genauso abgeschrieben, aufgelöst oder beibehalten, wie die Vermögensgegenstände und Schulden, denen sie bei der Erstkonsolidierung zugeordnet wurden.

Der Geschäfts- oder Firmenwert ist in den Folgejahren zu mindestens 25 % abzuschreiben oder planmäßig auf die Jahre zu verteilen, in denen er voraussichtlich genutzt werden kann (Pauschalabschreibung oder planmäßige Abschreibung). In der Praxis wird, in Anlehnung an § 7 Abs. 1 EStG i.d.R. über einen Zeitraum von ≤ 15 Jahren planmäßig abgeschrieben.

(2) Der Geschäfts- oder Firmenwert kann auch offen mit den Rücklagen verrechnet werden. Im Gegensatz zu (1) stellt sich die Verrechnung mit den Rücklagen erfolgsneutral dar.

Die Verrechnung mit den Rücklagen kann verfahrenstechnisch unterschiedlich gehandhabt werden:

- einmalige Verrechnung im Jahr der Erstkonsolidierung

  oder

- anteilige Verrechnung über mehrere Jahre. In diesem Falle müßte zunächst der Ausweis als Geschäfts- oder Firmenwert erfolgen und dieser dann jeweils anteilig oder erfolgsneutral mit den Rücklagen verrechnet werden.

Ein nach § 301 Abs. 3 HGB auszuweisender **passiver Unterschiedsbetrag** aus der Kapitalkonsolidierung darf gemäß § 309 Abs. 2 HGB nur aufgelöst werden, sofern

eine zum Zeitpunkt des Erwerbs der Anteile oder der erstmaligen Konsolidierung **erwartete ungünstige Entwicklung** der künftigen **Ertragslage** des Unternehmens eingetreten ist oder zu diesem Zeitpunkt **erwartete Aufwendungen** zu berücksichtigen sind (Abs. 2 Nr. 1)

oder

- am Abschlußstichtag feststeht, daß er einem **realisierten Gewinn** entspricht (Abs. 2 Nr. 2).

Während der Ausweis des aktiven Unterschiedsbetrages in der Konzernbilanz eindeutig geregelt ist, enthält das HGB keine Norm, die die Plazierung des passiven Unterschiedsbetrages regelt. Nach h.M. kommt entweder ein gesonderter Ausweis zwischen den Posten „Rücklagen“ und „Rückstellungen“ oder ein gesonderter Ausweis bei „Rücklagen“ oder „Rückstellungen“ in Betracht.

8.2.9 Methodenwahl und Stetigkeitsgrundsatz

Grundsätzlich wird die Entscheidung über die anzuwendende Konsolidierungsmethode in das Ermessen der Muttergesellschaft gestellt. Der in § 297 Abs. 3 S. 2 HGB verankerte **Stetigkeitsgrundsatz** gebietet jedoch in **zeitlicher Hinsicht**, daß für gleichartige Sachverhalte stets gleiche Konsolidierungsmethoden anzuwenden sind. Ein im Zeitablauf willkürlicher Methodenwechsel ist insoweit nicht möglich.

Der Grundsatz der Stetigkeit der Konsolidierungsmethoden darf nur in Ausnahmefällen durchbrochen werden. Abweichungen von der bislang praktizierten Methode sind im Anhang anzugeben und zu begründen, evtl. Auswirkungen auf die Vermögens-, Finanz- und Ertragslage sind kenntlich zu machen.

8.3 Schuldenkonsolidierung

8.3.1 Überblick

Die Einheitstheorie verlangt, daß der Konzern so darzustellen ist, als ob es sich um ein Unternehmen handele (vgl. § 297 Abs. 3 S. 1 HGB). Da es innerhalb eines Unternehmen keine rechtsverbindlichen Schuldverhältnisse geben kann, sind diese gegenseitig aufzurechnen. Dieser Vorgang wird als Schuldenkonsolidierung bezeichnet. Zutreffender wäre die Bezeichnung „Kreditkonsolidierung“ bzw. Konsolidierung von Forderungen und Verbindlichkeiten zwischen den in den Konzernabschluß einbezogenen Unternehmen. Im Ergebnis bedeutet dies, daß Ausleihungen und andere Forderungen sowie Verbindlichkeiten, Rückstellungen und entsprechende Rechnungsabgrenzungsposten zwischen den in den Konzernabschluß einbezogenen Unternehmen in der Konzernbilanz wegzulassen sind. Geregelt ist die Schuldenkonsolidierung in § 303 HGB.

Die Aufzählung in § 303 HGB ist nicht erschöpfend. *„Die Begriffe „Forderungen und Verbindlichkeiten“ sind nicht in dem engen bilanztechnischen Sinne des § 266*

HGB zu verstehen, sondern weit auszulegen, so daß auch ausstehende Einlagen, Anzahlungen, Wechselforderungen, Guthaben bei Kreditinstituten, sonstige Vermögensgegenstände sowie Eventualverbindlichkeiten grundsätzlich konsolidierungspflichtig sind", (*WP-Handbuch 1992, S. 787*). Mit „grundsätzlich konsolidierungspflichtig" ist gemeint, daß die entsprechenden Positionen daraufhin zu untersuchen sind, ob sie konsolidierungspflichtige Posten enthalten.

Eventualverbindlichkeiten sind sog. „Unter-Strich-Positionen", d.h. sie sind in der Bilanz nicht erfaßt, sondern „unter der Bilanz" oder im Anhang auszuweisen (vgl. § 251 HGB). Konkret handelt es sich um „Verbindlichkeiten" aus Rechtsbeziehungen, die nur unter bestimmten Bedingungen (z.B. Bürgschaft) eintreten. Erst bei tatsächlicher Inanspruchnahme sind sie in der Bilanz als Verbindlichkeiten oder Rückstellungen auszuweisen.

Neben Forderungen und Verbindlichkeiten im bilanztechnischen Sinne lassen sich als Beispiel für grundsätzlich konsolidierungspflichtige Positionen nennen:

- Aktivseite
    - ausstehende Einlagen auf das gezeichnete Kapital
    - geleistete Anzahlungen
    - Ausleihungen an verbundene Unternehmen
    - Forderungen gegen verbundene Unternehmen
    - sonstige Vermögensgegenstände
    - sonstige Wertpapiere
    - Schecks und Guthaben bei Kreditinstituten
    - Rechnungsabgrenzungsposten
- Passivseite
    - sonstige Rückstellungen
    - Anleihen
    - Verbindlichkeiten gegenüber Kreditinstituten
    - Erhaltene Anzahlungen auf Bestellungen
    - Wechselverbindlichkeiten
    - Verbindlichkeiten gegenüber verbundenen Unternehmen
    - Rechnungsabgrenzungsposten
    - Haftungsverhältnisse nach § 251 HGB

Bei der Schuldenkonsolidierung werden, wenn sich korrespondierende Forderungen und Verbindlichkeiten wertmäßig nicht entsprechen, neben Bestandskonten auch Erfolgskonten angesprochen.

Die vorstehend aufgeführten Positionen sind grundsätzlich zu konsolidieren, es sei denn, die Beträge sind gemäß § 303 Abs. 2 HGB im Hinblick auf die Vermögens-, Finanz- und Ertragslage des Konzerns von untergeordneter Bedeutung.

In der Konzernbilanz werden demnach nur Forderungen und Verbindlichkeiten ausgewiesen, die gegenüber konzernfremden Unternehmen bestehen.

Im Regelfall ist die Konsolidierung i.S.d. § 303 HGB unproblematisch, da sich i.d.R. Ansprüche und Verpflichtungen in wertmäßig gleicher Höhe gegenüberstehen. Die Schuldenkonsolidierung kann in solchen Fällen **erfolgsneutral** durchgeführt werden.

Beispiel:

Das Mutterunternehmen gewährt dem Tochterunternehmen ein Darlehen in Höhe von 100.

A	Mutter-unternehmen	P
Forderungen gegenüber verbundenen Unternehmen	100	

A	Tochter-unternehmen	P
	Verbindlichkeiten gegenüber verbundenen Unternehmen	100

S	Summen-bilanz	H
Ford. 100		
	Verb.100	

S	Kapital-Konsolidierung	H
	Ford.100	
Verb.100		

A	Konzern	P

In der Praxis treten jedoch vielfach betragsmäßige Differenzen auf. Diese können z.B. dadurch entstehen, daß das einbezogene Unternehmen „A“ Forderungen bereits abgeschrieben, das einbezogene Unternehmen „B“ diese jedoch als Verbindlichkeit mit dem Rückzahlungsbetrag passiviert hat. Solche Restbeträge oder Aufrechnungsdifferenzen sind ebenfalls „wegzulassen“, da entsprechend § 303 HGB verhindert werden soll, daß wechselseitige konzerninterne Ansprüche und Verpflichtungen im Konzernabschluß erfaßt werden (*vgl. ADS 1992, Rn. 31 zu § 303 HGB*). Diese Differenzen sind in der Konzern-GuV erfolgswirksam zu verrechnen.

Für die Erstkonsolidierung läßt sich folgende Aufrechnungsregel formulieren (*Harms 1989, in: Küting/Weber, S. 1268*).

Konzerninterne Forderungen und Verbindlichkeiten			**Auswirkungen auf den Konzernerfolg**	
Forderungen	=	Verbindlichkeiten	=>	neutral
Forderungen	>	Verbindlichkeiten	=>	negativ (Aufwand)
Forderungen	<	Verbindlichkeiten	=>	positiv (Ertrag)

Von der Grundidee her ist dieser Sachverhalt aus Konzernsicht buchtechnisch z.B. mit der Erfassung von Inventurdifferenzen im Einzelabschluß zu vergleichen.

8.3.2 Arten von Aufrechnungsdifferenzen

Aufrechnungsdifferenzen haben i.d.R. passiven Charakter. Sie lassen sich entsprechend ihrer Entstehungsursachen in

- **unechte** Aufrechnungsdifferenzen (oder unechte Restbeträge) und in
- **echte** Aufrechnungsdifferenzen (oder echte Restbeträge)

unterteilen.

(1) Unechte Aufrechnungsdifferenzen

Stellen kein unmittelbares Konsolidierungsproblem dar, da es sich hierbei um korrigierbare Buchungsunterschiede oder Ausweisfehler handelt. Sie entstehen i.d.R. durch Fehlbuchungen oder zeitliche Buchungsunterschiede zwischen dem Mutterunternehmen und dem Tochterunternehmen. Zeitliche Buchungsunterschiede können z.B. dadurch entstehen, daß am Abschlußstichtag der Lieferant die Forderung bereits gebucht hat, während der Kunde die Ware noch nicht empfangen hat und somit auch noch keine Verbindlichkeit entstanden ist.

Unechte Aufrechnungsdifferenzen können zudem durch abweichende Abschlußstichtage bedingt sein:

Gemäß § 299 Abs. 2 S. 2 HGB ist die Einbeziehung eines Tochterunternehmens mit einem Jahresabschluß zulässig, dessen Stichtag bis zu maximal 3 Monate vor dem Konzernabschlußstichtag liegt. In diesem Zeitraum können einzelne, konzerninterne Schuldverhältnisse erloschen oder neu begründet worden sein, so daß sich aufgrund dieser zeitlichen Differenzen Buchungsunterschiede ergeben, die bei Aufstellung des Jahresabschlusses im Rahmen der Konzernabstimmung zu korrigieren sind. Durch eine Saldenabstimmung zwischen den betroffenen Unternehmen können diese Differenzen im Rahmen der Erstellung der Einzelabschlüsse, d.h. vor der eigentlichen Konsolidierung, behoben werden.

Unechte Aufrechnungsdifferenzen haben keinen ergebniswirksamen Einfluß auf den Konzernabschluß, sie sind „konsolidierungsindifferent“.

Beispiel:

Das Mutterunternehmen liefert kurz vor dem Abschlußstichtag an das Tochterunternehmen Waren im Wert von 500.

Vom Mutterunternehmen sind die Forderungen bereits verbucht, während das Tochterunternehmen die entstandenen Verbindlichkeiten noch nicht verbucht hat. Dies kann auf einen Buchungsfehler beim Tochterunternehmen oder einem abweichenden Abschlußstichtag des Tochterunternehmens zurückzuführen sein.

S Mutter-unternehmen	H
	Verbind-lichk. 500

A Tochter-unternehmen	P
Forderung 0	

A Summen-bilanz	P
	Verbind-lichk. 500

S Konsolidierung	H
500	

A Konzernbilanz	P

(2) Echte Aufrechnungsdifferenzen

Echte (konsolidierungsspezifische) Aufrechnungsdifferenzen liegen stets dann vor, wenn abweichende Wertansätze einbezogener Unternehmen Folge der auf die Einzelabschlüsse anzuwendenden Rechnungslegungsgrundsätze und -vorschriften sind (*vgl. Gross/Schruff/v. Wysocki 1986, S. 161*). Unterschiedliche Wertansätze konzerninterner Ansprüche und Verpflichtungen lassen zurückführen auf

- **Bilanzierungs- und Bewertungsvorschriften**

  So sind z.B. unverzinsliche oder niedrig verzinsliche Darlehen ggf. auf den Barwert abzuzinsen und beim Gläubiger mit diesem Wert anzusetzen, während das - konzerninterne - Schuldnerunternehmen die korrespondierenden Verbindlichkeiten mit dem Rückzahlungsbetrag zu passivieren hat. Während im vorgenannten Fall passive Aufrechnungsdifferenzen entstehen (= Regelfall) können aktive Aufrechnungsdifferenzen dadurch auftreten, daß ausländische Tochterunternehmen in den Konzernabschluß einbezogen werden (Währungsumrechnung) oder ein einbezogenes Unternehmen Schuldverschreibungen eines anderen einbezogenen Unternehmens über pari erworben hat (*vgl. Gross/Schruff/v. Wysocki 1986, S. 161*).

- **Währungsumrechung**

  Bei der Einbeziehung ausländischer Tochterunternehmen können korrespondierende Forderungen und Schulden mit unterschiedlichen Wertansätzen ausgewiesen werden, weil möglicherweise unterschiedliche Geld-, Brief- oder Durchschnittskurse zugrunde gelegt wurden oder Kursdifferenzen an unterschiedlichen Devisenbörsen vorlagen; auch veränderte Kursrelationen im Zeitablauf können zu unterschiedlichen Wertansätzen konzerninterner Forderungen und Verbindlichkeiten führen.

Bei der Konsolidierung der Aufrechnungsdifferenzen muß, wie bei der Kapitalkonsolidierung, zwischen Erst- und Folgekonsolidierung unterschieden werden. *„Dem Sinn der Einheitstheorie entspricht es daher, daß entstehende Aufrechnungsdifferenzen erfolgswirksam zu eliminieren sind, weil sie vom Standpunkt des Konzerns aus durch nicht realisierte Geschäftsvorfälle entstanden sind, welche durch die Konsolidierungsmaßnahmen wieder rückgängig gemacht werden“* (*Lücke 1994, S. 127*).

Beispiel 1:

Das Mutterunternehmen hat Forderungen gegenüber dem Tochterunternehmen in Höhe von 500. Im laufenden Geschäftsjahr werden diese von der Mutter in Höhe von 20 außerplanmäßig gemäß § 253 Abs. 3 HGB abgeschrieben, während das Tochterunternehmen die Verbindlichkeiten mit dem Rückzahlungsbetrag passiviert.

A Mutterunternehmen	P
Forderungen 480	

A Tochterunternehmen	P
	Verbindlichkeiten 500

S	GuV S
Abschreibungen 20	

A	Summenbilanz P
Forderungen 480	
	Verbindlichkeiten 500

S	GuV H
Abschreibungen 20	

S	Konsolidierung (Bilanz) H
	Forderungen 480
Verbindlichkeiten 500	

S	Konsolidierung (GuV) H
	Abschreibung 20

A	Konzernbilanz P

Die Stornierung der Abschreibung in Höhe von 20 bewirkt, daß sich der Konzernerfolg im Vergleich zu den Einzelabschlüssen um 20 erhöht.

Beispiel 2:

Das Mutterunternehmen gewährt dem Tochterunternehmen ein Darlehen über 1.000. Der Auszahlungsbetrag beträgt 96 %, die Laufzeit 5 Jahre.

Das Mutterunternehmen aktiviert die Forderung in voller Höhe. Das Disagio (bei hypothekarisch gesicherten Krediten als Damnum bezeichnet) wird rechnungsabgegrenzt. Da diese Rechnungsabgrenzung antizipativen Charakter hat, ist sie unter „sonstige Verbindlichkeiten" auszuweisen.

Das Tochterunternehmen muß den vollen Rückzahlungsbetrag passivieren. Hinsichtlich des Disagios besteht ein Wahlrecht:

Fall 1: Das Disagio wird aktiviert (da es transitorischen Charakter hat, ist es als aktive Rechnungsabgrenzung auszuweisen). Es ist beschleunigt oder planmäßig über die Laufzeit abzuschreiben.

Fall 2: Das Disagio wird als Aufwand verbucht.

Zu Fall 1: In diesem Fall erfolgt die Konsolidierung erfolgsneutral. Da sich Forderungen/Verbindlichkeiten und aktiviertes/passiviertes Disagio jeweils betragsgleich gegenüberstehen, wird auch der Konzernerfolg nicht verändert

- Mutterunternehmen:

Forderungen 1.000 /		Bank	960
		sonstige Verbindlichkeiten	40

- Tochterunternehmen:

Bank	960		
aktiviertes Disagio	40	Verbindlichkeiten	1.000

- Summenabschluß

A Summenbilanz P

Forderungen	1.000	Verbindlichkeiten	1.000
aktiviertes Disagio	40	sonstige Verbindlich.	40

- Korrekturbuchungen:

A Summenbilanz P

Verbindlichkeiten	1.000	Forderungen	1.000
sonstige Verbindl.	40	aktiviertes Disagio	40

- Konzernabschluß:

  Durch die Verrechnung erscheint dieser Kreditvorgang nicht im Konzernabschluß.

Zu Fall 2: Die Konsolidierung muß erfolgswirksam durchgeführt werden, da sich passiviertes Disagio und Aufwand nicht betragsgleich gegenüberstehen. Der Konzernerfolg erhöht sich gegenüber den Einzelabschlüssen um 40, da aus Konzernsicht die Zinsaufwendungen rückgängig gemacht werden müssen.

- Mutterunternehmen:

Forderungen	1.000 /	Bank	960
		sonstige Verbindlichkeiten	40

- Tochterunternehmen:

Bank	960 /	Verbindlichkeiten	1.000
Zinsaufwand	40		

- Summenabschluß:

A	Summenbilanz		P
Forderungen	1.000	Verbindlichkeiten	1.000
	40	sonstige Verbindl.	40

S	Summen-GuV		H
Zinsaufwand	40		

- Korrekturbuchungen:

S	Konsolidierung		H
Verbindlichkeiten	1.000	Forderungen	1.000
sonstige Verbindl.	40	Zinsaufwand	40

- Konzernbilanz:

  Aufgrund der Korrekturbuchung erhöht sich der Konzernerfolg um 40.

Aktive und passive Aufrechnungsdifferenzen werden miteinander **verrechnet**. Soweit sich aus dieser Verrechnung **Verrechnungsdifferenzen** (= Verrechnungsrestbeträge) ergeben, sind diese Differenzen zwischen wegzulassenden konzerninternen Ansprüchen und Verpflichtungen **in Höhe ihrer periodischen** Änderung im Zeitablauf im Konzernjahresergebnis zu verrechnen.

Bei der **Erstkonsolidierung** werden die Differenzen in voller Höhe erfolgswirksam verrechnet. Bei der erstmaligen erfolgswirksamen Schuldenkonsolidierung kann der Konzernjahresabschluß damit in beträchtlichem Umfang beeinflußt werden. Die Vergleichbarkeit mit anderen Abschlüssen würde hierdurch beeinträchtigt: *„Daher kann der Unterschiedsbetrag aus der Schuldenkonsolidierung nach dem Stand zu Beginn des Konzern-GJ erfolgsneutral in die Gewinnrücklagen eingestellt oder mit diesen offen verrechnet werden. Dieser Betrag ist nicht Bestandteil des Jahresergebnisses*" (*WP-Handbuch 1992, S. 792*).

Bei der Folgekonsolidierung sind nur noch die jahresbezogenen Differenzen erfolgswirksam.

Beispiel:

Beispiel 1 soll fortgeführt werden. Die Daten des Fallbeispiels 1 sollen das Geschäftsjahr 1 dokumentieren.

Im Geschäftsjahr 2 werden vom Tochterunternehmen die Rückzahlungen vereinbarungsgemäß in Höhe von 20 vorgenommen. Das Mutterunternehmen führt keine weiteren Abschreibungen mehr durch. Wie aus der Summenbilanz ersichtlich, ergibt sich auch für das Geschäftsjahr 2 eine Aufrechnungsdifferenz in Höhe von 20. Allerdings ist sie nicht diesem Geschäftsjahr, sondern dem Geschäftsjahr 1 zuzuordnen. Deshalb darf sich ihre Rückgängigmachung nicht auf den Konzernerfolg des Geschäftsjahres auswirken:

Schritt 1: Die Verrechnungsdifferenz ist mit dem Jahresergebnis zu verrechnen. Sie erhöht den Konzernerfolg um 20. Dies entspricht der Situation des Geschäftsjahres 1.

Schritt 2: Eine Korrektur ist notwendig, da diese Erhöhung des Konzernerfolges neutralisiert; ein spezielles Verfahren hat der Gesetzgeber hierfür nicht vorgeschrieben. Der Verrechnungsdifferenz des Geschäftsjahres 2 wird ein Ausgleichsposten gegenübergestellt. Im vorliegenden Fall beträgt er 20. Dieser wird vielfach als „Ausgleichsposten aus der Erfolgskonsolidierung" bezeichnet. Buchtechnisch werden durch diesen Ausgleich/diese Korrektur ein Ergebnisvortrag oder die Gewinnrücklagen des Konzerns vermindert oder ggf. erhöht.

Allgemein kann folgendermaßen verfahren werden:

Sind Verrechnungsdifferenzen in einem Geschäftsjahr ausgewiesen, obwohl sie durch vergangene Geschäftsjahre verursacht sind, sind die des aktuellen Geschäftsjahres zu verrechnen. Sie sind mit dem zusätzlichen (ggf. verminderten), durch die Verrechnungsdifferenz bedingten Konzernergebnis zu verrechnen.

Beispiel:
(*vgl. ADS 1992, Rz. 41, zu § 303 HGB*)

	Geschäftsjahr		
	1	**2**	**3**
Forderungen (konzernintern)	480	460	440
Verbindlichk. (konzernintern)	500	480	480
Verrechnungsdifferenz	20	20	40
Einfluß auf das Konzern-ergebnis (+ / -)	+ 20	0	+ 20
Berechnung:			
Verrechnungsdifferenz	+ 20	+ 20	+ 40
./. Konzernerfolg aufgrund Ver-differenz aus Vorjahr	0	-20	-20
= Einfluß auf Jahreserfolg	+ 20	0	+ 20

Gemäß § 309 Abs. 2 HGB kann, dem Grundsatz der Wesentlichkeit folgend, auf eine Schuldenkonsolidierung verzichtet werden, wenn die wegzulassenden Ansprüche und Verpflichtungen für die Aussagefähigkeit des Konzernabschlusses von **untergeordneter Bedeutung** sind (= Wahlrecht). Das Wahlrecht ist grundsätzlich im Rahmen einer konzernbezogenen Gesamtbetrachtung auszuüben und unterliegt dem Stetigkeitsgebot gemäß § 297 Abs. 3 S. 2 HGB; die Ausübung des Wahlrechts ist im Konzernanhang anzugeben, Änderungen sind zu begründen.

8.4 Konsolidierung konzerninterner Ergebnisse (Zwischenerfolgs- oder Zwischenergebniseliminierung)

8.4.1 Einheitstheorie und Realisationsprinzip

Konzernunternehmen stehen i.d.R. in wechselseitigem Lieferungs- und Leistungsaustausch. Der Einheitstheorie entsprechend sind die einbezogenen Unternehmen jedoch unabhängig von ihrer rechtlichen Selbständigkeit im Konzernabschluß so darzustellen, als würden sie ein einziges Unternehmen bilden. Daraus folgt zwingend, daß Lieferungen und Leistungen zwischen einbezogenen Unternehmen zu keinen im Konzernabschluß berücksichtigungsfähigen Erfolgsbeiträgen führen dürfen. Die konzerninternen Erfolgsbeiträge (= Zwischenergebnisse in Form von Zwischengewinnen oder Zwischenverlusten) sind somit zu eliminieren, da aus Konzernsicht ein Erfolg erst dann als realisiert gilt, wenn er aus einem Lieferungs- und Leistungsaustausch mit konzernexternen Unternehmen erwirtschaftet wurde. Aus Sicht des Konzerns wird damit der Lieferungs- und Leistungsaustausch zwischen einbezogenen Unternehmen so abgebildet, als ob er zwischen unselbständigen Abteilungen eines Unternehmens abgewickelt worden wäre: die Grundsätze der Periodenabgrenzung, insbesondere das **Realisationsprinzip**, sind somit auch auf den Konzernabschluß anzuwenden. Gewinne oder Verluste aufgrund des Lieferungs- und Leistungsaustausches bleiben solange unberücksichtigt, bis die konzernintern erbrachte Lieferung oder Leistung den Konsolidierungskreis verlassen und quasi am konzernexternen Markt realisiert wird. Die Pflicht zur Eliminierung von Zwischengewinnen und Zwischenverlusten bezieht sich

- auf **alle** konzernintern gelieferten **Vermögensgegenstände**, die sich am Konzernabschlußstichtag im Bestand eines einbezogenen Unternehmens befinden, wobei
- die Zwischenergebnisse unabhängig von der Beteiligungsquote des Mutterunternehmens **in vollem Umfang** zu eliminieren sind.

Der Gesetzgeber hat auf eine Legaldefinition der Begriffe „Zwischengewinn/ Zwischenverlust" verzichtet, jedoch in § 304 Abs. 1 HGB den Wertansatz konzernintern gelieferter Vermögensgegenstände in der Konzernbilanz umschrieben: danach sind diese mit einem Betrag anzusetzen, mit dem sie angesetzt werden könnten, wenn die in den Konzernabschluß einbezogenen Unternehmen auch rechtlich ein einziges Unternehmen bilden würden.

Bei einem einzelnen Unternehmen wären Vermögensgegenstände höchstens mit ihren **Anschaffungs- oder Herstellungskosten** oder ihren **fortgeführten Kostenwerten** (§ 253 Abs. 1 S. 1 HGB) oder einem **niedrigeren Wert** (§§ 253 Abs. 2 und § 254 HGB) anzusetzen. Dies gilt für den Wertansatz in der Konzernbilanz entsprechend:

- Soweit Vermögensgegenstände durch ein einbezogenes Unternehmen von konzernfremden Dritten erworben und ohne Be- oder Verarbeitung an ein anderes einbezogenes Unternehmen weiterveräußert wurden, sind diese in der Konzernbilanz mit **Konzernanschaffungskosten** anzusetzen.
- Soweit die Vermögensgegenstände ganz oder teilweise von anderen einbezogenen Unternehmen hergestellt und an andere einbezogene Unternehmen geliefert wurden, sind diese mit ihren **Konzernherstellungskosten** anzusetzen.

Konzernanschaffungs- oder Konzernherstellungskosten sind Höchst- und Mindestwertansatz zugleich, der nur durch Ansatz eines niedrigeren Wertes nach § 253

Abs. 2 und 3 HGB bzw. nach § 254 HGB unterschritten werden darf, soweit diese Werte gemäß §§ 279, 280 HGB für Kapitalgesellschaften zulässig sind.

Da in den Einzelabschlüssen einbezogener Unternehmen die konzerninternen Erfolgsbeiträge (Zwischengewinne/Zwischenverluste) enthalten sind, sind diese im Rahmen der Konsolidierung zu eliminieren. Die in der Summenbilanz zusammengefaßten Bestandswerte und die Jahresergebnisse einbezogener Unternehmen werden um die Zwischenergebnisse korrigiert. Ein eliminierungspflichtiger Zwischengewinn mindert, ein eliminierungspflichtiger Zwischenverlust erhöht das Konzernergebnis entsprechend.

Durch die Zwischenergebniseliminierung werden ... korrigiert	
...Bestandswert ⇓ Aussage über Vermögenslage des Konzerns	...Jahresergebnis ⇓ Aussage über die Ertragslage des Konzerns

Abb. 79: Wirkung der Zwischenergebniseliminierung

Beispiel: Zwischengewinneliminierung

Das einbezogene Konzernunternehmen A liefert an das einbezogene Konzernunternehmen B Waren zu einem Verkaufspreis von 100. Im Einzelabschluß von B werden die Waren zu Anschaffungskosten von 100 aktiviert, die Herstellungskosten von A werden mit 80 angenommen, so daß A einen Gewinn von 20 realisiert hat. Aus Konzernsicht gilt dieser Zwischengewinn als nicht realisiert und muß folglich eliminiert werden. Im Rahmen der Zwischenerfolgskonsolidierung sind die Konzernbilanzpositionen „Vorräte" und „Gewinn" um jeweils 20 zu mindern: die gemäß § 304 Abs. 1 HGB notwendige Abwertung auf die niedrigeren Konzernherstellungskosten von 80 bewirkt über die damit verbundene Gewinnkorrektur automatisch eine Zwischenerfolgskonsolidierung (= Differenz zwischen Konzern-Verrechnungs-preis 100 und Wertansatz in der Konzernbilanz 80).

Die folgende Abbildung verdeutlicht in einfacher Form die Zusammenhänge zwischen

- Kapitalkonsolidierung
- Schuldenkonsolidierung
- Zwischenerfolgskonsolidierung:

	Gesellschaft A		Gesellschaft B		Kapitalkonsolidierung		Schuldenkonsolidierung		Erfolgskonsolidierung		Konzern - bilanz	
	S	H	S	H	S	H	S	H	S	H	S	H
AKTIVA												
Beteiligungen	150					150						
Vorräte			100							20	80	
Forderungen	100							100				
sonst. Aktiva	220		150								370	
PASSIVA												
gez. Kapital		400		150	150							400
Rücklagen		50										50
Verbindlichk.				100			100					
Gewinn		20							20			
	470	470	250	250	150	150	100	100	20	20	450	450

Abb. 80: Zusammenhang zwischen den Konsolidierungsschritten

8.4.2 Konzernanschaffungs- und -herstellungskosten und Technik der Zwischenerfolgskonsolidierung

Ausgangspunkt für Ermittlung und Eliminierung der Zwischenergebnisse stellt regelmäßig die HB II dar. Da die HB II auf der Basis der HB I erstellt wird, kann das Gebot, im Rahmen der Konzernrechnungslegung die Bewertungsvorschriften des Mutterunternehmens auf die einbezogenen Tochterunternehmen anzuwenden (Grundsatz der konzerneinheitlichen Bewertung gemäß §§ 300 Abs. 2, 308 HGB) zu notwendigen Wertkorrekturen in HB I (Einzelabschluß) vor Erstellung der HB II führen. Derartige, aus Bewertungsdifferenzen resultierende Korrekturen sind mit „Umbewertungseffekten“ verbunden, die keinerlei Zusammenhang zur Zwischenergebnis- oder Zwischenerfolgskonsolidierung aufweisen (*vgl. z.B. Weber in: Küting/Weber 1986, S. 1306*). Die folgende Abbildung verdeutlicht die unterschiedlichen Voraussetzungen und Wirkungen, die mit der Umbewertung bzw. der Zwischenergebniseliminierung verbunden sind:

Auswirkungen auf das Konzernergebnis	
Differenzen können sich zusammensetzen aus ...	
Umbewertungseffekt (Bewertungsdifferenzen) HB I - HB II	Zwischenergebnis HB II - Wertansatz im Konzernabschluß
können sich konkret auswirken auf ...	
auf das HB II - Ergebnis (indirekt)	auf das Konzernergebnis (direkt)

Abb. 81: Auswirkungen von konzerninternen Transaktionen auf das Konzernergebnis

Bewertungsdifferenzen, die aus der Umbewertung resultieren, wirken sich in der HB II erfolgswirksam aus. Dies bedeutet eine nachträgliche Korrektur des HB I-Ergebnisses. Die Eliminierung eines Zwischenergebnisses beeinflußt hingegen das Konzernergebnis unmittelbar.

Bei der **Ermittlung der Konzernanschaffungs- bzw. -herstellungskosten** ist analog auf die Legaldefinition des HGB (§ 255 Abs. 1: Anschaffungskosten; § 255 Abs. 2 und 3: Herstellungskosten) zurückzugreifen.

Konzernanschaffungskosten i.S.v. § 304 Abs. 1 HGB sind regelmäßig dann anzusetzen, wenn Vermögensgegenstände von konzernfremden, nicht in den Konzernabschluß einbezogenen Unternehmen erworben und konzernintern ohne weitere Be- oder Verarbeitung weiterveräußert wurden (z.B. Zentraleinkauf durch ein einbezogenes Unternehmen für alle übrigen Konzernunternehmen). In solchen Fällen umfassen die Konzernanschaffungskosten analog § 255 Abs. 1 HGB alle Aufwendungen, die durch einbezogene Unternehmen geleistet werden, um den Vermögensgegenstand in einen betriebsbereiten Zustand zu versetzen; nicht direkt zurechenbare Gemeinkosten bleiben unberücksichtigt. In die Konzernanschaffungskosten sind Nebenkosten der Anschaffung (z.B. konzerninterne Transportkosten usw.) sowie nachträgliche Anschaffungskosten einzurechnen, evtl. darin enthaltene Zwischengewinne sind zu eliminieren. Anschaffungskostenminderungen sind abzusetzen. Nach h.M ist es dabei unerheblich, ob die Ausgaben letztlich mit der Fiktion der rechtlichen Einheit des Konzerns in Einklang stehen oder allein auf die tatsächliche rechtliche Selbständigkeit eines einbezogenen Unternehmens zurückzuführen sind (z.B. Ausgaben/Kosten der notariellen Beurkundung eines Grundstückkaufs von Dritten mit konzerninterner Weiterveräußerung). Da § 255 Abs. 1 HGB bei Ermittlung der Anschaffungskosten keine Einbeziehungswahlrechte zuläßt, sind die Konzernanschaffungskosten zugleich als Konzernbilanzhöchstwert und Konzernbilanzmindestwert definiert, d.h. es handelt sich regelmäßig um einen eindeutig definierten Fixwert (Sonderfall: Finanzierungskosten bei geleisteten An- oder Vorauszahlungen).

Sehr viel größere Bedeutung als den Konzernanschaffungskosten kommt in der Konzernrechnungslegungspraxis den **Konzernherstellungskosten** zu, da sich die Zwischenergebniseliminierung i.d.R. auf Bestände an Vermögensgegenständen bezieht, die von anderen einbezogenen Unternehmen hergestellt und geliefert wurden. Die handelsrechtlich bei Ermittlung der Herstellungskosten im Einzelabschluß eingeräumten Wahlrechte für Material- und Fertigungsgemeinkosten, Verwaltungs- und Sozialkosten sowie ggf. einbeziehungsfähige Fremdkapitalzinsen gelten grundsätzlich auch für die Ermittlung der Konzernherstellungskosten. Daraus folgt, daß analog § 255 Abs. 2 und 3 HGB auch für die Konzernherstellungskosten eine **Wertobergrenze** und eine **Wertuntergrenze** bestimmt werden können.

- Die **Wertobergrenze** wird wie folgt definiert:

  Aktivierungsfähige Herstellungskosten im Einzelabschluß
  des liefernden Unternehmens (Einzel- und Gemeinkosten)
  \+ Konzernspezifische Herstellungskosten-Mehrungen
  \- Konzernspezifische Herstellungskosten-Minderungen
  = Konzernherstellungskosten (- Höchstwert)

  Der Konzernhöchstwert i.S.v. § 304 Abs. 1 HGB wird damit durch die **aktivierungsfähigen** Konzernherstellungskosten bestimmt.

- Die **Wertuntergrenze** wird wie folgt definiert:

  Aktivierungspflichtige Herstellungskosten im Einzelabschluß des liefernden Unternehmens (Einzelkosten)
  \+ Konzernspezifische Herstellungskosten-Mehrungen
  \- Konzernspezifische Herstellungskosten-Minderungen
  = Konzernherstellungskosten (- Mindestwert)

  Der Konzernmindestwert wird damit durch die **aktivierungspflichtigen** Konzernherstellungskosten bestimmt.

Herstellungskosten-Mehrungen sind nicht in den Herstellungskosten des liefernden Unternehmens enthalten, jedoch im Rahmen der Ermittlung der Konzernherstellungskosten aktivierungsfähig (Gemeinkosten) oder aktivierungspflichtig (Einzelkosten). Hierzu sind z.B. konzerninterne Transportkosten zu rechnen. Soweit die konzerninternen Transportleistungen durch ein einbezogenes Unternehmen erbracht werden, wird eine Zwischenergebniseliminierung notwendig.

Herstellungskosten-Minderungen sind demgegenüber in den Herstellungskosten des liefernden Unternehmens enthalten, jedoch im Rahmen der Ermittlung der Konzernherstellungskosten nicht aktivierungsfähig, unabhängig davon, ob es sich um Einzel- oder Gemeinkosten handelt. Als Herstellungskosten-Minderungen sind z.B. konzerninterne Lizenzgebühren für selbsterstellte immaterielle Anlagen sowie Miet- und Pachtzahlungen in Betracht zu ziehen, die an andere einbezogene Unternehmen geleistet wurden.

Die Herstellungskosten-Mehrungen und -Minderungen stellen zwar keine konzerninternen Zwischenergebnisse im eigentliche Sinne dar, gleichwohl können sie, wie z.B. Transportkosten oder Lizengebühren, eliminierungspflichtige Zwischenergebnisse enthalten. Unabhängig von ihrer Charakterisierung sind die Mehrungen/Minderungen nach h.M. in die Zwischenergebniseliminierung einzubeziehen (*vgl. ADS 1992, Rn. 26 zu § 303 HGB*).

Fremdkapitalzinsen sind nur dann in die Konzernherstellungskosten einbeziehungsfähig, wenn ein einbezogenes Unternehmen einen Kredit bei einem außenstehenden Drittunternehmen aufgenommen und an ein anderes einbezogenes Unternehmen weitergegeben hat. In solchen Fällen könnte eine Aktivierung in Höhe der tatsächlichen Zinszahlung gegenüber Dritten analog § 255 Abs. 3 HGB in Betracht kommen.

Dadurch, daß auch für die Ermittlung der Konzernherstellungskosten analog § 255 Abs. 2 und 3 HGB Wahlrechte hinsichtlich der Einbeziehung der Gemeinkosten eingeräumt wurden, läßt sich hinsichtlich der Zwischenergebniseliminierung zwischen einem

- **eliminierungsfähigen** Zwischengewinn und
- einem **eliminierungspflichtigen** Zwischengewinn

unterscheiden. Der eliminierungsfähige Zwischengewinn wird im wesentlichen durch die aktivierungsfähigen aber nicht aktivierungspflichtigen Gemeinkosten bestimmt. Der eliminierungspflichtige Zwischengewinn wird durch den Betrag determiniert, der den Konzernhöchstwert (= Konzernherstellungskosten-Höchstwert) übersteigt.

Beispiel:

Das einbezogene Konzernunternehmen A liefert an das einbezogene Konzernunternehmen B selbsterstellte Erzeugnisse im Wert von 5.200. Die gelieferten Erzeugnisse werden bei B veredelt, befinden sich aber bis zum Ende der Rechnungsperiode noch unverkauft als Fertigerzeugnisse auf Lager. Im Zuge der Veredelung sind bei B angefallen:

Fertigungseinzelkosten (FEK)	300
Materialeinzelkosten (MEK)	500
Fertigungsgemeinkosten (FGK)	150
Materialgemeinkosten (MGK)	50
Verwaltungskosten (VwK)	50.

Die Kalkulationsdaten zur Ermittlung der Herstellungskosten bei A und B, sowie der Wertansatz in der Konzernbilanz stellen sich danach wie folgt dar:

	A	**B (HB I)**	**B (HB II)**	**Konzernherstellungskosten**	
				Höchstwert	**Mindestwert**
FEK	1.500	300	300	1.800	1.800
MEK	1.000	5.700*	5.700*	1.500	1.500
Wertuntergrenze	2.500	6.000	6.000		3.300
FGK	1.000	150	150	1.150	-----
MGK	500	50	50	550	-----
VwK	100	50	50	150	-----
Wertobergrenze	4.100	6.250	6.250	5.150	
Vertriebskosten	100				
Gewinn	1.000				
Umsatzerlös	5.200				
Konzernherstellungskosten				5.150	3.300

* 5.700 = Umsatzerlös A + MEK B = 5.200 + 500

(1) Ggf. notwendige Umbewertung HB I - HB II

Auf das vorstehende, vereinfachte Beispiel bezogen, könnten in einem ersten Schritt ggf. Bewertungsdifferenzen zu korrigieren sein, sofern im Einzelabschluß (HB I) von B die Erzeugnisse zu 6.250 (= Wertobergrenze) bewertet wurden, in der HB II (aufgrund der maßgeblichen Wertansätze des Mutterunternehmens ein Bestandswertansatz der Erzeugnisse zu 6.000 (= Wertuntergrenze) notwendig wird. In einem solchen Falle mindert die Differenz zwischen HB I und HB II das Ergebnis der HB II um 250 (= Umbewertungseffekt in Höhe der Differenz 6.250 - 6.000). Im umgekehrten Falle wäre das Ergebnis in HB II um 250 zu erhöhen.

(2) Ermittlung und Eliminierung des Zwischenergebnisses (Zwischengewinn)

Für die Ermittlung der Höhe des Zwischenergebnisses ist der Wertansatz der HB II maßgebend:

- Eliminierungspflichtig ist der Teil des Umsatzerlöses des einbezogenen Unternehmens A, der die Wertobergrenze der Konzernherstellungskosten übersteigt (im Beispiel: 5.200 - 5.150 = 50).
- Eliminierungsfähig ist die Differenz zwischen Wertobergrenze und Wertuntergrenze der Konzernherstellungskosten (im Beispiel: 5.150 - 3.300 = 1.850).

Daraus errechnet sich ein Gesamt-Eliminierungspotential in Höhe von 1.900 (1.850 + 50).

Unter den von Kapitalgesellschaften zu beachtenden Voraussetzungen der §§ 279, 280 HGB können anstelle der Konzernanschaffungs- oder Konzernherstellungskosten (bzw. deren fortgeführten Kostenwerten) **niedrigere Werte** gemäß § 253 Abs. 2 und § sowie § 254 HGB in Betracht kommen. In solchen Fällen gilt grundsätzlich:

- Liegt der niedrigere beizulegende Wert am Abschlußstichtag über den Konzernanschaffungs- oder -herstellungskosten aber unterhalb des konzerninternen Verrechnungspreises, sind die Konzernanschaffungs- oder -herstellungskosten anzusetzen. Die Differenz zwischen dem Wertansatz im Einzelabschluß und den Konzernanschaffungs- oder -herstellungskosten ist als Zwischengewinn zu eliminieren.

  Beispiel:

  Die Konzernanschaffungskosten werden mit 2.000 angenommen, der konzerninterne Verrechnungspreis belauft sich auf 2.800, als niedrigerer beizulegender Wert im Abschlußstichtag wird 2.300 unterstellt. In diesem Falle ist ein Zwischengewinn in Höhe von 300 zu eliminieren.

- Liegt der beizulegende Wert am Bilanzstichtag unter den Konzernanschaffungs- oder -herstellungskosten und unter dem konzerninternen Verrechnungspreis, ist jeweils der niedrigere Stichtagswert in der Konzernbilanz anzusetzen, sofern dieser Wert gemäß § 253 Abs. 2 oder 3 HGB auch in der HB II des konzernintern belieferten Unternehmens anzusetzen war. Eine Zwischengewinneliminierung entfällt, daß die Erfolgskorrektur über eine außerplanmäßige Abschreibung auf den niedrigeren Stichtagswert vorgenommen wird.

Beispiel:

Auf das vorgenannte Beispiel bezogen, wird unterstellt, daß der niedrigere Stichtagswert nicht 2.300, sondern 1.700 beträgt. In diesem Falle ist in der Konzernbilanz eine außerplanmäßige Abschreibung auf den niedrigeren Stichtagswert von 1.700 vorzunehmen.

- Liegt der konzerninterne Verrechnungspreis unter den Konzernanschaffungs- oder -herstelllungskosten, jedoch über dem beizulegenden Wert am Abschlußstichtag, ist letzterer anzusetzen. Eine Zwischenergebnis- (Zwischenverlust-) eliminierung entfällt.

  Beispiel:

  Auf das vorgenannte Ausgangsbeispiel bezogen, wird unterstellt, daß der konzerninterne Verrechnungspreis 1.900 und der niedrigere Stichtagswert 1.700 betragen. In diesem Falle ist der niedrigere Stichtagswert von 1.700 anzusetzen.

- Liegt in Ausnahmefällen der konzerninterne Verrechnungspreis unter den Konzernanschaffungs- oder -herstellungskosten und unter dem niedrigeren Stichtagswert, muß eine Zwischenergebnis- (Zwischenverlust-) eliminierung bis zur Höhe des niedrigeren Stichtagswertes vorgenommen werden.

  Regelmäßig ist immer dann, wenn der Wertansatz im Einzelabschluß eines einbezogenen Unternehmens unter den Konzernanschaffungs- oder -herstellungskosten liegt, ein sog. „**Niederstwert-Test**“ durchzuführen (*vgl. DGfB 1989, in: ZfB 1989, Tz. 88*), bevor eine Zwischenverlusteliminierung erfolgt.

  Beispiel:

  Die Konzernanschaffungskosten werden gemäß Ausgangsbeispiel mit 2.000, der konzerninterne Verrechnungspreis jedoch mit 1.500 und der niedrigere Stichtagswert mit 1.700 unterstellt. In der Konzernbilanz ist mit 1.700 auszuweisen, d.h. es wird lediglich ein Zwischenverlust in Höhe von 300 eliminiert.

Sofern durch einen unter den Konzernanschaffungs- oder -herstellungskosten liegenden Wertansatz im Einzelabschluß eines einbezogenen Unternehmens gemäß § 254 i.V.m. § 279 Abs. 2 HGB eine **steuerliche Vergünstigung** in Anspruch genommen wird (umgekehrte Maßgeblichkeit), darf dieser Wert gemäß § 308 Abs. 3 S. 1 HGB unverändert in die Konzernbilanz übernommen werden. Dies gilt für

Sonderposten i.S.v. § 281 Abs. 1 S. 1 HGB entsprechend. Soweit solche, der Intention nach nur steuerrechtlich zulässige Werte in den Konzernabschluß übernommen werden, sind entsprechende Angaben und Begründungen im Konzernanhang erforderlich (§ 308 Abs. 3 S. 2 HGB).

8.4.3 Voraussetzungen für die Pflicht zur Eliminierung von Zwischenergebnissen

Die Voraussetzungen, die eine Eliminierungspflicht begründen, werden in § 304 HGB abschließend aufgeführt (*vgl. Weber in: Küting/Weber 1989, S. 1287 f.*). Danach sind Zwischenergebnisse zu eliminieren, soweit es sich

(1) um **Vermögensgegenstände** handelt, die **in die Konzernbilanz zu übernehmen** sind *und*

(2) ganz oder teilweise **auf Lieferungen oder Leistungen einbezogener Unternehmen beruhen** *und*

(3) **deren Buchwert** beim einbezogenen empfangenden Unternehmen

   (3.1) entweder **über** den Konzernanschaffungs- oder -herstellungskosten oder

   (3.2) **unter** den Konzernanschaffungs- oder -herstellungskosten, dem niedrigeren Stichtagswert oder dem steuerlich zulässigen Wert liegt.

(1)In die Konzernbilanz zu übernehmende Vermögensgegenstände

Zielsetzung der Eliminierung von Zwischenergebnissen ist die Korrektur von Bestandswerten und des Konzernjahresergebnisses. § 304 HGB bezieht sich als **Bewertungsvorschrift** ausschließlich auf **Vermögensgegenstände** des Anlage- und Umlaufvermögens, nicht aber auf konzerninterne Leistungen. Zwischenergebnisse aufgrund **konzerninterner Leistungen** (= Ertrag beim leistenden, Aufwand beim empfangenden Unternehmen, z.B. in Form von Serviceleistungen) werden gemäß § 305 HGB im Rahmen der Aufwands- und Ertragskonsolidierung der Konzern-GuV eliminiert und fallen nicht unter die Zwischenergebniseliminierung nach § 304 HGB.

Beispiel:

Das einbezogene Unternehmen A gewährt dem einbezogenen Unternehmen B einen Überbrückungskredit. Zwischenergebnisse (= kalkulierter Gewinn oder Verlust des leistenden Unternehmens A) fallen erst durch Zinszahlungen an, wobei sich bei sachgerechter Bilanzierung Erträge und Aufwendungen in gleicher Höhe gegenüberstehen. Diese werden im Rahmen der Konsolidierung der GuV-Rechnung gegeneinander aufgerechnet, das kalkulierte Zwischenergebnis ist damit automatisch eliminiert.

Die Zwischenergebniseliminierung gemäß § 304 HGB setzt nicht nur voraus, daß es sich um Vermögensgegenstände handelt, diese müssen vielmehr **am Abschlußstichtag eines einbezogenen Unternehmens** bei diesem nach den allgemeingültigen handelsrechtlichen Grundsätzen **bilanziert** sein. M.a.W.: der Vermögensgegenstand muß noch innerhalb des Konzerns vorhanden sein, da eine Veräußerung des Vermögensgegenstandes an ein konzernfremdes oder nicht einbezogenes Unternehmen aus Konzernsicht eine Gewinn- oder Verlustrealisierung bewirkt hätte, so daß eine Zwischenergebniseliminierung nicht mehr möglich ist.

Wird in den Konzernabschluß ein Konzernunternehmen einbezogen, dessen Abschlußstichtag maximal 3 Monate vor dem Konzernabschlußstichtag liegt, ist eine Zwischenergebniseliminierung regelmäßig auch dann erforderlich, wenn der Vermögensgegenstand in diesem Dreimonatszeitraum an ein konzernfremdes oder nicht einbezogenes Unternehmen veräußert wurde.

(2) Lieferung oder Leistung zwischen in den Konzernabschluß einbezogenen Unternehmen

Eine Zwischenergebniseliminierung setzt voraus, daß die Vermögensgegenstände **ganz oder teilweise auf Lieferungen oder Leistungen** anderer in den Konzernabschluß **einbezogener Unternehmen** beruhen. Soweit Tochterunternehmen gemäß §§ 295, 296 HGB nicht in den Konzernabschluß einbezogen werden, sind sie wie konzernfremde Unternehmen zu behandeln. Soweit Teilkonzernabschlüsse erstellt werden, kann ein wertintensiver Leistungsaustausch mit solchen nicht konsolidierten Tochterunternehmen dazu führen, daß Zwischenergebnisse in erheblichem Maße der Eliminierung entzogen werden und das Konzernjahresergebnis verfälscht dargestellt wird.

Soweit die vorgenannte Voraussetzung erfüllt ist, ist eine Zwischenergebniseliminierung vorzunehmen, unabhängig davon, ob der Vermögensgegenstand **ganz oder nur zum Teil** auf Lieferungen anderer einbezogener Unternehmen basiert (z.B. können konzernintern gelieferte Erzeugnisse mit Rohstoffen gefertigt worden sein, die z.T. bei einbezogenen Unternehmen, z.T. bei konzernfremden Unternehmen eingekauft wurden).

Eine Zwischenergebniseliminierung kommt dabei nur für solche Vermögensgegenstände in Betracht, die auf **direkte** konzerninterne **Lieferungen oder Leistungen** anderer einbezogener Konzernunternehmen zurückzuführen sind. Mittelbare Lieferungen über den Umweg außenstehender Unternehmen (sog. „Dreiecksgeschäfte") bleiben bei der Zwischengewinnrealisierung i.d.R. somit unberücksichtigt, es sei denn, es wird durch den Umweg über ein nicht einbezogenes Unternehmen versucht, die Pflicht zur Zwischenergebniseliminierung zu umgehen und damit verbunden das Konzernjahresergebnis in bedeutendem Umfang zu „schönen" (*vgl. dazu auch ADS 1992, Rn. 55 zu § 304 HGB und die dortigen weiteren Literaturverweise*).

Bei **mehrstufiger** konzerninterner **Fertigung** setzt sich das eliminierungspflichtige Zwischenergebnis aus allen Teil-Zwischenergebnissen einbezogenes Konzernunternehmen zusammen, die in die Veräußerungsprozeßabfolge involviert waren. In solchen Fällen wird das eliminierungspflichtige Zwischenergebnis summarisch wie folgt ermittelt:

Wert des Vermögensgegenstandes gemäß HB II des bilanzierenden einbezogenen Unternehmens
- Konzernanschaffungs- oder -herstellungskosten
= Kumuliertes Zwischenergebnis (+/-)

(3) Wertdifferenzen konzernintern gelieferter, bilanzierter Vermögensgegenstände

Zur Berücksichtigung von Wert- oder Betragsdifferenzen zwischen Buchwert einerseits sowie Konzernanschaffungs- oder -herstellungskosten, niedrigerem Stichtagswert oder niedrigerem steuerlich zulässigem Wert vgl. 1.8.4.2.

8.4.4 Organisatorische Voraussetzungen der Zwischergebniseliminierung und Zwischenergebnisverrechnung

Die Zwischenergebniseliminierung rechnet wie Kapital- und Schuldenkonsolidierung zu den **klassischen Konsolidierungsmaßnahmen** im Rahmen der Konzernrechnungslegung. Sieht man von den angesprochenen Umbewertungseffekten bei Ableitung der HB II aus der HB I ab, kommt eine echte Zwischenergebniseliminierung erst im Rahmen der Konsolidierung selbst in Betracht, eine Zwischenergebniseliminierung im Rahmen der Einzelabschlüsse einbezogener Unternehmen ist nicht - auch nicht freiwillig - möglich.

Die **praktische Durchführung** der Zwischenergebniseliminierung ist primär abhängig

- von der Zahl einbezogener Konzernunternehmen;
- vom quantitativen und wertmäßigen Umfang des konzerninternen Lieferungs- und Leistungsaustausches;
- sowie der Art, Wertigkeit und Beschaffenheit der Konzernbestände am Konzernabschlußstichtag.

Zur Sicherstellung einer sachgerechten Zwischenergebniseliminierung sind eine Reihe **organisatorischer Voraussetzungen** notwendig (*vgl. ADS 1992, Rn. 61. f. zu § 304 HGB*). In der Praxis werden diese i.d.R. durch die zentrale Konsolidierungsstelle in Form von Konsolidierungsrichtlinien vorgegeben. Hierzu zählen u.a.

- umfassende Dokumentation konzerninterner Lieferungen und Leistungen zwischen einzubeziehenden Unternehmen
- gesonderte Ermittlung und Dokumentation der Bestände einbezogener Unternehmen
- Erfassung und Dokumentation der Zwischenergebnissätze beim einbezogenen liefernden Konzernunternehmen
- Erfassung und Dokumentation der Anschaffungsnebenkosten beim empfangenden Unternehmen
- Festlegung und Vorgabe einheitlicher Bewertungsmethoden.

Die Zwischenergebniseliminierung erfordert dabei vorrangig eine zutreffende Ermittlung der Konzernbestände sowie der jeweiligen Konzernanschaffungs- und -herstellungskosten zum Konzernabschlußstichtag. Die **Konzernbestände** können vielfach vergleichsweise unproblematisch im Wege der Inventur ermittelt werden, soweit die Bestände - ggf. getrennt nach Konzerngesichtspunkten - beim empfangenden Konzernunternehmen gelagert werden. Soweit die Bestandsermittlung nicht oder nur mit unverhältnismäßig hohem Aufwand möglich ist, kann der Konzernanteil begründet und objektiviert nachvollziehbar geschätzt werden (Durchschnittsmethode). Darüber hinaus kann analog § 256 HGB auf **Verbrauchs- oder Veräußerungsfolgeverfahren** zurückgegriffen werden Neben dem Lifo-, Fifo- und Hifo-Verfahren kommen insbesondere in Betracht:

- **Kifo-Verfahren** (Konzern in-first out). Hierbei wird unterstellt, daß die von einbezogenen Unternehmen gelieferten Vermögensgegenstände zuerst veräußert oder verbraucht werden
- **Kilo-Verfahren** (Konzern in-last out). Hierbei wird unterstellt, daß die von einbezogenen Unternehmen gelieferten Vermögensgegenstände zuletzt veräußert oder verbraucht werden.

Die Anwendung eines Verbrauchs- oder Veräußerungsfolgeverfahren setzt voraus, daß alle Zugänge einer Rechnungsperiode getrennt nach Lieferungen einbezogener und konzernfremder Unternehmen erfaßt und dokumentiert werden. Während bei Anwendung des Kilo-Verfahrens eine nahezu vollständige Zwischenergebniseliminierung ermöglicht wird, kann das Kifo-Verfahren in Abhängigkeit von der mengenmäßigen Abfolge und der Größe des Endbestandes dazu führen, daß die Zwischenergebniseliminierung im Extrem nahezu vollständig entfällt, da unterstellt wird, daß sich der Endbestand überwiegend oder vollständig aus Lieferungen konzernfremder oder nicht einbezogener Unternehmen zusammensetzt.

8.4.5 Möglichkeiten des Verzichts auf die Eliminierung von Zwischenergebnissen

Auf eine Eliminierung kann **verzichtet** werden (= Wahlrecht), wenn

- gemäß § 304 Abs. 2 HGB die konzerninternen Lieferungen und Leistungen zu **üblichen Marktbedingungen** vorgenommen wurden und die Ermittlung der Zwischenergebnisse einen **unverhältnismäßig hohen Aufwand** erfordern würden, sowie
- wenn nach § 304 Abs. 3 HGB die Zwischenergebnisse für die Vermittlung eines den tatsächlichen Verhältnissen entsprechenden Bildes der Vermögens-, Finanz- und Ertragslage des Konzerns (nach § 297 Abs. 2 HGB) von nur **untergeordneter Bedeutung** ist. Eine besondere Berichtspflicht besteht in diesem Falle nicht.

Dieses Wahlrecht ist umstritten, da es gegen die Einheitstheorie verstößt (*vgl. ADS 1992, Rn. 148 ff. zu § 304 HGB*). An die Beurteilung des Kriteriums „unverhältnismäßig hoher Aufwand" sind strenge Maßstäbe anzulegen: *„So sind sämtliche Möglichkeiten der Vereinfachungs- und Nährungsverfahren in Betracht zu ziehen"* (*ADS 1992, Rn. 150 zu § 304*).

Zu den Vereinfachungsverfahren zählen die Durchschnittsmethode und die Verbrauchsfolgeverfahren, bei Nährungsverfahren werden Pauschalsätze zugrunde gelegt.

Im Konzernanhang ist anzugeben, wenn nach Abs. 2 verfahren wurde. Ist der Einfluß auf die Vermögens-, Finanz- und Ertragslage wesentlich, so ist dies (zusätzlich) zu erläutern. *„Die Frage, wann der Verzicht auf die Eliminierung einen wesentlichen Einfluß ... hat, kann nur für den jeweiligen Einzelfall beurteilt werden. Allgemein kann man sagen, daß diese Voraussetzung dann vorliegt, wenn die Erläuterung im Anhang die Beurteilungen und Entscheidungen der Abschlußadressaten beeinflussen kann"* (*Weber, in: Küting/Weber, 1987 S. 1290*).

Die Ausnahmeregelung „von untergeordneter Bedeutung" kann nur im Rahmen einer Gesamtbetrachtung qualifiziert werden, allgemeingültige Grenzwerte der Unwesentlichkeit können nicht festgelegt werden (*vgl. ADS 1992, Rn. 157 zu § 304 HGB*).

8.5 Aufwands- und Ertragskonsolidierung (GuV-Konsolidierung)

8.5.1 Überblick

Analog zur Konzernbilanz ergibt sich die Konzern-GuV durch Addition der Gewinn- und Verlustrechnungen der in der Konzernabschluß einbezogenen Unternehmen.

Wie bei der Konzernbilanz sind auch bei der Konzern-GuV die Aufwendungen und Erträge zu eliminieren, die aus Transaktionen mit einbezogenen Unternehmen stammen: der Einheitstheorie entsprechend können aus innerbetrieblichen Transaktionen keine Erfolge (= Gewinn oder Verlust) erzielt werden.

Das Ziel der Aufwands- und Ertragskonsolidierung besteht demnach darin, in der Konzern-GuV nur noch die Geschäftsvorfälle zu berücksichtigen, die mit nicht in den Konzernabschluß einbezogenen Unternehmen stattgefunden haben.

Zwar besteht zwischen der Zwischenergebniseliminierung und der Aufwands- und Ertragskonsolidierung insoweit ein enger Zusammenhang, als beide Maßnahmen erfolgswirksam sind, doch ist *„die Konsolidierung der Aufwendungen und Erträge ist systematisch streng zu trennen von der Eliminierung von Zwischenergebnissen, auch wenn in der Praxis beide Fragen eng miteinander verflochten sind*" (*ADS 1992, Rn. 4 zu § 305 HGB)*.

Zwischenergebnisse setzen zwar einen konzerninternen Lieferungs- und Leistungsaustausch zwischen einbezogenen Unternehmen voraus (= konzerninterner Innenumsatz), ein „Innenumsatz" muß aber nicht zwangsläufig mit Zwischengewinnen oder Zwischenverlusten verbunden sein.

Die Aufwands- und Ertragskonsolidierung ist für alle einbezogenen Konzernunternehmen durchzuführen, unabhängig davon, ob diese durch Voll- oder Quotenkonsolidierung in den Konzernabschluß einbezogen werden. Ausgenommen von dieser Konsolidierungsmaßnahme sind lediglich Aufwendungen und Erträge aus Transaktionen mit assoziierten Unternehmen.

Beispiel:

Ausgangssituation:
Das Konzernunternehmen A produziert Waren zu Konzernherstellungskosten in Höhe von 300; die Waren werden in Höhe von 500 an das Konzernunternehmen B verkauft; am Bilanzstichtag sind die Waren bei B noch aktiviert, d.h. weder verarbeitet noch verkauft.

Eliminierungsschritte:
In der Einzel-GuV von A sind Umsatzerlöse in Höhe von 500, in der Einzelbilanz von B ist ein Warenzugang in Höhe von 500 ausgewiesen.

- Zwischenergebniseliminierung:
  Die Einzel-GuV von A weist einen Gewinn von 200 aus, aus Konzernsicht ist dieser Gewinn (Realisationsprinzip) jedoch nicht realisiert und somit zu eliminieren.

  Der Warenbestand von B weist einen Buchwert in Höhe von 500 auf, aus Konzernsicht ist dieser Bestand jedoch nur zu den Konzernherstellungskosten in Höhe von 300 zu aktivieren.

Im Rahmen der Konsolidierung ist somit der Buchwert in Höhe von 500 um 200 zu bereinigen.

- Innenumsatzeliminierung:
  In der Summen-GuV wird ein Umsatzerlös - nach der Zwischenergebniseliminierung - in Höhe von 300 ausgewiesen; dieser Umsatzerlös wurde aus Konzernsicht (Einheitstheorie) tatsächlich nicht realisiert (= Innenumsatz) und muß deshalb eliminiert werden, indem er der GuV-Position „Bestandsmehrung an unfertigen Erzeugnissen" zugeordnet wird.

8.5.2 Innenumsatzerlöse

Umsatzerlöse aus Lieferungen und Leistungen zwischen einbezogenen Konzernunternehmen sind aus der Sicht der Einheit Konzern **Innenumsatzerlöse**, während Umsatzerlöse aus dem Lieferungs- und Leistungsaustausch mit konzernfremden oder nicht einbezogenen Unternehmen als **Außenumsatzerlöse** bezeichnet werden.

Bei der Konsolidierung der **Innenumsatzerlöse aus Lieferungen** sind gemäß § 305 Abs. 1 Nr. 1 HGB drei Fallgruppen zu unterscheiden:

(1) Verrechnung der Innenumsatzerlöse mit den auf sie entfallenden Aufwendungen

Beispiel:

Das einbezogene Konzernunternehmen A liefert an das einbezogene Konzernunternehmen B selbsterstellte Waren im Wert von 1.000. B veräußert diese Waren an ein konzernfremdes Unternehmen zu 2.000.

In der Summen-GuV-Rechnung werden Umsatzerlöse in Höhe von 3.000 (= Umsatzerlöse A und B) ausgewiesen; aus Konzernsicht sind aber lediglich Außenumsatzerlöse in Höhe von 2.000 realisiert. Die Konsolidierung der Innenumsatzerlöse erfolgt dadurch, daß der Innenumsatzerlös von A (= 1.000) mit dem Materialaufwand von B (= 1.000) verrechnet wird, so daß in der Konzern-GuV nur noch Umsatzerlöse (= Außenumsatzerlöse) in Höhe von 2.000 ausgewiesen werden.

Die Verrechnung der Innenumsatzerlöse kann entweder mit den Aufwendungen des lieferungsempfangenden einbezogenen Unternehmens (siehe Beispiel) oder den eigenen Aufwendungen des liefernden einbezogenen Unternehmens erfolgen.

(2) Aktivierung innerbetrieblicher Lieferungen im Konzern

Soweit B, bezogen auf das vorstehende Beispiel, die Waren bis zum Abschlußstichtag nicht veräußert hat, müssen die Innenumsatzerlöse umgegliedert werden. Dies gilt für konzernintern gelieferte Gegenstände des Anlagevermögens entsprechend. Konsolidierungstechnisch sind somit zwei Fallgruppen zu unterscheiden:

(2.1) Umgliederung in den Posten „Bestandsveränderung“

Da es sich um Waren, also Gegenstände des Umlaufvermögens handelt, liegt aus Konzernsicht eine Bestandserhöhung vor. Die Innenumsatzerlöse werden in Bestandserhöhungen umgegliedert.

(2.2) Umgliederung in den Posten „aktivierte Eigenleistung“

Soweit der Innenumsatz die Lieferung von Gegenständen des Anlagevermögens beinhaltet (z.B. Maschinen, die auf Dauer dazu bestimmt sind, dem Geschäftsbetrieb des empfangenden Unternehmens zu dienen), handelt es sich aus Konzernsicht um selbsterstellte Gegenstände des Anlagevermögens. Diese Innenumsatzerlöse müssen in aktivierte Eigenleistungen umgegliedert werden.

Die Anwendung der vorgenannten Konsolidierungstechniken ist davon abhängig, welche Ausgestaltungskonzeption der Finanzbuchführung und damit der GuV-Rechnung zugrunde liegt. Bei Anwendung des **Gesamtkostenverfahrens** kommen prinzipiell alle Konsolidierungs- bzw. Verrechnungstechniken in Betracht, während bei Anwendung des **Umsatzkostenverfahrens** die Innenumsatzerlöse stets mit den auf sie entfallenden Aufwendungen (= Herstellungskosten der zu Erzielung der Umsatzerlöse erbrachten Leistungen; Position 2 der GuV gemäß § 275 Abs. 3 HGB) zu verrechnen sind.

Bei Anwendung des **Gesamtkostenverfahrens** sind - vereinfacht - folgende Verrechnungstechniken zu praktizieren (*vgl. ADS 1992, Rn. 10 ff. zu § 305 HGB*):

- Innenumsatzerlös = Lieferung von Handelswaren:

  Verrechnung mit dem Posten Materialaufwand

- Innenumsatzerlös = Lieferung von eigenen Erzeugnissen an ein anderes einbezogenes Unternehmen (bei Weiterveräußerung an ein konzernfremdes Unternehmen bis zum Abschlußstichtag):

  Verrechnung mit dem Posten Materialaufwand

- Innenumsatzerlös = Lieferung von eigenen Erzeugnissen an ein anderes einbezogenes Unternehmen ohne weitere Be- oder Verarbeitung und ohne Weiterveräußerung bis zum Abschlußstichtag:

  Umgliederung in den Posten Bestandsveränderung

- Innenumsatzerlös = Lieferung von eigenen Erzeugnissen an ein anderes einbezogenes Unternehmen und dortige Erfassung als Zugang zum Anlagevermögen:

  Umgliederung in den Posten Bestandsveränderung

- Innenumsatzerlös = Lieferung von eigenen Erzeugnissen an ein anderes einbezogenes Unternehmen und dortige Erfassung als Zugang zum Anlagevermögen:

  Umgliederung in den Posten Andere aktivierte Eigenleistungen.

Beispiel:

Das in den Konzernabschluß einbezogene Unternehmen A liefert eine selbsterstellte Fertigungsanlage an das einbezogene Konzernunternehmen B. Die Anlage wird bei B im Fertigungsprozeß eingesetzt (= Zugang zum Anlagevermögen bei B). Bei A sind im Zuge der Herstellung der Anlage angefallen:

Materialaufwand	1.000
Fertigungslöhne	2.000
Abschreibungen auf Sachanlagen	100
Vertriebskosten (= Gehälter)	100

Gemeinkosten bei A bleiben unberücksichtigt.

Die Fertigungsanlage wird zu einem Verkaufspreis von 4.000 an B veräußert, die Anschaffungsnebenkosten (anteilige Löhne und Gehälter) bei B belaufen sich auf 50. Die GuV-Rechnungen werden nach dem Gesamtkostenverfahren erstellt.

Konsolidierung sowie Erstellung der Konzern-GuV lassen sich anhand, des in Abb. 82 dargestellten, vereinfachten Beispiels schematisch zusammenfassen.

Soweit die Innenumsatzerlöse nicht auf Lieferungen, sondern **Leistungen** eines einbezogenen Unternehmens an ein anderes einbezogenes Unternehmen beruhen, stehen den Erträgen (Umsatzerlösen) des leistenden Unternehmens i.d.R. wertmäßig identische Aufwendungen des leistungsempfangenden Unternehmens gegenüber, die im Zuge der Konsolidierung miteinander verrechnet werden.

Im Rahmen der Aufwands- und Ertragskonsolidierung kommen im wesentlichen dieselben Verrechnungstechniken in Betracht, die bei Innenumsatzerlösen aufgrund von Lieferungen skizziert wurden:

- Bei Anwendung des **Gesamtkostenverfahrens** kann eine Verrechnung mit den korrespondierenden Aufwendungen des leistungsempfangenden Unternehmens oder eine Umgliederung in Andere aktivierte Eigenleistungen notwendig werden.
- Bei Anwendung des **Umsatzkostenverfahrens** erfolgt eine Verrechnung der Innenumsatzerlöse mit den Aufwendungen des leistenden einbezogenen Unternehmens.

	GuV/A		GuV/B		Summen-GuV		Konsolidierung		Konzern-GuV	
	Aufwand	Ertrag	Aufwand	Ertrag	Aufwand	Ertrag	S	H	Aufwand	Ertrag
• Umsatzerlöse		4.000				4.000	4.000			3.250
• Andere aktivierte Eigenleistungen				50		50	800	4.000		
• Materialaufwand	1.000				1.000				1.000	
• Löhne und Gehälter	2.100		50		2.150				2.150	
• Abschreibungen auf Sachanlgen	100				100				100	
• Jahresüberschuß	800				800			800		
Summe	4.000	4.000	50	50	4.050	4.050	4.800	4.800	3.250	3.250

Abb. 82: Konsolidierung der Innenumsatzerlöse durch Umgliederung in andere aktivierte Eigenleistungen

8.5.3 Andere Erträge und Aufwendungen

Nach § 305 Abs. 1 Nr. 2 HGB sind auch andere Erträge aus Lieferungen und Leistungen zwischen den in den Konzernabschluß einbezogenen Unternehmen mit den auf sie entfallenden Aufwendungen zu verrechnen, soweit sie nicht als andere aktivierte Eigenleistungen auszuweisen sind.

Hierunter fallen insbesondere die sonstigen betrieblichen Erträge, die außerordentlichen Erträge, sowie sämtliche Posten der Gewinn- und Verlustrechnung, die Erträge enthalten.

Die Konsolidierung dieser Posten unterscheidet sich prinzipiell nicht von der Konsolidierung der Innenumsätze, da auch sie i.S.d. Einheitstheorie zu verrechnen oder, wenn kein außenstehendes Unternehmen beteiligt ist, als andere aktivierte Eigenleistungen auszuweisen sind (*vgl. Lück, 1994, S. 159*).

8.6 Latente Steuern und Steuerabgrenzung im Konzernabschluß

Die Steuerabgrenzung und damit der Ausweis latenter Steuern im Konzernabschluß sind, wie die Konsolidierungsmaßnahmen, letztlich Ausfluß der Einheitstheorie: der Konzern wird für die Steuerabgrenzung im Konzernabschluß als fiktives Steuersubjekt angesehen, obwohl nach deutschem Steuerrecht die einzelnen, rechtlichen selbständigen Konzernunternehmen Steuersubjekte sind und jeweils gesondert der Besteuerung unterworfen werden (Ausnahme: Organschaft). Die **Fiktion der steuerlichen Einheit des Konzerns** hat zur Folge, „... *daß die rechtliche Selbständigkeit der einbezogenen Unternehmen für die Darstellung im Konzernabschluß unbeachtlich ist*“ (*ADS 1992, Rn. 11 zu § 306 HGB*). Praktische Bedeutung kommt dieser Fiktion für die Steuerabgrenzung jedoch kaum zu, da sich die Steuerabgrenzung im Konzernabschluß letztlich auf Ergebnisdifferenzen im Zuge von Konsolidierungsmaßnahmen (§ 306 HGB) bzw. die im Einzelabschluß vollzogene und ggf. zu korrigierende Steuerabgrenzung einbezogener Unternehmen (§ 274 i.V.m. § 298 Abs. 1 HGB) beschränkt.

Mit der Steuerabgrenzung im Konzernabschluß soll vorrangig der **periodengerechten Erfolgsermittlung** des Konzerns als wirtschaftliche und fiktiv rechtliche Einheit, aber auch einem vollständigen und sachgerechten **Ausweis der Vermögenslage** entsprochen werden. Da der Konzernabschluß weder Besteuerungsgrundlage noch Basis der Gewinnausschüttung ist, kommt dem Abgrenzungscharakter von Steuerabgrenzungsposten eindeutige Dominanz zu (*vgl. Gross/Schruff/ v. Wysocki 1986, S. 213*).

Die Steuerabgrenzung im Konzernabschluß beinhaltet zwei **Komponenten**, die sich schematisch wie folgt zusammenfassen lassen:

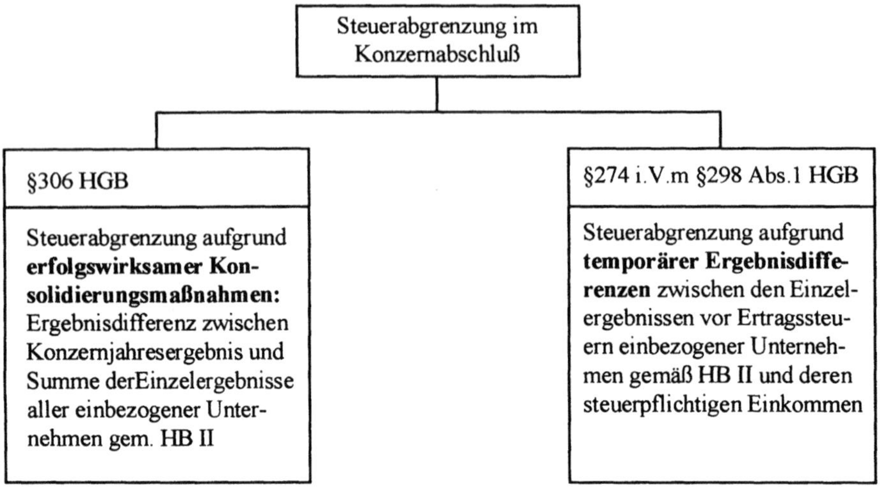

Abb. 83: Steuerabgrenzung im Konzernabschluß

Nach h.M. ist auch die ggf. notwendige Steuerabgrenzung aufgrund einer Anpassung der Bilanzansätze gemäß § 300 HGB sowie der Bewertung gemäß § 308 HGB im Rahmen der Erstellung der HB II unter § 274 i.V.m. § 298 Abs. 1 HGB zu subsumieren, so daß sich hinsichtlich der Steuerabgrenzung im Konzernabschluß folgendes **Stufenkonzept** zugrunde legen läßt (*vgl. ADS 1992, Rn. 24 zu § 306 HGB*):

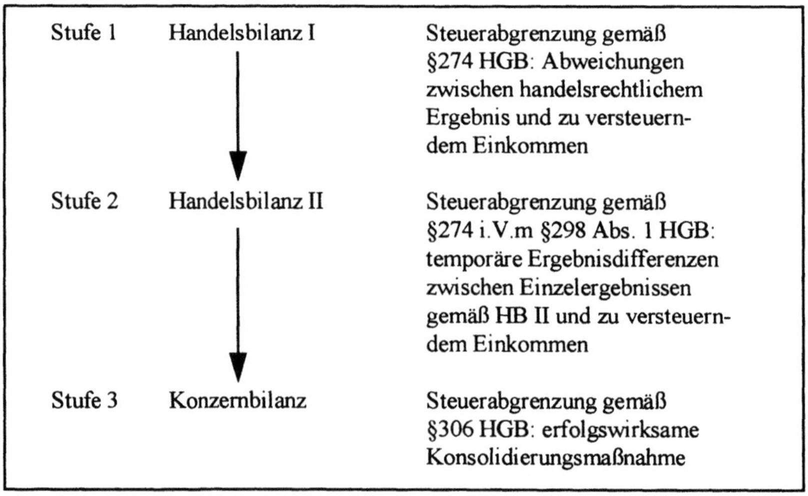

Abb. 84: Überleitungsstufen in die Konzernbilanz

Stufe 1 basiert allein auf der Steuerabgrenzung im Einzelabschluß einbezogener Unternehmen (HB I) gemäß § 274 HGB. Die im Einzelabschluß gebildeten latenten Steuern werden gewissermaßen über die HB II in den Konzernabschluß „weitergereicht". Die Ursachen für diese Steuerabgrenzungen sind originär im jeweiligen einbezogenen Unternehmen gegeben. Analog § 274 Abs. 1 HGB sind die passiven latenten Steuern im Konzernabschluß auszuweisen (Ausweispflicht), während für die aktiven latenten Steuern gemäß § 274 Abs. 2 HGB ein Wahlrecht besteht. In **Stufe 2**, d.h. bei Erstellung der HB II, könne sich im Rahmen der Anpassung der Bilanzierung und Bewertung des handelsrechtlichen Einzelabschlusses (HB I) an die konzerneinheitlichen Grundsätze und Methoden (§§ 300, 308 HGB) Ergebnisdifferenzen ergeben, die eine Steuerabgrenzung gemäß § 274 i.V.m. § 298 Abs. 1 HGB erforderlich machen, da die Einzelergebnisse einbezogener Unternehmen aufgrund der Anpassungsmaßnahmen nicht mehr mit dem jeweiligen zu versteuernden Einkommen übereinstimmen. In der **3. Stufe** erfolgt schließlich auf der Ebene der Konzernbilanz die Steuerabgrenzung gemäß § 306 HGB: eine Anpassung des Steueraufwands durch Steuerabgrenzung ist immer dann vorzunehmen, wenn erfolgswirksame Konsolidierungsmaßnahmen zu einer Diskrepanz zwischen dem Konzernjahresergebnis und der Summe der Einzelergebnisse (gemäß HB II) aller einbezogener Unternehmen geführt haben. Hierbei handelt es sich regelmäßig um **temporäre Differenzen**, die sich in späteren Geschäftsjahren voraussichtlich wieder ausgleichen.

Die Steuerabgrenzung gemäß § 306 HGB kommt regelmäßig nur bei **erfolgswirksamen Konsolidierungsmaßnahmen** in Betracht (*vgl. Lück 1994, S. 163*), so daß aus der Erstkonsolidierung nach § 301 HGB (Kapitalkonsolidierung) i.d.R. keine Steuerabgrenzung erforderlich wird. Somit können Steuerabgrenzungen primär resultieren aus

- der erfolgswirksamen **Schuldenkonsolidierung** (§ 303 HGB),
- der **Eliminierung von Zwischenergebnissen** (§ 304 HGB).

Bei der **Schuldenkonsolidierung** können Aufrechnungsdifferenzen entstehen. Diese sind erfolgswirksam zu eliminieren; da sie sich in den Folgejahren wieder ausgleichen (temporäre Differenzen), sind sie bei der Ermittlung latenter Steuern im Konzernabschluß zu berücksichtigen.

Sehr viel bedeutsamer ist die durch die **Zwischenergebniseliminierung** bedingte Steuerabgrenzung. Veräußert ein einbezogenes Unternehmen A Waren an ein anderes einbezogenes Unternehmen B, ist aus Konzernsicht der Umsatz erst realisiert, wenn die Waren den Konzern durch Verkauf an ein konzernfremdes Unternehmen verlassen hat oder wenn die Waren konzernintern verarbeitet oder verbraucht wurden. Da aus der Sicht von A der Ertrag (Umsatz) jedoch steuerlich mit dem Verkauf an B bereits realisiert ist und im Einzelabschluß berücksichtigt wird, ist aus Konzernsicht eine aktive Steuerabgrenzung vorzunehmen, da der gesamte Steueraufwand des Konzerns in Relation zum Konzernjahresergebnis zu hoch ist. Eine Auflösung des Steuerabgrenzungspostens ist bei Verkauf der Waren an konzernfremde Unternehmen bzw. bei konzerninternem Verbrauch vorzunehmen. Entsprechend ist eine passive Steuerabgrenzung vorzunehmen, wenn ein Zwischenverlust zu eliminieren ist.

Bei der Anpassung des Steueraufwandes qua Steuerabgrenzung gemäß § 306 HGB ist regelmäßig eine **Gesamtdifferenzenbetrachtung** zugrunde zu legen, d.h. maßgebend für die Steuerabgrenzung ist die Gesamtdifferenz aus

- Konzernergebnis
- Summe der Einzelergebnisse aller einbezogener Unternehmen gemäß deren HB II.

Daraus folgt zwingend, daß jeweils nur ein aktiver oder ein passiver Steuerabgrenzungsposten gebildet wird; im Gegensatz zu § 274 Abs. 2 HGB besteht für einen aktiven Abgrenzungsposten **Aktivierungspflicht**, ein passiver Abgrenzungsposten ist sowohl nach § 274 Abs. 1 HGB, wie auch gemäß § 306 HGB **passivierungspflichtig** (Rückstellung). Steuerabgrenzungsposten müssen in der Konzernbilanz (als Sonderposten, in der Vorspalte oder als „Davon-Vermerk") oder im Konzernanhang gesondert angegeben werden.

Die Steuerabgrenzung gemäß § 306 HGB ist grundsätzlich für alle im Wege der **Vollkonsolidierung** oder **Quotenkonsolidierung** erstellten Konzernabschlüsse durchzuführen. Bei Anwendung der **Equity-Methode** kann auf die Steuerabgrenzung verzichtet werden, auch wenn sie im Interesse einer periodengerechten Konzernerfolgsermittlung auch in diesem Falle angezeigt erscheint, sofern erfolgswirksame Konsolidierungsmaßnahmen durchgeführt wurden.

9 Einbeziehung von assoziierten Unternehmen nach der „Equity-Methode"

9.1 Allgemeines

Beteiligungen an sog. **assoziierten Unternehmen** müssen im Konzernabschluß grundsätzlich gesondert ausgewiesen und nach der **Equity-Methode** bewertet werden. Die durch die angelsächsische Rechnungslegungspraxis entwickelte Equity-Methode ist damit eine besondere Form der Beteiligungsbewertung im Rahmen der Konzernrechnungslegung, für den Einzelabschluß kommt die Methode - anders als in den USA - nach deutschem Bilanzrecht nicht in Betracht.

Die wesentlichen **Grundsätze der Equity-Methode** (= Bewertung „at equity") sind in § 312 HGB verankert. Mit dieser Methode wird nicht nur eine -zumindest fragmentarische - Annäherung an angelsächsische Rechnungslegungsgrundsätze vollzogen, die Methode durchbricht vielmehr tradierte Rechnungslegungskonventionen des deutschen Bilanzrechtes und stellt einen **zulässigen Vorstoß** gegen das aus dem Grundsatz der Vorsicht abgeleitete **Anschaffungswertprinzip** dar:

Im Einzelabschluß ist eine Beteiligung höchstens zu ihren Anschaffungskosten oder einem niedrigeren Stichtagswert gemäß § 253 Abs. 2 und 4, 254 HGB auszuweisen, ein über den historischen Anschaffungskosten liegender Wertansatz ist grundsätzlich nicht zulässig. Durch die Bewertung einer Beteiligung an assoziierten Unternehmen „at equity" soll erreicht werden, die Beteiligung in der Konzernbilanz zeitnah mit einem Wert auszuweisen, der dem anteiligen bilanziellen Eigenkapital des assoziierten Unternehmens entspricht. Anders als bei der Vollkonsolidierung werden somit nicht die Aktiva und nicht aufgerechneten Passiva des assoziierten Unternehmens in die Konzernbilanz übernommen, vielmehr wird der Beteiligungswertansatz aus dem Einzelabschluß eines einbezogenen, vollkonsolidierten Unternehmens für die Übernahme in die Konzernbilanz nach der Equity-Methode modifiziert. Damit wird der Überlegung Rechnung getragen, daß sich der „tatsächliche" Wert einer Beteiligung im Zeitablauf i.a.R. ändert und sich der Wert einer Beteiligung an dem der Beteiligung entsprechenden anteiligen bilanziellen Eigenkapital des assoziierten Unternehmens „ablesen" läßt. Aus diesem Grunde wird bei der Equity-Methode der Buchwert solcher Beteiligungen an die Entwicklung des bilanziellen Eigenkapitals des assoziierten Unternehmens angepaßt.

Methodisch gesehen wird bei erstmaliger Anwendung der Equity-Methode im Zeitablauf folgendermaßen verfahren:

- Der aus dem Einzelabschluß des einbezogenen beteiligten Unternehmens in die Summenbilanz übernommene **Beteiligungsbuchwert** (= Anschaffungskosten) wird gegen das **anteilige Eigenkapital** des assoziierten Unternehmens **aufge-**

rechnet. Für die Kapitalaufrechnung kommen gemäß § 312 Abs. 1 die **Buchwertmethode** (Abs. 1 Nr. 1) oder die **Kapitalanteilsmethode** in Betracht; damit kann analog der Kapitalkonsolidierung gemäß § 301 HGB verfahren werden.

- Der sich aus der Aufrechnung i.d.R. ergebende **Unterschiedsbetrag** wird (je nachdem, welche Charakterisierung für diesen Unterschiedsbetrag erforderlich ist: stille Rücklagen, Geschäfts- oder Firmenwert ...) in den Folgeperioden **fortgeführt, abgeschrieben** bzw. **aufgelöst**. Durch die Wertfortführung im Zeitablauf wird erreicht, daß der Wertansatz der Beteiligung in der Konzernbilanz zumindest tendenziell zum Wert des anteiligen Eigenkapitals des assoziierten Unternehmens hinführt.
- Um eine zeitnahe Bewertung sicherzustellen, wird der Beteiligungswertansatz in der Konzernbilanz zudem zu jedem Abschlußstichtag anteilig in Höhe des Beteiligungsansatzes an eingetretene **Eigenkapitalveränderungen** des assoziierten Unternehmens **angepaßt**. Eigenkapitalzuwächse beim assoziierten Unternehmen führen damit zu einer Beteiligungswerterhöhung, Eigenkapitalminderung zu einer Beteiligungswertminderung in der Konzernbilanz, d.h. Eigenkapitalveränderungen werden in Form von Zuschreibungen und Abschreibungen erfolgswirksam in der Konzern-GuV berücksichtigt.
- **Dividendenausschüttungen** des assoziierten Unternehmens werden als erfolgsneutrale Vermögensumschichtungen behandelt und vom Beteiligungsbuchwert abgesetzt. Soweit die Perioden der Gewinnerwirtschaftung und Gewinnausschüttung auseinanderfallen (= Regelfall bei Kapitalgesellschaften), sind die Beteiligungserträge erfolgswirksam mit dem Beteiligungsbuchwert zu verrechnen, um eine Doppelerfassung auszuschließen (Anmerkung: der Konzern hat den Gewinn des assoziierten Unternehmens im Jahr der Gewinnerwirtschaftung anteilig ergebniswirksam berücksichtigt, während der Beteiligungsertrag im Einzelabschluß des einbezogenen, am assoziierten Unternehmen beteiligten Konzernunternehmens im Jahr der Gewinnausschüttung erfaßt wurde).
- Soweit der angepaßte Beteiligungswert über dem niedrigeren Stichtagswert liegt, ist ggf. eine **außerplanmäßige Abschreibung** auf den niedrigeren Wert durchzuführen, die bei Wegfall des Grundes ggf. durch eine Wertaufholung rückgängig gemacht wird.

Der Anpassung des Wertansatzes der Beteiligung an dem assoziierten Unternehmen wird damit folgendes **Rechen- bzw. Korrekturschema** zugrunde gelegt:

	Anschaffungskosten der Beteiligung
+	anteiliger Jahresüberschuß des assoziierten Unternehmens
-	anteiliger Jahresfehlbetrag des assoziierten Unternehmens
-	vereinnahmte Gewinnausschüttungen vom assoziierten Unternehmen
+	übernommene Verluste des assoziierten Unternehmens

± außerplanmäßige Abschreibungen auf niedrigeren Stichtagswert bzw. Wertaufholung

= Wertansatz der Beteiligung in der Konzernbilanz

Der Unterschied zwischen der Vollkonsolidierung und der Equity-Methode ist augenfällig: während bei der Vollkonsolidierung die Vermögensgegenstände, Schulden, Rechnungsabgrenzungsposten, Bilanzierungshilfen und Sonderposten mit Rücklageanteil des Tochterunternehmens mit den Anteilen des Mutterunternehmens verrechnet werden, erfolgt bei der Equity-Methode keine Übernahme dieser Positionen in die Konzernbilanz; vielmehr wird der Wertansatz der Beteiligung an einem assoziierten Unternehmen ermittelt und im Zeitablauf fortgeführt. Insoweit ist Lück (*Lück 1994, S. 147*) zuzustimmen, der die Equity-Methode eher als eine **spezielle Bewertungsmethode** denn als Konsolidierungsmethode einstuft.

9.2 Begriff des „assoziierten" Unternehmens und Anwendung der Equity-Methode

Assoziierte Unternehmen sind gemäß § 311 Abs. 1 HGB durch folgende **Merkmale** charakterisiert:

- Ein oder mehrere in den Konzernabschluß einbezogene Unternehmen besitzen eine **Beteiligung** nach § 271 Abs. 1 HGB an einem anderen, nicht einbezogenen Unternehmen;
- das oder die in den Konzernabschluß einbezogene(n) Unternehmen übt/üben einen (tatsächlichen) **maßgeblichen Einfluß** auf die Geschäfts- oder Finanzpolitik des anderen Unternehmens aus;
- das andere Unternehmen wird **nicht** im Rahmen einer **Voll- oder Quotenkonsolidierung** in den Konzernabschluß **einbezogen**.

Eine **Anwendung der Equity-Methode** kommt insbesondere bei folgenden Beteiligungen in Betracht (*vgl. WP-Handbuch 1992, S. 773 f.*):

- Beteiligungen mit 20 - 50 % der Stimmrechte, es sei denn, die Assoziierungsvermutung gemäß § 311 Abs. 1 S. 2 HGB wird widerlegt;
- Beteiligungen mit < 20 % der Stimmrechte, wenn die tatsächliche Ausübung eines maßgeblichen Einflusses nachgewiesen wird;
- Beteiligungen an Tochterunternehmen, die entweder gemäß § 295 HGB nicht in den Konsolidierungskreis einbezogen werden dürfen oder gemäß § 296 HGB nicht einbezogen werden müssen;

- Beteiligungen an Gemeinschaftsunternehmen, soweit diese nicht quotenkonsolidiert werden.

Gemäß § 311 Abs. 2 HGB braucht die Equity-Methode trotz eines Assoziierungsverhältnisses **nicht angewandt** zu werden, wenn die Beteiligung für die Vermittlung eines den tatsächlichen Verhältnissen entsprechenden Bildes der Vermögens-, Finanz- und Ertragslage des Konzerns von **untergeordneter Bedeutung** ist.

9.3 Technik der Equity-Methode

Die Beteiligung an einem assoziierten Unternehmen ist gemäß § 312 Abs. 1 HGB in der Konzernbilanz entweder mit

- dem **Buchwert** (Buchwertmethode; § 312 Abs. 1 Nr. 1 HGB) oder
- **dem Betrag, der dem anteiligen Eigenkapital** des assoziierten Unternehmens **entspricht** (Kapitalanteilsmethode; § 312 Abs. 1 Nr. 2 HGB)

anzusetzen. Für die erstmalige Anwendung der Equity-Methode wird damit ein **Methodenwahlrecht** eingeräumt, wobei sich allerdings beide Varianten lediglich im Ausweis des Unterschiedsbetrages unterscheiden, der sich aus der jeweiligen Aufrechnung von Beteiligungswert und anteiligem Eigenkapital ergibt.

Die bei erstmaliger Anwendung der Equity-Methode gewählte Variante der Kapitalaufrechnung muß im Zeitablauf beibehalten werden (Gebot der **zeitlichen Stetigkeit** gemäß § 297 Abs. 3 S. 2 HGB), bei mehreren Beteiligungen an assoziierten Unternehmen ist für identische Sachverhalte jeweils dieselbe Methode der Kapitalaufrechnung anzuwenden (**sachliches Stetigkeitsgebot**). Die gewählte Variante ist gemäß § 312 Abs. 1 S. 4 HGB im Konzernanhang anzugeben.

Gemäß § 312 Abs. 3 HGB kommen für die Kapitalaufrechnung alternativ der **Stichtag des Erwerbs der Anteile** oder der **Stichtag der erstmaligen Einbeziehung** des assoziierten Unternehmens in den Konzernabschluß in Betracht. Soweit Anteile sukzessive erworben werden, ist der Zeitpunkt maßgebend, zu dem das Unternehmen „assoziiertes" Unternehmen geworden ist. Der gewählte Zeitpunkt ist im Konzernanhang anzugeben.

Eine **Bewertungsanpassung** des assoziierten Unternehmens an die im Konzernabschluß praktizierten Bewertungsmethoden, läßt § 312 Abs. 5 HGB ausdrücklich zu. Da mit der Equity-Methode eine von der tradierten Anschaffungskostenbewertung von Beteiligungen losgelöste zeitnahe Bewertung unter Vermeidung stiller Rücklagen bezweckt wird, müßte bei Anwendung der Equity-Methode eigentlich konsequenterweise die **Bewertungsanpassung** beim assoziierten Unternehmen zwingend **gefordert** werden (*vgl. SG/DGfB, AK „Externe Unternehmensrechnung", ZfB-Sonderheft 21/1987 (2. Aufl.), S. 134*). Mit dem in § 312 Abs. 5 HGB verankerten

Anpassungswahlrecht wird, wenn auch nicht befriedigend, in pragmatischer Form real gegebenen Durchsetzungsproblemen Rechnung getragen: der maßgebliche Einfluß auf das assoziierte Unternehmen wird i.d.R. nicht ausreichen, dieses zur Bewertungsanpassung und damit zur Erstellung einer HB II zu veranlassen. Hinzu kommt, daß der deutsche Gesetzgeber auf eine zwingende Vorgabe der Bewertungsanpassung auch deshalb verzichtet hat „.... *um den Unternehmen nicht den mit der Neubewertung verbundenen (erheblichen) Aufwand aufzuerlegen*" (*Begr RegE zu § 293 HGB-EK, BT-Drucks. 10/3440, S. 42*).

9.3.1 Beteiligungsbewertung nach der Buchwertmethode

Die **Beteiligung** wird in diesem Falle mit ihrem **Buchwert** (i.d.R. den Anschaffungskosten) aus der Einzelbilanz des beteiligten Unternehmens in die Konzernbilanz übernommen. Das der Beteiligung entsprechende, anteilige Eigenkapital des assoziierten Unternehmens wird mit dem Betrag angesetzt, der sich aus der Bilanz des assoziierten Unternehmens ergibt (bzw. bei Bewertungsanpassung: aus HB II). Durch Gegenüberstellung von Beteiligungsbuchwert und anteiligem Eigenkapital wird der Unterschiedsbetrag festgestellt. Somit gilt für die **Kapitalaufrechnung nach der Buchwertmethode**:

	Beteiligungsbuchwert (des/der beteiligten Konzernunternehmen/s)
-	**Anteiliges Eigenkapital** (des assoziierten Unternehmens)
=	**Unterschiedsbetrag**

Die Erstbewertung erfolgt damit analog der Buchwertmethode im Rahmen der Kapitalkonsolidierung gemäß § 301 HGB (Vollkonsolidierung). Der Ausweis der Beteiligung in der Konzernbilanz erfolgt unter dem Posten „Beteiligungen an assoziierten Unternehmen" (§ 311 Abs. 1 S. 1 HGB), d.h. es ist eine Umgliederung vorzunehmen.

I.d.R. stimmen Beteiligungsbuchwert und anteiliges Eigenkapital nicht überein:

- Übersteigt der Beteiligungsbuchwert das anteilige Eigenkapital des assoziierten Unternehmens, entsteht ein **aktiver Unterschiedsbetrag**;
- übersteigt das anteilige Eigenkapital des assoziierten Unternehmens den Beteiligungsbuchwert, entsteht ein **passiver Unterschiedsbetrag**.

(1) Aktiver Unterschiedsbetrag

Wie bei der Vollkonsolidierung ist auch in diesem Falle ein aktiver Unterschiedsbetrag auf seine Ursachen hin zu analysieren und den entsprechenden Bilanzposten des assoziierten Unternehmens zuzuordnen (§ 312 Abs. 2 S. 1 HGB). Ist eine Zuordnung zu einzelnen Bilanzposten nicht oder nicht vollständig möglich, ist gemäß § 312 Abs. 2 S. 3 HGB auf den dann noch verbleibenden Restbetrag § 309 HGB analog anzuwenden. Der **nicht zuordenbare Restbetrag** wird demnach als **Geschäfts- oder Firmenwert** behandelt und in den Folgejahren entweder beschleunigt (mindestens 25 % p.a.) oder planmäßig über die Nutzungsdauer abgeschrieben.

Bei **erstmaliger Anwendung** der Equity-Methode erfolgt die **Zuordnung** des Unterschiedsbetrages im Konzernabschluß **erfolgsneutral**, erst in den Folgeperioden wirken sich Abschreibungen bzw. Auflösungen zugeordneter Beträge auf den Konzernerfolg aus.

- **Ausweis des aktiven Unterschiedsbetrages in der Konzernbilanz**

  Bei der erstmaligen Anwendung der Equity-Methode wird die Beteiligung an einem assoziierten Unternehmen in der Konzernbilanz unter dem Posten „Beteiligungen an assoziierten Unternehmen" mit ihren Anschaffungskosten ausgewiesen. Da ein aktiver Unterschiedsbetrag die Wertdifferenz zwischen (höheren) Anschaffungskosten und (niedrigerem) anteiligem Eigenkapital beinhaltet, ist der gesamte aktive Unterschiedsbetrag in dem Posten „Beteiligungen an assoziierten Unternehmen" enthalten. Der **Unterschiedsbetrag** ist im Jahr der erstmaligen Anwendung der Equity-Methode gemäß § 312 Abs. 1 S. 2 HGB in der Konzernbilanz zu **vermerken** oder im **Konzernanhang** anzugeben; alternativ hierzu wird die Angabe in einer Fußnote bzw. in einer Bilanz-Vorspalte zulässig sein (*vgl. WP-Handbuch 1992, Bd. 1, M 450*).

  Beispiel:

  Unterstellt wird ein Beteiligungsbuchwert von 100.000 (= Anschaffungskosten) und ein korrespondierendes anteiliges Eigenkapital des assoziierten Unternehmens in Höhe von 60.000.

  Der Ausweis des aktiven Unterschiedsbetrages in der Konzernbilanz wäre wie folgt denkbar:

Bilanz-Position:	
Beteiligung an assoziierten Unternehmen	100.000
Davon-Vermerk:	
davon Unterschiedsbetrag	40.000

  Sofern der Geschäfts- oder Firmenwert als nicht zuordenbarer Restbetrag offen mit den Rücklagen verrechnet wird, umfaßt der Davon-Vermerk nur noch demnach Verrechnung verbleibenden Unterschiedsbetrag.

- **Nebenrechnung zur Zuordnung des Unterschiedsbetrages**

  Ein Problem ergibt sich bei der Buchwertmethode insofern, als der Gesetzgeber auf der einen Seite fordert, daß der Unterschiedsbetrag den Vermögensgegenständen und Schulden des assoziierten Unternehmens insoweit zuzuordnen ist, als deren Wert höher oder niedriger ist, als der bisherige Wertansatz; zudem ist, wie dargestellt, der jeweils zugeordnete Betrag fortzuführen, abzuschreiben oder aufzulösen. Auf der anderen Seite wird der Unterschiedsbetrag in der Konzernbilanz selbst aber nicht analytisch betrachtet, sondern global behandelt, so daß eine Fortführung, Abschreibung oder Auflösung zugeordneter Beträge in der Konzernbilanz nicht möglich ist.

Gelöst wird dieses Problem dadurch, daß eine Zuordnung zu den relevanten Bilanzpositionen in einer **Nebenrechnung** erfolgt. Dem Ergebnis nach ist diese Vorgehensweise mit der Zuordnung im Rahmen der Vollkonsolidierung identisch, mit dem allerdings wesentlichen Unterschied, daß die Zuordnung in einer Nebenrechnung und nicht in der Konzernbilanz vorgenommen wird.

Beispiel:

Der Beteiligungsbuchwert wird mit 100.000, das korrespondierende anteilige Eigenkapital des assoziierten Unternehmens mit 60.000 und der Unterschiedsbetrag mit 40.000 angenommen.

Die Analyse des Unterschiedsbeträge führt (hypothetisch) zu folgender Nebenrechnung:

* Stille Rücklagen
    * Grundstücke 15.000
    * Maschinen 10.000
* Geschäfts- oder Firmenwert 15.000

In den Folgejahren werden die zugeordneten Beträge fortgeführt, abgeschrieben oder aufgelöst, der Geschäftswert wird abgeschrieben, so daß sich hieraus automatisch eine Buchwertfortschreibung der Beteiligung an assoziierten Unternehmen ergibt.

Beispiel:

In vereinfachter Form werden die Daten der voranstehenden Beispiel zugrunde gelegt. Zusätzlich wird unterstellt, daß Geschäfts- oder Firmenwerte konzerneinheitlich über 3 Jahre, Maschinen über 4 Jahre abgeschrieben werden. Für die Folgeperiode wird ein anteilig auf das einbezogene beteiligte Konzernunternehmen entfallender Gewinn des assoziierten Unternehmens in Höhe von 0 unterstellt.

Der Beteiligungsbuchwert wird danach in Form einer Nebenrechnung wie folgt fortgeführt:

	Beteiligungsbuchwert (= Anschaffungskosten)	100.000
-	erfolgswirksame Veränderungen des darin enthaltenen Unterschiedbetrages	7.500*
±	anteiliger Gewinn des assoz. Unternehmens	0
=	Fortgeführter Beteiligungsbuchwert Folgeperiode	92.500

* = Summe der Abschreibungen der Folgeperiode (2.500 auf Maschinen + 5.000 auf den Geschäfts- oder Firmenwert; alternativ wäre es möglich gewesen, den Geschäftswert offen mit den Gewinnrücklagen zu verrechnen)

Die Ableitung der Konzernbilanz aus der Summenbilanz stellt sich danach wie folgt dar:

	Summenbilanz		**Konsolidierung**		**Konzernbilanz**	
Position	Aktiva	Passiva	S	H	Aktiva	Passiva
Beteiligungen	100.000			100.000		
Beteiligungen an assoziierten Unternehmen			100.000	7.500	92.500	
Konzernergebnis			7.500			- 7.500

Abb. 85: Ableitung der Konzernbilanz aus der Summenbilanz und der Buchwertmethode

(2) Passiver Unterschiedsbetrag

Ein passiver Unterschiedsbetrag entsteht, wenn der Beteiligungsbuchwert kleiner als das anteilige Eigenkapital des assoziierten Unternehmens ist. Grundsätzlich ist auch der passive Unterschiedsbetrag gemäß § 312 Abs. 2 S. 1 HGB zu analysieren und den entsprechenden Bilanzposten zuzuordnen. Anders als bei der Vollkonsolidierung wird der passive Unterschiedsbetrag (vielfach auch als „Badwill“ bezeichnet) jedoch nicht in der Konzernbilanz ausgewiesen: ein Ausweis auf der Aktivseite könnte bei den Informationsadressaten zu Interpretationsproblemen führen, da ein Badwill nicht „aktiviert“ werden kann und somit Verwechslungen mit einem positiven Unterschiedsbetrag nicht ausgeschlossen werden könnten, für den Ausweis auf der Passivseite steht kein entsprechender Bilanzposten zur Verfügung. Daraus folgt konsequenterweise, daß der passive Unterschiedsbetrag lediglich im **Konzernanhang** anzugeben ist. Die Angabe im Konzernanhang beschränkt sich auf die Periode, in der die Equity-Methode erstmals angewandt wird. Soweit die Voraussetzungen nach § 309 Abs. 2 HGB erfüllt sind, wird der passive Unterschiedsbetrag **erfolgswirksam aufgelöst** und führt zu einer entsprechenden Erhöhung des Beteiligungswertansatzes.

9.3.2 Beteiligungsbewertung nach der Kapitalanteilsmethode

Bei der erstmaligen Anwendung der Equity-Methode nach der Kapitalanteilsmethode (§ 312 Abs. 1 Nr. 2 HGB) wird die Beteiligung an einem assoziierten Unternehmen nicht mit ihrem Buchwert, sondern mit dem **Wert, der dem anteiligen Eigenkapital** des assoziierten Unternehmens entspricht, in der Konzernbilanz angesetzt. Bei dieser Methode (auch als Neubewertungsmethode bezeichnet), werden alle Vermögensgegenstände, Schulden, Bilanzierungshilfen, Sonderposten mit Rücklageanteil und Rechnungsabgrenzungsposten **neu bewertet** und mit ihren **Zeitwerten** angesetzt. Die Neubewertung wird jedoch gemäß § 312 Abs. 1 S. 3 HGB insofern eingeschränkt, als das durch Neubewertung ermittelte anteilige Eigenkapital die Anschaffungskosten für die Anteile des assoziierten Unternehmens nicht überschreiten darf. Damit soll bei erstmaliger Anwendung der Methode dem Anschaffungswertprinzip entsprochen werden. Im Zuge der nach oben begrenzten Neubewertung werden die stillen Reserven (begrenzt) ermittelt und zugeordnet.

Im Rahmen der sich daran anschließenden **Kapitalaufrechnung** wird das anteilige neubewertete Eigenkapital des assoziierten Unternehmens dem Beteiligungsbuchwert gegenüber gestellt. Bei einem sich hieraus ergebenden **aktiven Unterschiedsbetrag** kann es sich ausschließlich um einen **Geschäfts- oder Firmenwert** handeln, da die stillen Reserven bereits im Zuge der Neubewertung ermittelt und zugeordnet wurden. Ein passiver Unterschiedsbetrag aufgrund der Neubewertung ist nicht möglich, da das anteilige Eigenkapital des assoziierten Unternehmens die Anschaffungskosten der Beteiligung nicht überschreiten darf. Unabhängig hiervon ist es jedoch denkbar, daß in den Folgeperioden die Anschaffungskosten durch Berücksichtigung anteiliger Jahresüberschüsse des beteiligten Unternehmens überschritten werden: dies „*... ist bereits in der Systematik der Equity-Methode angelegt*“ (*ADS 1992, Rn. 53 zu § 312 HGB*).

Bezüglich des Geschäfts- oder Firmenwertes besteht bei erstmaliger Anwendung der Equity-Methode ein **Wahlrecht**, diesen entweder gesondert in der Konzernbilanz auszuweisen oder - bei globalem Ausweis zusammen mit „anderen" Geschäfts- oder Firmenwerten - im Konzernanhang anzugeben.

Beispiel:

Unterstellt wird ein Beteiligungsbuchwert von 100.000, ein neubewertetes anteiliges Eigenkapital des assoziierten Unternehmens in Höhe von 85.000, und einen aktiven Unterschiedsbetrag in Höhe von 15.000. Der Ausweis in der Konzernbilanz stellt sich danach wie folgt dar:

Posten

- Immaterielle Vermögensgegenstände:
  - Geschäfts- oder Firmenwert:

... an assoziierten Unternehmen	15.000
... an anderen Unternehmen	-

- Beteiligungen an assoziierten Unternehmen 85.000

In den Folgeperioden sind beide Konzernbilanzposten fortzuführen:

(1) Der **Geschäfts- oder Firmenwert** ist analog § 309 Abs. 1 HGB abzuschreiben und

(2) das neubewertete **anteilige Eigenkapital** des assoziierten Unternehmens ist durch Fortführung der Neubewertungsbilanz **fortzuschreiben.**

Beispiel:

Zugrunde gelegt werden die Daten des vorstehenden Beispiels. Unterstellt wird, wie bei den zur Buchwertmethode vorgestellten Beispielen, daß im Zuge der Neubewertung stille Reserven bei „Maschinen" in Höhe von 10.000 und bei „Grundstücken" in Höhe von 15.000 aufgedeckt wurden. Der anteilige auf das einbezogene und am assoziierten Unternehmen beteiligte Konzernunternehmen entfallende Gewinn der Folgeperiode wird mit 0 angenommen, konzerneinheitlich werden Geschäfts- oder Firmenwerte in 3 und Maschinen in 4 Jahren abgeschrieben.

Danach ergibt sich folgende Fortführung der Bilanzpositionen:

Posten: Beteiligungen an assoziierten Unternehmen

Anteiliges Eigenkapital des assoziierten Unternehmens	85.000
- Abschreibung der stillen Rücklagen bei „Maschinen"	2.500
± anteiliger Gewinn des assoziierten Unternehmens	0
= Beteiligungswertansatz Folgeperiode	82.500

Posten: Geschäfts- oder Firmenwert ... an assoziierten Unternehmen

Geschäfts- oder Firmenwert ...	15.000
- Abschreibung	5.000
= Ansatz des Geschäfts- oder Firmenwertes Folgeperiode	10.000

Für die Ableitung der Konzernbilanz aus der Summenbilanz folgt hieraus:

	Summenbilanz		Konsolidierung		Konzernbilanz	
Position	Aktiva	Passiva	S	H	Aktiva	Passiva
Beteiligungen	100.000			100.000		
Geschäftswert...			15.000	5.000	10.000	
Beteiligungen an assoziierten Unternehmen			85.000	2.500	82.500	
Konzernergebnis			7.500			- 7.500

Abb. 86: Ableitung der Konzernbilanz aus der Summenbilanz und der Kapitalanteilsmethode

9.3.3 Unterschiede und Gemeinsamkeiten von Buchwertmethode und Kapitalanteilsmethode

Die Beispiele zeigen, daß die Kapitalanteilsmethode zu einer mit der Buchwertmethode identischen Auswirkung auf das Konzernergebnis führt. Die Unterschiede beider Methoden sind damit lediglich ausweistechnischer Art:

- Bei der Buchwertmethode wird der Beteiligungswertansatz i.d.R. höher sein, als bei der Kapitalanteilsmethode (und umgekehrt). Die Differenz der Wertansätze nach der Buchwert- bzw. der Kapitalanteilsmethode entspricht dem nach der

Buchwertmethode nicht zuordenbaren Restbetrag, d.h. dem Geschäfts- oder Firmenwert.

- Bei der Buchwertmethode werden im Jahr der erstmaligen Anwendung der Equity-Methode die Unterschiedsbeträge in einer Nebenrechnung den betreffenden Bilanzposten zugeordnet, bei der Kapitalanteilsmethode tritt eine Neubewertungsbilanz an die Stelle der Nebenrechnung.
- Bei der Buchwertmethode werden die stillen Reserven in der Nebenrechnung analysiert und zugeordnet, bei der Kapitalanteilsmethode erfolgt die anteilige Ermittlung und Zuordnung automatisch im Zuge der Neubewertung.
- Während die Buchwertmethode zu aktiven oder passiven Unterschiedsbeträgen führt, kann sich bei der Kapitalanteilsmethode lediglich ein aktiver Unterschiedsbetrag ergeben.
- Bei beiden Methoden erfolgt eine Wertfortführung: im Rahmen der Buchwertmethode werden die Unterschiedsbeträge im Rahmen der Nebenrechnung abgeschrieben, fortgeschrieben oder aufgelöst, bei der Kapitalanteilsmethode wird der Geschäfts- oder Firmenwert abgeschrieben und der Wert des anteiligen Eigenkapitals durch Fortführung der Neubewertungsbilanz fortgeschrieben.
- Bei beiden Methoden ist durch Zuweisung anteiliger Gewinne des assoziierten Unternehmens ein über den historischen Anschaffungskosten der Beteiligung liegender Wertansatz möglich.

9.3.4 Die Behandlung von Zwischenergebnissen bei Einbeziehung assoziierter Unternehmen nach der Equity-Methode

Gemäß § 312 Abs. 5 S. 3 HGB sind Zwischenergebnisse unter analoger Anwendung des § 304 HGB zu behandeln, soweit die dafür notwendigen Sachverhalte bekannt oder zugänglich sind. Damit wurde eine Regelung in das deutsche Recht zur Konzernrechnungslegung übernommen, die der angelsächsischen Rechnungslegungspraxis entspricht (*AICPA, APB-Opinion No. 18, 1971*), jedoch zurecht heftig kritisiert wird, da sie eindeutig gegen die Einheitstheorie und das Realisationsprinzip verstößt: zwar übt ein beteiligtes Konzernunternehmen maßgeblichen Einfluß auf das assoziierte Unternehmen aus, dieses ist jedoch i.S.d. Einheitstheorie nicht dem Konzernkreis zuzurechnen, so daß Lieferungs- und Leistungsbeziehungen mit einem assoziierten Unternehmen aus Konzernsicht konsequenterweise wie Geschäfte mit außenstehenden Drittunternehmen anzusehen wären. Alle aus solchen Lieferungs- und Leistungsbeziehungen resultierenden Erfolge müßten demnach als am Markt realisiert eingestuft werden (*vgl. zur Kritik an der Zwischenergebniseliminierung bei assoziierten Unternehmen: ADS 1992, Rn. 147 zu § 312 HGB und die dortigen weiteren Literaturverweise*).

Da der maßgebliche Einfluß des/der beteiligten Konzernunternehmen häufig nicht ausreicht, das assoziierte Unternehmen zur Bereitstellung der zur Zwischenergebniseliminierung benötigten Informationen zu veranlassen, hat der Gesetzgeber bewußt **Vereinfachungen** und **Ausnahmeregelungen** vorgesehen:

- Auf die Zwischenergebniseliminierung kann verzichtet werden, wenn die dafür **notwendigen Informationen nicht beschafft** werden können. Da assoziierte Unternehmen im Gegensatz zu Tochterunternehmen **keine Auskunftspflicht** gegenüber dem Mutterunternehmen haben, sind vielfach Informationen über Kalkulationsmethoden und -komponenten nicht verfügbar; ggf. kann in solchen Fällen auf pauschaliert ermittelte Durchschnittsgrößen zurückgegriffen werden.
- Nicht in die Zwischenergebniseliminierung einzubeziehen sind Zwischenergebnisse, die aus Lieferungs- und Leistungesbeziehungen **zwischen assoziierten Unternehmen** erwachsen sind.
- Im Schrifttum wird z.T. die Auffassung vertreten, daß lediglich aus sog. **„up-stream-Lieferungen"** resultierende Zwischenergebnisse zu eliminieren seien (*ADS 1992, Rn. 153 ff. zu § 312 HGB;* up-stream-Lieferung = Lieferung oder Leistung eines assoziierten Unternehmens **an** ein einbezogenes Konzernunternehmen), während sog. „down-stream-Lieferungen" des Konzernunternehmens an ein assoziiertes Unternehmen keine Zwischenergebniseliminierung erforderten (*a.A. Groß/Schruft/v. Wysocki 1987, S. 260; SG-DGfB, AK „Externe Unternehmensrechnung, ZfB-Sonderheft 21, 1987 (2. Aufl.), S. 138*).
- Anders als bei der Vollkonsolidierung, wo Zwischenergebnisse unabhängig von der Beteiligungsquote des Mutterunternehmens in voller Höhe zu eliminieren sind, räumt § 312 Abs. 5 S. 4 HGB ein **Wahlrecht zur beteiligungsproportionalen Zwischenergebniseliminierung** ein, da nach h.M. allein die beteiligungsproportionale Eliminierung zu einer sachgerechten Lösung führt (*WP-Handbuch 1992, Bd. 1, M 473; ADS 1992, Rn. 167 zu § 312 HGB; Sg-DGfB, AK „Externe Unternehmensrechnung, ZfB-Sonderheft 21, 1987, S. 138*).

Beispiel:

Beteiligungsproportionale Zwischenergebniseliminierung

Das Mutterunternehmen A ist an dem assoziierten Unternehmen B mit 30 % beteiligt, der entsprechende Beteiligungswert beläuft sich auf 90.000 (= Anschaffungskosten der Beteiligung = anteiliges Eigenkapital des assoziierten Unternehmens). Das assoziierte Unternehmen beliefert das Mutterunternehmen mit selbsterstellten Erzeugnissen (Verkaufspreis 5.000, Konzernherstellungskosten 4.000). Die gelieferten Erzeugnisse befinden sich am Konzern-Abschlußstichtag noch im Bestand des Mutterunternehmens. Sonstige Kosten werden vernachlässigt. Aufgrund der „up-stream"-Lieferung von B nach A, weist B einen Gewinn in Höhe von 1.000 aus (der Einfachheit halber wird unterstellt, daß Herstellungskosten von B und Konzernherstellungskosten übereinstimmen), im Wertansatz der Vorräte von A ist eine Zwischengewinn in Höhe von ebenfalls 1.000 enthalten (Wertansatz Bestand 5.000 - Konzernherstellungskosten 4.000).

Bei Bewertung der Beteiligung von A an B nach der Equity-Methode wird der Beteiligungswertansatz in der Konzernbilanz (= 90.000) um das beteiligungsentsprechende anteilige Ergebnis des assoziierten Unternehmens in Höhe von 30 % aus 1.000 = 300 erhöht; das Konzernjahresergebnis erhöht sich ebenfalls um 300.

Bei **vollständiger Zwischenergebniseliminierung** wird wie folgt verfahren:

Beteiligungswertansatz:

	Beteiligungen an assoziierten Unternehmen (lt. Summenbilanz)	90.000
-	Zwischengewinn	1.000
+	anteiliges Ergebnis des assoziierten Unternehmens	300
=	Wertansatz der Beteiligung in der Konzernbilanz	89.300

Das Konzernjahresergebnis vermindert sich in Höhe von 700.

Bei **beteiligungsproportionaler Zwischenergebiseliminierung** wird folgendermaßen verfahren:

Der Wertansatz der Beteiligung in der Konzernbilanz beträgt nach wie vor 90.000, da der Zwischengewinn nur quotal in Höhe von 30 % = 300 eliminiert wird, und diese 300 gleichzeitig dem auf A entfallenden anteiligen Ergebnis von B entsprechen:

	Summenbilanz		**Konsolidierung**		**Konzernbilanz**	
Position	Aktiva	Passiva	S	H	Aktiva	Passiva
Beteiligungen an assoziierten Unternehmen	90.000		300	300	90.000	

Abb. 87: Zwischenergebnis bei der Entwicklung assoziierter Unternehmen nach der Equity-Methode

10 Konzernanhang

10.1 Aufstellungspflicht

Gemäß § 297 Abs. 1 HGB ist der Konzernanhang integraler Bestandteil des Konzernabschlusses. Unternehmen, die einen Konzernabschluß zu erstellen haben, sind damit verpflichtet, einen Konzernanhang aufzustellen. Diese Verpflichtung gilt uneingeschränkt für Kapitalgesellschaften (§ 290 Abs. 1 HGB) aber auch für Unternehmen, die gemäß §§ 11 ff. PublG oder § 28 EGAktG zur Konzernrechnungslegung verpflichtet sind. Kreditinstituten und Versicherungsunternehmen werden hinsichtlich des Konzernanhangs Erleichterungen eingeräumt, wenn auch der - eingeschränkte - Umfang der Angabepflichten beider Unterschiede aufweist.

Gemäß § 298 Abs. 3 HGB dürfen Mutterunternehmen, die neben dem Jahresabschluß einen Konzernabschluß erstellen, den Anhang des Jahresabschlusses und den Konzernanhang zusammenfassen; in praxi wird i.d.R. von dieser Vereinfachungsmöglichkeit Gebrauch gemacht (*vgl. Treuarbeit 1990, S. 299*).

10.2 Aufgaben des Konzernanhangs

Da der Konzernanhang mit der Konzernbilanz und der Konzern-GuV eine Einheit, den Konzernabschluß, bildet, wird er den selben Anforderungen unterworfen, die für die Konzernbilanz und die Konzern-GuV zu beachten sind. Gleichzeitig folgt hieraus aber auch, daß der Konzernanhang an der Erfüllung der **Informationsaufgabe** des Konzernabschlusses teilnimmt, unter Beachtung der GoB ein den tatsächlichen Verhältnissen entsprechendes Bild der Vermögens-, Finanz- und Ertragslage des Konzerns zu vermitteln. Der Konzernanhang „*... erfüllt dabei eine wichtige Teilfunktion, teils durch speziell vorgeschriebene Angaben, teils durch Erläuterung des in der Konzernbilanz sowie Konzern-GuV dargestellten Datenmaterials*“ (*ADS 1992, Rn. 11 zu § 313 HGB*).

Der Informationsaufgabe im Rahmen der Erstellung des Konzernanhangs durch **Pflicht- und Wahlpflichtangaben**, aber auch durch **zusätzliche und freiwillige Angaben** entsprochen:

- **Pflichtangaben,**

  d.h. vom Gesetzgeber vorgeschriebene Angaben zur Erläuterung der Konsolidierung, der Bilanzierungs- und Bewertungsmethoden sowie sonstige ergänzende Angaben gem. §§ 313, 314 HGB.

- **Wahlpflichtangaben,**

  die regelmäßig dann notwendig werden, wenn der Gesetzgeber ein Wahlrecht eingeräumt hat, Angaben in der Konzernbilanz bzw. Konzern-GuV *oder* im Konzernanhang auszuweisen.

- **Zusätzliche Angaben**

  sind gemäß § 297 Abs. 2 S. 3 HGB dann erforderlich, wenn der Konzernabschluß aufgrund besonderer Umstände kein den tatsächlichen Verhältnissen entsprechendes Bild der Lage des Konzerns vermittelt.

- **Freiwillige Angaben**

  durch die über die gesetzlichen Mindestanforderungen hinaus weitere, die Lage des Konzerns verdeutlichende Informationen in den Konzernanhang aufgenommen werden können.

Neben den Anforderungen, die sich hinsichtlich der Gestaltung des Konzernanhangs aus den Einzelvorschriften des HGB ableiten lassen, wird auch der Konzernanhang den **allgemeinen materiellen und formalen Gestaltungsgrundsätzen** unterworfen; daraus folgt die zwingende Beachtung der Grundsätze der Klarheit und Übersichtlichkeit, der Vollständigkeit, der Wesentlichkeit usw.

Für die Erstellung des Konzernanhangs wird im Schrifttum ein **Formalaufbau** gefordert, der i.d.R. folgende Aspekte berücksichtigt (*vgl. ADS 1992, Rn. 37 zu § 313 HGB*):

I. Allgemeine Angaben zum Konzernabschluß

II. Angaben zum Konsolidierungskreis und den Konsolidierungsmethoden

III. Angaben zu den Bilanzierungs- und Bewertungsmethoden sowie zur Währungsumrechnung

IV. Erläuterungen zur Konzernbilanz und Konzern-GuV

V. Sonstige Angaben

10.3 Beispiel für die Gestaltung eines Konzernanhangs

Die in der Informationsfunktion entsprechenden Angaben und Erläuterungen im Rahmen des Konzernanhangs lassen sich beispielhaft anhand des Konzernanhangs der Bayer AG für die Rechnungsperiode 1990 verdeutlichen (*vgl. Bayer AG, Auszug aus dem Geschäftsbericht 1990*):

Konsolidierungskreis

In den Konzernabschluß sind neben der Bayer AG 27 inländische und 169 ausländische Tochterunternehmen einbezogen, bei denen der Bayer AG unmittelbar oder mittelbar die Mehrheit der Stimmrechte zusteht oder die unter ihrer einheitlichen Leitung stehen. Für Gemeinschaftsunternehmen, an denen eine Beteiligung von jeweils 50 % besteht, werden anteilsmäßig konsolidiert. Weitere drei assoziierte Unternehmen werden nach der Equity-Methode erfaßt

Unberücksichtigt blieben 181 Tochterunternehmen von insgesamt untergeordneter Bedeutung für die Vermögens-, Finanz- und Ertragslage.... Änderungen des Konsolidierungskreises ergaben sich im wesentlichen durch den Erwerb der Polysa-Gruppe sowie durch den Verkauf von Rheinhold & Mashla GmbH ... Der Konzernumsatz verringerte sich hierdurch insgesamt um 150 Mio. DM...

Bilanzierungs- und Bewertungsmethoden

Die Jahresabschlüsse der einbezogenen Unternehmen sind grundsätzlich auf den Stichtag des Konzernabschlusses, den 31.12., erstellt. Bei abweichenden Abschlußstichtagen werden Zwischenabschlüsse aufgestellt. Die in den Konzernabschluß übernommenen Vermögensgegenstände und Schulden der einbezogenen Unternehmen sind einheitlich nach den folgenden Grundsätzen der Bayer AG bilanziert und bewertet worden...

Währungsumrechnung

Nicht kursgesicherte Forderungen und Verbindlichkeiten in fremder Währung sind mit dem Kurs am Buchungstag oder mit einem niedrigeren (Forderungen) oder höheren (Verbindlichkeiten) Bilanzkurs bewertet.

Bei Kurssicherungsmaßnahmen für das Umlaufvermögen ist der Sicherungskurs angesetzt.

Die Abschlüsse der ausländischen Beteiligungsgesellschaften werden nach der erfolgsneutralen Zeitbezugsmethode in Deutsche Mark umgerechnet. ... Die Fremdwährungen werden wie folgt umgerechnet:

mit dem durchschnittlichen DM-Kurs im Jahr des Zugangs (historischer Durchschnittskurs):

- Sachanlagen, immaterielle Vermögensgegenstände, Beteiligungen und Wertpapiere des Anlagevermögens

mit Jahresendkursen:

- alle übrigen Posten der Bilanz einschließlich des Jahresergebnisses

mit gewichteten Jahresdurchschnittskursen:

- alle Aufwendungen und Erträge.

Konsolidierungsmethoden

Die Kapitalkonsolidierung wird nach der Methode der erfolgswirksamen Erstkonsolidierung durchgeführt. Dabei sind die Anschaffungswerte der Beteiligungen mit dem anteiligen Buchwert ihres Eigenkapitals zum Erwerbszeitpunkt oder zum Zeitpunkt der erstmaligen Einbeziehung in den Konzernabschluß verrechnet worden. ... Die Unterschiedsbeträge aus der Erstkonsolidierung wurden auf die sie betreffenden Vermögensgegenstände und Schulden verteilt und mit ihnen abgeschrieben bzw. realisiert. ... Konzerninterne Gewinne und Verluste, Aufwendungen und Erträge sowie alle Forderungen und Verbindlichkeiten zwischen den konsolidierten Gesellschaften sind eliminiert. ... Gemeinschaftsunternehmen werden anteilmäßig nach den gleichen Grundsätzen konsolidiert. ... Die für die assoziierten Unternehmen ermittelten Equity-Werte basieren auf der Buchwertmethode. ...

10.4 Konzernlagebericht

Der Konzernlagebericht ist integraler Bestandteil der Konzernrechnungslegung und ergänzt den Konzernabschluß durch eine über die Berichtspflichten im Anhang hinausgehende erweiterte Informationsvermittlung. Im wesentlichen entsprechen Aufbau und inhaltliche Ausgestaltung dem „normalen" Lagebericht, den Kapitalgesellschaften im Rahmen ihrer Einzelrechnungslegung zu erstellen habe. Über die dortigen Informationen hinaus ist jedoch zusätzlich - ausgehend von der Fiktion der rechtlichen Einheit des Konzern - über Lage und Entwicklung des Konzerns in seiner Gesamtheit zu berichten (*vgl. ADS 1992, Rn. 13 ff. zu § 315 HGB*). Die wesentlichen Informationsverpflichtungen beziehen sich auf die **Darstellung des Geschäftsverlaufs und der Lage des Konzerns** (§ 315 Abs. 1 HGB) sowie auf

- **Vorgänge von besonderer Bedeutung**, die nach Schluß des Geschäftsjahres eingetreten sind (wie z.B. Kauf oder Verkauf von konzernzugehörigen Unternehmen, bedeutsame Veränderungen in einzelnen Geschäftsfeldern des Konzerns),
- die **voraussichtliche Entwicklung des Konzerns** (mit Berichterstattung über geplante Produktions- und/oder Programmänderungen, soweit sie für den Konzern wesentlich sind),
- den Bereich **Forschung und Entwicklung**.

Wie der Lagebericht im Rahmen der Einzelrechnungslegung muß auch der Konzernlagebericht klar und übersichtlich aufgebaut sein und dazu beitragen, daß ein den tatsächlichen Verhältnissen entsprechendes Bild der Vermögens-, Finanz- und Ertragslage des Konzerns vermittelt wird.

Ggemäß § 315 Abs. 3 HGB bleibt es dem Mutterunternehmen freigestellt, den Konzernlagebericht mit dem eigenen Lagebericht zusammenzufassen und damit eine vereinfachte Form der Berichterstattung zu wählen.

Literaturverzeichnis

Adler/Düring/Schmaltz, Rechnungslegung und Prüfung der Unternehmen, Kommentar zum HGB, AktG, GmbHG, PublG nach den Vorschriften des Bilanzrichtlinien-Gesetzes, 5. Aufl., Stuttgart 1992

Albach, H., Zur Entwicklung der Kapitalstruktur deutscher Unternehmen, in: ZfB 1975, S. 1 ff.

Arbeitskreis Externe Unternehmensrechnung der Schmalenbach-Gesellschaft - Deutsche Gesellschaft für Betriebswirtschaft e.V., Ergebnis je Aktie, in: Sonderdruck der ZfbF 2, 1988

Arbeitskreis Steuern und Revision im Bundesverband Deutscher Volks- und Betriebswirte e.V., Abschreibungen im Rahmen vernünftiger kaufmännischer Beurteilung (§ 253 Abs. 4 HGB), in: BB 1989, S. 2220 ff.

Backhaus, K., Die Gewinnrealisation bei mehrperiodigen Lieferungen und Leistungen in der Aktienbilanz, in: ZfbF 1980, S. 347 ff.

Baetge, J. (Hrsg.), Abschlußprüfung nach neuem Recht, Stuttgart 1988

Baetge, J., Die Harmonisierung der Rechnungslegung - haben die deutschen Rechnungslegungsvorschriften noch eine Chance ?, in: Schmalenbach-Gesellschaft Deutsche Gesellschaft für Betriebswirtschaft (Hrsg.), Internationalisierung der Wirtschaft - Kongress-Dokumentation: 46. Deutscher Betriebswirtschafter-Tag 1992, Stuttgart 1993

Baetge, J., Bilanzen, 2. Aufl., Düsseldorf 1992

Baetge, J., Grundsätze ordnungsmäßiger Buchführung, in: DB 1986, Beilage Nr. 25/86, S. 1 ff.

Baetge, J., Möglichkeiten der Früherkennung negativer Unternehmensentwicklungen mit Hilfe statistischer Jahresabschlußanalysen, in: ZfbF 9, 1989, S. 792 ff.

Baetge, J., Kirsch, H.-J., Inhalt und Form des Konzernabschlusses, in: Küting/Weber, 1989 S. 883

Ballwieser, W., Die Analyse von Jahresabschlüssen nach neuem Recht, in: Wpg 1987, S. 57 ff.

Ballwieser, W., Das Anschaffungs- und Höchstwertprinzip für Schulden, in: Moxter, A., Müller, H.-P., Windmüller, R., v. Wysocki, K. (Hrsg.), Rechnungslegung, Düsseldorf 1992, S. 45 ff.

Ballwieser, W., Grundsätze ordnungsmäßiger Buchführung und neues Bilanzrecht, in: ZfB 1987, Ergänzungsheft 1, S. 3 ff.

Bareis, P., Elschen, R., Siegel, T., Sigloch, J., Sterim, H., Lifo, Jahresabschlußziele und Grundsätze ordnungsmäßiger Buchführung, in: DB 1993, S. 1249 ff.

Barth, K., Die Grundsätze ordnungsmäßiger Buchführung, betriebswirtschaftlich, handelsrechtlich, steuerlich - Ein geschichtlicher Aufriß, in: ZfhF 1963, S. 384 ff.

Bauch, G. und Oestreicher, A., Handels- und Steuerbilanzen, 5. Aufl., Heidelberg 1993

Bäuerle, M., Praktische Anwendung des LIFO-Verbrauchsfolgeverfahrens, in: BB 1990, S. 1732 ff.

Becker, W., Konzernrechnungslegung, Wiesbaden 1989

Beck'scher Bilanzkommentar, Der Jahresabschluß nach Handels- und Steuerrecht, bearb. von Budde, W.D., Clemm, H., Pankow, M. und Sarx, M., 2. Aufl. München 1990

Beisse, H., Grundsatzfragen der Auslegung des neuen Bilanzrechts, in: BB 1990, S. 2007 ff.

Beisse, H., Rechtsfragen der Gewinnung von GoB, in: BFuP 1990, S. 499 ff.

Begr.RegE zu § 293 HGB-EK, BT-Drucks. 10/3440, S. 42

Biener, H., Rückstellungen für drohende Verluste aus schwebenden Geschäften bei Dauerrechtsverhältnissen, in: Knobbe-Keuk, B., Klein, F., Moxter, A. (Hrsg.), Handels- und Steuerrecht 1988, S. 45 ff.

Biergans, E., Einkommensteuer und Steuerbilanz, 6. Aufl., München 1992

Bitz, M., Schneeloch, D. und Wittstock, W., Der Jahresabschluß, Rechtsvorschriften, Analyse, Politik, München 1991

Bleier, E., Insolvenzfrüherkennung mittels praktischer Anwendung der Diskriminanzanalyse, Wien 1985

Blümich, Einkommensteuergesetz, Körperschaftsteuergesetz, Gewerbesteuergesetz, Kommentar, Ebling, K. und Freericks, W. (Hrsg.), 14. Aufl., München 1994

Blümich, Danelsing, W., Einkommensteuer-, Körperschaftssteuer- und Gewerbesteuergesetz, Vorbemerkungen zu §§ 14 - 19 KStG, Rn. 2 ff.

Bordewin, A., Bilanzierung von Computer-Software, in: NWB Fach 17 a 1988, S. 983 ff.

Bordewin, A., Bilanzierung von Zero-Bonds, in: Wpg 1986, S. 263 ff.

Bordewin, A., Einzelfragen der Bewertung von Rückstellungen, in: DB 1992, S. 1533 ff.

Bordewin, A., Leasingverträge in Handels- und Steuerbilanz, in: NWB Fach 17 1989, S. 975 ff.

Bordewin, A., Zur Maßgeblichkeit der Handelsbilanz für die steuerliche Gewinnermittlung, in: DStR 1988, S. 668 ff.

Bormann, M., Software- Bilanzierung beim Hersteller, in: Wpg 1991, S. 8 ff.

Bossert, R., Petry, D., Externe Rechenschaftslegung von Krankenhäusern nach Maßgabe der Krankenhausbuchführungsverordnung, in: DB 1979, S. 1816 ff.

Bossert, R., Petry, D., Der Jahresabschluß von Krankenhäusern gemäß der Krankenhausbuchführungsverordnung, in: BB 1980, S. 151 ff.

Bossert, R., Risikostruktur und Risikoverteilung bei Finanzierungsleasingverträgen über bewegliche Wirtschaftsgüter, in: BB 1981, S. 2038 ff.

Bossert, R., Rückstellungen nach dem PostVerfG im Finanzierungssystem der Unternehmen der DBP unter besonderer Berücksichtigung der Finanzierungswirkung von Pensionsrückstellungen, in: DVW 1, 1990, S. 5 ff.

Bossert, R., Die Europäische wirtschaftliche Interessenvereinigung (EWIV), eine europäische Unternehmensrechtsform für grenzüberschreitende Kooperationen privater und öffentlicher Unternehmen, in: Archiv PF 1990, S. 236 ff.

Bossert, R., Externe Cash-Flow-Analysen auf der Basis des Gesamtkostenverfahrens: Ein kritischer Verfahrensvergleich, in: Jahrbuch für Fach- und Führungskräfte des Rechnungswesens, Stuttgart 1992, S. 242 ff.

Brigham, E.F., Gapenski, L.C., Financial-Management-Theory and Practice, 5th ed., Chicago et al. 1988

Buchner, R., Finanzwirtschaftliche Statistik und Kennzahlenrechnung, München 1985

Buchner, R., Latente Steuern, in: WiSt 1987, S. 1 ff.

Buchner, R., Buchführung und Jahresabschluß, München 1988

Budde, W., Seiff, F., Konsolidierungskreis, in: Beck Bil-Komm, 3. Aufl., München 1995

Buhl, H.-U., Finanzierungsleasing und wirtschaftliches Eigentum, in: BB 1992, S. 1755 ff.

Busse von Colbe, W., Zur Anpassung der Rechnungslegung von Kapitalgesellschaften an internationale Normen, in: BFuP 1995, S. 373 ff.

Busse von Colbe, W., Aufbau und Informationsgehalt von Kapitalflußrechnungen, in: ZfB 1966, Ergänzungsheft 1, S. 82 ff.

Busse von Colbe, W., Ordelheide, D., Konzernabschlüsse, 6. Aufl., Wiesbaden 1993

BT-Drucksache 10/4268 vom 18.11.1985, Beschlußempfehlung und Bericht des Rechtsausschusses (6. Ausschuß) zu dem von der Bundesregierung eingebrachten Entwurf eines Gesetzes zur Durchführung der Vierten Richtlinie des Rates der Europäischen Gemeinschaften zur Koordinierung des Gesellschaftsrechts (Bilanzrichtlinien-Gesetz) - Drucksache 10/317 - Entwurf eines Gesetzes zur Durchführung der Siebenten und Achten Richtlinie des Rates der Europäischen Gemeinschaften zur Koordinierung des Gesellschaftsrechts- Drucksache 10/3440 - mit Begründung

Castan, E., Heymann, G., Müller, E., Ordelheide, D., Scheffler, E. (Hrsg.), Beck'sches Handbuch der Rechnungslegung (BHdR), München 1987/92

Chmielewicz, K., Schweitzer, M. (Hrsg.) Handwörterbuch des Rechnungswesens (HWR), 3. Aufl., Stuttgart 1993

Clemm, H., Keine Abzinsung unverzinslicher Verbindlichkeitsrückstellungen, in: BB 1991, S. 2115 ff.

Coenenberg, A.G., Jahresabschluß und Jahresabschlußanalyse, Betriebswirtschaftliche, handels- und steuerrechtliche Grundlagen, 14. Aufl., München 1993

DGfB, 1989, in: ZfB 1989, Tz. 88

Döllerer, G., Handels- und Steuerbilanz nach den Vorschriften des Bilanzrichtlinien-Gesetzes, in: BB 1987, Beilage 12, S. 1 ff.

Dziadkowski, D., Zur Dominanz der Steuerbilanz über die Handelsbilanz - die Umkehrung des Maßgeblichkeitsprinzips durch das Steuerreformgesetz 1990, in: Wpg 1988, S. 409 ff.

Dziadkowski, D., Wider die Aushöhlung der Grundsätze ordnungsmäßiger Buchführung durch Kodifizierung einer totalen umgekehrten Maßgeblichkeit, in: DB 1989, S. 437 ff.

Eisele, W., Technik des betrieblichen Rechnungswesens, 3. Aufl., München 1988

Ellerich, M., Wertaufholung und latente Steuern, in: BB 1985, S. 26 ff.

Emmerich, V., Sonnenschein, J., Konzernrecht, 4. Aufl., München 1991

FASB, Statement of Financial Accounting Standards No. 96: Accounting for Income Taxes, Stamford 1987

FASB, Statement of Financial Accounting Standards No. 95: Statement of Cash Flows, in: Journal of Accontancy 1, 1988, S. 139 ff.

FASB Accounting Standards, Current Text as of June 1, 1992, New York 1992

Federmann, R., Außerordentliche Erträge und Aufwendungen in der GuV-Rechnung, Kriterien, Fälle und Fallgruppen, in: BB 1987, S. 1071 ff.

Federmann, R., Bilanzierung nach Handels- und Steuerrecht, 8. Aufl., Berlin 1990

Financial Accounting Standards Board, FASB (Hrsg.), Current Text-Accounting Standards as of June 1, 1993, Vol. I und II, Norwalk/Con. 1993

Fischer, H., Konzernbilanzpolitik, in: Konzernabschluß in der Praxis, rechtliche und betriebswirtschaftliche Probleme, Erfahrungsberichte, hrsg. v. Gesellschaft für Computeranwendungen (GCA), Wiesbaden 1993

Fischer, J., Ringling, W., Grundsätze des Umsatzkostenverfahrens. Eine Analyse aus kostenrechnerischer und bilanzpolitischer Sicht, in: BB 1988, S. 442 ff.

Freericks, W., Bilanzierungsfähigkeit und Bilanzierungspflicht in Handels- und Steuerbilanz, Köln et al. 1976

Freidank, C.-C., Bilanzierungsprobleme bei unterausgelasteten Kapazitäten im handels- und steuerrechtlichen Jahresabschluß der AG, in: BB 1984, S. 29 ff.

Freidank, C.-C., Auswirkungen des Umsatzkostenverfahrens auf die Rechnungslegung von Kapitalgesellschaften, in: DB 1988, S. 1609 ff.

Freidank, C.-C., Preissteigerungsrücklage, Importwarenabschlag oder Lifo-Methode? Ein bilanzpolitisches Entscheidungsproblem, in: BB 1988, S. 1995 ff.

Gall, W., Greth, M., Schumann, R., Die Maßgeblichkeit der Handels- für die Steuerbilanz in den Mitgliedstaaten der Europäischen Gemeinschaft, in: DB 1991, S. 1389 ff.

GEFIU, Stellungnahme des Arbeitskreises >>Rechnungslegungsvorschriften der EG-Kommission<< der GEFIU zum Vorentwurf eines Gesetzes zur Durchführung der 4.-(Bilanz)-Richtlinie zur Koordinierung des Gesellschaftsrechtes (Bilanzrichtlinien-Gesetz) vom 5.2.1980, in: DB 1980, Beilage Nr. 12/1980

Göllert, K., Ringling, W., Bilanzanalyse nach dem Bilanzrichtlinien-Gesetz: Fallbezogener Kennzahlenvergleich, in: Die Bank 1986, S. 124 ff.

Goebel, A. und Fuchs, M., Die Anwendung der International Accounting Standards in den Konzernabschlüssen deutscher Kapitalgesellschaften. Auswirkungen auf die Auswahl der Prüfungsgrundsätze und die Formulierung des Bestätigungsvermerks, in: BB 1995, S. 2363 ff.

Goerdeler, R., Rücklagenbildung nach § 58 Abs. 2 AktG 1965 im Konzern, in: Wpg 1986

Gräfer, H., Bilanzanalyse nach der neuen Rechnungslegung, 4. Aufl., Herne/Berlin 1988

Gräfer, H., Die praktische Behandlung latenter Steuern: ihre Entstehung, Erfassung und Berechnung, in: BB 1986, S. 2092 ff.

Gräfer, H. und Demming, C., Internationale Rechnungslegung, Stuttgart 1994

Groh, M., Abzinsung von Verbindlichkeitsrückstellungen?, in: BB 1988, S. 1919 ff.

Groh, M., Zur Bilanzierung des Skontos, in: BB 1991, S. 2334 ff.

Gross, G., Schruff, L., Wysocki, K. von, Der Konzernabschluß nach neuen Recht. Aufstellung, Prüfung, Offenlegung, Düsseldorf 1986

Grosse, H.-W., Die kurzfristige Rechnungslegung in den USA, Frankfurt a.M. 1988

Haeger, B., Bildung, Übertragung und Auflösung der § 6b-Rücklage nach neuem Bilanzrecht, in: DB 1987, S. 445 ff.

Haeger, B., Zur Aufhebung des strengen Wertzusammenhangs im Steuerrecht, in: DB 1990, S. 541 ff.

Hahn, D., PuK, Planungs- und Kontrollrechnung, 3. Aufl., Wiesbaden 1986

Haller, A., Der Grundsatz der Maßgeblichkeit der Handels- für die Steuerbilanz, in: RIW 1992, S. 43 ff.

Harms, J., Schuldenkonsolidierung, in: Küting/Weber, 1989, S. 1268

Harrmann, A., Cash-Flow - Ermittlung, Bedeutung und Aussagefähigkeit, in: DB 1986, S. 2612 ff.

Harrmann, A., Von der Strukturbilanz bis zur Kapitalflußrechnung, in: BB 1989, S. 248 ff.

Hartung, W., Abzinsung von Verbindlichkeitsrückstellungen?, in: BB 1990, S. 313 ff.

Hauschildt, J., Erfolgs- und Finanzanalyse, 2. Aufl., Köln 1987

Hauschildt, J., Krisendiagnose durch Bilanzanalyse, Köln 1988

Hauschild, J., Grenz, T., Gemünden, H.-G., Entschlüsselung von Unternehmenskrisen durch Erfolgsspaltung - vor und nach dem Bilanzrichtlinien-Gesetz, in: Hauschildt, J. (Hrsg.), Krisendiagnose durch Bilanzanalyse, Köln 1988, S. 41 ff.

Havermann, H., Ansatzvorschriften für Kapitalgesellschaften, in: BFuP 1986, S. 114 ff.

Heinen, E., Handelsbilanzen, 12. Aufl., Wiesbaden 1986

Heinen, E., Industriebetriebslehre, 9. Aufl., Wiesbaden 1991

Helbling, C., Bilanz- und Erfolgsanalyse, 7. Aufl., Bern/Stuttgart 1989

Henscheid, M., Die Umkehrung des Maßgeblichkeitsprinzips, in: BB 1992, S. 1243 ff.

Henseler, E., Heuer, G. und Raupach, A., Einkommensteuer- und Körperschaftsteuergesetz mit Nebengesetzen, Kommentar, 19. Aufl., Köln 1950/1992

Herzig, N., Söffing, A., Rechnungsabgrenzungsposten und die Lehre vom Mindestzeitraum, in: BB 1993, S. 465 ff.

Hetzel, H., Latente Probleme latenter Steuern, in: BB 1985, S. 1173 ff.

IASC 1995, International Accounting Standards, London 1995

Jacobs, O.H., EDV-gestützte Jahresabschlußanalyse als Planungs- und Entscheidungsrechnung. Lehrbuch und Anwendungsprogramm zur Beurteilung von Jahresabschlüssen mit Hilfe von Kennzahlen, München 1989

Jonas, H., Der Konzernabschluß, Grundlagen und Anwendungen in der Praxis nach neuem Handelsrecht, Stuttgart 1986

Kählert, J.-P., Lange, S., Zur Abgrenzung immaterieller von materiellen Vermögensgegenständen, in: BB 1993, S. 613 ff.

Kappler, E., Rehkugler, H., Konstitutive Entscheidungen, in: Heinen, E., Industriebetriebslehre, 9. Aufl., Wiesbaden 1991

Kieso, D.E. und Weygandt, J.J., Intermediate Accounting, 6. Aufl., New York, Chichester, Brisbane 1989

Kleekämper, H., Aktuelle Entwicklungen beim IASC, in: BFuP 1995, S. 414 ff.

Klein, W., Klein, K.-G., Konzernverrechnungspreise in handels- und steuerrechtlicher Sicht, in: Küting/Weber 1989

Knobbe-Keuk, B., Bilanz- und Unternehmenssteuerrecht, 8. Aufl., Köln 1991

Knop, L., Rückstellungen für Altlasten, Anmerkungen zum BFH-Urteil vom 19.10.1993 aus verwaltungspraktischer Sicht, in: BB 1994, S. 967 ff.

Körner, W., Wesen und Funktion der Grundsätze ordnungsmäßiger Buchführung, in: BB 1986, S. 1742 ff.

Kommission Rechnungswesen im Vorstand der Hochschullehrer für Betriebswirtschaft e.V., in: DBW 1985, S. 267 ff.

Kosiol, E., Pagatorische Bilanz, in: Bott, E. (Hrsg.), Lexikon des Kaufmännischen Rechnungswesens, Band 3, 2. Aufl. Stuttgart 1953

Kraus, S., Rückstellungen in der Handels- und Steuerbilanz, Bergisch-Gladbach/Köln 1987

Kropff, B., Das Konzernrecht des Aktiengesetzes 1965, in: Betriebs-Berater 1965

Krumnow, J., Bilanzanalyse auf der Basis der neuen Rechnungslegungsvorschriften, in: ZfbF 1985, S. 783 ff.

Küting, K., Haeger, B., Die Bedeutung des Maßgeblichkeitsprinzips für die Ermittlung der steuerbilanziellen Herstellungskosten - Eine kritische Betrachtung vor dem Hintergrund des Entwurfs eines Steuerreformgesetzes 1990, in: DStR 1988, S. 159 ff.

Küting, K. und Hayn, S., Der internationale Konzernabschluß als Eintrittskarte zum weltweiten Kapitalmarkt. Überlegungen zur Harmonisierung der Rechnungslegung in Deutschland, in: BB 1995 S. 662 ff.

Küting, K., Weber, C.-P., Der Übergang auf die neue Rechnungslegung, 3. Aufl., Stuttgart 1986

Küting, K., Weber, C.-P., Rückstellungen für Jubiläumszuwendungen in der Handels- und Steuerbilanz, in: BB 1988, S. 2280 ff.

Küting, K., Europäisches Bilanzrecht und Internationalisierung der Rechnungslegung, in: BB 1993, S. 30 ff.

Küting, K., Vorschriften des Handelsgesetzbuches; Vorbemerkungen: Recht der verbundenen Unternehmen, in: Küting/Weber, 1989

Küting, K., Köthner, R., Zündorf, H., Assoziierte Unternehmen, in: Küting/Weber, 1989

Küting/Weber (Hrsg.), Handbuch der Konzernrechnungslegung, Stuttgart 1989

Küting/Weber (Hrsg.), Handbuch der Rechnungslegung, 3. Aufl., Stuttgart 1989a

Kußmaul, H., Sind Nutzungsrechte Vermögensgegenstände bzw. Wirtschaftsgüter, in: BB 1987, S. 2053 ff.

Kupsch, P., Eder, D., Anmerkungen zu den Grundsatzfragen der Steuerabgrenzung, in: Wpg 1988, S. 521 ff.

Lause, B., Sievers, H., Maßgeblichkeitsprinzip und Steuerreform 1990, in: BB 1990, S. 24 ff.

Leffson, U., Die Grundsätze ordnungsmäßiger Buchführung, 7. Aufl., Stuttgart 1987

Leffson, U., Rückle, D., Großfeld, B. (Hrsg.), Handwörterbuch unbestimmter Rechtsbegriffe imBilanzrecht (HURB), Köln 1986

Lück, W., Rechnungslegung im Konzern, Stuttgart 1994

Lüders, J., Der Zeitpunkt der Gewinnrealisierung im Handels- und Steuerbilanzrecht, Köln 1987

Marx, F.J., Objektivierungserfordernisse bei der Bilanzierung immaterieller Anlagewerte, in: BB 1994, S. 2379 ff.

Mathiak, W., Mängel der beabsichtigten Neuregelung der formellen und umgekehrten Maßgeblichkeit in § 5 Abs. 1 Satz 2 EStG eines Regierungsentwurfs, in: DStR 1988, S. 274 ff.

Mathiak, W., Rechtsprechung zum Bilanzsteuerrecht, in: DStR 1992, S. 449 ff.

Maul, K.-H., Aufwandsrückstellungen imm neuen Bilanzrecht, in: BB 1986, S. 631 ff.

Mayer, A., Auswirkungen des Bilanzrichtlinien-Gesetzes auf die externe Analyse der Einzelabschlüsse von Kapitalgesellschaften, Diss., Frankfurt a.M. et al. 1989

Mellwig, W., Bilanzrechtsprechung und Betriebswirtschaftslehre, in: BB 1983, S. 1613 ff.

Meyer, C., Bilanzierung nach Handels- und Steuerrecht unter Einschluß der Konzernrechnungslegung nach dem Bilanzrichtlinien-Gesetz, 6. Aufl., Herne/Berlin 1987

Meyer, C., Bilanzierung nach Handels- und Steuerrecht, 9. Aufl., Herne/Berlin 1992

Meyer-Scharenberg, D.E., Zweifelsfragen bei der Bilanzierung transitorischer Rechnungsabgrenzungsposten, in: DStR 1991, S. 754 ff.

Moxter, A., Die Grundsätze ordnungsmäßiger Bilanzierung und der Stand der Bilanztheorie, in: ZfbF 1966, S. 28 ff.

Moxter, A., Betriebswirtschaftliche Gewinnermittlung, Tübingen 1982

Moxter, A., Wirtschaftliche Gewinnermittlung und Bilanzsteuerrecht, in: StuW 1983, S. 300 ff.

Moxter, A., Gefahren des neuen Bilanzrechts, in: BB 1982, S. 1030 ff.

Moxter, A., Der Jahresabschluß im Widerstreit der Interessen - Ziele und Zielerreichung, in: Baetge, J. (Hrsg.), Der Jahresabschluß im Widerstreit der Interessen, Düsseldorf 1983, S. 11 ff.

Moxter, A., Fremdkapitalbewertung nach neuem Bilanzrecht, in: Wpg 1984, S. 397 ff.

Moxter, A., Das Realisationsprinzip - 1984 und heute, in: BB 1984, S. 1780 ff.

Moxter, A, Bilanzrechtsprechung, 2. Aufl., Tübingen 1985

Moxter, A., Bilanzlehre, Band I, Einführung in die Bilanztheorie, 3. Aufl., Wiesbaden 1984

Moxter, A., Zum neuen Bilanzrechtsentwurf, in: BB 1985, S. 1101 ff.

Moxter, A., Bilanzlehre, Band II: Einführung in das neue Bilanzrecht, 3. Aufl., Wiesbaden 1986

Moxter, A., Zum Sinn und Zweck des handelsrechtlichen Jahresabschlusses nach neuem Recht, in: Havermann, H. (Hrsg.), Bilanz- und Konzernrecht, Festschrift zum 65. Geburtstag von Dr. Dr. h.c. Reinhard Goerdeler, Düsseldorf 1987, S. 361 ff.

Moxter, A., Aktivierungspflichtige Herstellungskosten in Handels- und Steuerbilanz, in: BB 1988, S. 937 ff.

Moxter, A., Rückstellungen für ungewisse Verbindlichkeiten und Höchstwertprinzip, in: BB 1989, S. 945 ff.

Moxter, A., Müller, H.-P., Windmöller, R., v. Wysocki, K., Rechnungslegung, Entwicklungen bei der Bilanzierung und Prüfung von Kapitalgesellschaften, Festschrift zum 65. Geburtstag von Prof. Dr. Dr. h.c. Karl-Heinz Forster, Düsseldorf 1992

Moxter, A., Saldierungs- und Abzinsungsprobleme bei Drohverlustrückstellungen, in: BB 1993, S. 2481 ff.

Müller, E., Die latenten Steuern im Jahresabschluß, in: Wpg 1987, S. 245 ff.

Müller-Dott, J.P., Zur Maßgeblichkeit von Handels- und Steuerbilanz bei der Wertaufholung, in: BB 1990, S. 2075 ff.

Nahlik, W., Praxis der Jahresabschlußanalyse, Wiesbaden 1989

Naumann, K.-P., Die Bewertung von Rückstellungen in der Einzelbilanz nach Handels- und Ertragsteuerrecht, Düsseldorf 1989

Niessen, H., Der Grundsatz der Maßgeblichkeit der Handels- für die Steuerbilanz und das europäische Bilanzrecht, in: RIW 1992, S. 292 ff.

Oestreicher, A., Peeter, A., Bewertung einer Rückstellung für drohende Verluste aus schwebenden Geschäften, in: Jacobs, O.H. (Hrsg.) Fälle mit Lösungen zur Rechnungslegung und Besteuerung, Band I: Einführende Aufgaben und Fallstudien, Herne/Berlin 1992, S. 83 ff.

Ossadnik, W., Wesentlichkeit als Bestimmungsfaktor für Angabepflichten in Jahresabschluß und Lagebericht, in: BB

Otto, B., Posteninhalte und Ausweisprobleme in der GuV nach § 275 HGB, in: BB 1988, S. 1703 ff.

Otto, B., Das Umsatzkostenverfahren als GuV-Darstellung, in: BB 1988, Beilage 18/88, S. 1 ff.

Pausch, W., Gegenüberstellung der Bewertungsvorschriften des Handels- und Steuerrechts, in: SteuerStud 1989, S. 126 ff.

Pfleger, G., Die neue Praxis der Bilanzpolitik. Gestaltungsmöglichkeiten in der Handels- und Steuerbilanz nach der Bilanzreform, 3. Aufl., Freiburg i.Br. 1988

Reichmann, T., Grundlagen einer systemgestützten Controlling-Konzeption mit Kennzahlen, in: ZfB 1985, S. 887 ff.

Reichmann, T., Controlling mit Kennzahlen, München 1985

Riebell, C., Die Praxis der Bilanzauswertung, 4. Aufl., Stuttgart 1988

Riebell, C., Die Konzernbilanzanalyse - Die Auswertung in- und ausländischer Konzernabschlüsse im Spiegel von Bilanzrecht und Bilanzpolitik, Stuttgart 1992

Rogler, S., Herstellungskosten beim Umsatzkostenverfahren, in: BB 1992, S. 1459 ff.

Runge, E.-G., Die Berechnung der latenten Steuern nach § 274 HGB, in: BB 1988, S. 440 ff.

Sahner, F., Kammers, H., Verbot der Einbeziehung, in: Küting/Weber, 1989

Sahner, F., Kammers, H., Einzubeziehende Unternehmen (Konsolidierungskreis), in: Küting/Weber, 1989

Sarrazin, V., Umgekehrte Maßgeblichkeit bei ausschließlich steuerlichem Bilanzierungswahlrecht, in: DB 1987, S. 1597 ff.

Sarrazin, V., Zweifelsfragen zur Rückstellungsbildung - dargestellt am Beispiel der Rückstellung wegen Schadstoffbelastung, in: Wpg 1993, S. 1 ff.

Schäfer, K., Herstellungskosten unter Einbeziehung der Gemeinkosten, Festbeitrag zum 70. Geburtstag von Georg Döllerer, in: DStZ 1991, S. 430 ff.

Schildbach, T., Rechnungslegungsideale, Bilanzkulturen, Harmonisierung und internationaler Wettbewerb, in: BB 1995, S. 2635 ff.

Schildbach, T., Der handelsrechtliche Konzernabschluß, 2. Aufl., München, Wien 1992

Schildbach, T., Maßgeblichkeit - Rechtslage und Perspektiven, in: BB 1989, S. 1443 ff.

Schildbach, T., Überlegungen zur Zukunft des Verhältnisses von Handels- und Steuerbilanz, in: BFuP 1989, S. 123 ff.

Schildbach, T., Der handelsrechtliche Jahresabschluß, 2. Aufl., Herne/Berlin 1991

Schmalenbach, E., Dynamische Bilanz, 13. Aufl., Köln und Opladen 1962

Schneeloch, D., Bilanzrichtlinien-Gesetz und Besteuerung, in: Wpg 1985, S. 565 ff.

Schneeloch, D., Abschreibungen und Zushreibungen - Einzelfragen zur Handels- und Steuerbilanz, in: Wpg 1988, S. 661 ff.

Schneeloch, D., Die Grundsätze der Maßgeblichkeit, in: DStR 1990, S. 51 ff.

Schneider, D., Bilanzierungsfähigkeit und Buchungsfähigkeit, in: Kosiol, E. et al. (Hrsg.), Handwörterbuch des Rechnungswesens, Stuttgart 1981

Schneider, D., Rechtsfindung durch Deduktion von Grundsätzen ordnungsmäßiger Buchführung aus gesetzlichen Jahresabschlußzwecken ?, in: StuW 1983, S. 141 ff.

Schneider, D., Vermögensgegenstände und Schulden, in: HURB 1986, S. 335 ff.

Schruff, L., Struktur und Inhalt der geänderten Konzeption eines Bilanzrichtlinien-Gesetzes, in: Baetge, J. (Hrsg.), Bilanzrecht 1985, S. 29 ff.

Schülen, W., Änderung von Bewertungsmethoden, in: BB 1994, S. 2312 ff.

Schult, E., Bilanzierung und Bilanzpolitik in Aufgaben und Lösungen, 6. Aufl., Freiburg i.Br. 1986

Schult, E., Bilanzanalyse, 7. Aufl., Freiburg i.Br. 1988

Schulte, E.-W., Bilanzpolitik und Publizitätsverhalten deutscher Aktiengesellschaften, Bergisch-Gladbach/Köln 1986

Schulze-Osterloh, J., Handelsbilanz und steuerliche Gewinnermittlung, in: StuW 1991, S. 284 ff.

Securities and Exchange Commission, SEC (Hrsg.), 1993 SEC Guidelines - Rules and Regulations, o.O., 1993

Selchert, F.W., Herstellungskosten im Umsatzkostenverfahren, in: DB 1986, S. 2397 ff.

Selchert, F.W., Der Anhang als Instrument der Informationspolitik, Stuttgart 1987

SG/DGfB, AK „Externe Unternehmensrechnung", ZfB-Sonderheft 21/1987 (2. Auflage), S. 134

Siegel, T., Latente Steuern, 4. EG-Richtlinie und Bilanzrichtlinein-Gesetz - Replik zu einer Stellungnahme von Harms/Küting, in: BB 1985, S. 495 ff.

Siegel, T., Zur Bilanzierung latenter Steuern nach § 274 HGB, in: DStR 1986, S. 587 ff.

Siegel, T., Latente Steuern: Konzeptionsprobleme und Anwendungsfragen zur Bilanzierung nach § 274 HGB, in: ZfB 1987, Ergänzungsheft 1/87, S. 137 ff.

Siegel, T., Barreis, P., Der „negative Geschäftswert" - eine Schimäre als Steuersparmodell ?, in: BB 1993, S. 1477 ff.

Siegel, T., Barreis, P., Zum „negativen Geschäftswert" in Realität und Bilanz, in: BB 1994, S. 317 ff.

Siegel, T., Saldierungsprobleme bei Rückstellungen und die Subventionswirkung des Maßgeblichkeitsprinzips. Der Vorlagebeschluß des X. Senats aus der Sicht der Bilanzierungs- und Bewertungsprinzipien, in: BB 1994, S. 2237 ff.

Sorg, P., Prognosebericht und Publizitätspraxis der AG, Ergebnisse einer empirischen Untersuchung, in: BB 1994, S. 1962 ff.

Speich, G., Die Maßgeblichkeit der Handels- für die Steuerbilanz, in: NWB Fach 3 1993, S. 8481 ff.

Staks, H., Aussagefähigkeit des neuen Konzernabschlusses, in: Küting/Weber 1989

Steilen, U.P., Herstellungskosten: Bewertung zu Einzelkosten auch in der Steuerbilanz ?, in: BB 1991, S. 1984 ff.

Stobbe, T., Der Lagebericht, in: BB 1988, S. 303 ff.

Stobbe, T., Offene Probleme des Maßgeblichkeitsgrundsatzes nach dem Steuerreformgesetz 1990, DStR 1988, Beilage zu Heft 20

Stobbe, T., Die Ausübung „steuerrechtlicher Wahlrechte" nach § 5 Abs. 1 Satz 2 EStG, in: StuW 1991, S. 17 ff.

Stobel, W., Aktuelles zum Bilanzrecht des Beitrittgebietes, in: BB 1994, S. 1816 ff.

Tertel, H.-J., Öffentliche Investitionszuschüsse und -zulagen im Jahresabschluß einer Kapitalgesellschaft - IdW-Stellungnahme HFA 1/1984 richtungsweisend ?, in: DStR 1990, S. 17 ff. und S. 71 ff.

Thiel, J., Zur formellen Maßgeblichkeit der Handelsbilanz - ein Vorschlag de lege ferenda, in: BB 1989, S. 537 ff.

Thomas, J., Rücklagenbildung im Konzern, in: ZGR 1985

Treiber, K., Die Behandlung von Software in der Handels- und Steuerbilanz, in: DStR 1993, S. 887 ff.

Treuarbeit AG, Jahres- und Konzernabschlüsse '88. Ausweis; Gestaltung, Berichtserstattung. Ergebnisse einer Untersuchung von 100 großen Kapitalgesellschaften und Konzernen, Düsseldorf 1990

Veit, K.-R., Die Funktion von Bilanzierungshilfen, in: DB 1992, S. 101 ff.

Vogt, S., Die Maßgeblichkeit des Handelsbilanzrechts für die Steuerbilanz, Düsseldorf 1991

Volk, G., Das Informationsinteresse der Jahresabschlußadressaten, in: BB 1987, S. 723 ff.

Wagner, F.W., Die umgekehrte Maßgeblichkeit der Handels- für die Steuerbilanz - Eine Analyse der ökonomischen Wirkungen, in: StuW 1990, S. 3 ff.

Wagner, F.W., Zum Einfluß der Umkehrung des Maßgeblichkeitsprinzips auf Investitionsförderung und Gewinnverwendung, in: DBW 1991, S. 309 ff.

Weber, B., Standke, S., Vorratsbewertung und Lifo-Verfahren in der Automobilindustrie, in: BB 1993, S. 393 ff.

Weber, C.-P., Zündorf, H., Kapitalkonsolidierung, in: Küting/Weber, 1989

Weber, H., Behandlung der Zwischenergebnisse, in: Küting/Weber, 1989

Weber, J., Einführung in das Controlling, Teil 1: Konzeptionelle Grundlagen, 3. Aufl., Stuttgart 1991

Weber-Grellet, H., Adolf Moxter und die Bilanzrechtsprechung, in: BB 1994, S. 30 ff.

Wehrheim, M., Dokumentation ergebniswirksamer Konsequenzen der Umkehrmaßgeblichkeit im Anhang, in: BB 1994, S. 1458 ff.

Wilhelm, S., Bewertungswahlrechte bei den Herstellungskosten, in: BB 1991, S. 1151 ff.

Wilhelm, S., Rechtsprechungsbericht zum Bilanzrecht, in: BB 1991, S. 1964 ff.

Wöhe, G., Bilanzierung und Bilanzpolitik, 8. Aufl. München 1992

Wöhe, G., Einführung in die Allgemeine Betriebswirtschaftslehre, 17. Aufl., München 1990

Wöhe, G., Bilanzierung und Bilanzpolitik, 7. Aufl., München 1993

WP-Handbuch, 10. Aufl., Düsseldorf 1992

Wysocki, K. von, Das Bilanzrichtlinien-Gesetz aus der Sicht der Betriebswirtschaftslehre, in: ZfbF 1985, S. 735 ff.

Wysocki, K. von, Fragen zur passiven Steuerabgrenzung nach § 274 Abs. 1 HGB, in: ZfbF 1987, S. 829 ff.

Wysocki, K. von, Wohlgemuth, M., Konzernrechnungslegung, 3. Aufl., Düsseldorf 1986

Stichwortverzeichnis

A

Abnutzbares Anlagevermögen....... 192
Abschreibung des Firmenwertes.... 170
Accrual Principle 219
Adressaten........... 1; 2; 19; 21; 30; 32; 258; 277
Adressaten der Rechnungslegung..... 1; 2; 19; 21; 30; 32; 258; 277
Adressaten des Konzernabschlusses....................................... 277
Aktive Rechnungsabgrenzung....... 104
aktiven latenten Steuer................. 199
aktiven Unterschiedsbetrages....... 368; 369; 413; 414
aktiver Abgrenzungsposten........... 201
Anhang...... 26; 27; 35; 36; 39; 49; 50; . 61; 85; 88; 90; 100; 101; 119; 120; ..124; 131; 132; 135; 162; 177; 180; ..197; 210; 211; 226; 246; 316; 369; 370; 396; 424; 428
Anlagenspiegel 88; 89; 166
Anlagevermögen.... 35; 37; 62; 84; 88; . 90; 91; 92; 93; 113; 173; 181; 185; ..192; 193; 229; 236; 338; 343; 347; 368; 400
Annual Report ..... 220; 221; 243; 244; 246; 248; 249
Anschaffungs- oder Herstellungskosten .. 21; 40; 41; 63; 65; 70; 73; 75; . 76; 88; 89; 90; 129; 147; 154; 159; ..161; 162; 165; 166; 167; 168; 169; ..170; 173; 179; 188; 192; 193; 230; 232; 234; 237; 247; 382
Anschaffungskosten..... 12; 29; 40; 63; ... 64; 65; 67; 68; 73; 76; 81; 89; 95; ..112; 113; 114; 154; 155; 156; 160; ..164; 168; 169; 178; 193; 203; 208; ..230; 233; 234; 237; 238; 239; 300; ..340; 348; 349; 356; 357; 383; 386; 408; 409; 410; 412; 414; 415; 417; 418; 421; 422
Anschaffungswertprinzip... 12; 21; 29; 57; 69; 75; 76; 154; 408; 417
assoziiertes Unternehmen..... 273; 320; 334; 422
Assoziierungsvermutung........ 336; 411
Aufgaben ..... 1; 6; 7; 8; 28; 32; 80; 82; .. 120; 133; 140; 274; 283; 331; 424
Aufgaben der Bilanz....................... 80
Aufrechnungsdifferenzen...... 342; 372; 373; 374; 375; 379; 406
Aufwands- und Ertragskonsolidierung 283; 392; 397; 401
Aufwandsrückstellungen ...... 116; 117; .. 148; 150; 196; 201; 230; 247; 262
Ausschüttungsbemessungsaufgabe . 39
Außerordentliche Aufwendungen und Erträge.............................. 129; 225

B

Balance Sheet....... 221; 227; 228; 246; 254
Barwert.......... 75; 171; 176; 232; 239; 240; 247; 248; 258; 374
basic financial statement............... 221
Beherrschungsverhältnisse............ 301
Beibehaltungswahlrecht........... 62; 67; 180; 188
beizulegender Wert 172; 173; 181; 390
Bereiche der einheitlichen Leitung 305
Beteiligungsbewertung .. 408; 412; 417
Beteiligungsbuchwert... 340; 341; 346; . 347; 348; 349; 354; 365; 409; 412; 413; 414; 415; 416; 418
Bewertungsausgleich...................... 64
Bewertungskonzeption .... 137; 153; 230; 257; 260

Bewertungsvereinfachungsverfahren 65;156
Bilanzarten 15; 18
Bilanzenzusammenhang..................61
Bilanzidentität...........................60; 61
Bilanzierung dem Grunde nach 60; 137
Bilanzierung der Höhe nach 137
Bilanzierungsfähigkeit....60; 143; 144; 145; 149
Bilanzierungshilfen ..82; 83; 141; 149; 150; 229; 338; 410; 417
Bilanzierungspflicht 143; 144; 149
Bilanzierungsverbote 60; 143; 149; 152; 288
Bilanzierungswahlrechte 60; 143; 149; 150; 151; 152; 288
Bilanzrichtlinien-Gesetz..................27
Bilanztheorien"............................6; 7
Börsen- oder Marktpreis......172; 173; 174; 355
Buchwertmethode.........344; 348; 352; 355; 356; 358; 359; 363; 364; 366; 367; 409; 411; 412; 413; 414; 416; 419; 420; 427; 428
Bundesanzeiger..... 130; 209; 211; 276

C

consolidated financial statement....244
Control-Konzept..........272; 273; 306; 307; 308; 315; 325; 330

D

Darstellung der Finanzlage..............36
Darstellung der Vermögenslage 35; 36; 150; 165
decision usefulness-approach........256
deduktiver Ermittlung 53
Degressive Abschreibung..............167
Deutsche" Rechnungslegung............3
Die Gewinn- und Verlustrechnung (GuV)......................................120
Dokumentation der Gewinnverwendung 130
Dokumentationsaufgabe 1; 33
Durchschnittsmethode....66; 156; 158; 159; 202; 236; 396
Dynamische Bilanzauffassungen..... 10

E

Echte Aufrechnungsdifferenzen.... 374
Eigenkapital 9; 21; 22; 41; 81; 82; 83; 84; 85; 86; 101; 107; 108; 109; 111; 114; 134; 205; 206; 229; 230; 237; 248; 280; 290; 339; 340; 341; 342; 343; 348; 349; 351; 354; 355; 357; 358; 359; 360; 361; 362; 363; 364; 365; 408; 409; 411; 412; 413; 414; 415; 416; 417; 418; 419; 422
Einbeziehungsverbote............267; 320
Einbeziehungswahlrechte 128; 156; 158; 267; 316; 322; 323; 386
Eingliederung 303; 304
einheitliche Leitung 268; 269; 271; 272; 297; 298; 300; 301; 303; 304; 305; 306; 314; 325; 330; 331; 332; 334
Einheitstheorie 279; 280; 282; 287; 289; 334; 339; 341; 369; 375; 381; 396; 397; 398; 403; 421
Einzelveräußerungswert 173
Equity-Methode ...213; 236; 274; 288; 298; 299; 320; 322; 333; 334; 336; 407; 408; 409; 410; 411; 412; 413; 417; 418; 420; 421; 422; 423; 426
Erfolgsermittlung....4; 11; 39; 40; 103; 130; 219; 403
Erfolgsgrößen.......................124; 125
Erfolgskapitalerhaltung........22; 23; 25
Erfolgsspaltung .38; 59; 120; 124; 225
Erfolgsverwendung 39; 41
Erhaltungskonzeptionen 21; 24
Ermessensrücklagen.............205; 207
Ermittlung der GoB 52; 53; 54
Erstkonsolidierung 339; 345; 348; 351; 352; 353; 358; 359; 361; 362; 364; 368; 372; 379; 405; 427

Ertragslage.......29; 33; 34; 38; 39; 57;
. 62; 68; 69; 78; 111; 117; 119; 124;
..131; 137; 140; 145; 165; 177; 206;
..245; 246; 260; 264; 265; 275; 276;
..277; 278; 279; 282; 300; 319; 320;
..321; 326; 334; 339; 369; 371; 383;
.... 396; 411; 424; 426; 428
Ertragswert............................23; 173

Erwerbsmethode..........344; 345; 347;
.................................348; 350; 351
Externes Rechnungswesen...............2

F

faktischer Konzern.......................303
Festbewertung 66; 156; 160
Fifo........162; 163; 164; 202; 236; 395
Fiktion der rechtlichen Einheit 279;
.................................280; 386; 428
Finanzanlagen........37; 84; 88; 93; 96;
..127; 166; 179; 180; 185; 186; 187;
....193; 236
Finanzierungsleasing....................146
Finanzierungsrechnung........36; 37; 38
Folgekonsolidierung.....351; 358; 368;
....375; 379
Forderungen..... 11; 16; 37; 66; 67; 84;
....98; 100; 101; 102; 103; 109; 120;
..129; 135; 136; 146; 161; 173; 199;
..231; 232; 233; 241; 290; 370; 371;
..372; 374; 375; 376; 377; 378; 379;
.... 380; 384; 426; 427; 428
formalen Bilanzkontinuität.............61
formelle Maßgeblichkeit...............139
Fortführungsvermögen......................7
Fortgeführte Kostenwerte.............165
Fortgeführter Beteiligungsbuchwert..416
Funktionsanalytische Ansätze 14

G

GAAP.......... 215; 216; 218; 219; 220;
..225; 227; 238; 240; 243; 244; 245;
...250; 251; 256; 257; 258; 260; 320
Geldkapitalerhaltung 21
gemeinsame Führung....273; 331; 333;
....334; 335
Gemeinschaftsunternehmen 273
gemilderte Niederstwertprinzip...... 67;
...................................74; 181; 237
Gesamtkostenverfahren......... 72; 121;
.... 122; 124; 125; 129; 292; 401
Gezeichnetes Kapital......... 60; 83; 84;
. 108; 110; 136; 359; 360; 361; 362;
.... 363
Gleichordnungskonzern........268; 270;
.... 301
Gliederungsprinzip 85
Going-Concern-Prinzip 68
Größenklassen 49
Grundsatz der Bewertungsstetigkeit 62; 166
Grundsatz der Bilanzklarheit 58;
....59; 115
Grundsatz der Bilanzkontinuität 60
Grundsatz der einheitlichen Bewertung 274; 289
Grundsatz der Einzelbewertung..... 57;
.........................63; 64; 65; 66; 159
Grundsatz der Klarheit und Übersichtlichkeit.......................287; 292
Grundsatz der Stetigkeit 288; 369
Grundsatz der Stichtagbezogenheit der Wertansätze 66
Grundsatz der Unternehmensfortführung 57; 68
Grundsatz der Vollständigkeit 59;
....60; 287
Grundsatz der Vorsicht 52; 69; 176;
....247; 408
Grundsatz der Währungsumrechnung 290
Grundsatz der Wesentlichkeit........ 77;
............................78; 220; 289; 381
Grundsatz der Willkürfreiheit... 77; 78
Grundsätze ordnungsmäßiger Buchführung (GoB) 51; 52

Grundsätze ordnungsmäßiger Buchführung im engeren Sinne 1
Grundsätze ordnungsmäßiger Buchführung und Bilanzierung im weiteren Sinne 57
Gruppenbewertung ....65; 156; 161; 162; 234; 236; 237

H

Handelsbilanz I 292
Handelsbilanz II..........244; 292; 355; 359; 362
Handelsregister .... 130; 209; 210; 246; 276; 321
Herstellungskosten. 21; 22; 40; 41; 62; ... 63; 65; 70; 72; 73; 75; 76; 88; 89; ..... 90; 99; 113; 121; 123; 125; 128; ..147; 154; 156; 157; 158; 159; 161; ..162; 165; 166; 167; 168; 169; 170; ..173; 179; 188; 192; 193; 201; 202; ..205; 207; 208; 223; 225; 230; 232; ..234; 237; 238; 247; 248; 283; 382; 383; 386; 387; 388; 400; 422
Herstellungskosten der zur Erzielung der Umsatzerlöse erbrachten Leistungen 128
Hifo 164; 395
Höchstwertprinzip.... 73; 75; 195; 196; 239
höheren Tageswert.................75; 195

I

Identitätsnachweis 64; 65
Immaterielle Anlagen......93; 238; 247
Imparitätsprinzip....29; 30; 57; 69; 72; ....77; 118; 170; 176; 179; 197; 256; 260; 261; 262
Income Statement ....221; 222; 225; 226; 246
induktiver Ermittlung 53
Informationsaufgabe 1; 13; 33; 283; 424
Innenumsatzerlöse ....398; 399; 400; 401; 402
Interessentheorie 256; 279; 280
Interessenzusammenführungsmethode 344; 345; 347
International Accounting Standards 36; . 216; 250; 253; 255; 256; 258; 259; 320
Internes Rechnungswesen 1

K

Kapitalanteilsmethode ..344; 409; 411; 417; 420; 421
Kapitalflußrechnung ....15; 36; 221; 244; 262
Kapitalkonsolidierung ..283; 339; 340; . 341; 343; 344; 346; 347; 348; 352; . 353; 357; 362; 364; 369; 375; 384; 405; 409; 413; 427
Kapitalmehrheit.............301; 302; 303
Kapitalrücklagen ..108; 109; 110; 114; 340; 359; 363
Kifo.....................................395; 396
Kilo.....................................395; 396
Koalitionstheorie 20; 245; 263
Konsolidierung.....281; 282; 283; 287; . 298; 299; 312; 320; 328; 329; 333; . 336; 337; 339; 341; 355; 359; 361; . 362; 364; 369; 370; 371; 373; 374; . 375; 376; 377; 378; 379; 381; 383; . 392; 394; 397; 398; 399; 401; 402; 403; 416; 419; 423; 425
Konsolidierung der GuV 339
Konsolidierungskreis....246; 247; 267; . 288; 297; 298; 299; 325; 382; 411; 425; 426
Konsolidierungsstelle ....283; 290; 292; 395
Kontoform........................83; 86; 124
Konzernabschlußbefreiungsverordnung 319
Konzernanhang ....274; 287; 321; 347; . 352; 381; 392; 396; 406; 412; 414; 417; 418; 424; 425
Konzernanschaffungskosten .348; 357; 382; 386; 390; 391

Konzernbegriff............................264
Konzernbilanz......244; 274; 280; 287; ..288; 290; 292; 294; 334; 336; 341; ..342; 343; 347; 348; 350; 352; 353; ..354; 356; 361; 369; 370; 371; 374; ..376; 379; 382; 384; 388; 390; 391; ..392; 397; 405; 406; 408; 409; 410; ..411; 412; 413; 414; 415; 416; 417; ...418; 419; 420; 422; 423; 424; 425
Konzern-Gewinn- und Verlustrechnung 274; 279; 280; 292; 295
Konzernherstellungskosten ..382; 383; ...386; 387; 388; 389; 390; 398; 422
Konzernlagebericht......266; 274; 275; ...300; 313; 314; 316; 319; 428; 429
Konzernlageberichts 275
Konzernrechnungslegung.....216; 244; ..264; 265; 269; 271; 272; 274; 279; ..280; 282; 285; 286; 287; 288; 300; ..301; 308; 311; 312; 313; 314; 316; ..318; 329; 385; 394; 408; 421; 424; 428
Konzernrechnungslegungspflicht..268; ..269; 272; 274; 301; 306; 307; 308; 311; 312; 318

L

Lagebericht.. 19; 27; 49; 50; 133; 209; ...210; 211; 246; 264; 275; 428; 429
Latente Steuern.....................198; 403
layer 163; 164
Leistungsbezogene Abschreibung . 168
Lifo.......................163; 164; 236; 395
Lineare Abschreibung..................167
Liquiditätsgliederungsprinzip..........85
Lofo...................................164; 165

M

Maßgeblicher Einfluß ..236; 273; 298; 320; 333; 334; 335; 336
Maßgeblichkeitsgrundsatz....138; 140; 141; 142; 145
Matching Principle.......................219
Materiality.............78; 101; 220; 289
materielle Maßgeblichkeit 139
materiellen Bilanzkontinuität 62
Mehrheit der Stimmrechte..... 97; 270; . 301; 302; 306; 307; 308; 331; 332; 426
Minderheitenschutzrechte............. 318

N

Neubewertungsmethode ....344; 348; . 350; 354; 355; 358; 362; 364; 365; 368; 417
Nichtabnutzbares Anlagevermögen192
Niederstwertprinzip..9; 40; 67; 73; 74; .....75; 76; 163; 173; 179; 181; 188; . 193; 232; 233; 234; 235; 236; 237; 239
niedrigeren Tageswert.....73; 180; 193
Nominalwertprinzips.........75; 90; 172

O

Offenlegung .8; 49; 83; 131; 209; 210; 211; 246; 276; 321; 355
Offenlegungspflichten ...209; 210; 211

P

passive latente Steuer.................. 199
Passive Rechnungsabgrenzung..... 107
passiver Abgrenzungsposten .201; 406
passiver Unterschiedsbetrag........ 352; 357; 368; 413; 416; 418
Pauschalierungsverfahren.............. 66
percentage-of-completion........71; 219
Planmäßige Abschreibungen......... 165
pooling-of-interests-method.......... 345
Präsenzmehrheit...................301; 332
Prognosedaten................................26
Progressive Abschreibung............ 168

Q

Quellen der GoB 52
Quotenkonsolidierung ..279; 280; 288; .. 297; 298; 299; 333; 397; 407; 410

R

Realisationsprinzip....... 70; 71; 72; 75; ..100; 101; 118; 156; 219; 233; 381; 382; 398; 421
Realization Principle.................... 219
Rechnungsabgrenzungsposten.. 13; 50; ..... 60; 72; 82; 83; 84; 85; 103; 105; ..106; 107; 144; 151; 290; 338; 370; 371; 410; 417
Rechnungslegungsvorschriften..... 4; 6; ... 14; 28; 29; 30; 43; 45; 46; 48; 53; ..... 78; 84; 119; 213; 215; 245; 250; 260; 264; 300; 316
Rechnungslegungszwecke.... 1; 3; 4; 6; 15; 261
Rentenverpflichtungen 75; 171; 195
Retrograde Wertermittlung.............. 66
Rückstellungsarten........................ 117
Rückzahlungsbetrag......... 40; 75; 106; ..170; 171; 231; 239; 247; 248; 258; 372; 374; 375; 377

S

Sachanlagen..... 37; 84; 85; 88; 93; 94; ..... 95; 96; 126; 180; 181; 183; 184; ..236; 237; 241; 242; 290; 401; 426; 427
Sachkapitalerhaltung................. 22; 24
sachlichen Abgrenzung.................. 71
Scheingewinnen............................. 76
Schulden........ 7; 9; 10; 11; 13; 14; 16; ... 19; 28; 33; 35; 40; 41; 59; 60; 62; . 63; 66; 68; 75; 83; 90; 93; 94; 115; ..116; 144; 146; 148; 149; 239; 244; ..247; 257; 279; 280; 283; 289; 333; ..338; 348; 352; 355; 362; 368; 375; 384; 410; 414; 417; 426; 427
Schuldendeckungsfähigkeit.... 3; 7; 10; 19; 31; 80
Schuldenkonsolidierung....... 283; 339; ..347; 369; 370; 371; 379; 381; 384; 394; 406
Schuldrückstellungen............ 116; 117; 148; 205
Sofortabschreibung geringwertiger Wirtschaftsgüter....................... 169
Sonderposten mit Rücklageanteil... 86; . 111; 112; 151; 177; 178; 338; 410; 417
Sonstige betriebliche Aufwendungen und Erträge 129
sonstige Vermögensgegenstände ... 50; 84; 98; 100; 370
Sperrminorität 301; 302
Staffelform 59; 83; 124; 222; 225; 227
Statement of Cash Flows......... 15; 36; 241; 243; 246
Statement of Owner's Equity........ 226
Statische Bilanzauffassungen............ 7
Steuerabgrenzung......... 150; 198; 199; . 200; 201; 202; 204; 347; 403; 404; 405; 406; 407
Steuerlich zulässige Werte............ 176
Steuern......... 109; 116; 119; 120; 127; . 130; 150; 176; 198; 199; 200; 201; . 202; 203; 223; 224; 230; 243; 403; 405; 406
Stille Rücklagen........... 114; 205; 248; 260; 346; 357; 415
stillen Bewertungsrücklagen......... 205
stillen Bilanzierungsrücklagen...... 205
strenge Niederstwertprinzip... 74; 188; 235
Stufenkonzept .... 328; 329; 336; 337; 404
Substance over Form.................. 219
Summenbilanz...... 292; 339; 340; 341; . 346; 359; 360; 364; 376; 377; 378; .. 380; 383; 409; 416; 419; 420; 423

T

Tages- oder Zeitwerte 172
Tannenbaumprinzips 315
Tatsächliche Ausübung................. 304
temporären Ergebnisdifferenzen ... 203

Tochterunternehmen ....96; 97; 266; ..267; 268; 272; 273; 279; 297; 298; ..299; 305; 306; 307; 313; 314; 316; ..317; 318; 319; 320; 321; 322; 323; ..324; 325; 326; 331; 332; 338; 339; ..340; 341; 342; 343; 344; 346; 347; ..348; 349; 350; 351; 353; 355; 359; ..360; 361; 362; 364; 371; 373; 374; ..375; 377; 378; 380; 385; 393; 411; 421; 426

U

umgekehrte Maßgeblichkeit.....34; 46; 63; 139; 151; 177; 178; 198; 391
Umlaufvermögen.....8; 35; 59; 62; 84; . 86; 92; 93; 98; 101; 102; 193; 229; 232; 325; 426; 427
Umsatzerlöse.......16; 22; 49; 71; 121; ..123; 125; 127; 128; 223; 225; 311; 312; 398; 399; 400
Umsatzkostenverfahren..........71; 121; ...122; 123; 124; 125; 128; 225; 295
Unechte Aufrechnungsdifferenzen. 373
Unternehmensverträge..271; 302; 332
Unternehmerische Leitung............304
Unterordnungskonzern.........268; 270; 300; 302; 303
Unterschiedsbetrag........93; 106; 177; ..346; 347; 349; 350; 351; 352; 353; ..354; 356; 357; 359; 360; 361; 362; ..363; 365; 368; 379; 409; 412; 413; 414; 415; 416; 418; 420
US-amerikanische Rechnungslegung.4

V

Verbindlichkeiten.........37; 64; 73; 75; ..... 85; 86; 100; 102; 103; 106; 108; ..114; 115; 116; 117; 118; 119; 120; ..135; 148; 170; 195; 197; 199; 229; ..230; 231; 232; 239; 241; 247; 290; ..348; 370; 371; 372; 374; 375; 376; 377; 378; 379; 426; 427; 428
Verbrauchs- oder Veräußerungsfolgeverfahren....................65; 162; 395
Verbundene Unternehmen....266; 267; 268; 269; 271
Vermerkposten.....................100; 119
Vermögensgegenstände... 7; 9; 10; 35; ...40; 50; 59; 60; 62; 63; 64; 66; 68; ...73; 74; 75; 83; 84; 88; 89; 93; 94; ...98; 100; 103; 105; 126; 144; 145; . 149; 150; 159; 161; 162; 163; 164; . 165; 167; 169; 172; 175; 177; 205; . 229; 231; 232; 236; 238; 244; 257; . 279; 280; 289; 338; 348; 352; 355; . 368; 370; 382; 386; 392; 393; 394; 395; 410; 417; 418; 426; 427
Vernünftiger kaufmännischer Wert 175
Vertragskonzern.......................... 303
Vollkonsolidierung.........96; 266; 297; . 298; 299; 308; 320; 328; 329; 330; . 331; 333; 334; 338; 342; 343; 345; .. 407; 408; 410; 413; 415; 417; 422
Vorräte...........37; 60; 84; 98; 99; 164; . 202; 231; 232; 234; 235; 236; 290; 383; 384; 422

W

Weisungsrecht/Leitungsmacht...... 304
Weltabschluß.......................274; 297
Weltabschlußprinzip..............290; 297
Wertaufholungsgebot.......62; 63; 177; 180; 188
wertbegründende Ereignisse........... 67
werterhellenden Ereignisse............. 66
Wertobergrenze............154; 156; 159; . 179; 188; 192; 193; 234; 237; 247; 248; 386; 389; 390
Wertpapiere.......9; 37; 38; 59; 63; 64; ....65; 67; 81; 84; 96; 97; 98; 101; . 102; 127; 161; 172; 174; 227; 231; . 232; 233; 234; 236; 237; 313; 325; 370; 426; 427
Wertuntergrenze...........156; 159; 179; . 180; 181; 182; 235; 248; 386; 387; 389; 390
Wiederbeschaffungspreisen.....76; 154
Wiederbeschaffungswert.......172; 230

wirtschaftliche Betrachtungsweise ..64
wirtschaftlichen Eigentums 146

Z

zahlungsstromorientierten Ansätze .14; 15
zeitlich begrenzten Differenzen 200
zeitlich unbegrenzten Differenzen .200
zeitliche Abgrenzung 72
Zeitpunktrechnung 80
Zeitraumrechnung 120
Zerschlagungsvermögen 7
Zielvorstellungen des Gesetzgebers 27
Zukunftswert 174; 188; 193; 248
Zwangsrücklagen 205; 207
Zwischenerfolgseliminierung 339
Zwischenerfolgskonsolidierung ... 383; 384; 385
Zwischenergebniseliminierung..... 283; . 347; 381; 383; 385; 386; 387; 388; . 392; 393; 394; 395; 396; 397; 398; 406; 421; 422; 423
Zwischenergebnisverrechnung...... 394

GPSR Compliance

The European Union's (EU) General Product Safety Regulation (GPSR) is a set of rules that requires consumer products to be safe and our obligations to ensure this.

If you have any concerns about our products, you can contact us on ProductSafety@springernature.com

In case Publisher is established outside the EU, the EU authorized representative is:

Springer Nature Customer Service Center GmbH
Europaplatz 3
69115 Heidelberg, Germany

Batch number: 10577878

Printed by Printforce, the Netherlands